Esoterik

Marko Pogačnik, geboren 1944 in Kranj/Slowenien, studierte Bildhauerei und erwarb sich auf dem Gebiet der Konzeptkunst und Land-Art internationalen Ruf. Hieraus entwickelte er die Kunst der »Lithopunktur der Erde« zur Heilung gestörter Landschaften und Kraftorte. Er leitet Seminare zur Heilung von Orten im gesamten deutschsprachigen Raum und berät Kommunen und Ämter in bezug auf Landschaftsplanung. Marko Pogačnik ist Dozent an der 1995 gegründeten »Schule für Geomantie – Hagia Chora«.

Von Marko Pogačnik sind außerdem erschienen:

Elementarwesen – Die Gefühlsebene der Erde (Band 86083)
Wege der Erdheilung (Band 86120)

Originalausgabe Juli 1996

Umschlagillustration: Peter F. Strauss
Lektorat: Hanna Moog
Satz: Ventura Publisher im Verlag
Druck und Bindung: Ebner Ulm
Printed in Germany
ISBN 3-426-86095-3

4 5 3

Marko Pogačnik

Schule der Geomantie

Knaur

Inhalt

TEIL II: GEOMANTISCHE SYSTEME

Einleitung

Das vorliegende Buch wurde inspiriert durch das wachsende Interesse an der Kunst der Geomantie, das ich in den letzten Jahren während meiner Erdheilungsprojekte feststellen konnte. Es trat das Bedürfnis nach einem Buch auf, das systematisch die verschiedenen Bereiche der Geomantie aufgreift und eine ganzheitliche Übersicht vermittelt. Der letzte konkrete Anstoß, mich dieser Aufgabe anzunehmen, war die Ausschreibung der »Hagia Chora« im Mai 1994, das erste Angebot einer umfassenden Geomantie-Ausbildung im europäischen Raum, und deren Erweiterung zur »Schule für Geomantie«[1], die im Juli 1995 gegründet wurde und in die ich als Dozent voll eingebunden bin. Das vorliegende Buch ist somit ein Grundlagenwerk zur modernen Geomantie, das neben dem theoretischen Wissen auch Anleitungen zur eigenen kreativen Erschließung der Kunst der Geomantie anbietet.

Die Geomantie als ein ganzheitlicher Zugang zu den feinstofflichen, das heißt unsichtbaren Dimensionen der Erde, der Natur und der Landschaft ist an der Schwelle zur Neuzeit fast vollkommen aus dem Bewußtsein der europäischen Kultur verschwunden. »Geomantie« heißt Wahrsagung (= die Wahrheit sagen) über die verborgenen Kräfte der Erde oder auch Wahrsagung mit Hilfe dieser Kräfte. Bevor es jedoch zu einer Wahrsagung kommen kann, müssen wir uns die Tatsache in Erinnerung rufen, daß es so etwas wie eine Mehrdimensionalität der Erde und der Landschaft überhaupt gibt, und wir brauchen eine Anleitung dazu, wie wir

1 Anschrift am Ende des Buches.

die verschiedenen Dimensionen ihrer Wirklichkeit wahrnehmen können.

Im Sinne dieser Aufgaben, vor denen unsere heutige Kultur steht, wenn sie eine tiefergreifende Ökologie entwickeln will, die die Erde und die Natur als eine Ganzheit schützen möchte, habe ich das Buch in zwei Teile gegliedert: Im ersten Teil wird ein neues, auf der Mehrdimensionalität basierendes Konzept vorgestellt, in dem sowohl die vitalenergetischen, gefühlsmäßigen, geistig-seelischen wie auch die stofflichen Aspekte der Landschaft ihren Platz finden. Es werden Methoden aufgezeigt, wie diese verschiedenen Aspekte wahrgenommen werden können, ergänzt durch Übungen zur Sensibilisierung der eigenen Wahrnehmung. Der zweite Teil des Buches ist den verschiedenen geomantischen Systemen der Landschaft gewidmet. Neben die Vermittlung des theoretischen Wissens treten Schilderungen praktischer Erfahrungen, die ich während meiner Geomantie- und Erdheilungstätigkeit in verschiedenen Ländern Mitteleuropas gesammelt habe, so daß das Gesagte an konkreten Orten nachvollzogen werden kann.

Es dürfte schon deutlich geworden sein, daß sich das Buch nicht auf das Zusammentragen historischer Quellen und Überlieferungen beschränkt, sondern ein authentisches, aus der Gegenwart erwachsendes Wissen anbietet. Ein derart umfassendes Wiederbeleben des verlorenen geomantischen Wissens wäre jedoch unmöglich ohne die mitwirkende Intelligenz der Engel und der Elementarwesen. Meine Töchter Ana Pogačnik und Ajra Miška haben mir durch ihre frei fließende Kommunikation mit der Engelwelt geholfen, manche Ungewißheiten zu klären, wofür ich ihnen dankbar bin. Die Elementarwesen, die Meister der irdischen Lebensströme, haben mir ihre Hilfe unmittelbar zuteil werden lassen dank der wunderbaren Vertrautheit, die in den letzten Jahren entstanden ist. Ich habe darüber in meinem Buch *Elementarwesen – Die Gefühlsebene der Erde*[2] berichtet. Ein weiterer Dank geht an Hanna Moog, die Lektorin meiner Bücher, die nicht nur mein Deutsch verfeinert hat, sondern mir auch bei inhaltlichen Fragen zur Seite stand.

Was ich während der Arbeit an dem vorliegenden Buch erlebte, ist ein alle Schranken niederreißendes Erwachen der Kunst der Geomantie – nicht ein mühseliges Stück-für-Stück-Aufbauen, sondern ein völlig unerwarteter Quantensprung. Ich mußte dabei unwillkürlich an die Dornenhecke des in den Schlummer des Unterbewußtseins versenkten Dornröschenschlosses denken, die am vorhergesagten Tag der Erlösung erblühte. Entstanden ist ein offenes geomantisches System, das meiner Überzeugung nach genügend Spielraum für Variationen und Weiterentwicklungen bietet. So möchte ich denn die Leserin und den Leser einladen, an diesem, gerade erst begonnenen Prozeß des Erwachens und Erblühens teilzunehmen: mit Freude, gegenseitiger Toleranz und Ehrfurcht vor den Geheimnissen des Lebens.

Šempas, am 27. April 1995 Marko Pogačnik

2 München 1995

TEIL I:

GEOMANTISCHES WISSEN

Kapitel 1:
Die sichtbaren und die unsichtbaren Dimensionen der Erde, der Natur und des Menschen

1.1. Die Unzulänglichkeit der linearen Raumvorstellung

Wenn ich so in der Landschaft stehe und meinen Blick rundum schweifen lasse, sehe ich wunderschöne Berge überspannt von einem weich bewölkten Himmel, ich sehe die Wälder und Felder meines Heimattales in ihrer Sommerpracht. Angesichts dieser überwältigenden Schönheit drängt sich mir unwillkürlich die Frage auf, wie ich denn eigentlich dazu komme, die Vollkommenheit dieser Erscheinungswelt anzuzweifeln, ja wie ich überhaupt die Anmaßung besitzen kann, die heutige menschliche Sichtweise durch die zusätzliche Einbeziehung der unsichtbaren Dimensionen der Landschaft, der Erde und der Natur erweitern zu wollen? Anstelle einer Antwort tauchen weitere Fragen auf: Ist die vermeintliche Vollkommenheit der sinnlich erfaßbaren Welt vielleicht insgeheim ein Ausdruck der Furcht des Menschen vor der Unberechenbarkeit der freischwingenden Energiewelt? – Könnte es sein, daß der wahre Ursprung der linearen Raumvorstellung in dem unbewußten Verlangen des Menschen wurzelt, die Welt um sich herum absolut kontrollieren zu können?

Es dürfte klar sein, daß durch eine derartige kritische Hinterfragung nicht die Schönheit und die Lebensqualität des sich dem Menschen durch die fünf Sinne[3] offenbarenden Weltenraumes in Frage gestellt werden sollen, sondern vielmehr die moderne Raumvorstellung, die unsere Wahrnehmung entscheidend prägt. Es handelt sich dabei um ein quasi unbewußt wirkendes Gedankenmuster, das unserer Raumwahrnehmung zugrunde liegt und die Botschaften, die wir aus unserer Umgebung empfangen, filtert, ohne daß wir uns dessen bewußt sind. Dieses Gedankenmuster hat aber nichts mit der wahren Gestalt der Erde, der Natur und der Landschaft zu tun, sondern stellt eine reine Kulturschöpfung dar. Es ist das Ergebnis einer mindestens fünf Jahrtausende währenden Einwirkung der menschlichen Bewußtseinsentwicklungsprozesse auf unsere Wahrnehmungsweise. Von diesen Prozessen, die unser Weltbild entscheidend geprägt haben, möchte ich zwei besonders hervorheben. An dieser Stelle geht es mir nicht darum, sie in ihrer historischen Entfaltung darzustellen[4], sondern in ihren Auswirkungen auf unsere heutige Art der Raumbetrachtung.

1.1.A. Die Abtrennung des sinnlich erfahrbaren Raumes von den unsichtbaren Raumdimensionen

Wo immer heute im Rahmen unserer Kultur von Wahrnehmung die Rede ist, denken wir unwillkürlich ausschließlich in Kategorien der *Sinnes*wahrnehmung. Dabei wird gar nicht mehr bedacht, daß dieses Denken eine wesentliche Verengung darstellt, die andere Erfahrungspotentiale von vornherein ausschaltet, welche es uns Menschen ermöglichen würden, die Welt in ihrer energetischen, geistig-seelischen und auch stofflichen Ganzheit zu erfahren: durch Intuition etwa,

[3] Hören, Riechen, Schmecken, Sehen und Tasten

[4] Vgl. dazu die ersten beiden Kapitel meines Buches *Die Landschaft der Göttin,* München 1993.

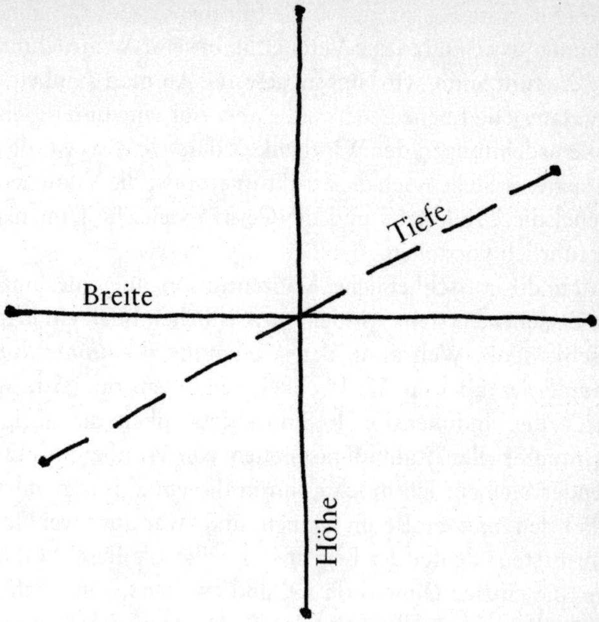

Abb. 1:
Das Koordinatensystem des linearen Raumes

durch erhöhte Sensibilität im Gefühlsbereich, durch inneres Schauen usw. Durch die Verengung unserer Wahrnehmung auf die fünf Sinne wird unsere gesamte Aufmerksamkeit auf die materielle Ebene gelenkt, die aber nur eine unter mehreren Ausdehnungen der Wirklichkeit darstellt – so werde ich an späterer Stelle noch die Strukturgebende, die Vitalenergetische, die Urbildliche und die Geistig-Seelische Dimension ausführlich vorstellen.

Durch die ausschließliche Konzentration auf eine einzige Daseinsebene ersteht vor dem menschlichen Blick ein in sich geschlossener Weltraum, der sogenannte *dreidimensionale* Raum, der aber in Wirklichkeit *ein*dimensional ist, weil durch die eindimensionale Sinnesbezogenheit die übrigen, nichtmateriellen Raumdimensionen von vornherein ausgeblendet bleiben. Ich möchte ihn in diesem Zusammenhang lieber den *linearen* Raum nennen, und zwar aus zwei Gründen: Erstens deutet der Begriff Linearität die Beschränkung auf eine einzige Dimension an, und zweitens stützt sich die lineare Raumvorstellung auf das Konzept von drei sich kreuzenden Linien, die für die Höhe, die Breite und die Tiefe stehen. Die Angabe dieser drei Größen, so wird behauptet, reiche aus, um jeden Punkt im Raum zu definieren.

Die *positive* Seite der oben beschriebenen Bewußtseinsentwicklung sehe ich darin, daß die Einschränkung auf den linearen Raum es dem Menschen ermöglicht hat, seine verstandesmäßigen Fähigkeiten voll zu entfalten. Gerade der eindeutige Charakter der linearen Raumstruktur hat ein ideales Übungsfeld geschaffen, in dem sich das logische Denken entwickeln konnte. Und ohne die Fähigkeit des logischen Denkens hätte der Mensch nicht die innere Selbständigkeit erreichen können.

Allerdings ist die Selbständigkeit des Menschen ein relativer Begriff, der in seinen Konsequenzen für das Weltganze nicht unproblematisch ist: Um die Qualität der geistigen Freiheit zu verwirklichen, die eine göttliche Gabe an die Menschheit darstellt, mußte die Menschheit lernen – unabhängig von Eingebungen aus anderen Quellen –, das Wissen aus dem eigenen Bewußtsein zu schöpfen, und dafür ist das logische Denken ein vorzügliches Werkzeug. Andererseits war mit der Ablösung aus der Einbindung in die kosmische Ganzheit auch die Gefahr verbunden, daß der Mensch danach strebte, die Natur, die Erde und die Landschaft seiner Herrschaft zu unterwerfen. Abgetrennt von der sich jeder menschlichen Kontrolle entziehenden Allverflochtenheit des Kosmos hat sich der Mensch eine Welt »geschaffen«, die verstandesmäßig leicht überschaubar und seinem eigenmächtigen Handeln ausgeliefert ist.

In dieser Entwicklung offenbart sich die *negative* Seite des Bewußtseinsprozesses, der zur Erschaffung der linearen Raumstruktur geführt hat: In der illusionären Vollkommenheit der linearen Weltordnung ist die Machtposition des Menschen gegenüber den anderen Geschöpfen sichergestellt. Nur wurde dabei völlig vergessen, daß die vermeintlich in sich geschlossene Einheit der materiellen Welt künstlich durch eine tiefe Spaltung im menschlichen Bewußtsein zustande gekommen ist. Je mehr diese Wunde in Vergessenheit geriet, desto aggressiver wurde das Vorgehen unserer Zivilisation gegenüber allem Leben, ein Umstand, unter dessen Folgen wir letztlich alle zu leiden haben.

1.1.B. Die Folgen der Patriarchalisierung der Kultur

Um den Vorgang der Patriarchalisierung der Kultur zu verstehen, ist es sinnvoll, ihn als Teil eines größeren Zusammenhangs zu betrachten, wie ich ihn im folgenden Abschnitt

1.2.A. ausführlich beschreibe. Innerhalb der drei Phasen, die das göttliche Urmuster des Universums charakterisieren, ist die »mittlere«, sogenannte *kreative Phase* unter anderem durch die Polarisierung in Gegensatzpaare gekennzeichnet. Aus dieser Polarisierung schöpft sie die Kraft der Fortbewegung und Entwicklung. Die grundlegende Polarität zwischen dem weiblichen und dem männlichen Aspekt des Göttlichen in dieser Phase spiegelt sich nun unter anderem auch in den unterschiedlichen Epochen der menschlichen Kultur- und Zivilisationsentfaltung wider. So gab und gibt es Zeitalter und Kulturen, in denen die weiblichen Kräfte das Bewußtsein und die Gesellschaftsordnung bestimmen, und andere Zeitalter, in denen die männlichen Kräfte dominieren.

Im Verlauf der allgemeinen Patriarchalisierung der europäischen Kultur, die, folgt man den archäologischen Befunden von Marija Gimbutas[5], auf dem Balkan schon um 4500 v. Chr. einsetzte, haben die männlichen Kräfte mehr und mehr die Oberhand gewonnen, was letztlich zu dem inzwischen unübersehbaren Gleichgewichtsverlust sowohl in gesellschaftlicher als auch persönlicher und ökologischer Hinsicht geführt hat. Die weibliche Sensibilität, die es dem Menschen ermöglicht, sich gefühlsmäßig in die subtilen Zusammenhänge der irdisch-kosmischen Ganzheit einzuordnen, wird durch ein Übermaß an männlicher Tatkraft und männlichem Beherrschungswillen unterdrückt.

Bezüglich des Landschaftsraumes äußert sich dieses Übermaß an männlicher Kraft in einer einseitigen Konzentration auf das Ausmessen, Eingrenzen und Besitzen. Der Raum, der eigentlich der Erde und der Natur gehört, wird reduziert auf den Status eines politischen Machtinstruments in den Händen einer Gesellschaftsordnung, die den Menschen ohne

[5] Marija Gimbutas: *Die Zivilisation der Göttin*, Verlag Zweitausendundeins 1996

Rücksicht auf die Natur in den Mittelpunkt aller Dinge stellt. Dieses »Machtinstrument Raum« wird als Spielball der verschiedenen egoistischen Interessen immer wieder heftig umkämpft, was zu einer weiteren Aufblähung des Übergewichts der männlichen Kräfte führt – ein Vorgang, der erst durch die zuvor beschriebene Verengung des Mehrdimensionalen Raumes auf die mental manipulierbare lineare Raumstruktur möglich wurde.

Die Übermacht der männlichen Kräfte in der patriarchalen Kultur schaukelt sich durch die Negativierung und Dämonisierung der weiblichen Kräfte noch weiter hoch. Die *zyklischen* Kräfte, allen voran die Kräfte, die durch Tod und Umwandlung zur Erneuerung des Lebens führen, werden von dieser Kultur als feindlich und zerstörerisch empfunden, weil sie die Statik der hierarchisch konzipierten männlichen Ordnung gefährden. Sie werden psychologisch unterdrückt und gesellschaftlich bekämpft, was zu einer weiteren Verstärkung des Ungleichgewichts führt. Eine positive Seite des Patriarchalisierungsvorganges sehe ich darin, daß die schmerzliche Erfahrung der gestörten Gleichgewichte die Menschen dazu bringt, sich die Frage nach den Ursachen dieser unglücklichen Lage zu stellen und damit letztlich den Prozeß der Selbsterkenntnis voranzutreiben.

1.2. Die Grundannahmen einer ganzheitlichen Raumvorstellung

Unterstellen wir einmal, daß durch die bisherigen Ausführungen die Unzulänglichkeit der linearen Raumvorstellung ausreichend belegt wurde, so stellt sich natürlich die Frage, auf welchen Grundannahmen denn eine alternative Raumanschauung beruhen müßte, die dem Anspruch einer ganzheitlichen Erfassung der Wirklichkeit gerecht zu werden vermag. Die angestrebte umfassende Sichtweise wird meiner Einsicht nach dadurch möglich, daß wir das Zusammenwirken von fünf grundlegenden Wirkprinzipien berücksichtigen und anerkennen. Zwei dieser Wirkprinzipien beziehen sich auf den göttlichen Ursprung des Seins, während die drei »Urmuster« dem Bereich der Verwirklichung zuzuordnen sind. Die beiden göttlichen Wirkprinzipien bilden die kausale Ebene der Ursachen, die Urmuster hingegen geben Aufschluß über die Art und Weise, wie die Wirkungsebene organisiert ist. Ich möchte sie in dieser Folge vorstellen:

- Das Prinzip der (weiblich-)göttlichen Dreiphasigkeit
- Das Urmuster der Sieben Strahlen
- Das Urmuster der Vier Elemente
- Das Urmuster der Polarität
- Das Prinzip der (männlich-)göttlichen Einheit

Das Prinzip der göttlichen Dreiphasigkeit gewährt uns Einblick in die gesetzmäßige Gliederung der *Weltschöpfung*. Das Urmuster der Sieben Strahlen verleiht dem *geistig-kosmischen Bereich des Seins* seine charakteristische *Ordnung*. Das Urmuster der Vier Elemente liefert die *Grundstruktur für die Manifestation auf der irdischen Ebene*. Dem Urmuster der Polarität entspringen die *kreativen Beziehungen*. Und schließlich wird durch das Prinzip der göttlichen Einheit die unendlich verzweigte und sich auf den verschiedensten Ebenen entfaltende Schöpfung *in einem Punkt der Stille zusammengehalten.*

1.2.A. Das Prinzip der göttlichen Dreiphasigkeit

In unserer Kultur steht das Göttliche für die Ganzheit des Universums. Angesichts der in Abschnitt 1.1.B. beschriebenen Patriarchalisierungsprozesse mit ihrer einseitigen Konzentration auf ein männliches Gottesbild werde ich nun im Folgenden statt »Gott« die neutralen Bezeichnungen »das Göttliche« oder »die Gottheit« verwenden. Gleichzeitig werde ich aber auch versuchen, den Weg zum weiblichen Aspekt des Göttlichen zu bahnen, um die gewohnten Vorstellungsmuster zu transzendieren. Wenn ich im Folgenden den Begriff der *dreiphasigen Göttin* gebrauche, so geht es mir nicht um eine neue geschlechtliche Polarisierung des Göttlichen, sondern um eine Wiederentdeckung der göttlichen Aspekte, die durch die Patriarchalisierung der Kultur verschattet, aus dem Bewußtsein verdrängt oder für das männliche Gottesbild vereinnahmt worden sind.
Mit dem Begriff der *göttlichen Dreiphasigkeit* beziehe ich mich auf den dreiphasigen Lebenszyklus, dem unterschiedliche Kulturen im Symbol einer dreigestaltigen Göttin Ausdruck verliehen haben.[6] Dabei handelt es sich im Grunde genommen um unpersönliche Kräfte, die die zyklischen Bewegungen des Universums steuern. Die Personifizierung des Göttlichen und damit auch die Sichtbarmachung in Bildern und Skulpturen entspricht eher einem menschlichen Bedürf-

[6] Vgl. hierzu mein Buch *Die Landschaft der Göttin,* München 1993.

nis nach einer greifbaren Vorstellung, als der Ordnung der Wirklichkeit.

Personifiziert in den drei Gestalten der Göttin unterscheiden wir drei Phasen des göttlichen Zyklus:

- die (weiße) Jungfraugöttin als Symbol der *ganzheitlichen* Phase
- die (rote) Göttin der Lebensfülle als Symbol der *schöpferischen* Phase
- die (schwarze) Göttin als Symbol der Phase der Wandlung.

In der christlichen Tradition hat das Prinzip der weiblich-göttlichen Dreiphasigkeit unter anderem in der Gestalt der heiligen Maria weitergewirkt. So lassen sich in der Jungfrau Maria und der Maria als Muttergottes die Weiße und die Rote Göttin erkennen, während die Göttin der Wandlung in der Gestalt der Schwarzen Madonna eher im verborgenen ihren Platz behauptet hat.

Die *ganzheitliche Phase* steht für die Allverbundenheit des Kosmos, in der jedes Bruchstück des Seins und des Lebens aufgehoben ist und seinen Platz hat. Die *schöpferische Phase* bezieht sich auf die unvorstellbare Vielfalt der kreativen Prozesse im Kosmos, die ihre Entstehung dem Prinzip der weiblich-männlichen Polarisierung und den daraus folgenden Wechselwirkungen verdanken. In der *Phase der Wandlung* werden die durch die schöpferischen Prozesse aufgebauten Strukturen in ihre Urformen zurückzersetzt und einem Vorgang der Erneuerung unterzogen, um den Neubeginn auf einer höheren Ebene der Spirale zu ermöglichen, der zunächst wieder im Zeichen der *ganzheitlichen Phase* steht. So setzt sich der Zyklus auf allen Ebenen von Ewigkeit zu Ewigkeit fort.

Bezüglich der *räumlichen Wirklichkeit* können wir uns den Weltenraum allgemein und den Landschaftsraum im besonderen aus jeweils drei qualitativ unterschiedlichen Bereichen zusammengesetzt vorstellen, die sich gegenseitig durchdringen und alle gleichzeitig anwesend sind: der Urraum der Ewigkeit, der Mehrdimensionale Raum und der Manifestierte Raum.
Der *Urraum der Ewigkeit* ist eine Offenbarung der ganzheitlichen Phase des Prinzips der göttlichen Dreiphasigkeit. Als das Allumfassende liegt der Urraum der Ewigkeit jenseits jeglicher Raumteilung und jenseits der Zeitbewegung. In ihm ist alles enthalten, und aus ihm heraus wird alles entwickelt.
Der *Mehrdimensionale Raum* ist ein Ausdruck der schöpferischen Phase innerhalb des Prinzips der göttlichen Dreiphasigkeit. Seine Funktion besteht darin, eine unendliche Vielfalt von Strukturen auf den verschiedensten Schwingungsebenen anzubieten, die es allen Geschöpfen ermöglicht, sich gemäß ihrem inneren Plan zu entwickeln. Folglich ist der Mehrdimensionale Raum in verschiedene Dimensionen gegliedert, durch die die mannigfaltigsten, für die Entwicklung der Welten benötigten Bedingungen verwirklicht und so lange wie nötig aufrechterhalten werden.
Der *Manifestierte Raum* kann im Zeichen der Wandlungsphase (innerhalb des Prinzips der göttlichen Dreiphasigkeit) verstanden werden. Durch eine Verdichtung der Schwingungsstrukturen des Mehrdimensionalen Raumes entsteht in dieser Phase ein dicht abgeschlossener Raum. Unter den spezifischen Bedingungen dieses Manifestierten Raumes wird den einzelnen Geschöpfen Gelegenheit geboten, gewisse Mutationen durchzumachen und Anpassungsleistungen zu vollbringen. Nur indem sie diese Wandlungsphase durchleben, können sie eine neue Entwicklungsstufe erreichen. In der jetzigen Epoche der Weltgeschichte nehmen wir den Manife-

stierten Raum um uns herum als die Welt der Materie bzw. als den Materialisierten Raum wahr.

Im Lichte des dreiphasigen Zyklus können wir nun auch ein neues Verständnis der Dreigliederung des *menschlichen Wesens* gewinnen, das nach unserer westlichen Tradition in Geist, Seele und Körper unterschieden wird.

In seiner *ganzheitlichen Phase* wäre demnach der Mensch als ein individualisierter Aspekt des Allumfassenden zu verstehen. Dadurch nimmt er teil an der Ewigkeit der Gottheit. Diese Phase entspricht dem *Geist* des Menschen, heute oft auch als das Höhere Selbst bezeichnet.

Die *schöpferische Phase* ruft aus diesem ganzheitlichen Zustand die Gestalt der Seele hervor, durch die sich der Mensch in eine bestimmte Richtung der Selbstentfaltung begibt. Die Seele macht nun im Prozeß dieser Selbstentfaltung verschiedene Polarisierungserfahrungen, die für die schöpferische Phase des Seins charakteristisch sind: zum einen die Polarisierung in weiblich-männlich und zum zweiten die polarisierte Bewegung zwischen Himmel und Erde, die durch die Inkarnationszyklen zustande kommt, wobei sich die Seele rhythmisch zwischen den geistigen Bereichen (Himmel) und dem Manifestierten Raum (Erde) hin und her bewegt. Indem die Seele so zwischen Himmel und Erde kreist, strebt sie lernend und schaffend dem Ziel ihrer Entwicklung entgegen.

In die *Phase der Wandlung* tritt der Mensch immer dann ein, wenn die Seele sich in den Prozeß der Materialisierung ihrer Lichtgestalt begibt[7]. Um ihre Verkörperung zu ermöglichen, muß sie sich der Elemente einer fremden Evolution, der

[7] Vorstellungsmäßig würde ich die Seele in Gestalt eines Lichtmenschen darstellen, der die charakteristische Form einer Menschengestalt besitzt, aber nur aus Schwingungsstrukturen zusammengesetzt ist, die nicht materialisiert sind. In der Theosophie wird diese »Lichtgestalt« als Kausalkörper bezeichnet.

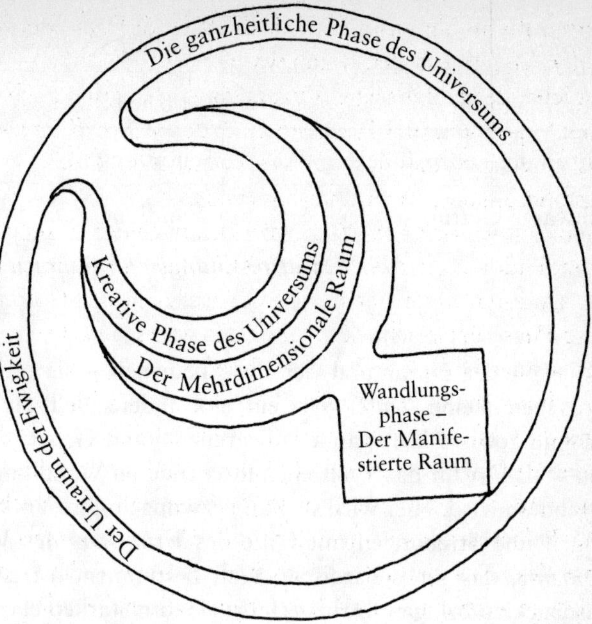

Abb. 2:
Die drei Phasen des Universums

Göttinsymbol	*Qualität*
Jungfraugöttin	Ganzheit
Göttin der Lebensfülle	Schöpfung
Schwarze Göttin	Wandlung

Abb. 3: Entsprechungen im Rahmen des

Evolution der Natur und der Erde bedienen – sie taucht sozusagen in eine »Unterwelt« ein, eine andere Welt, die ihr für eine gewisse Zeitspanne – begrenzt durch Geburt und Tod – als Ort für das Vollziehen ihrer inneren Wandlungen angeboten wird. Hier wird sie nun gezwungen, ihre Vorstellungen und Strebungen mit Hilfe des *Urmusters der Vier Elemente,* das für die irdische Welt bestimmend ist, zum Ausdruck zu bringen. Dabei erfährt sie ihre Stärken ebenso wie ihre Schwachpunkte und Fehlentwicklungen. Die daraus resultierenden oft schmerzhaften Erfahrungen führen die Seele auf den Pfad zunehmender innerer Klarheit, Reinigung und Umwandlung.

1.2.B. Das Urmuster der Sieben Strahlen

Wie das Urmuster der Vier Elemente die irdische Welt prägt, ist das Urmuster der Sieben Strahlen bestimmend für die Gliederung der kosmischen Welt. Dabei sollten wir uns unbedingt klar darüber sein, daß die Vorstellungen von einer irdischen und einer kosmischen Ebene nur Hilfskonstruktionen sind, die aufgrund der menschlichen Betrachtungsweise entstehen. Sie deuten auf keine unmittelbare Wirklichkeit,

räumliche Wirklichkeit	*Menschenwesen*
Urraum der Ewigkeit	Geistaspekt
Der Mehrdimensionale Raum	Seelenaspekt
Der Manifestierte Raum	Körperaspekt

Prinzips der göttlichen Dreiphasigkeit

auch auf keine reale Polarität hin. Nur weil wir Menschen in der Wandlungsphase unserer Entwicklung unser Dasein weitgehend auf die irdische Welt konzentrieren, erscheint uns das uns umgebende Weltall als etwas dem Irdischen Entgegengesetztes, das wir im Unterschied zur Erde als Kosmos bezeichnen. Ich werde es auch im weiteren in diesem relativierten Sinne gebrauchen. Im Grunde aber ist auch die irdische Sphäre einschließlich ihrem materialisierten Aspekt ein integraler Bestandteil der kosmischen Einheit.

Um nun einerseits weiterhin eine Unterscheidung auszudrücken, andererseits aber auch den inneren Zusammenhang hervorzuheben, würde ich lieber von der irdischen Welt als *Mikrokosmos* reden, der in der beschriebenen Beziehung zum *Makrokosmos* steht. Gebrauchen wir die Ausdrücke Mikrokosmos für »irdisch« und Makrokosmos für »kosmisch«, so sollte immer klar bleiben, daß beide Aspekte der Wirklichkeit ein und demselben Kosmos angehören und von denselben kosmischen Ordnungsmustern durchdrungen sind.

Das Urmuster der Sieben Strahlen läßt sich nun genauer definieren als sieben kosmische Qualitäten, die dem Kosmos eine Grundstruktur verleihen, sei es auf der makro- oder

mikrokosmischen Ebene. Überall da, wo es im Kosmos oder auf der Erde um einen geistigen Prozeß geht, läßt sich die Qualität des betreffenden Vorganges auf das Urmuster der Sieben Strahlen zurückführen. Anhand des Musters der Sieben Strahlen können wir darauf schließen, welche geistigen Ursachen im Einzelfall wirksam sind und welche Folgen der betreffende Vorgang haben könnte.
Traditionell wird das Urmuster der Sieben Strahlen durch die sogenannten sieben klassischen Planeten mit den ihnen zugeschriebenen Einflüssen verkörpert. Wenn es, zum Beispiel, an einem Ort um die Einwirkung der göttlichen Willenskräfte geht (der Erste Kosmische Strahl), dann würde man im Sinne der geomantischen Tradition vom Einfluß der Sonnenkraft reden, beim Kosmischen Strahl der Weisheit von der Mondkraft, beim Dritten Strahl der schöpferischen Intelligenz von der Kraft des Planeten Mars usw.[8] Da es mir aber wichtig erscheint, die geomantischen Begriffe von den astrologischen Bedeutungen getrennt zu halten, habe ich mich entschieden, die wohlbekannte Struktur der sieben Planeten in ihrer Entsprechung zum Urmuster der Sieben Strahlen und zur Konstellation der sieben (Yang-)Chakren auf eine neue, den Bedürfnissen der Geomantie angepaßte Art darzustellen.[9]

- **Sonne = der Erste Strahl der Willenskraft**
  (der blaue Strahl)
- **Mond = der Zweite Strahl der Weisheit**
  (der goldene Strahl)

8 Zur Theorie der Sieben Kosmischen Strahlen vgl.: Alice Bailey: *Eine Abhandlung über die Sieben Strahlen.* Lucis Press, Karl Rohm Verlag, Lorch-Württemberg, 1956.

9 Die Reihenfolge entspricht auch den Wochentagen, beginnend mit dem Sonntag.

- **Mars = der Dritte Strahl der schöpferischen Intelligenz** (der rosarote Strahl)
- **Merkur = der Vierte Strahl des Friedens** (der weiße Strahl)
- **Jupiter = der Fünfte Strahl der Wahrheit** (der grüne Strahl)
- **Venus = der Sechste Strahl des Dienens** (der rubinrote Strahl)
- **Saturn = der Siebte Strahl der Freiheit** (der violette Strahl)

Die Tabelle (Seite 32/33) zeigt das breitere Spektrum der Sieben Strahlen, die in der obigen Aufstellung jeweils nur durch ein charakterisierendes Stichwort bezeichnet sind.

Bezogen auf die *räumliche Wirklichkeit* wirkt das Urmuster der Sieben Strahlen ordnend im Bereich des Urraumes der Ewigkeit, den wir gewöhnlich als die *geistige Welt* bezeichnen. Es handelt sich dabei nicht um eine räumliche Struktur im eigentlichen Sinne, da die geistige Welt frei ist von Raum-Zeit-Strukturen. Es gibt darin nur reines Leben, das sich in der Gestalt der Wesenheiten offenbart, die den Ewigkeitsraum gleichzeitig schaffen, ordnen und bewohnen (mehr darüber im nächsten Kapitel 1.3.). Das Urmuster der Sieben Strahlen findet außerdem seinen Ausdruck in den Ausdehnungen des *Mehrdimensionalen Raumes* insoweit, als die göttlichen Impulse sich der feinstofflichen Raumstrukturen bedienen. In der Landschaft, zum Beispiel, wirken sie in Form der Sieben Kosmischen Strahlen durch verschiedene Kraftbrennpunkte eines Ortes und durch dessen geistig-seelische, gefühlsmäßige (astrale), vitalenergetische und strukturgebende Systeme.

Beim Menschenwesen finden die Sieben Strahlen während

Strahl	*Qualität*
Erster (Blau)	Willenskraft, Lebenskraft, Schutz
Zweiter (Gold)	Weisheit, Liebe, Erleuchtung
Dritter (Rosarot)	kreative Intelligenz, schöpferische Vorgänge
Vierter (Weiß)	Frieden, Schönheit, Harmonie
Fünfter (Grün)	Wahrheit, Wissen, Heilung
Sechster (Rubinrot)	Dienen, Hingabe, selbstlose Liebe
Siebter (Violett)	Freiheit, Umwandlung, strukturgebende Ordnung

Das Urmuster der

seiner Verkörperung ihren Ausdruck durch das System der sieben Chakren.

Unter den sieben Chakren verstehen wir Kraftzentren, die entlang der Wirbelsäule angeordnet sind und die zusammen mit anderen Chakrensystemen für die kraftmäßige Versorgung des Organismus mit geistigen, gefühlsmäßigen und lebensfördernden Energien zuständig sind. Auf der vitalenergetischen Ebene wirkt jedes der sieben Chakren wie ein pulsierendes Herzorgan, das die entsprechende Kraftfrequenz durch die Kraftfelder des Menschen drückt und dadurch die betreffende Frequenz / Farbe / Qualität darin aufrechterhält.

– Das unterste Chakra an der Wurzel der Wirbelsäule ist

Einflußbereiche u.a.	*Entsprechende Planetenkräfte*
Staatswesen	Sonne
Pädagogik	Mond
Zivilisations-entwicklung	Mars
Kunst	Merkur
Wissenschaft, Heilung	Jupiter
Religion, Soziale Dienste	Venus
rituelle Handlungen	Saturn

Sieben Strahlen

das *Wurzelchakra* (Farbe Rot). Es ist zuständig für die Verbindungen mit der Qualität der Erde.[10]

- Das *Sexualchakra* (Farbe Orange) ist im Bereich der Reinigungsprozesse tätig.
- Das *Sonnengeflechtschakra* (Farbe Goldgelb) ist die Quelle der Lebenskraft im Menschen. Es repräsentiert die Qualität der Sonne.
- Das *Herzchakra* (Farbe Grün) schafft die Verbindung zwischen den irdischen und den kosmischen Kräften.
- Das *Kehlchakra* (Farbe Blau) initiiert die Atmung stellver-

[10] Die Darstellung der Chakren beruht hier auf einer Botschaft des Engels Christopher Tragius vom 1.12.1994. Vgl. weitere Einzelheiten dazu in Kapitel 2.

Chakra	*Farbe*	*Vitalenergetische Ebene*
Scheitel	Weiß	Verbindung mit der kosmischen Qualität
Drittes Auge	Violett	Konzentration, Wahrnehmung
Kehlkopf	Blau	Atmung– Austausch, Kommunikation
Herz	Grün	Verbindung zwischen Kosmos und Erde
Sonnengeflecht	Goldgelb	Quelle der Lebenskraft
Geschlecht	Orange	Reinigung
Wurzel	Rot	Verbindung mit der irdischen Qualität

Abb. 5: Die sieben Chakren und ihre Funktionen auf

tretend für die Prozesse des Austausches und der Kommunikation. Es repräsentiert die Qualität des Mondes innerhalb des Menschenwesens.

- Das *Chakra des Dritten Auges* (Farbe Violett) unterstützt die Vorgänge der Konzentration und der Wahrnehmung.
- Das *Scheitelchakra* (Farbe Weiß) stellt die Verbindung zur kosmischen Qualität her.

Obwohl wir das System der sieben Chakren als einen Ausdruck des Urmusters der Sieben Strahlen im Menschenwesen ansehen können, gibt es keine linearen Entsprechungen zwischen den einzelnen Chakren und einem der Sieben Strahlen.

Geistig-seelische Ebene
Berührung durch die Seele, Ganzheitsimpulse
Intuition, Imagination
Schöpfungskraft, Kommunikation
Universelle Liebe
Schutz des Kraftorganismus
Schönheit
Umwandlung

der vitalenergetischen und geistig-seelischen Ebene

Vielmehr dienen mehrere Chakren ein und demselben Strahl als Mittler. Die Tabelle zeigt in einfachen Stichworten die spezifische Funktion der einzelnen Chakren auf der energetischen und auf der geistig-seelischen Ebene auf.

1.2.C. Das Urmuster der Vier Elemente

Stellt das Urmuster der Sieben Strahlen die Ordnung dar, nach der die *kosmischen* Dimensionen der Wirklichkeit manifestiert werden, so können wir das Urmuster der Vier Elemente als die Ordnung bezeichnen, durch die die *irdischen*

Aspekte der Realität ihre Verwirklichung – sei es nun in Schwingungsformen oder in materiellen Strukturen – erfahren. Die vier Elemente Erde, Feuer, Wasser und Luft, in der westlichen Tradition auch symbolisiert durch vier geflügelte Wesenheiten – Stier/Erde, Löwe/Feuer, Engel/Wasser, Adler/Luft – stehen für die erbauenden Kräfte des Erdplaneten.

- Das *Element Erde* bezeichnet die Kräfte der Verwirklichung in der Form, die Prozesse der Materialisierung und die Qualität der Erdung.
- Das *Element Feuer* steht für die lebensspendenden Kräfte, für die Prozesse der Ätherisierung und die Qualität der Strahlung.
- Das *Element Wasser* symbolisiert die gefühlsmäßigen Kräfte, die Prozesse der Tätigkeit bzw. die Qualität der Bewegung.
- Das *Element Luft* bezeichnet die Gedankenkräfte, die Prozesse der Kommunikation und die Qualität der Ordnung.

Bezogen auf die *räumliche Wirklichkeit* prägt das Urmuster der Vier Elemente sowohl den Mehrdimensionalen Raum als auch den Manifestierten Raum, ist also maßgebend für die Ordnung sowohl der feinstofflichen wie der materiellen Welt. Die vier Dimensionen des Mehrdimensionalen Raumes sind ein Ausdruck des Vier-Elemente-Musters:

- Das Element Erde findet seinen Ausdruck in der *Strukturgebenden Dimension.* Seine Rolle innerhalb des Gewebes des Mehrdimensionalen Raumes besteht darin, den schöpferischen Prozessen eine Verwirklichung in der Form zu ermöglichen. In der Strukturgebenden Dimension sind die Schwingungsmuster beheimatet, die sich zu stofflichen Formen verdichten können.

- Das Element Feuer taucht im Rahmen des Mehrdimensionalen Raumes in der Form der *Vitalenergetischen Dimension* auf. Ihre Funktion besteht darin, die lebenskrafttragenden Systeme im Raum aufrechtzuerhalten.
- Das Element Wasser steht für die *Urbildliche Dimension* innerhalb des Mehrdimensionalen Raumes. In ihr findet die Dynamik der feingewobenen Gefühls- und Gedankenwelt ihren Ausdruck.
- Das Element Luft stellt die *Geistig-Seelische Dimension* dar. Ihre Funktion besteht darin, die Qualitäten, Impulse und Inspirationen der geistigen Welt (des Urraumes der Ewigkeit) innerhalb des Gewebes des Mehrdimensionalen Raumes zu verankern.

Bezogen auf den Mikrokosmos des menschlichen Wesens manifestiert sich das *Urmuster der Vier Elemente* in den vier Ebenen des menschlichen Körpers: Der physisch-dichte Aspekt des Körpers (Element Erde) stellt die tragende Struktur dar, sein ätherisches Komplement (Element Feuer) das Kraftgewebe, das den physischen Leib durchdringt und belebt, der sogenannte Astralkörper (Element Wasser) ermöglicht es dem Menschenwesen, sich psychisch auszudrücken, und durch den mentalen Aspekt des Körpers (Element Luft) kann sich das persönliche Ich als Ausdruck des Selbstbewußtseins manifestieren. Die Vier Elemente zusammen ermöglichen es der Seele, während der Verkörperung ihre Besonderheit in allen Aspekten zum Ausdruck zu bringen.

Wie das Urmuster der Sieben Strahlen als Träger der kosmischen Kräfte, so findet auch das Urmuster der Vier Elemente als Träger der irdischen Kräfte seinen Niederschlag in der

Element	*Symbol*	*Kräfte*	*Qualitäten*
Luft	Adler	gedankliche Kräfte	Ordnung
Wasser	Engel	gefühlsmäßige Kräfte	Bewegung
Feuer	Löwe	Lebenskräfte	Strahlung
Erde	Stier	Kräfte der Verwirklichung	Erdung

Das Urmuster der Vier Elemente

Chakrenstruktur des Menschenwesens. Dabei handelt es sich nicht um die Kraftzentren, die in senkrechter Reihe entlang der Wirbelsäule angeordnet sind, sondern um eine kreisförmige Anordnung der sogenannten »Nebenchakren«. Sie sind teilweise an den Gliedern, teilweise parallel zur Reihe der »Hauptchakren« plaziert. Es handelt sich aber nicht um eine hierarchisch bedingte Differenzierung von »Haupt«- und »Neben«-Chakren, sondern um zwei wesensmäßig unterschiedliche Funktionen der Kraftzentren.

Die Chakrenreihe entlang der Wirbelsäule ist zuständig für die Umsetzung der kosmischen Kräfte und deren Umwandlung im Sinne der Erdung. Ich nenne diese Reihe das *Yang-System der Chakren.* Die vier kreisförmig um diese zentrale Reihe angeordneten Chakren haben im Gegensatz dazu einen horizontalen und kreisförmig einschließenden Charakter, weshalb ich sie im Folgenden als das *Yin-System der Chakren* bezeichnen werde. Die vier Kreise der Yin-Chakren beziehen sich auf das Urmuster der Vier Elemente:

Prozesse	Dimension des Mehrdimensionalen Raumes	Aspekte des menschlichen Körpers
Kommunikation	Geistig-Seelische	Mentalkörper
Tätigkeit	Urbildliche	Astralkörper
Ätherisierung	Vitalenergetische	Ätherkörper
Materialisierung	Strukturgebende	Physischer Körper

und seine Entsprechungen

- Mit dem *Element Wasser* steht der innerste Chakrenkreis in Verbindung, der eigentlich eine waagerechte Chakrenreihe darstellt mit dem Herzchakra[11] in der Mitte und den beiden Brustchakren an der Seite. Dieser Chakrenkreis dient der Verarbeitung der Gefühlskräfte im Menschen.
- Auf das *Element Feuer* bezieht sich der zweitinnerste Kreis, der die Chakren an beiden Hüften und an beiden Ohren einschließt. Er ist für die Verarbeitung der Lebenskräfte im Menschen verantwortlich.
- Das *Element Erde* drückt sich durch den dritten Chakrenkreis aus. Dieser verbindet die zwei Chakren an den Knien mit den zwei Chakren an den Ellbogen[12]. Ein weiteres

[11] Das Herzchakra ist das einzige unter den sieben Chakren des Yang-Systems, das auch im Yin-System eine Rolle spielt. Daraus wird die außerordentliche Bedeutung dieses Chakras für das Gleichgewicht des Menschenwesens ersichtlich.

[12] Der dritte und der vierte Chakrenkreis lassen sich am besten visualisieren, wenn man sich den Menschen mit ausgestreckten Armen und

Chakra, das zu diesem Kreis gehört, liegt in der Verlängerung der Wirbelsäule nach unten[13]. Der dritte Chakrenkreis steht für die kreative Lenkung der feinstofflichen Kräfte in die Sphäre des Stofflichen hinein.

– Der vierte und äußerste Chakrenkreis bezieht sich auf das *Element Luft.* Ihm gehören die Chakren an den Handflächen und Fußsohlen an. Erstere stellen die Beziehungen zu den ganzheitlichen Kräften des Alls her, letztere zu den manifestierten irdischen Kräften. Die Rolle des vierten Kreises sehe ich darin, die Kommunikationswege des Menschen in beide Richtungen offenzuhalten. Zu diesem Kreis zählen noch zwei Chakren, die in der Achse der Sieben-Chakren-Reihe stehen und das Kraftfeld der Chakrensysteme unten und oben abschließen.

1.2.D. Das Urmuster der Polarität

Die kreuzförmige Statik des Vier-Elemente-Musters wird durch das Polaritätsmuster dynamisiert.[14] In der Spannung zwischen den Gegensätzen und dem Streben nach Gleichgewicht innerhalb der bipolaren Strukturen ist die kreative Phase des Lebens begründet. Als geschlechtliche Erfahrungsdimension werden die Gegensatzpaare als weiblich-männlich bezeichnet, im abstrakten Sinne sprechen wir von negativ-positiv. Leider sind diese beiden Begriffspaare in unserer

Beinen vorstellt. Die so dargestellten Kreislinien haben ihr Zentrum im Herzchakra.

13 Es kann im Zusammenhang mit dem beim Menschen verkümmerten Schwanz verstanden werden.

14 Die Elemente Wasser und Erde haben weiblichen (Yin) Charakter, Feuer und Luft männlichen (Yang) Charakter.

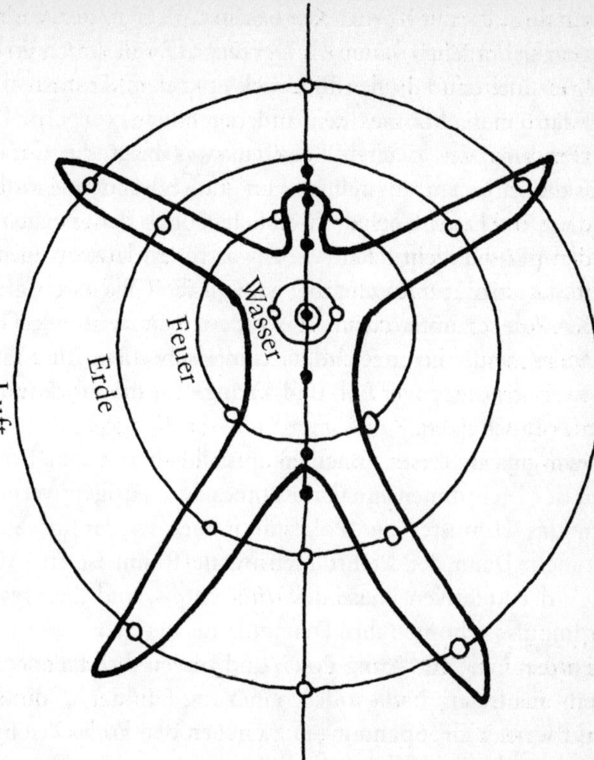

Abb. 7:
Das Yin-System der Chakren (helle Punkte) und das Yang-System der Chakren (dunkle Punkte)

Kultur zu stark mit Vorurteilen belastet, als daß wir sie ohne Zögern gebrauchen könnten. Der Begriff »männlich-weiblich« könnte den falschen Eindruck erwecken, Frauen würden den einen, Männer den anderen Pol verkörpern. Die Verwendung des zweiten Begriffspaares birgt die Gefahr einer dualistischen Vorstellung von gut – böse in sich, wobei zu allem Übel auch noch der weibliche Pol als der »negative« mit dem Bösen identifiziert wird, was für ein ausgewogenes Weltbild absolut unakzeptabel ist. Um die Gleichwertigkeit beider Pole zu unterstreichen, werde ich im weiteren Text zusätzlich und stellvertretend die chinesischen Begriffe »Yin« für weiblich (negativer Pol) und »Yang« für männlich (positiver Pol) benutzen.

Da wir uns in diesem Buch hauptsächlich mit den Bereichen des Mehrdimensionalen Raumes beschäftigen werden, wird das Urmuster der Polarität immer wieder ins Spiel kommen. Denn der Mehrdimensionale Raum ist ein Ausdruck der kreativen Phase des Universums, und die kreativen Impulse schöpfen ihre Dynamik aus der Spannung zwischen den Yin- und Yang-Polen und finden ihre Balance in einem neutralen Null- oder Yin/Yang-Punkt. In diesem Punkt werden die Spannungen zwischen den Polen Yin und Yang aufgehoben und der Qualität des Gleichgewichts zugeführt.

Wenden wir uns nun dem Landschaftsraum zu, so können wir schon durch eine einfache Formenanalyse feststellen, daß seine Elemente entweder dem weiblichen oder dem männlichen Pol zuzuordnen sind. Betrachten wir, zum Beispiel, eine Kette zum Himmel aufragender Berge, so empfinden wir ihre polarisierte Yang-Kraft im Gegensatz zum Flußtal, das den komplementären Yin-Pol in ihrer Mitte bildet. Betrachten wir aber die Formen der einzelnen Berge in ihrer Beziehung untereinander, so werden wir zugeben müssen, daß einige von ihnen durch breite, flache oder abgerundete Formen wiederum Yin-Aspekte der Gebirgskette verkörpern im Gegensatz zum Yang-Charakter der spitz oder pyramidenförmig aufragenden Gipfel. Ein sanft gerundeter, flacher Hügel, um ein zweites Beispiel zu geben, kann in einem Flachland die Rolle eines starken Yang-Fokus spielen. Derselbe Hügel könnte in einem Gebirgstal als Gegenpol zu den felsigen Bergen der Umgebung eine Yin-Rolle übernehmen.

Die »weibliche« bzw. »männliche« Qualität einer Erscheinung in der Landschaft ist nur *in der Beziehung zu ihrem Gegenpol* als yin- oder yang-polarisiert bestimmbar. In einem anderen Zusammenhang könnte dieselbe Erscheinung eine genau entgegengesetzte Rolle übernehmen. Folglich geht es bei dem Yin/Yang-Muster nicht darum, daß sich die Elemente der Wirklichkeit prinzipiell dem einen oder dem anderen der beiden Pole zuschreiben ließen. Das Urmuster der Polarität stellt lediglich eine für die kreative Phase der Wirklichkeit geltende Gesetzmäßigkeit dar, die es erlaubt, die an einem schöpferischen Prozeß beteiligten Elemente der Realität[15/16] ihren polaren Rollen entsprechend zu definieren.

Bezogen auf das Menschenwesen wird das Urmuster der Polarität schon durch die Polarisierung in Frauen und Männer sichtbar. Die Unterscheidung in weiblich und männlich auf der Ebene der körperlichen Erscheinung ist jedoch nur ein äußerlicher Ausdruck der inneren weiblich-männlichen Polarisierung, die in *jedem* Menschen, sei es Mann oder Frau, existiert. Ich würde sie als Komposition von zwei Kraftdrei-

[15/16] Diese Prozesse können so langfristig sein, daß sie von uns kaum bemerkt werden, wie der Prozeß der ständigen Umgestaltung der Erdoberfläche.

ecken darstellen, die sich in bezug auf die beiden beschriebenen Chakrensysteme offenbaren:
Das *Yin-Dreieck* ist mit der Spitze der Erde zugewandt und hat als Eckpunkte drei Chakren des Yin-Systems (das »Schwanz«-Chakra und die beiden Ellbogenchakren), die der Erdkreislinie angehören. Auch das Herzchakra ist in das Yin-Dreieck eingeschlossen, da die obere, waagerechte Linie des Dreiecks durch das Herzchakra verläuft.
Das *Yang-Dreieck* ist mit der Spitze dem Himmel zugewandt und hat als Ausgangspunkt das Stirnchakra, das dem Yang-Chakrensystem angehört. Die untere Linie des Dreiecks wird dadurch bestimmt, daß sie durch das Sonnengeflechtschakra verläuft. Bezogen auf die vier Chakrenkreise liegt das Yang-Dreieck innerhalb der Kreislinie des Feuerelements.

1.2.E. Das Prinzip der göttlichen Einheit

Während der weibliche Aspekt des Göttlichen am besten im Bild der dreiphasigen Göttin veranschaulicht wird, würde ich den männlichen Aspekt als das Prinzip der göttlichen Einheit darstellen. Das Prinzip der weiblich-göttlichen Dreiphasigkeit beschreibt das Wirken der zentripetalen, nach allen Seiten des Universums sich ausdehnenden Kräfte, das Prinzip der göttlichen Einheit die zum Zentrum führenden, zentrifugalen Kräfte. Die Vorstellung vom monotheistischen Gott als dem Mittelpunkt des Alls entspricht dem Prinzip der göttlichen Einheit, sofern damit nicht ein einziger hierarchisch übergeordneter Mittelpunkt gemeint ist, sondern eine spezifisch göttliche Qualität, die nur in Bezogenheit auf die göttliche Dreiphasigkeit gedacht werden kann. Dieses Gedanken-

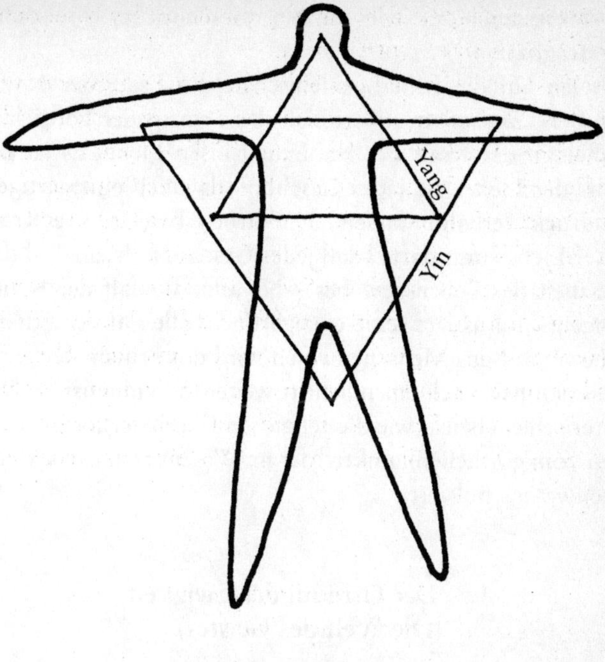

Abb. 8:
Das Yin-Dreieck und das Yang-Dreieck sind Ausdruck der Polaritätsstruktur im Menschenwesen

modell ist auch auf jedes einzelne Geschöpf im Universum übertragbar.
Bezogen auf die Lebensgemeinschaft der Erde, der Natur und der Landschaft äußert sich das Prinzip der göttlichen Einheit in der Kraft der bedingungslosen Liebe. Es ist die Kraft der Liebe, die jedes Geschöpf als einen einzigartigen Ausdruck der allumfassenden Gottheit beseelt. Die Kraft dieser Liebe sorgt dafür, daß jedes Geschöpf als ein Teil der Ganzheit des Lebensgewebes – bei aller Vielfalt der Beziehungen – fokussiert seine einzigartige Rolle aufrechterhält.
In bezug auf das Menschenwesen wird das Prinzip der göttlichen Einheit noch einen Schritt weiter individualisiert. Die esoterischen ebenso wie die religiösen Überlieferungen sprechen vom göttlichen Funken, der im Wesenskern jedes Menschenwesens pulsiert.

1.3. Der Urraum der Ewigkeit (Die Welt des Geistes)

In den nächsten drei Unterkapiteln stelle ich die drei Phasen der räumlichen Wirklichkeit vor, die ich im Rahmen des Prinzips der göttlichen Dreiphasigkeit als den *Urraum der Ewigkeit*, den *Mehrdimensionalen Raum* und den *Manifestierten Raum* bezeichnet habe. Ihr Zusammenspiel bildet den Bereich, in dem die Existenz unseres Universums auf der geistigen, energetischen und körperlichen Ebene in der gegenwärtigen Phase der Weltenentwicklung angesiedelt ist.
Was die erste Phase, den Urraum der Ewigkeit, betrifft, so hätte es kaum einen Sinn, theoretisch über seine Ordnung zu sprechen, bevor nicht ein Gespür für seine Wirklichkeit vorhanden ist; sonst wäre es besser, darüber zu schweigen.

Ich möchte daher zunächst anhand einer Erzählung versuchen, den Urraum der Ewigkeit vor dem Auge der Imagination erstehen zu lassen.
Es war vor 13 Jahren, als ich zum erstenmal die Stadt Cortona an der Grenze zwischen der Toskana und Umbrien besuchte. Die ursprünglich etruskische Stadt liegt auf einer imposanten Erhebung über dem flachen Chiana-Tal. Noch heute ist sie eingeschlossen in die Geometrie der Stadtmauer, die überwiegend auf den Fundamenten der etruskischen Stadtumrandung ruht.
Um Cortona zu erfahren, folgte ich den relativ steil ansteigenden Gassen der Stadtlandschaft, bis die letzten Häuser hinter mir lagen. Mein Ziel war die Basilika der hl. Margherita, die weithin sichtbar die Stadt überragt. Bevor ich sie erreichte, mußte ich einen gepflasterten, vielfach gewundenen Weg durch einen mit Zypressen und Kiefern bestandenen Hain gehen. Dabei fiel mir am Rande des Weges ein Gedenkstein auf, der die nostalgische Inschrift trug: »Qui in remotissimi tempi il dio Marte ebbe un altare ...«[17] Ich schaute mich um, ob noch irgendwelche Ruinen des alten Tempels zu sehen wären, es gab aber keine. Statt dessen tauchte plötzlich ein schneeweißer Nebel auf, der in der Form eines mehrfachen Wirbels nicht höher als eine menschliche Gestalt durch die Parklandschaft hin und her tanzte.
Schon im nächsten Moment entschwand die »Nebeltänzerin«, indem sie sich in amorphe Formen auflöste. Von ehrfürchtigem Schauer ergriffen stand ich da. Ich *wußte* nun, daß die göttliche Präsenz an diesem Ort nicht der fernen Vergangenheit angehörte, wie die Inschrift behauptete, sondern noch heute anwesend ist.
Im September 1994 wurde ich wieder nach Cortona eingela-

[17] »Hier hatte in sehr fernen Zeiten der Gott Mars einen Altar ...«

den, um an einer von der Eidgenössischen Hochschule in Zürich organisierten Tagung teilzunehmen. Das Thema dieser »Cortona-Woche« lautete: »Mythos und Wissenschaft«. Um meinen Workshop über die unsichtbaren Dimensionen der Stadtlandschaft vorzubereiten, stieg ich wieder einmal die steilen Gassen der Stadt hinauf. Diesmal konnte ich mich viel mehr auf meine eigene Sensibilität verlassen als vor 13 Jahren, und ich hatte inzwischen auch einiges über die Geheimnisse der etruskischen Kultur erfahren[18]. Mein Aufstieg durch die Stadt begann am unteren Tor, das in die alten etruskischen Mauern eingelassen ist und erst vor kurzem von Archäologen freigelegt wurde. Ausgehend von diesem Tor verlief bergauf eine der beiden Stadtachsen – die als »Cardo« bezeichnete Nord-Süd-Achse –, die für die etruskische Stadtgründung einen tiefen mythologischen Sinn hatte. Sie symbolisiert den sakralen Weg, durch den sich das Göttliche von Norden nach Süden in die Verwirklichung hinunterbegibt. Rechtwinklig dazu liegt die Querachse »Decumanus«, die den wechselnden Rhythmus der Sonnenkräfte im Osten und der Mondkräfte im Westen darstellt. Der Punkt, an dem die beiden Achsen sich kreuzen, bezeichnet die Stadtmitte, die gleichzeitig die Weltenmitte symbolisiert. Dieser Mittelpunkt befindet sich in Cortona an dem Platz der heutigen Kirche San Francesco.[19] Genau dort kann ich auch das energetische Zentrum der Stadtlandschaft wahrnehmen.[20]

Vom unteren Tor, der »Mündung« des Cardo, folgte ich der Nord-Süd-Achse bergauf in Richtung ihrer nördlichen Quel-

[18] Vgl. z. B. Renato Aprile: *Die Etrusker*, Verlag Freies Geistesleben, Stuttgart 1979.

[19] Der Punkt befindet sich an der unteren rechten Ecke der Freitreppe, die zum Plateau hinaufführt, auf dem die Kirche steht.

[20] Über Aufbau und Funktion eines energetischen Zentrums vgl. Kapitel 4.2.A.

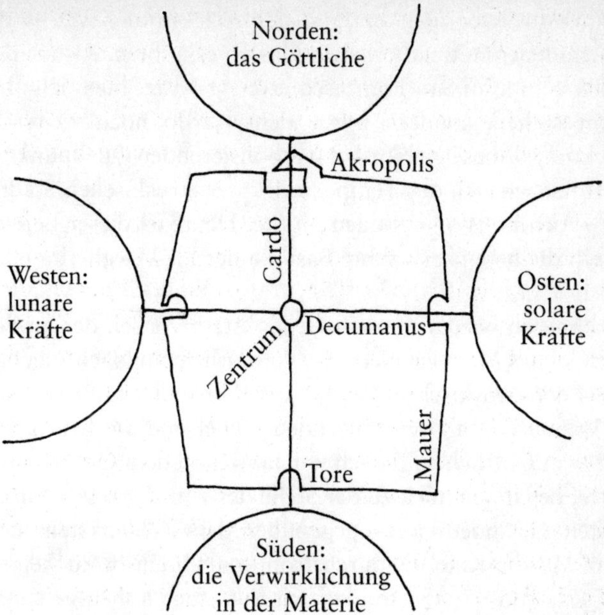

Abb. 9:
Geomantischer Plan einer etruskischen Stadt am Beispiel von Cortona

le[21], immer so dicht entlang der Achsenlinie, wie es die gewundenen mittelalterlichen Gassen erlaubten. Als ich den Mittelpunkt an San Francesco erreicht hatte, blieb ich aber nicht stehen, sondern folgte dem Cardo noch weiter in Richtung seines den Norden symbolisierenden Quellpunktes, dorthin, wo sich der Tempelbezirk der etruskischen Stadt – die »Akropolis« – befinden mußte. Heute ist dieser Bereich durch die bereits erwähnte Basilika der hl. Margherita markiert.

So kam ich wieder an dem Gedenkstein vorbei, der an den Tempel des Mars erinnert, der vermutlich ein Nachfolgebau eines der etruskischen Tempel der Akropolis gewesen war. In Erinnerung an den tanzenden Nebel und die Berührung mit dem Göttlichen, die ich vor Jahren an dem Ort erfahren hatte, begab ich mich zu der Stelle des von Zypressen eingefaßten Geländedreiecks gegenüber dem Gedenkstein und sank auf die Knie. Es durchströmte mich ein beglückendes Gefühl, und ich spürte, daß ich mit einer hohen geistigen Kraft in Verbindung getreten war. Ich dachte, es müsse eine kosmische Kraft sein, und konzentrierte mich nach oben, um sie zu erforschen. Zu meiner Überraschung mußte ich einen inneren Druck einsetzen, um durch mein Bewußtsein zu der Höhe vorzudringen, auf der ich glaubte, mit der Kraft in Kontakt zu kommen. Als ich so über dem Platz schwebte,

21 Die Achsen waren bei einer etruskischen Stadt nicht unbedingt nach den geographischen Himmelsrichtungen ausgerichtet, weil der geomorphische Aspekt, verkoppelt mit dem symbolischen, den Vorrang hatte. In Cortona befindet sich der nördliche Ausgangspunkt des Cardo im Nordosten, da, wo sich die dominanteste Stelle des Bergrückens befindet, auf dem die Stadt steht. Die Achsen kann ich radiästhetisch als drei parallele Kraftlinien wahrnehmen, von denen die mittlere Yang und die seitlichen Yin geladen sind. Vgl. dazu das Kapitel über Aquastate 3.2.C.

konnte ich zwar gewisse geistige Wege betreten, die in einen silbernen Lichtschimmer getaucht waren. Als ich diese Erfahrung aber mit meinem logischen Verstand hinterfragte, bekam ich ein Warnzeichen. Im Splitter einer Sekunde sah ich den Gegenpol dieser lichten Welt in Form eines erdgebundenen Kraftwirbels, der nach unten zog.

Diese widersprüchliche Eingebung verwirrte mich. Hätte ich nicht vor Jahren die unbefleckte Schönheit des Ortes erfahren, dann wäre ich diesmal zu dem Schluß gekommen, daß der Ort Probleme hat, die nach einer Raumheilung rufen. Ohne eine Lösung zu finden, verließ ich den Platz, um in den folgenden Tagen meditativ an dieser Frage zu arbeiten.

Die Distanz ermöglichte es mir dann auch, meinen Fehler zu erkennen. Durch meine Einschätzung, es handele sich um einen Platz, an dem die kosmischen Energien zu erreichen seien, hatte ich meine Wahrnehmung des Ortes vorprogrammiert. Bei meiner ersten Erfahrung am Platz der etruskischen Akropolis mußte sich etwas anderes offenbart haben, was durch meine Projektion diesmal unterdrückt und letztlich verschattet wurde.

Frei von jeglicher Erwartung begab ich mich einige Tage später wieder zu dem unerkannten Platz. Als ich mich nun unter den Zypressen vertiefte, konnte ich wieder die unbeschreibliche Tiefe und Weite der geistigen Atmosphäre des Ortes wahrnehmen. Dabei ging es nicht um eine Erfahrung kosmischer *oder* irdischer Kräfte – beide waren in einer ausgeglichenen Qualität gleichzeitig anwesend. Das Merkwürdigste dabei war, daß ich ihre Präsenz nicht als von meinem Wesen getrennt erlebte, sondern ich war in ihrer Gegenwart mit enthalten. Diese Erfahrung – ich würde sie als die Erfahrung des Urraumes der Ewigkeit bezeichnen – war gleichzeitig eine Begegnung mit meinem innersten Wesen.

Der Urraum der Ewigkeit kann also, wie dieses Beispiel zeigt, nicht erfahren werden, ohne gleichzeitig die Offenbarung des innersten Wesens des erfahrenden Menschen einzuschließen. Dieses Merkmal unterscheidet die Erfahrung des Urraumes der Ewigkeit sowohl von der übersinnlichen Erfahrung des Mehrdimensionalen wie von der sinnlichen Wahrnehmung des Materialisierten Raumes. In den beiden letztgenannten Fällen ist die Wahrnehmung nicht notwendigerweise mit einem Erlebnis von Selbsterkenntnis verbunden.

Es ist relativ leicht, sich den Urraum der Ewigkeit als eine rein göttliche Qualität vorzustellen, die alles durchdringt. Das Allumfassende birgt jedoch nicht nur die Leere, sondern auch die unbegrenzte Fülle. So kommen wir zu der berechtigten Annahme, daß wir auch innerhalb des Urraumes der Ewigkeit eine gewisse Gliederung und Ordnungsstruktur erwarten dürfen. Dabei handelt es sich allerdings nicht um eine räumlich-zeitliche Gliederung. Auch vermag ich nicht so etwas wie objektive Dimensionen zu erkennen, die dem Urraum der Ewigkeit eine Struktur verleihen würden. Das einzige Ordnungsprinzip, das darin herrscht, ist auf einer noch umfassenderen Ebene zu suchen, da, wo es keine subjektiv-objektive Trennung mehr gibt, wo die objektiven, strukturgebenden Momente zugleich lebendige, subjektive Wesenheiten im Sinne der Individuation sind, die aber vom menschlichen Standpunkt aus betrachtet eigentlich unpersönliche Kräfte darstellen.

Solche subjektiv-objektiven Wesenheiten, die dem Urraum der Ewigkeit seine Struktur verleihen, werden in unserer Kultur im allgemeinen als »Engel« bezeichnet. Sie werden aus der Sicht des Menschen als Wesenheiten wahrgenommen, die zwar die feinstofflichen Ausdehnungen des Mehrdimensionalen Raumes als ihren Tätigkeitsbereich benutzen, dort aber nicht beheimatet sind, sondern aus dem Urraum

der Ewigkeit als ihrem Stammbereich kommen. Entsprechend wurden sie als Boten (gr. *angelos* – der Bote) aus dem Urraum der Ewigkeit wahrgenommen.
Betrachten wir den Urraum der Ewigkeit unter dem Aspekt seiner Rolle innerhalb des Universums, so können wir ihn mit der klassischen Vorstellung von der *Geistigen Welt* vergleichen. Um allerdings der ganzheitlichen Raumvorstellung gerecht zu werden, muß an dieser Stelle sofort betont werden, daß die Polarität zwischen der geistigen Welt und der Welt der Materie nur aus der Perspektive einer linearen Raumkonzeption existiert. In Wahrheit stellt der Urraum der Ewigkeit eine Dimension der räumlichen Wirklichkeit dar, die die Manifestierte Welt der Materie zusammen mit den Ausdehnungen des Mehrdimensionalen Raumes durchdringt und umfaßt. So betrachtet, kann der Urraum der Ewigkeit zu Recht als »die Welt des allesdurchdringenden Geistes« bezeichnet werden.
Diese Bezeichnung berechtigt aber keineswegs dazu, den Urraum der Ewigkeit irgendwo am Himmel anzusiedeln, wohin diese räumliche Wirklichkeit projiziert wurde, nachdem die materie-orientierte Entwicklung der menschlichen Wahrnehmung die reale Erfahrung ihrer Präsenz vollkommen ausgelöscht hat. Die Bezeichnung »Welt des Geistes« deutet eigentlich darauf hin, daß diese Welt aus einer so extrem feinen – geistigen – Substanz besteht, daß sie alles zu durchdringen vermag, ohne vom Wachbewußtsein und/oder durch übersinnliche Wahrnehmung bemerkt zu werden. Nur die Qualität der Offenbarung oder Intuition erlaubt es dem verkörperten Menschen, den Urraum der Ewigkeit bzw. die geistige Welt zu erfahren, obwohl wir Menschen unserer geistig-seelischen Natur nach von Ewigkeit zu Ewigkeit an dieser Welt teilhaben. Fragen wir uns nun, wie der Urraum der Ewigkeit als die Welt des Geistes geordnet sein könnte,

so würde ich auf die Vorstellung von objektiv-subjektiven Wesenheiten zurückgreifen, die den Urraum der Ewigkeit mit ihrer Präsenz ausfüllen und ihm dadurch auch seine Struktur verleihen. Der schon erwähnte Begriff »Engel« als Bezeichnung für diese Wesenheiten wird dabei zu eng, da die Engel – die wir hoffentlich inzwischen von der Halb-Vogel-halb-Mensch-Vorstellung befreit haben – nur eines von mehreren Ordnungsprinzipien des Urraumes der Ewigkeit darstellen. Die christliche Tradition spricht in diesem Zusammenhang von »himmlischen Hierarchien«.[22]

An dieser Stelle möchte ich mich, dem Rat des Engels Christopher Tragius folgend, der durch meine Tochter Ajra Miška an der Gestaltung dieser »Schule der Geomantie« mitgewirkt hat, von den herkömmlichen Vorstellungen solcher Hierarchien oder Engelordnungen strikt distanzieren. Sie stellen lediglich Hilfskonstruktionen dar, die angesichts der zunehmenden Verengung des menschlichen Verstandes eine Ahnung von der inneren Ordnung vermitteln, die in der geistigen Welt im Sinne von ununterbrochen schwingenden Harmonien herrscht.

Engelhierarchien als Hilfsbilder stellen jedoch keine Wahrheit an sich dar, weil sie die unvorstellbare Freiheit, die den Urraum der Ewigkeit durchdringt und die es jedem Engelwesen erlaubt, sich ungebunden in der Bahn seiner Entfaltung zu bewegen, zu versteinern und in ihr Gegenteil zu verkehren drohen. Was wir aber aus der Vorstellung über die himmlischen Ordnungen sehr wohl gewinnen können, ist ein Einblick in die Entfaltungsdynamik der geistigen Welt, die es

[22] Dieser Ausdruck hat mit dem modernen Begriff der Hierarchie nicht viel zu tun. Das Wort kommt von *hieros* (gr.) – die Welt – und *archos* (gr.) – der Herrscher –, bezeichnet also ursprünglich die den Kosmos beherrschenden Kräfte.

jedem Engelwesen ermöglicht, sich unendlich weit in Richtung göttlicher Vollkommenheit und Allumfassendheit zu entwickeln. Die aus der abendländischen Überlieferung[23] übernommenen vier Ordnungen der Engelwesen, die ich kurz darstellen möchte, sollten lediglich als ein Versuch verstanden werden, das Unbegreifbare in einer Struktur zu erfassen, die uns später helfen kann, die Engelkräfte bewußt in die geomantische Arbeit einzubeziehen. Ich bitte dabei immer die Tatsache im Bewußtsein wachzuhalten, daß es sich um eine willkürliche, von Menschen vorgenommene Beschränkung handelt.

Zur ersten Ordnung zählen traditionell die Wesenheiten, die so verfeinert sind und sich durch ihre Evolution so ausgedehnt haben, daß sie, alles durchdringend, im ganzen Weltall verteilt sind. Aus diesem Grund werden sie als die *Urkräfte des Göttlichen* empfunden, obwohl sie auch weiterhin die Qualität von Wesenheiten besitzen. Aufgrund des Urmusters der Sieben Strahlen weist auch die Ordnung der Urkräfte sieben Aspekte auf; daraus leiten sich traditionell folgende Bezeichnungen ab:

- *Seraphim,* Wesenheiten, die die göttliche Liebe verkörpern;
- *Cherubim,* die die kosmische Harmonie darstellen;
- *Throne,* Urkräfte, die den göttlichen Willen-zum-Sein verkörpern;
- *Herrschaften* (Kyriotetes), die die göttliche Weisheit manifestieren;

[23] Vgl. Rudolf Steiner: *Geistige Wesenheiten und ihre Widerspiegelung in der physischen Welt.* Rudolf Steiner Verlag, Dornach 1991, Bibliographie Nr. 110. Ferner: Malcolm Godwin: *Angels, an Endangered Species,* Boxtree, London 1993.

- *Mächte* (Dynamis, Urkräfte), die die kosmischen Bewegungen hervorbringen;
- *Gewalten* (Exusiai), Urkräfte der formgebenden Prozesse im Kosmos;
- *Urbeginne* (Archai), Wesenheiten, die die Individuationsprozesse im Kosmos anregen.

Die zweite Ordnung wäre die *Ordnung der Erzengel.* Sie werden in unserer Kultur stark personifiziert, obwohl es sich auch bei ihnen im Grunde genommen um kosmische Kräfte handelt, die im Unterschied zu den Urkräften die göttlichen Qualitäten nicht nur repräsentieren, sondern sie auch in gewisse Weltentwicklungen oder Natur- und Kulturevolutionen umsetzen. In diesem Sinne kommt die zweite Ordnung der Engelwesenheiten in der Tat mehr individualisiert vor. Ein Beispiel für die in unserer Kultur übermäßig personifizierten Erzengelgestalten ist der Erzengel Michael. In der christlichen Kunst wird Michael als ein Drachentöter dargestellt oder als Richter der Menschenseelen – eine Waage in der Hand, mit der er die guten und die bösen Seiten einer Seele gegeneinander abwägt. Beide Symbole bezeichnen ihn als diejenige kosmische Kraft, die die göttliche Vision der Entwicklung sowohl in bezug auf den Kosmos wie in bezug auf das Individuum vertritt und die vor der Gefahr der Verblendung oder Irreführung schützt. Im ersten Fall ist die Lanze des Erzengels ein Symbol für das Maß, mit dessen Hilfe die der Ordnung entsprechende Proportion zwischen der makrokosmischen Welt des Geistes und der mikrokosmischen Welt der Materie gewahrt oder gefördert wird.[24] Die

[24] Ich halte es für eine der allumfassenden Natur eines Engelwesens nicht gerecht werdende Interpretation, wenn die michaelische Lanzengeste als ein feindseliger Akt gegen den Geist der Erde oder gegen die Welt der Materie gedeutet wird.

Geste des Abwägens bezieht sich auf die Vorstellung, daß die Folgen, die ein Mensch auf seinem geistigen Weg durch die Welt der Materie auslöst – seien sie aufbauend oder zerstörerisch –, schicksalhafte Rückwirkungen auf seine zukünftige Entwicklung haben (vgl. dazu Kapitel 1.6.A). Der Erzengel Michael steht in diesem Falle als Garant für das gerechte, allein auf der Qualität der menschlichen Entscheidungen beruhende Verhältnis zwischen den fördernden und den hemmenden Rückwirkungen[25], die dem betreffenden Menschen die für das Vollziehen seines Weges nötigen Erfahrungen bescheren.

Die dritte Ordnung der Wesenheiten, die dem Urraum der Ewigkeit seine Qualität verleihen, ist die *Ordnung der Engel.* Die Engel im engeren Sinne des Wortes stellen den Aspekt der geistigen Kräfte dar, die, mehr noch als die Erzengel, spezifische Aufgaben wahrnehmen und dadurch tiefer in die Weltentfaltungsprozesse verwoben sind. Aus diesem Grund sind die Beziehungen zum Mehrdimensionalen Raum bei den Engeln stärker ausgeprägt. Im feinstofflichen Gewebe der Landschaft können sie, zum Beispiel, als Hüter der geistig-seelischen Identität eines Ortes oder eines Landes wahrgenommen werden. Sie finden als solche zwar keinen unmittelbaren Ausdruck auf der materiellen Ebene, doch können die Brennpunkte ihrer Präsenz als bestimmte Plätze in der Landschaft identifiziert werden; dieser Aspekt wird ausführlicher in Kapitel 6.3. behandelt, in dem die Geistig-Seelische Dimension der Landschaft, vertreten durch die Landschaftsengel, vorgestellt wird.

Wenn nun die Frage auftaucht, wie strukturiert wir uns die Ordnung der Engel vorstellen sollen, möchte ich nochmals

[25] Diese Rückwirkungen werden auch als das Gesetz des Karma bezeichnet.

betonen, daß die traditionelle Gliederung in verschiedene Engelscharen mit unterschiedlichen Aufgabenbereichen nur dem menschlichen Bedürfnis entsprungen ist, eine unfaßbare Realität durch Rationalisierung vorstellbar zu machen. Nach den Worten des Engelmeisters Christopher Tragius besteht die einzige Aufgabe seiner Evolution darin, unendliche Freiheit und allumfassende Liebe zu »verkörpern« in einer Weise, die für uns, die wir an die Zeit- und Raumstrukturen gebunden sind, unvorstellbar sei. Es handele sich dabei nicht um »Verkörperung« in einer Masse oder Substanz – und wäre sie auch noch so fein –, sondern um die Essenz jeder möglichen Masse oder Substanz, die jenseits der zeitlich-räumlichen Dimensionen existiert.

Was dem Wesen der Engel sehr viel besser gerecht würde, sei die Unterscheidung der verschiedenen Rollen, die sie im Dienst an der Weltentfaltung übernehmen, indem sie sich mit ihrer Präsenz im Mehrdimensionalen Raum ausbreiten. Einige dieser Rollen, die im Rahmen der Geomantie wichtig sind, seien hier erwähnt:

- *Schutzengel,* die jede einzelne Menschenseele während ihrer Inkarnation begleiten. Sie haben ihren Brennpunkt in der Aura des Menschen.
- *Engellehrer,* die Menschen auf ihrem geistigen Pfad belehren. Sie werden oft auch als »aufgestiegene Meister« bezeichnet.
- *Engel der Inspiration,* die göttliche Eingebungen an Künstler, Wissenschaftler oder andere kreativ tätige Menschen herantragen.
- *Heilungsengel,* die Heilungsprozesse beim Menschen oder bei der Erde/Natur unterstützen.
- *Engel,* die als *Hüter der Archetypen,* als *Landschaftsengel* oder als *Hüter von Kulturbrennpunkten* dienen.

- *Engel der Zeremonie,* die bei Ritualen und Zeremonien religiöser Art Kraftströme leiten.

Diese Rollen teilen die Engel nicht auf die eine oder andere Art untereinander auf, da sie unteilbar sind. Vielmehr kann ein und derselbe Engel als ein geistiger Identitätsfokus in einer oder in mehreren dieser Rollen im Mehrdimensionalen Raum und dadurch im Rahmen der vom Menschen erfahrbaren Wirklichkeit auftreten.
Unzählige Kulturen haben im Rahmen ihrer Mythologien oder religiösen Weltanschauungen die Wesenheiten der beschriebenen drei Engelordnungen in ihrer göttlichen Essenz wahrgenommen. Sie haben sie dem menschlichen Verstehen dadurch nähergebracht, daß sie sie als Göttinnen und Götter personifizierten und verehrten. Darüber ist vollkommen das Bewußtsein verlorengegangen, daß der Mensch, der sich oft in einer fast sklavischen Hingabe vor den Engelordnungen verbeugt, diesen selbst angehört. Die Einstufung des Menschen in die Engelwelt mag überraschen, da wir gewohnt sind, uns mit unserer verkörperten Gestalt zu identifizieren. Es handelt sich jedoch um das geistig-seelische Wesen des Menschen, dessen Inkarnationsaspekt, wie in dem Kapitel über die göttliche Dreiphasigkeit beschrieben, nur einen von drei Aspekten des Menschenwesens darstellt. Um möglichen Verwirrungen vorzubeugen, möchte ich die vierte Ordnung der geistigen Welt nicht die Ordnung der Menschen, sondern die *Ordnung der Seelen* nennen. Da es mir als Mensch außerordentlich schwerfällt, überzeugend von der engelhaften Natur der Menschenseele zu sprechen, habe ich den Engel Christopher Tragius gebeten, sich dazu zu äußern. Sein Kommentar lautet:
»(Menschen-)Seele und Engel gleichen in ihrem Verhältnis zueinander der Beziehung zwischen einem Schüler und sei-

nem Lehrer. Beide existieren in der gleichen geistigen Dimension. Die Grundlage ihrer Existenz und folglich die Ausrichtung ihrer Aufmerksamkeit ist jedoch unterschiedlich.
Die Seele ist eine erst im Aufbau befindliche Wesenheit. Zu diesem Zweck bedarf sie der irdischen, vitalenergetischen und astralen (urbildlichen) Ausdehnungen des Mehrdimensionalen Raumes. Durch die Erfahrungen, deren sie durch die Verkörperung in diesen Dimensionen teilhaftig wird, kann sie geistig-seelisch wachsen und ihr Bewußtsein ausdehnen. Ein Engel hat die Rolle des Schülers schon transzendiert und lernt bzw. lehrt nun aus einem Blickwinkel heraus, der nicht auf ihn selbst beschränkt ist, sondern am unendlichen Bewußtsein teilnimmt. In dem Moment, da er die Schwelle der letzten Umwandlung und des endgültigen Aufstiegs in die geistige Welt überschritten hat, wird ihm der Einblick in die Ganzheit, in der alles mit allem verwoben ist, gewährt – daraus entspringt seine unendliche Weisheit.
Auch bei einer Seele ist das Spektrum der Aufmerksamkeit relativ breit. Sie lernt und wächst unaufhörlich. Auch wenn sie sich nicht in einer Phase der Inkarnation befindet, fährt sie fort, zu lernen und sich in die Geheimnisse des Seins zu vertiefen. Dabei braucht sie jemanden, der ihr hilft, mehr zu begreifen, der sie in ihrem Lernen lenkt und berät. Sie braucht einen Vater/eine Mutter, und diese Rolle übernimmt die Engelwelt.
Seelen und Engel sind Wesenheiten, die sich gegenseitig vervollständigen und sich überbauen, sie sind wie jüngere und ältere Geschwister zueinander. Die Seelen ringen noch mit den einschränkenden Bedingungen der Verkörperung, die Engel haben die Herausforderungen der Inkarnation bereits transzendiert und kennen keine Enge des Bewußtseins mehr. Kein Engelwesen kennt irgendeine eng definierte Aufgabe. Wir Engel sind in jeder Hinsicht grenzenlos und frei.«

1.4. Der Mehrdimensionale Raum (Die Welt der Lebensfülle)

Der Urraum der Ewigkeit enthält die Keime aller möglichen Entwicklungen des Universums. Das Universum kreist in der Phase seiner göttlichen Ganzheitlichkeit. Wenn die in der Ewigkeit enthaltenen Samen des Möglichen aufkeimen wollen, dann eröffnet sich ein Übergang aus der ganzheitlichen in die schöpferische Phase. Dabei wird – als Teil der neugeborenen Schöpfung – auch ein in bestimmter Weise gegliederter Mehrdimensionaler Raum mitentwickelt. Dieser Mehrdimensionale Raum kann in den verschiedenen Epochen einer Evolution unterschiedlich strukturiert sein, doch ist er während des gesamten Entwicklungsverlaufes von grundlegender Bedeutung, weil er die räumliche Wirklichkeit mit all ihren Bedingungen und Umständen für die Entfaltung darstellt.

Im Rahmen unserer zur Zeit mit dem Planeten Erde verbundenen Evolution ist es das Urmuster der Vier Elemente (vgl. Kapitel 1.2.C.), das dem Mehrdimensionalen Raum seine Struktur verleiht. Aus diesem Grund gibt es innerhalb des Mehrdimensionalen Raumes vier Ausdehnungen, die ich im Zusammenhang mit dem Urmuster der Vier Elemente schon erwähnt habe:

- das Element *Erde:* die *Strukturgebende* Dimension
- das Element *Feuer:* die *Vitalenergetische* Dimension
- das Element *Wasser:* die *Urbildliche* Dimension
- das Element *Luft:* die *Geistig-Seelische* Dimension.

Wir können uns die vier Dimensionen als räumliche Facetten des einheitlichen Mehrdimensionalen Raumes vorstellen. Sie unterscheiden sich voneinander durch den Umfang ihres jeweiligen Schwingungsspektrums, das sie der Evolution anzubieten haben. So bietet beispielsweise eine Dimension der Evolution die Struktur der göttlichen Ordnung an, eine andere wiederum die Anlagen für die Lebensprozesse, eine dritte die Möglichkeit der Verwirklichung in der Welt der Form.

Um die erste Systematik der vier Raumdimensionen weiter zu entfalten, können wir die Vorstellung der klassischen Tonleiter hinzuziehen. Dabei handelt es sich um eine Abstufung in sich abgeschlossener Frequenzspektren, die wir »Oktaven« nennen. Eine Oktave umfaßt ein Spektrum von sieben Tönen. Auf der nächsthöheren Oktave wird das gleiche Spektrum bzw. der gleiche Frequenzbereich auf einer verfeinerten Ebene wiederholt. Jede höhere Oktave beginnt mit derselben Tonfrequenz, die aber um eine Stufe höher schwingt. Diese übereinander angeordneten Oktavebenen lassen sich mit den verschiedenen Raumdimensionen vergleichen. Übersetzen wir die Oktavebenen in die Raumebenen, erhalten wir eine Skala der vier Raumebenen, die mit dem gröbsten Frequenzbereich beginnt und mit dem feinsten endet:

- die *Form*ebene entspricht der Strukturgebenden Dimension
- die *Kraft*ebene entspricht der Vitalenergetischen Dimension
- die *Gefühls*ebene entspricht der Urbildlichen Dimension
- die *Geist*ebene entspricht der Geistig-Seelischen Dimension.

In der geisteswissenschaftlichen und esoterischen Literatur werden auch andere Begriffe für die gleichen Oktavebenen gebraucht:

die *physische* Ebene = Formebene
die *ätherische* Ebene = Kraftebene
die *astrale* Ebene = Gefühlsebene
die *mentale* Ebene = Geistebene

Der Ausdruck »physische Ebene« ist eher irreführend, weil »physisch« heute das »Stoffliche« bezeichnet, obwohl das griechische Wort *physis* sich auf die Natur bezieht und nicht auf die Materie. Deswegen werde ich den Ausdruck »Formebene« gebrauchen. Es handelt sich dabei um feinstoffliche Strukturen, Felder und Strahlungen, die die Grundlage für die Formen bilden, die wir um uns herum sehen. Die Formebene ist eine Ebene der Verwirklichung.
Die nächstfeinere Dimension ist die Kraftebene bzw. die ätherische Ebene. Sie stellt dem Raum die Lebenskraftsysteme zur Verfügung, die die Erde, die Natur, die Landschaft und den Menschenkörper beleben. Es folgt die Gefühlsebene oder astrale Ebene. Sie ermöglicht die Bewußtseinsprozesse der unterschiedlichsten Art. Da diese Prozesse – seien sie instinktiver, emotionaler oder gedanklicher Art – von einer gefühlsmäßigen Kraft getragen werden, bezeichne ich die astrale Ebene als die Gefühlsebene.
Der Ausdruck »mentale Ebene« ist meiner Ansicht nach für die Geistebene nicht brauchbar, weil wir das Mentale gewöhnlich mit dem Gedanklichen gleichsetzen, obwohl das lateinische Wort *mens* nicht nur die Gedanken, sondern auch den Geist bezeichnet. Das Gedankliche drückt sich, wie oben erwähnt, ebenfalls auf der Gefühlsebene aus. Die Geistebene hingegen ist der Bereich des Mehrdimensionalen Raumes, durch den die göttliche Ordnung durch inspirierende und lenkende Impulse auf die Evolution der Erde, der Natur und der Landschaft einwirkt.
Das Modell der vier übereinander angeordneten Raumebe-

nen wird jedoch der dem Mehrdimensionalen Raum innewohnenden Dynamik nicht gerecht. In seiner hierarchischen Form ist es zwar klar strukturiert, und ich werde es auch als eine Alternative gebrauchen, aber die Einsicht in die Wechselwirkungen zwischen den einzelnen Raumdimensionen geht dabei verloren.
Um diese Schwäche des hierarchischen Modells zu überbrücken, führe ich ein Synchronmodell ein. Es zeigt, wie die vier Ausdehnungen des Mehrdimensionalen Raumes sich wechselseitig durchdringen.
Unter dem Begriff »Raum« wird gewöhnlich eine Art Hülle verstanden, in deren Innerem etwas stattfinden kann. Schreiten wir im Rahmen der hierarchischen Raumvorstellung zur nächsten Abstraktionsstufe, so kommen wir zur Vorstellung der Ebene, in unserem Falle der Raumebene. Im Rahmen des Synchronmodells hingegen sollten wir uns statt dessen jede Ausdehnung des Raumes als eine Raumsphäre vorstellen, die völlig ausgefüllt ist mit den Schwingungsstrukturen ihres spezifischen Frequenzspektrums. Die schöpferischen Prozesse in einem solchermaßen ausgefüllten Raum verlaufen so, daß sein Schwingungspotential gewisse Muster ausbildet, die gestaltet und umgestaltet werden.
Stellen wir uns weiter vor, daß der Mehrdimensionale Raum gleichzeitig vier solcher mit Schwingungsmustern ausgefüllten Raumsphären umfaßt. Müßte das nicht zu einem ungeheuren Durcheinander führen? Nein. Obwohl sich die Raumsphären (Raumdimensionen) gegenseitig durchdringen, kommt es nicht zu einer Vermischung. Jede bleibt innerhalb ihrer charakteristischen Schwingungsoktave rein, selbständig und relativ unberührt von den anderen dreien, die innerhalb eines je eigenen Frequenzspektrums schwingen. Diese Unabhängigkeit der vier Dimensionen wird relativiert durch die Berührungspunkte, durch die sie miteinander in

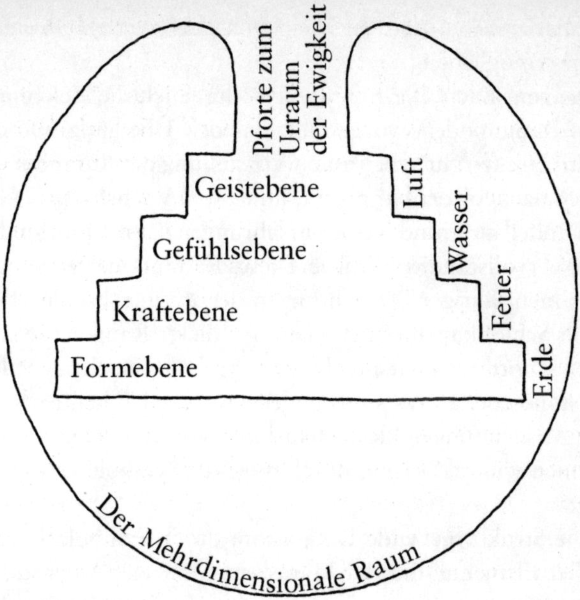

Abb. 10:
Der Mehrdimensionale Raum gegliedert
nach dem Urmuster der Vier Elemente

Resonanz stehen und die die Wechselwirkungen zwischen ihnen ermöglichen.
In meinem Buch *Die Erde heilen*[26] habe ich die Zeichnung eines Raummodells vorgestellt, das den Übergang von der hierarchischen zur synchronen Vorstellung der Raumdimensionen nachvollziehbar macht, unter dem Vorbehalt, daß ich das Modell aufgrund meiner Erfahrungen der nachfolgenden Jahre vervollständigen würde. Dieses Raummodell ist auf der Basis mehrjähriger Betrachtungen der Raumachse der Türnicher Schloßkapelle entstanden. An dieser Raumachse sind durch Anordnung entsprechender Symbole verschiedene Dimensionen des Universums angedeutet, die ich heute als die vier Ausdehnungen des Mehrdimensionalen Raumes bezeichnen würde. Sie sind durch folgende Symbole vertreten:

- Die Strukturgebende Dimension: durch Symbole für die Vier Elemente (die vier Jahreszeiten, die vier Altersstufen des Menschen) im Bodenmosaik im Zentrum der Kapelle;
- die Vitalenergetische Dimension: durch drei Schichten von Polaritätssymbolen im Bereich der Raumachse, die das Bodenmosaik unten mit der Christussphäre oben in der Wölbung der Apsisdecke verbindet. In jeder der drei Schichten wechseln Yin- bzw. Yang-Symbole einander ab;
- die Urbildliche Dimension: durch einen Kranz von zwölf musizierenden Engeln, die die Christussphäre einfassen;
- die Geistig-Seelische Dimension: durch eine dreischichtige Sonnensphäre mit der thronenden Christusgestalt.

Das Modell des Mehrdimensionalen Weltenraumes als ein unsichtbares Gewebe wird in der Kapelle dadurch erfahrbar, daß die genannten Symbole in der entsprechenden Anord-

[26] *Die Erde heilen – Das Modell Türnich*, München 1989.

nung auf den Fußboden, an die Wände und in die sphärische Deckenwölbung der Apsis projiziert worden sind. Da mir diese Gestalt des Modells lange Zeit verborgen blieb, mußte ich bei meinen Morgenmeditationen in der Kapelle viel Geduld aufbringen, bis sich mir das feine Gewebe des Modells offenbarte und ich seine verschiedenen Ebenen mit den entsprechenden Symbolen in Beziehung bringen konnte. Doch weist die Schilderung des Modells in *Die Erde heilen* einige wesentliche Mängel auf:
Der erste »Fehler« bestand darin, daß ich mich damals an eine Vorstellung von sieben Dimensionen hielt, um die »kosmische« Zahl Sieben zu bestätigen, ohne den Grund dafür zu hinterfragen. Ich schrieb damals der Strukturgebenden Dimension vier Dimensionen zu nach der Formel:

Drei Dimensionen des linearen Raumes (Breite, Höhe, Tiefe) plus eine Zeitdimension = vier Dimensionen.

Außerdem habe ich damals die Unterschiede zwischen der linearen Raumvorstellung, der Strukturgebenden Dimension des Mehrdimensionalen Raumes und dem Manifestierten Raum noch nicht verstanden (vgl. dazu 1.1.A und 1.4.C). Entsprechend habe ich sie alle in die vier obengenannten »Dimensionen« hineingezwängt.
Ein zweiter Mangel des alten Modells liegt darin, daß ich den Kranz der zwölf musizierenden Engel, der die Christussphäre einfaßt, nicht als Symbol für eine der vier Raumdimensionen wahrgenommen habe, weshalb die vierte Raumsphäre in der alten Modellzeichnung fehlt und nur durch eine »Schwelle der 7. Dimension« angedeutet wurde. In der neuen Zeichnung habe ich sie hinzugefügt, außerdem habe ich die Bezeichnungen mit den in diesem Buch verwendeten in Einklang gebracht.

Durch das so vervollständigte Modell werden einerseits die vier übereinander angeordneten Raumebenen in der Form von vier Elipsen dargestellt und gleichzeitig auch vier sphärische Gebilde sichtbar, die die Raumdimensionen darstellen. Die erste, Strukturgebende Dimension ist durch das kreuzförmige Muster der Vier Elemente bezeichnet, die zweite, Vitalenergetische Dimension durch die dreifache Umpolung der Minus-/Plus-Brennpunkte, die dritte, Urbildliche Dimension durch die zwölf an der entsprechenden Sphäre angebrachten Punkte[27] und die vierte, Geistig-Seelische Dimension durch die Achse des ganzen Systems, die in den Mittelpunkt der vierten Sphäre mündet, das Symbol der göttlichen Einheit, in der Kapelle dargestellt durch den thronenden Christus.

Auch in dieser Version legt das Modell meinem Empfinden nach noch zu sehr hierarchische Vorstellungen nahe. Ziehen wir es aber mit Hilfe der eigenen Imagination von oben nach unten zusammen, so entsteht ein Modell, das auch das Durchdringen der einzelnen Raumdimensionen darstellt. Erst wenn wir dies tun, wird klar, daß die Geistig-Seelische Dimension im Zentrum des ganzen Raumgebildes liegt und daß sie von der Mitte aus die anderen drei Ausdehnungen, die sich nach außen hin ausbreiten, durchdringt.

Die Darstellung der vier Ausdehnungen des Mehrdimensionalen Raumes in der hier vorliegenden Buchform erzwingt jedoch eine lineare Abfolge der einzelnen Dimensionen. Ich habe mich daher in diesem Rahmen für eine Reihenfolge entschieden, die von den schwingungsmäßig gröberen zu den feineren Dimensionen führt.

Als erste werde ich die Strukturgebende Dimension behan-

[27] Diese zwölf Punkte beziehen sich auf die erwähnten zwölf Engelmusikanten, die ich mit den Schwingungen der zwölf Tierkreiszeichen, einem Symbol der astralen Ebene (*astrum*, lat. der Stern), gleichsetze.

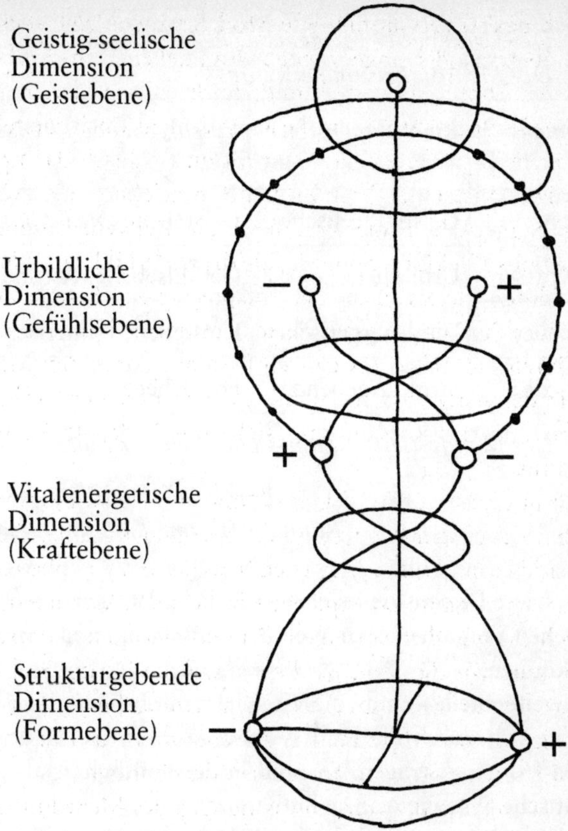

Abb. 11:
Das Modell des Mehrdimensionalen Raumes entschlüsselt aus der Symbolik im Raum der Schloßkapelle zu Türnich.

I Der Urraum der Ewigkeit – Die Welt des Geistes		
II Der Mehrdimensionale Raum:		
Element	*Raumdimension*	*Entsprechende Ebene*
1. Luft	Geistig-Seelische	Geistebene (Mentale Ebene)
2. Wasser	Urbildliche	Gefühlsebene (Astrale Ebene)
3. Feuer	Vitalenergetische	Kraftebene (Ätherische Ebene)
4. Erde	Strukturgebende	Formebene

III Der Manifestierte Raum – Die Welt der Materie

Abb. 12: Der Platz der vier
Raumes (II) innerhalb der Gesamt-

deln. Diese Dimension macht es möglich, daß sich die schöpferischen Vorgänge in der Welt der Form konkret manifestieren können.

An zweiter Stelle kommt die Vitalenergetische Dimension; sie drückt sich durch die Kraftsysteme aus, die die schöpferischen Vorgänge tragen. Sie sind in der Landschaft als geomantische Systeme wahrnehmbar.

An dritter Stelle steht die Urbildliche Dimension, in der sich die Bewußtseinsvorgänge abspielen. In der Landschaft zeigt sie sich dem inneren Blick als ein System von Kosmogrammzeichen, die der Steuerung der kreativen Prozesse dienen.

Als viertes werden wir die Geistig-Seelische Dimension besprechen. Sie kann als die Sphäre der göttlichen Ordnung verstanden werden, aus der die anderen drei Dimensionen die Inspiration und den Sinn für ihr Zusammenwirken entnehmen. Als unsichtbares Gewebe der sakralen Ordnung

Charakteristik	*Erscheinungsform in der Landschaft*
Göttliche Ordnung	Landschaftstempelmuster
Bewußtseinsvorgänge	Elementarwesen, Symbolzeichen
Lebenskraftsysteme	Geomantische Systeme
Verwirklichungsstrukturen	Radiästhetische Phänomene

Ausdehnungen des Mehrdimensionalen
ordnung des Universums

offenbart sie sich in der Form der Landschaftstempelstrukturen.
Es ist offensichtlich, daß diese Abfolge der vier Dimensionen dem naturgemäßen Strom der kreativen Prozesse, auf die sie sich bezieht, zuwiderläuft. Wir beginnen mit dem Bereich der Auswirkungen (Folgen) und bewegen uns in die Richtung der Ursachen. Dieser Gegensatz erklärt sich daraus, daß die unserer Erfahrung näherstehenden Dimensionen der Verwirklichung unserem Verständnis am leichtesten zugänglich sind.

1.4.A. Die Strukturgebende Dimension (Formebene)

Den Ausdruck »Strukturgebende Dimension« hörte ich erstmals aus dem Munde des Physikers Burkhard Heim anläßlich eines internationalen wissenschaftlichen Kongresses unter dem Titel »ECOLOG '88«, der vom Umweltzentrum für Ökologische Strukturforschung Schloß Türnich organisiert wurde. Dieser Kongreß hatte sich zum Ziel gesetzt, ein erweitertes Verständnis für die Struktur der Lebensprozesse – als Voraussetzung zur Überwindung der ökologischen Krise – zu fördern.[28]

In seinem Vortrag stellte Burkhard Heim sein Konzept eines in mehrere Dimensionen gegliederten »Hyperraumes« vor. Die ersten drei Dimensionen entsprachen den drei am Anfang dieses Kapitels erwähnten Ausdehnungen des »Linearen Raumes« (1.1.), d. h. Breite, Höhe und Tiefe; die vierte Dimension stellte die Zeit dar. Erst die fünfte Dimension in diesem »Hyperraum«, transzendierte die sogenannte physische Wirklichkeit. Sie beeinhaltet, nach Heim, jene Gesetzmäßigkeiten, nach denen die physisch erfahrbare Realität strukturiert wird. Aus diesem Grund bezeichnete er sie als die Strukturgebende Dimension. Die Qualifikation »strukturgebend« empfinde ich als stimmig, was die Funktion dieser Dimension angeht, nicht jedoch ihre Anbindung an die Welt der Materie. Nach dem hier entwickelten Konzept der räumlichen Wirklichkeit handelt es sich dabei um zwei grundsätzlich verschiedene Phasen der Realität, die ich im Zusammenhang mit dem Prinzip der göttlichen Dreiphasigkeit als die »Schöpferische Phase« und die »Wandlungsphase« bezeichnet habe. Die Strukturgebende Dimension würde demnach zusammen mit den anderen drei Ausdehnungen des Mehrdimensionalen Raumes der Schöpferischen Phase den erwähnten »vier Dimensionen« der »physischen Realität« (konkret: der Wandlungsphase bzw. einer räumlichen Wirklichkeit, die ich als den Manifestierten

28 Eine Dokumentation des Kongresses wurde vom Umweltzentrum Schloß Türnich herausgegeben.

Raum bezeichnet habe) angehören. Auf den ersten Blick könnte es so aussehen, als ginge es dabei nur um eine zu vernachlässigende Frage der formalen Zuordnung – doch weit gefehlt. In diesem scheinbar unwichtigen Unterschied spiegelt sich meiner Meinung nach die ganze Tragik einer totalen Verhaftung unserer wissenschaftsgesteuerten Kultur in den starren Gesetzmäßigkeiten der Materialisierten Welt. Da die Materialisierte Welt, die wir um uns herum sehen, als etwas Endgültiges – und nicht als eine vorübergehende Phase – betrachtet wird, versperrt sich unsere Kultur selbst den Zugang zu den feinstofflichen Dimensionen der Wirklichkeit, von denen die Strukturgebende die äußerste ist, weshalb sie am ehesten mit der Struktur der materiellen Wirklichkeit vermischt wird. Aufgrund dieser Vermischung und Gleichsetzung sieht die Wirklichkeit so aus, als bestünde ihre ganze Realität in den stofflichen Strukturen, obwohl diese Strukturen nur deswegen möglich sind, weil die erste der feinstofflichen Dimensionen – die Strukturgebende – die Voraussetzungen dafür aufrechterhält, daß die (vorübergehende) Existenz der materiellen Welt überhaupt möglich wird.
Ein Stein, zum Beispiel, kann als ein chemisch und physikalisch definierbares Stück harter Materie gesehen, abgetastet und erklärt werden. Derselbe Stein kann übersinnlich betrachtet oder radiästhetisch wahrgenommen werden als eine dichte Ansammlung von Schwingungsmustern, die zusätzlich eine Aura aufweisen. Das gleiche Phänomen – der Stein – wird im ersten Fall unter dem Aspekt des Manifestierten Raumes wahrgenommen, im zweiten unter dem Aspekt der Strukturgebenden Dimension.
Auch mir war die fundamentale Bedeutung dieses Unterschiedes unklar, bis ich mich im Zuge der Vorbereitungen zu diesem Kapitel mit einem »Alten Weisen« über die Ordnung der materiellen Welt beriet. Als »Alten Weisen« habe ich in

meinem Buch *Elementarwesen*[29] jene höherentwickelte Intelligenz des Elementes Erde vorgestellt, die die Weisheit der Erde innerhalb eines bestimmten Landschaftsbereichs konzentriert und dem Reich der Natur zur Verfügung stellt. Seiner Rolle und seiner Beziehung zum Element Erde nach dürfte er wohl dem Geheimnis der Materie am nächsten stehen.

Um mit ihm zu kommunizieren, begab ich mich an seinen Platz in einem nahe bei unserem Haus gelegenen Wäldchen. Ich saß dort in Stille und hielt meine Frage nach dem gesetzmäßigen Platz der unmittelbaren, durch die Materie bezeichneten Realität innerhalb der Weltganzheit im Raum zwischen uns aufrecht. Nach einiger Zeit spürte ich, wie von der Seite des Alten Weisen ein Gefühl zu mir herüberströmte. Unter der Einwirkung dieses Gefühls begann sich der Begriff der unmittelbaren stofflichen Wirklichkeit in meinem Mentalbereich zu spalten. Dieser Vorgang interessierte mich, und ich verfolgte diese Spaltung so weit, bis sich zwei vollständig autonome Begriffe zur unmittelbaren Realität herauskristallisiert hatten.

Einerseits sah ich die Wirklichkeit um mich herum frei in ihrer feinstofflichen Pracht schwingen. Andererseits sah ich sie eingezwängt in die stofflichen Formen. Es durchflutete mich ein seliges Gefühl von Befreiung, als ich verstand, daß der Zustand der »harten« Materialisierung nur ein möglicher und vorübergehender Zustand ist, in dem sich die Wirklichkeit in der gegenwärtigen Phase ihrer Wandlungen durch die Zeit befindet. Gleichzeitig existiert die Welt der Formen auch auf einer von den sich wandelnden Zeitgestalten unberührten Ebene, die der sichtbaren Wirklichkeit zugrunde liegt und ihr ihre charakteristische Ausdehnung, Struktur und Kraftpo-

[29] *Elementarwesen – Die Gefühlsebene der Erde,* München 1995

tential verleiht. Diese Ebene wird nun im folgenden als die Strukturgebende Dimension bezeichnet. In bezug auf die Urmuster der Vier Elemente steht die Strukturgebende Dimension im Zeichen des dichtesten Elementes, des Erdelementes. In der Landschaft und im Raum im allgemeinen offenbart sich die Strukturgebende Dimension in den Schwingungsphänomenen, die auch als Radiästhesiephänomene[30] bekannt sind, unter anderem durch

- den Kreislauf der Ätherkräfte in der Landschaft;
- Akupunkturpunkte der Landschaft;
- Spuren der Eigenresonanz der Erde;
- Spuren der übergeordneten vitalenergetischen Phänomene;
- Spuren der Vorgänge auf der Erdoberfläche;
- Strahlung unterirdischer Phänomene;
- Strahlung der Landschaftsformen und -objekte;
- Strahlung der Materialien, Geräte, Leitungen usw.

1.4.B. Die Vitalenergetische Dimension (Kraftebene)

Wenn allgemein gesehen die Strukturgebende Dimension der Welt der Materie ihre charakteristische Struktur verleiht, dann ist es die Vitalenergetische Dimension, die die Strukturgebende Dimension mit Lebenskraft versorgt. Aufgrund dieser Funktion habe ich sie als »vitalenergetisch«[31] qualifiziert.

[30] Radiästhesie als die Fähigkeit, Strahlung zu erspüren und zu unterscheiden, von *radiare* (lat.) – strahlen – und *aisthesis* (gr.) – die Wahrnehmung –, ist ein Teilaspekt der Geomantie.

[31] abgeleitet von *vita* (lat.) – das Leben – und *energeia* (gr.) – Wirkung. Der Begriff »vitalenergetisch« ist identisch mit dem Begriff »bioenergetisch«. Ich verwende den erstgenannten Begriff, um den gewohnten Vorstellungen von Bioenergie, die zu sehr auf den Menschen bezogen sind, auszuweichen.

Die Kraftsysteme der Vitalenergetischen Dimension stellen die Quelle dar, aus der das ganze Spektrum der Lebenskräfte entspringt. Diese Kräfte werden dann im Bereich der Strukturgebenden Dimension an alle Lebewesen und Strukturen der stofflichen Welt verteilt.

In der esoterischen Tradition, die den »winzigen« Unterschied zur Strukturgebenden Dimension des Mehrdimensionalen Raumes nicht kennt, wird die Vitalenergetische Dimension als die erste Ausdehnung der Wirklichkeit betrachtet, die die stoffliche Ebene transzendiert. Deswegen wurde sie nach dem sogenannten »fünften Element«, dem Äther, benannt, der nach antiker Vorstellung die physische Ebene, zusammengesetzt aus Erde, Feuer, Wasser und Luft, transzendiert. So erklärt sich der herkömmliche Ausdruck »ätherisch« für die vitalenergetische Ausdehnung des Mehrdimensionalen Raumes.

Ich werde jedoch den Ausdruck »ätherische Ebene« als Alternative für die Vitalenergetische Dimension meiden, weil ich die Kräfte, die nach der abendländischen Tradition als »ätherische Kräfte« bezeichnet werden, der Aufteilung in die Vitalenergetische und die Strukturgebende Dimension als übergeordnet begreife. Der Begriff »Äther« kann durchaus als abendländische Entsprechung zu dem chinesischen »Chi« und dem hinduistischen »Prana« verstanden werden, beides Bezeichnungen für die Lebenskräfte. Der Wirkungsbereich der Lebenskräfte ist jedoch sowohl in die Vitalenergetische als auch in die Strukturgebende Dimension hinein ausgedehnt.

Wir können es uns so vorstellen, daß die Vitalenergetische Dimension kraftmäßige Organe beherbergt, die zur Bildung und Ausdifferenzierung der Lebens- oder Ätherkräfte dienen. Die Strukturgebende Dimension dient im Anschluß daran zur Verteilung der Ätherkräfte bzw. zur Durchtränkung der

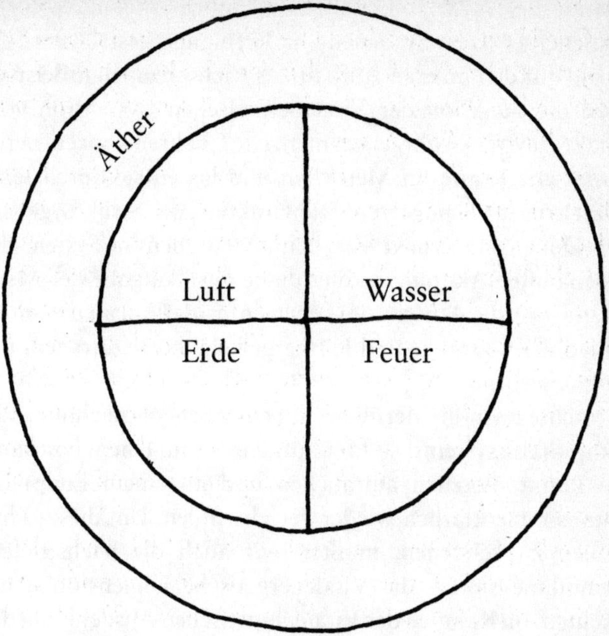

Abb. 13:
Das Konzept des Äthers in Beziehung zu den Vier Elementen

Manifestierten Welt mit der Lebensinformation, die von den vitalenergetischen Systemen zur Verfügung gestellt wird. In bezug auf den inneren Aufbau des Menschen, zum Beispiel, wird die Funktion der Vitalenergetischen Dimension vom Chakrensystem wahrgenommen. Die Chakren konzentrieren kosmische Kräfte im Menschen und lassen sie durch seine Kraftstrukturen pulsieren. Die Funktion der Strukturgebenden Dimension drückt sich beim Menschen im System der sogenannten Akupunkturmeridiane aus. Aufgabe der Meridiane ist es, die Ätherkraft (Lebensinformation) an die unterschiedlichen Organe und Körpergewebe heranzutragen, um sie zu beleben.
Betrachten wir die Meridiane auf einer Schemazeichnung des Akupunktursystems, so fällt auf, daß sie an einem bestimmten Punkt plötzlich auftauchen und an einem Endpunkt genauso unerklärlich wieder verschwinden. Um dieses Phänomen zu verstehen, müßten wir auch die nächsttiefere Raumdimension – die Vitalenergetische Dimension – betrachten. Im Rahmen der Vitalenergetischen Ausdehnung des menschlichen Körpers ist nun das Chakrensystem angesiedelt, durch dessen Wirkung die Lebenskräfte (Ätherkräfte) hervorgebracht werden, die innerhalb der untergeordneten Strukturgebenden Dimension scheinbar ohne jeden Grund als Strömungen der Akupunkturmeridiane auftauchen.
Ein ähnliches Zusammenspiel findet auch in der Landschaft statt. Wenn ein Wünschelrutengänger durch die Landschaft schreitet, so findet er verschiedene Kraftströmungen und -felder, die alle der Strukturgebenden Raumdimension zuzuordnen sind. Als Resultat einer solchen Untersuchung kann ein Plan ausgearbeitet werden, aus dem ersichtlich wird, wie die Lebenskräfte in der Landschaft verteilt werden. Falls aber neben der Radiästhesie auch tiefergreifende Methoden der übersinnlichen Wahrnehmung angewandt werden, die ich in

Kapitel 2 beschreibe, würden die erwähnten Phänomene der Strukturgebenden Raumdimension verschwinden, und statt dessen würden die vitalenergetischen Systeme vor dem inneren Blick auftauchen. Sie stellen die *Ursache* der radiästhetischen Phänomene dar, also die eigentliche Quelle des Lebens in der Landschaft.

Aus diesem Vergleich ist ersichtlich, welch ausschlaggebende Bedeutung der Vitalenergetischen Dimension der Landschaft zukommt. Werden die vitalenergetischen Organe der Landschaft durch menschliche Mißachtung beschädigt, so ist ein Absinken der Vitalität in dem betreffenden Landstrich die unausweichliche Folge. Einige dieser »Organe« gehören unmittelbar zu den planetaren vitalenergetischen Systemen, andere haben lokalen Charakter, jedes von ihnen ist für das Leben der Erde unentbehrlich:

- das System der planetaren Kraft-Leylinien, die in verschiedenen Richtungen verlaufend den Erdkörper in der Form eines Kraftnetzes umspannen;
- das System der Verbindungs-Leylinien, die sternförmig von Ortszentren ausgehen und verwandte Orte miteinander verknüpfen;
- das System der Kraftlinien und Kraftquellen, die als Ergebnis der vitalenergetischen Tätigkeit der Berge und Gebirgsketten entstehen;
- das Gleichgewichtssystem, das die Erde samt ihren feinstofflichen Systemen in Balance hält;
- das Yin-/Yang-System der Landschaft;
- das Atmungssystem der Landschaft
- Systeme der Einbindung von Orten und Landschaften in größere Zusammenhänge;
- Gleichgewichtssysteme der Erde;
- vitalenergetische Systeme der Elementarwesen.

1.4.C. *Die Urbildliche Dimension (Gefühlsebene)*

Wenn wir die Strukturgebende Dimension als die Welt der Form charakterisiert haben und die Vitalenergetische Dimension als die Welt der Lebenskräfte, die diese Formen durchdringen, dann könnten wir die Urbildliche Dimension als die Welt des Bewußtseins bezeichnen. Durch diese urbildliche Bewußtseinswelt werden die vitalenergetischen Ströme in Bewegung gesetzt und in den ihren Aufgaben entsprechenden Bahnen gehalten, damit sie die Welt der Form in der ihr gemäßen Weise bewegen und beleben können.

Die Urbildliche (archetypische) Dimension[32] habe ich so benannt, weil ihre Raumsphäre durch urbildliche Muster gekennzeichnet ist. Diese enthalten die Informationen, die als leitende Impulse im oben beschriebenen Sinne wirken. Diese Urbilder können sowohl bildhafte als auch formlose Muster annehmen; in jedem Falle aber sind sie mit einer Energie aufgeladen, die eine gefühlsmäßige Qualität und Kraft besitzt. Aus diesem Grund bezeichnen wir diese Ebene des Mehrdimensionalen Raumes auch als »Gefühlsebene«.

Die lenkenden und gestaltenden Bewußtseinsimpulse, die von der Urbildlichen Raumdimension ausgehen, werden von einer gefühlsmäßigen Kraft getragen, die sich in Form von psychischen Kräften, wie Trieben, Leidenschaften, Gefühlen, Gedanken oder Intuitionen, äußert. Diese Kräfte steigen entweder aus der instinktiven und vorbewußten Verbindung eines Wesens mit der Ganzheit des Kosmos, der Erde und der Natur auf, oder sie manifestieren sich durch den bewußten Einsatz von Gefühlen und Gedanken.

Der Ausdruck »astrale Ebene« (von lat. *astrum* – Stern) be-

[32] In meinem Buch *Die Erde heilen* gebrauche ich für diese Dimension die Ausdrücke »urelementare Ebene« bzw. »archetypische Ebene«.

zieht sich auf die Vorstellung, daß die Informationsmuster, die aus der Urbildlichen Dimension heraus wirken, mit den Mustern identisch sind, die durch die Sternbilder am Himmel an unsere Raumdimension herantreten. Die Bewußtseinsprozesse, die in unserer Welt auf der astralen Ebene verlaufen, stellen demnach ein Abbild der Sternenkonstellationen dar. Um ein anschauliches Bild von der Gefühlsebene zu bekommen, habe ich mit Hilfe meiner Tochter Ana den Erdheilungsengel Devos darüber befragt. Seine Antwort vom 22.10.94 lautete: »Die Gefühlsebene des Raumes ist als parallele Ebene zur Kraftebene eng mit dieser verbunden. Es handelt sich um einen Zusammenhang von Mustern und Zeichen, die in das sogenannte ›Astral‹[33] eingeprägt sind und die dem Raum eine ganzheitliche Gestalt verleihen. Ich würde sie als eine Art von Kosmogrammen darstellen, die den Raum ausfüllen und durchtränken. Die Gefühlsebene ist ein sehr sensibles ›System‹, ähnlich wie eine Membran oder ein Schleier, der die Kraftebene umgibt, sie speist, in Bewegung bringt, schützt und gewissermaßen lenkt. Es handelt sich um ein sehr subtiles, zartes System, das leider durch eure menschliche Grobheit auch leicht beeinflußt werden kann. Dies geschieht durch Grausamkeiten (wie Mord, Krieg, Zerstörung ...), die sich auf diese sensitive, fein ausgestaltete Schicht bzw. auf ihre Muster übertragen. Da entspringen die Schwierigkeiten, die dann aufgrund der engen Verbindung zwischen der Gefühlsebene und der Kraftebene auf letztere übertragen werden und durch diese schließlich auch auf die Formebene übergreifen. Durch solche Einbrüche in die Gefühlsebene werden die Muster dieser Ebene verändert und mit ihnen auch die Informationen, die ein Raum durch diese Zeichen

[33] Als Astral wird ein Schwingungsfeld der gefühlsmäßigen Energie bezeichnet.

(Muster) bekommt. So nimmt das mutierte Muster Einfluß auf das Raumgewebe, was entweder zu einem Zusammenbruch oder zu einem Durcheinander führt. Die Schwierigkeiten beginnen auf der Gefühlsebene.«

Die Urbildliche Dimension stellt auch die Ebene dar, auf der das Bewußtsein der Erde, der Natur und der Landschaft beheimatet ist. Es handelt sich um unzählige Arten von »Intelligenzzellen«, die überall ausgebreitet sind, wo planetares Leben existiert. Die Qualität des innewohnenden Bewußtseins verleiht diesen Zellen die Eigenschaft eines Wesens, in diesem Falle eines Elementarwesens.[34]

Die Elementarwesen kennen keinen Formkörper, sondern einen Kraftkörper auf der ätherischen Ebene. Dieser Körper hat gewöhnlich die Gestalt eines Flechtwerkes, oder er ist spiralig gedreht und bildet das Gefäß für den Bewußtseinsfokus des Elementarwesens. Dieser Bewußtseinsfunke schwingt auf der Gefühlsebene bzw. in der Urbildlichen Dimension.

Die Ordnung der Elementarwesen folgt dem Urmuster der Vier Elemente. So gibt es Elementarwesen des *Erd*elementes, die für die Lenkung der gestalterischen Prozesse in der Natur zuständig sind, weiter gibt es *Luft*elementarwesen, deren Aufgabe es ist, über die natürlichen Zyklen zu wachen; ferner gibt es die *Wasser*elementarwesen[35], die dafür sorgen, daß die vitalen Kräfte aufrechterhalten bleiben, und schließlich die *Feuer*elementarwesen, die die Wandlungsvorgänge leiten. Was aber die Bewußtseinsprozesse des Menschen betrifft, so sind sie nur zum Teil auf der Gefühlsebene angesiedelt, zu

34 Vgl. dazu mein Buch *Elementarwesen.*

35 In den Märchen kommen die Erdelementarwesen gewöhnlich als Zwerge oder Kobolde vor, die Luftelementarwesen als Feen und die Wasserelementarwesen als Nixen. Ihre Märchengestalt stellt jedoch keine Realität dar, sondern ist lediglich als ein Symbol aufzufassen.

einem anderen Teil auf der Geistebene. Vorgänge im Bewußtsein, die der Mensch als integraler Teil der Erdsysteme fühlt und denkt, spielen sich auf der Gefühlsebene ab. Sie haben einen ganzheitlichen Charakter, wie zum Beispiel die instinktive Weisheit. Bewußtseinsprozesse, die hingegen die Qualität des Selbstbewußtseins besitzen, wie das logische Denken, manifestieren sich auf der nächsthöheren Ebene, der Geistebene, also im Bereich der Geistig-Seelischen Dimension.

1.4.D. Die Geistig-Seelische Dimension (Geistebene)

Die vierte Ausdehnung des Mehrdimensionalen Raumes trägt das Siegel des Luftelementes. Sie ist die feinste von allen, die am meisten vergeistigte. Aus diesem Grund wird sie als Geistebene bezeichnet. Die Geistig-Seelische Dimension hat ihren Platz sowohl in den Ordnungen der Erde, der Natur und der Landschaft, als auch im menschlichen Wesen, allerdings auf eine je andere Art. Was die Elemente Erde und Feuer und die entsprechenden Raumdimensionen betrifft, können ohne weiteres Entsprechungen gefunden werden zwischen dem Aufbau des Mehrdimensionalen Raumes und dem des Menschenwesens. Beim Element Wasser – der Urbildlichen Dimension – kommt es zu einer Differenzierung zwischen der Naturwelt und dem Menschen in dem Sinne, daß beim Menschen – anders als bei den Elementarwesen – nur ein Teil der Bewußtseinsprozesse auf der Gefühlsebene abläuft, während ein anderer Teil im Rahmen unseres selbständigen Ichs auf der sogenannten »mentalen Ebene« stattfindet. Sie ist eine Entsprechung zu der Geistig-Seelischen Dimension der Erde, der Natur und der Landschaft.
Der Mensch ist im Grunde genommen kein Wesen der Erdevolution. Er nimmt an dieser Evolution teil, insofern er sich

in der gegenwärtigen Epoche unserer Entwicklung in regelmäßigen Abständen auf der Erde verkörpert. Während der Inkarnation werden im Zeichen des Urmusters der Vier Elemente vier Aspekte unseres Körpers entwickelt, die den vier Aspekten des Mehrdimensionalen Raumes entsprechen. Wir müssen uns ja in allen Aspekten dieses Raumes, in den wir inkarniert werden, zurechtfinden, um darin zu lernen und schöpferisch tätig zu sein. Aber unser eigentliches Wesen, unsere Ewigkeitsaspekte – die Seele und das Geistselbst – verbleiben während der Verkörperung jenseits des Vier-Elemente-Musters. Sie bleiben weiterhin als autonome Wesensteile bestehen und nehmen an der Menschenentwicklung dadurch teil, daß sie mit der Persönlichkeit kommunizieren, die der Mensch während seiner Inkarnation im Rahmen der gefühlsmäßigen und mentalen Ausdehnung seines Wesens entwickelt.

Diese Bedingungen gelten nur für den Menschen, nicht hingegen für die Erde, die Natur und die Landschaft. Für diese, dem Erdplaneten zugehörigen Welten, ist das Muster der Vier Elemente das leitende Muster, und *alles,* was sie sind, drückt sich im Rahmen dieses Urmusters aus, so auch ihre seelische und geistige Ausdehnung, die ihren Ausdruck durch das Element Luft bzw. durch die Geistig-Seelische Raumdimension findet. Darüber hinaus existiert nichts – mit Ausnahme dessen, was durch andere Wesenheiten aus dem Urraum der Ewigkeit für die Erde und die Natur aufrechterhalten wird.

Die Geistig-Seelische Dimension ist demnach diejenige Ausdehnung des Mehrdimensionalen Raumes, durch die sich das Göttliche in der Landschaft offenbart. Sie bringt da alles das zum Ausdruck, was wir als das Ursprüngliche und als das schöpferische Walten der göttlichen Kräfte in der Landschaft bezeichnen würden, und lenkt auch die Vorgänge, durch die dem Landschaftsorganismus die Lebenskräfte entzogen und dem Prozeß der Wandlung und Regeneration unterworfen werden. Letztere Prozesse, die im Zeichen der Schwarzen Göttin stehen, müssen als Bestandteil der göttlichen Offenbarung in der Landschaft besonders hervorgehoben werden, weil die patriarchale Kultur, die unsere Denkweise noch immer weitgehend prägt, dazu neigt, nur die aufbauenden Kräfte als göttlich zu betrachten, nicht aber die abbauenden. Genau diese spielen jedoch die entscheidende Rolle beim zyklischen Aufstieg der Evolutionen von einer auf die nächstfortgeschrittene Ebene.

Wenn das Göttliche sich durch die Geistig-Seelische Dimension offenbart, warum wird sie dann nicht einfach als die geistige Dimension bezeichnet? Der Grund liegt darin, daß wir uns hier mit Raumausdehnungen befassen, die im Rahmen der irdischen Realität schwingen. Das Geistige jedoch wird in unseren Vorstellungen mit dem entgegengesetzten Pol der Wirklichkeit gleichgesetzt, den wir den Urraum der Ewigkeit genannt haben. Folglich wäre es zu verwirrend, eine der irdischen Raumdimensionen ausschließlich mit der Qualität des Geistigen zu belegen.

Unter Berücksichtigung dieser sensiblen Bezüge habe ich dem Begriff »geistig« den Ausdruck »seelisch« hinzugefügt. Denn bezogen auf die Gliederung des Menschenwesens stellt die Seele denjenigen Aspekt des Menschen dar, der seinem Leben während der Verkörperung auf der Erde den geistigen Hintergrund und die geistige Führung verleiht. In Analogie dazu stellt die Geistig-Seelische Dimension den geistigen Hintergrund für die Landschaft dar; sie ist gewissermaßen die Seele des Landes.[36]

[36] Vermännlicht wird die Seele einer Landschaft häufig als *genius loci* (lat.) – Geist des Ortes – bezeichnet.

Die Geistig-Seelische Dimension drückt sich in der Landschaft durch sakrale Ordnungsmuster aus, die ich »Landschaftstempelstrukturen« nenne. Dabei handelt es sich nicht um einzelne Tempelformen, die in der Landschaft sichtbar wären, sondern um großräumige Kompositionen von Geländeformen, Wasserläufen und Kraftplätzen, die in einer besonderen Beziehung zueinander stehen. Da sich durch solche landschaftlichen Beziehungslinien- und Brennpunktkompositionen der göttliche Aspekt der Wirklichkeit offenbart, werden sie zu Recht Landschaftstempel genannt.

1.5. Der Manifestierte Raum (Die Welt der Materie)

Die Kunst der Geomantie findet ihre Untersuchungs- und Schöpfungsbereiche innerhalb der vier Ausdehnungen des Mehrdimensionalen Raumes, die im letzten Kapitel vorgestellt wurden. Der Begriff »Geomantie«[37], d. h. »Wahrsagung über die Erde«, deutet darauf hin, daß nicht die sichtbare, materielle Ebene als ihr Tätigkeitsbereich gemeint ist, sondern die unsichtbaren Ausdehnungen der Wirklichkeit. Das heißt aber nicht, daß die Geomantie kein Interesse für die Vorgänge der materiellen Welt hätte. Ganz im Gegenteil. Ihre Untersuchungs- und Schöpfungsbereiche findet die Geomantie zwar in den unsichtbaren Ausdehnungen der Wirklichkeit, ihre Anstrengungen wären jedoch sinnlos, wenn sie keine Beziehung zu der sogenannten physischen Realität

[37] abgeleitet von *ge* (gr.) – die Erde – und *manteia* (gr.) – Wahrsagung. Wurde seit dem 18. Jh. als Bezeichnung für eine Art der Divination gebraucht, erst seit dem Ende des 19. Jh. im Sinne des Umgangs mit den Kräften der Erde.

hätten. Dies umso mehr, als wir heute an einem Punkt in der menschlichen Entwicklung angekommen sind, wo die ganze Aufmerksamkeit auf die materialisierte Ebene der Wirklichkeit ausgerichtet ist und wir unsere nach außen gerichtete Wahrnehmung so spezialisiert haben, daß wir, allgemein betrachtet, unfähig geworden sind, irgend etwas wahrzunehmen, was nicht materialisiert ist. Um gerade in dieser Lage kreativ wirken zu können, ist es dringend erwünscht, daß die Geomantie die Fähigkeit erwirbt, klare Beziehungen zu der materialisierten Wirklichkeit aufzunehmen und zu zeigen, um wieviel heiler und befriedigender es für den Menschen und für unsere Mitwelt ist, wenn bei der Wahrnehmung und Gestaltung der Lebensräume und Lebensprozesse die unsichtbaren Dimensionen der Wirklichkeit einbezogen und berücksichtigt werden.

Der Urraum der Ewigkeit, in dem alles enthalten ist, was es gibt, und alles, was es nicht gibt, ist zwar von grundsätzlicher Bedeutung für das ganze Sein bzw. Nichtsein. Maßgebend für unser Dasein mitten im Leben – hier und jetzt – und für die heutige Kulturentwicklung sind jedoch die beiden Welträume, der Mehrdimensionale und der Manifestierte Raum. Sie stellen zwei komplementäre Pole der Wirklichkeit dar, an der wir in der gegenwärtigen Evolution teilnehmen: den unsichtbaren und den sichtbaren Pol der Realität. Sie unterscheiden sich voneinander wie Tag und Nacht, und doch bilden sie durch ihre im Urmuster der Vier Elemente gründende Bezogenheit aufeinander eine sich ergänzende Ganzheit.[38] Ähnlich wie das Leben für uns unmöglich wäre,

[38] Der Unterschied zwischen dem anfangs behandelten linearen Raumkonzept und dem Manifestierten Raum liegt darin, daß letzterer in Beziehung steht zu dem Mehrdimensionalen Raum, während die lineare Raumvorstellung in sich geschlossen und von den unsichtbaren Ebenen abgetrennt ist.

wenn die Nachtphase des Tagesrhythmus ausfallen würde, ist auch die Existenz des sichtbaren Poles unvorstellbar ohne die Unterstützung durch sein unsichtbares Komplement. Und im Umkehrschluß gilt: Die geomantischen Erkenntnisse wären sinnlos, wenn wir sie nicht in den Maßnahmen und Gestaltungen auf der Materialisierten Raumebene verwirklichen könnten.

Um den Umfang des Manifestierten Raumes zu beschreiben, den wir als die Welt der Materie um uns herum wahrnehmen, habe ich ein Schema erstellt, das die vier Aspekte dieses Raumes und deren 4x4 Unteraspekte in bezug auf die Landschaft zeigt. Das Schema beruht auf dem Urmuster der Vier Elemente.

Dabei dürfen wir nicht vergessen, daß wir es im Falle der materialisierten Wirklichkeit nicht mit einem Ewigkeitsraum zu tun haben, sondern im Gegenteil, mit einer Raumdimension, die ständig einem Prozeß der Wandlung unterworfen ist. Es handelt sich um eine vorübergehende Phase, die im Zeichen des Wandlungsprinzips steht. (Vgl. 1.2.A.)

In meinem Buch über die Elementarwesen[39] habe ich von vier grundlegenden Wandlungen des planetaren Raumes berichtet.[40] Es handelt sich eigentlich um vier Entwicklungsräume, die die Erde zusammen mit der Menschheit und mit anderen Lebewesen des Planeten in ihrer Evolution durchschreitet. Es wird von vier Phasen berichtet, die unser Planet im Rahmen des Urmusters der Vier Elemente zu durchlaufen hat. Davon sind drei Phasen schon fast abgeschlossen; wir befinden uns gegenwärtig im Übergang aus der dritten in die abschließen-

[39] *Elementarwesen – Die Gefühlsebene der Erde,* München 1995; und Ajra Miška: *Dotik Večnosti* (»Von der Ewigkeit berührt – Die Erzählung eines Engels«), Aura Verlag, Ljubliana 1993.

[40] Diese Erkenntnisse beruhen auf Botschaften des Engels Christopher Tragius, die meine Tochter Ajra Miška erhalten hat.

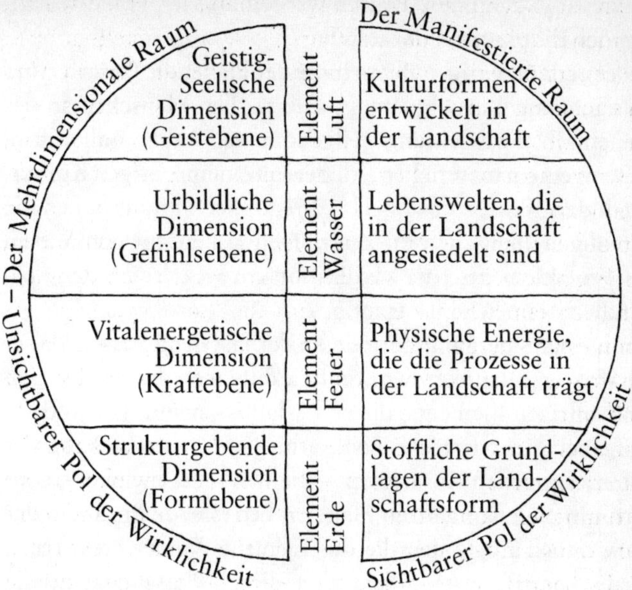

Abb. 14:
Der sichtbare und der unsichtbare Pol der Wirklichkeit

de vierte Phase. Diese Phasen werden als vier Verkörperungen des Erdplaneten dargestellt:
In der ersten, *feurigen* Phase hatte der Planet die Gestalt einer feurigen Kugel. Auch damals schon sollen Menschen an der planetaren Entwicklung teilgenommen haben, allerdings nicht in einem materiellen, sondern in einem feurigen Körper. Nach den Worten des Engels Christopher Tragius haben die damaligen Menschen im Zusammenwirken mit den Wesen des Feuerelements eine Zivilisation entwickelt, die den kosmischen Namen »Lir« trägt.[41]
Nach einer Übergangsperiode, in der fast der gesamte Planet im Wasser versunken war, entwickelte sich die Zivilisation des wäßrigen Elements, die er »Atlantis« nennt. Es handelte sich aber nicht um die Zivilisation eines einzelnen, später untergegangenen Kontinents – wie wir heute meinen –, sondern um eine den ganzen Planeten betreffende Phase, in der die weichen Zustände, die das Element Wasser hervorruft, vorherrschend waren. Schon in dieser Phase begann die Entwicklung der Lebewesenformen, wie wir sie heute kennen, allerdings ist sie nur so weit gediehen, wie es die wäßrigen Bedingungen von Atlantis zuließen. Die Gestalt des damaligen Menschen ähnelte mehr einer Fisch- oder Delphingestalt als seiner heutigen.
Nach einer langen Übergangsperiode, die wir mit Ausdrücken wie »der Untergang von Atlantis« oder »die Große Sintflut« oder »Eiszeiten« bezeichnen, hat sich die dritte Inkarnation unseres Planeten, die heutige Erde, herausgebildet. Erst in dieser Phase, die im Zeichen des Elements Erde steht, kam es zu der Verdichtung der Schwingungsmuster, die zur Ausbildung eines Materialisierten Raumes führte. Im

[41] In esoterischen Berichten wird diese Phase auch als »Mu« oder »Lemuria« bezeichnet.

Prozeß dieser Verdichtung entstanden die festen, physischen Formen der Wirklichkeit, die wir heute um uns herum wahrnehmen können.

Auch die heutige Form des menschlichen Leibes bildete sich in der letzten Epoche erst allmählich aus, so daß die Menschenseelen sich über lange Zeiträume in Affenkörpern – als den am höchsten entwickelten Tierkörpern – inkarniert haben. Durch die schöpferische Tätigkeit der innewohnenden Menschenseele wurde nun der Tierkörper nach und nach umgebildet, um schließlich die Form anzunehmen, die wir *homo sapiens* nennen. Erst in dieser Form konnte sich die Seele des Menschen in ihren mentalen, urbildlichen, vitalenergetischen und strukturgebenden Aspekten angemessen materialisieren.

Der Materialisierte Raum und auch der materialisierte Menschenleib stellen jedoch keine endgültige Form dar. Es steht ihnen (uns) noch eine vierte Wandlungsphase bevor, die Christopher Tragius »Krex« nennt. Sie wird durch die Eigenschaften des Luftelementes geprägt sein. Dadurch wird die Gefangenschaft der feinstofflichen Schwingungsmuster in den materiellen Formen aufgehoben werden. Der dann in einem feinstofflichen Körper verkörperte Mensch wird sich in einer viel freieren, schwingenden Realität zurechtfinden müssen. Der Materialisierte Raum wird in einen luftig-feinstofflichen Raum umgewandelt werden.

Christopher Tragius zufolge befinden wir uns schon mitten im Übergang von der alten zur »neuen« Erde. Charakteristisch für die Übergangsperiode ist einerseits eine extreme Verdichtung der Materialisierten Raumebene, ausgelöst durch die verstandesmäßige Bewußtseinsentwicklung. Diese führt zu gewaltigen Brüchen und Krisen. Andererseits taucht – wachgerüttelt durch diese Krisen – ein ganzheitliches Bewußtsein auf, das die Tiefen und Breiten des Mehrdimensionalen Raumes zu verstehen beginnt. Dadurch wird schon eine Brücke geschlagen zu dem luftig-ganzheitlichen Raum der neuen Erdverkörperung. Dieser Übergang soll jedoch bewußt gestaltet werden und nicht gewaltsam verlaufen, wie die zwei vorangegangenen. Der Mensch ist inzwischen weit genug entwickelt, um diese Umwandlung verkraften zu können. Es ist nur noch eine kritische Masse derer notwendig, die das erforderliche Bewußtsein haben – und schon wird die neuentstehende Phase des Manifestierten Raumes von jedermann akzeptiert werden. Der Zivilisation wird so der Weg in die abschließende, die luftige Phase dieses viergliedrigen Zyklus geöffnet.[42]

Entscheidend ist nicht, ob die Phasen des Manifestierten Raumes Krex, Atlantis, Erde und Lir benannt werden oder anders. Wichtig ist vielmehr, ein Verständnis für den Manifestierten Raum als einen Ausdruck der göttlichen Wandlungskräfte zu gewinnen, damit wir die Illusion der Endgültigkeit der materialisierten Wirklichkeit überwinden können. Die Materialisierte Welt, die wir um uns herum sehen, ist nach dem Konzept der aufeinander folgenden Verkörperungsphasen unseres Planeten »nur« der gegenwärtige und vorübergehende Ausdruck des Manifestierten Raumes.[43]

Um mich zu vergewissern, daß ich die subtilen und für das ganzheitliche Verständnis der sichtbaren Wirklichkeit entscheidenden Zusammenhänge zwischen der Strukturgebenden Dimension des Mehrdimensionalen Raumes und der

[42] Zitiert nach Ajra Miška: *Dotik Večnosti.*

[43] Rudolf Steiner sieht diesen Wandlungsprozeß nicht durch das Urmuster der Vier Elemente, sondern durch das Urmuster der Sieben Strahlen. Die sieben Verkörperungen unseres Planeten nennt er »der Alte Saturn«, »die Alte Sonne«, »der Alte Mond«, »die Gegenwärtige Erde«, usw. Vgl. dazu *Die Geheimwissenschaft im Umriß*, Rudolf Steiner Verlag, Dornach 1972.

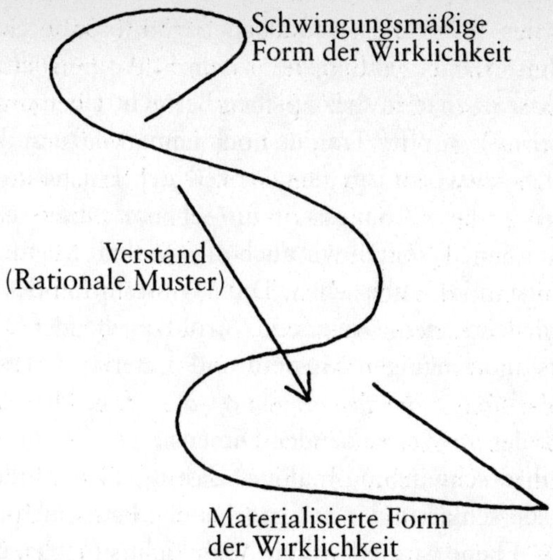

Abb. 15:
Die Rolle des menschlichen Verstandes
bei der Formierung der materialisierten Wirklichkeit

materialisierten Form des Manifestierten Raumes richtig begriffen hatte, habe ich meine Tochter Ajra in der Abschlußphase meiner diesbezüglichen Betrachtungen gebeten, den Engel Christopher Tragius noch einmal dazu zu befragen. Seine Antwort: Um den Prozeß der Entstehung der Wirklichkeit, die wir um uns herum sehen, richtig nachvollziehen zu können, sollten wir auch die Qualität des menschlichen Verstandes einbeziehen. Die Manifestation des Raumes geschehe in einem Dreieck aus Strukturgebender Dimension, verstandesmäßigen Mustern und materialisierten Formen.

Innerhalb der Strukturgebenden Dimension erhält die Wirklichkeit ihre schwingungsmäßige »Form« bzw. findet sie ihren Niederschlag in den entsprechenden Frequenzformen. Auf dieser Ebene ist die Realität noch nicht sichtbar, unterbewußt jedoch für den Menschen wahrnehmbar. Die unterbewußten Wahrnehmungen werden in einem nächsten Schritt vom menschlichen Verstand aufgegriffen und nach bestimmten Mustern geordnet und formuliert. So erhalten sie eine klare, verstandesmäßig geprägte Form, die schließlich in unserem Bewußtsein als das uns vertraute Bild der materialisierten Wirklichkeit auftaucht.

Zitat von Christopher Tragius: »Die Ebene des Verstandes ist für die Raumkonstitution selbst nicht von besonderer Bedeutung. Sie gewinnt ihre Wichtigkeit dadurch, daß sie den Zugang zum Verständnis des Manifestierten Raumes eröffnen kann. Mit der Verstandesebene meine ich die Ebene der verstandesmäßigen Voraussetzungen bzw. der verstandesbedingten Muster, durch die der Mensch die Tatsachen oder Botschaften der Geistebene – die sich über die Gefühlsebene und die Kraftebene auf die Formebene hinunterlassen – in die Formen seiner Wirklichkeit übersetzt. Die verstandesbedingten Muster sind den Menschen anerzogene und von ihnen erlernte Systeme, durch die sie die manifestierte Welt auf eine einheitliche Weise sehen und wahrnehmen. Diese rationalen Muster bewirken, daß ihnen die physische Manifestation so endgültig und handfest erscheint. Schon das kleine Kind beginnt damit, solche Muster in sein Bewußtsein einzubauen. Sein Leben lang wird es (unbewußt) damit beschäftigt sein, dieses Wahrnehmungssystem zu vervollständigen.

Die Bewußtseinsebene und somit auch die Verstandesebene ist zivilisationsbedingt. Die östlichen Kulturen nehmen die gleichen Qualitäten anders wahr als die westlichen. Darin liegt auch der Grund, warum die Zivilisationen in einer bestimmten Weise auf der Erdoberfläche verteilt sind. Dabei spielt auch der Zeitfaktor eine Rolle. So war die Bewußtseinsebene, durch die die Manifestationsprozesse im Raum gesteuert werden, noch zu Beginn des Fische-Zeitalters[44] nicht vollständig vom Verstand geprägt. Im Mittelmeerraum tauchten die ersten Keime der rational-logischen Denkweise auf. Später kam es zu einer unglaublichen Verbreitung des verstandesmäßigen Bewußtseins in alle möglichen Richtungen, bis die ganze Menschenevolution damit durchdrungen war.

Den Verstand würde ich als eine dritte Komponente des Manifestierten Raumes bezeichnen. So kommt das Gefüge: schwingungsmäßige Wirklichkeit – Verstand – manifestierte Form zustande. Der Verstand ist zwar keine faßbare oder meßbare Substanz, doch ist er für die gegenwärtige Zivilisa-

[44] Hierbei geht es um eine Zeitrechnung in solaren Jahren, die jeweils ca. 25 000 irdische Jahre umfassen, der Zeitzyklus, in dem sich verschiedene Kulturen entwickeln. Das Sonnenjahr wird durch die Tierkreiszeichen, durch die sich die Sonne dabei bewegt, in Epochen geteilt, die ca. zwei Jahrtausende dauern. Zur Zeit befinden wir uns mitten im Übergang vom Zeitalter der Fische zum Zeitalter des Wassermanns.

tion auf der Erde von wesentlicher Bedeutung. Der Verstand ist ein Mittler und eine Nadel, die den unsichtbaren und den sichtbaren Pol der Wirklichkeit zu einer Ganzheit zusammenhält.«

1.6. Die Verkörperung auf der Erde als Lernprozeß für den Menschen

Nach den bisherigen Überlegungen ist es offensichtlich, daß wir die räumliche Wirklichkeit nicht einfach als eine objektive Angelegenheit betrachten können. Immer wieder wurde deutlich, daß die Vorstellungen über die verschiedenen Evolutionen, sei es die der Engel, der Elementarwesen oder des Menschen, subjektiv geprägt sind und ganz unterschiedlich bewertet werden. Besonders im Rahmen dieses Werkes, in dem wir versuchen, die Weltenräume unter dem Gesichtspunkt des menschlichen Umgangs mit der Erde, der Natur und der Landschaft zu erfassen, ist die Rolle der menschlichen Subjektivität unübersehbar. Im letzten Kapitel, das den Manifestierten Raum behandelte, wurde die Rolle des Menschen sogar in den Brennpunkt der Raumschöpfungsvorgänge gerückt, weil erst durch die Tätigkeit des Menschen die Realität des Materialisierten Raumes erschaffen wird. Es wird daher unumgänglich, die Frage zu stellen, wer dieser Mensch eigentlich ist, dem eine so wichtige Funktion zukommt.

1.6.A. Der ethisch-moralische Aspekt der Menschwerdung

Wenn hier von der Menschheitsentwicklung gesprochen wird, ist eine differenzierte Betrachtungsweise unerläßlich, da es sich um äußerst vielschichtige Vorgänge handelt. Ich werde mich im folgenden auf den meiner Ansicht nach entscheidenden Wendepunkt in unserer Entfaltungsgeschichte konzentrieren, der auch heute noch von ausschlaggebender Bedeutung ist. Bewußt halte ich dabei Abstand von der Linearität des Verstandesmäßigen und wähle einen Mythos aus dem Alten Testament als Ausgangspunkt meiner Betrachtungen.

Es besteht wohl kein Zweifel daran, daß die abendländische Kultur in ihrem Wesen durch die Bibel geprägt ist und daß wir folglich aufgefordert sind, die Ursachen für heutige Erscheinungen unter anderem an dieser Stelle zu suchen. Der zuvor erwähnte Wendepunkt in der Geschichte unserer Evolution wird gleich am Anfang der Heiligen Schrift, im zweiten Kapitel des Ersten Buches Mose (Genesis) geschildert. Es handelt sich um den Mythos vom sogenannten »Sündenfall«. An dieser Stelle muß ich gleich vorausschicken, daß ich nicht daran glaube, daß der Mythos von Eva und Adam einen »Sündenfall« beschreibt. Vielmehr handelte es sich meinem Gefühl nach ursprünglich um eine mythische Erzählung, die eine ganzheitliche Einsicht in das Geheimnis des entscheidenden Wendepunktes im Prozeß der geistig-seelischen Entfaltung der Menschheit vermitteln sollte. Der Inhalt dieser Erzählung wurde erst später, bei der Redaktion der Bibel in ihrer heutigen Form und im Zuge ihrer Interpretation, verschleiert, mißverständlich gemacht und letztlich – indem der Begriff der »Erbsünde« hineinprojiziert wurde – zwecks Verteufelung des erwähnten Wendepunktes mißbraucht. Die uns übermittelte Form des Mythos ist ein Ausdruck je-

ner Kräfte, die vor der neuen, »erwachsenen« Stufe der Menschheitsentwicklung zurückschreckten und durch die Verstümmelung der ursprünglichen Aussage des Mythos versucht haben, die Menschheit in der alten, kindlichen Phase festzuhalten, in der die Menschen leicht beherrschbar und manipulierbar sind.
Der sogenannte »Sündenfall-Mythos« – ich werde ihn von nun an als den »Wendepunkt-Mythos« bezeichnen – kann jenseits dieser Verstümmelungen verstanden werden, wenn wir unsere Aufmerksamkeit seiner Grundstruktur zuwenden. Diese ist auf der Unterscheidung zwischen drei Arten von Bäumen aufgebaut, die im Paradiesgarten wachsen. Sie stellen die drei für uns wichtigsten Phasen der geistig-seelischen Entwicklung des Menschen und der Menschheit dar: die vergangene, die aktuelle und die zukünftige.

1. Die Paradiesbäume, von denen Eva und Adam als Repräsentanten der Menschheit nach Belieben essen durften, stellen die vergangene Epoche dar, in der der Mensch als ein Kind der Gottheit und der Natur durch das Leben geführt wurde.
2. Der Baum der Erkenntnis von Gut und Böse steht für die Phase des Selbständigwerdens, in der wir uns noch heute befinden. Da der Mythos aus dem Blickwinkel der vorangegangenen Phase erzählt wird und die Herausforderungen beschreibt, die auf den Menschen zukommen werden, wenn er sich *für* den Übergang in die neue Phase entscheidet, wird Eva und Adam verboten, dessen Früchte zu essen (*Genesis 1.3.2*). Der erste Schritt in die neue Selbständigkeit besteht also genau darin, *gegen* das Verbot zu handeln.
3. Der Baum des Ewigen Lebens steht für eine zukünftige Phase, die im Wendepunkt-Mythos noch gar nicht ange-

sprochen wird. Der Übergang in diese dritte Phase wird in einem anderen biblischen Mythos, der Apokalypse, geschildert, die – bezogen auf den Wendepunkt-Mythos – am entgegengesetzten Ende der Sammlung der biblischen Texte steht. In der Mitte des »Neuen Jerusalem« als Symbol für die zukünftige Phase steht der Baum des Ewigen Lebens. (Vgl. *Die Offenbarung des Johannes,* 22.2)

Die dramatische Entwicklung im Wendepunkt-Mythos beginnt damit, daß die Vertreter der Menschheit das Tabu durchbrechen, von den Früchten des Baumes der Erkenntnis kosten und dadurch eine entscheidende Wende herbeiführen. Als Folge dieser »Wende-Tat« kommt es zu einer dramatischen Veränderung der bisherigen Lebensumstände der Menschheit. Statt weiterhin die Harmonie der feinstofflichen Wirklichkeit – symbolisiert durch den Paradiesgarten – als Lebensraum genießen zu können, muß sich der Mensch nun auf die viel gröberen Umstände des Manifestierten Raumes einstellen. Diese Umstellung wird als »Fall« empfunden, weil der Fokus der Menschheitsentfaltung aus einem viel feineren auf den gröberen Bereich der materiellen Welt übertragen wurde. Im Mythos wird diese Übertragung durch eine Reihe von Symbolen erhellt:

- Eva und Adam werden sich unmittelbar nach der großen Wende ihrer Nacktheit bewußt, was auf die Verdichtung der ursprünglich feinstofflichen Gestalt des menschlichen Leibes in seine stoffliche Form hindeutet. *(Genesis 1.3.7)*
- Durch die Erwähnung der Geburtswehen der Frau wird auf Geburt und Tod, das heißt auf den Lebenszyklus der Verkörperung hingewiesen, den eine Menschenseele nach der entscheidenden Wende durchlaufen muß, wenn sie an

den Lebensprozessen der Erde teilnehmen möchte. *(Genesis 1.3.16* und *1.3.19)*

- Der Mensch wird von nun an durch Arbeit, die er aus sich heraus leisten muß, in die Wechselbeziehungen mit der Welt der Materie hineingezogen. Der biblische Ausdruck »im Schweiße deines Angesichts« *(Genesis 1.3.19)* ist ein Hinweis auf die Herausforderung der bewußten, kreativen Tätigkeit.
- Der göttliche Fluch, der über die Erde ausgesprochen wird *(Genesis 1.3.17)*, ist ein Symbol für die Verdichtung des Mehrdimensionalen Planetaren Raumes in die gröbere Form des Materialisierten Raumes. Die sogenannte »Vertreibung aus dem Paradies« kann in diesem Kontext als symbolische Bezeichnung für den Übergang der Menschenevolution aus einer älteren Form des Manifestierten Raumes, den wir im vorigen Kapitel mit »Atlantis«[45] bezeichnet haben, in den tiefer verdichteten Raum der materiellen Welt, den wir »Erde« nennen, gelesen werden.

Zu diesen Symbolbildern, die die neue Phase der Menschheitsentwicklung nach der Großen Wende kennzeichnen, müßte auch der Baum der Erkenntnis von Gut und Böse gezählt werden, dem ja sogar die zentrale Rolle in dem Mythos zukommt. Das Kosten von den Früchten des Baumes der Erkenntnis durch Eva und Adam wird zum eigentlichen Symbol der Wende von einem älteren Weg der Erkenntniserlangung, wie er den Menschen in der vorangegangenen Epoche zur Verfügung gestanden hatte, zu einem neuen Weg, der durch das bewußte Unterscheiden zwischen den Gegensätzen gekennzeichnet ist.

[45] Der wäßrige Charakter des Paradiesraumes spiegelt sich in den vier Urströmen wider, die seine »Landschaft« prägen: Pison, Gihon, Hiddekel und Euphrat *(Genesis 2.10-14)*.

In der biblischen Schöpfungsgeschichte wird die vorangegangene Epoche dadurch veranschaulicht, daß dem Menschen darin ein ordnungsgemäßer Platz innerhalb der sieben Schöpfungstage zugewiesen wurde.[46] Das heißt, in jener Epoche war der Mensch als ein unmittelbarer Ausdruck der göttlichen Schöpfungsprozesse noch voll in die kosmische Ganzheit eingebunden. Das Wissen, das er brauchte, um innerlich zu wachsen, wurde ihm durch die geistigen Wesenheiten zuteil, die seine Entfaltung lenkten.
Nach der epochalen Wende aber sollte der Mensch nicht mehr unmittelbar an dem Wissen teilhaben, das ihm früher über- oder unterbewußt – in jedem Falle von »außen« – zugeführt wurde. Vielmehr ging es von nun an darum, Erkenntnis durch bewußte, vom eigenen inneren Willen gelenkte Anstrengung zu erlangen, was im biblischen Mythos durch den Begriff der *Unterscheidung* (zwischen Gut und Böse) symbolisch zum Ausdruck gebracht wird. Dieses Symbol kann so verstanden werden, daß der Mensch fortan frei ist, sich zu entscheiden, ohne Rücksicht darauf nehmen zu müssen, was nach der göttlichen Ordnung richtig oder falsch wäre.
Es wäre aber ein Irrtum, die epochale Wende, die im Wendepunkt-Mythos beschrieben wird, als einmaliges Ereignis der Vergangenheit zuschreiben zu wollen. Vielmehr symbolisiert dieser Mythos die Entwicklung zur Selbständigkeit, in die der Mensch ethisch-moralisch in den letzten Jahrtausenden eingebunden war und auch noch in unserer Gegenwart eingebunden ist.
So gibt es einerseits den »alten Weg«, der vor der Großen Wende seine volle Gültigkeit hatte und der heute vom Standpunkt der aktuellen Aufgabe der Menschheit betrachtet, als überholte Entwicklungsstufe erkennbar wird. Andererseits

[46] Vgl. *Genesis 1.1.26-27.*

hat der Mensch im Verlauf der letzten Jahrtausende Gelegenheit gehabt, jene Fähigkeiten zu entfalten, die es ihm bei bewußter Anwendung ermöglichen, den »neuen Weg«[47] der inneren Selbständigkeit zu beschreiten:

- Die Entwicklung des selbstbewußten Ichs – des Ego – verleiht die Fähigkeit, den freien Willen auszuüben (Stichwort: *selbständiges Ich)*[48].
- Die Entwicklung des logischen Denkens – der Ratio – verleiht die Fähigkeit zu einem Denken, das eigenständigen Gesetzmäßigkeiten folgt, ohne seine Berechtigung notwendig von den höheren Welten herzuleiten. (Stichwort: *logisches Denken)*.
- Die Entwicklung der Fähigkeit, aus der eigenen Mitte heraus zu lieben und dadurch bewußt Glück, Segen, Lebensfülle und Heilung mit anderen Lebewesen zu teilen (Stichwort: *Liebe)*.
- Die Entwicklung der Fähigkeit, aus eigenem guten Willen heraus den Einklang zu suchen mit den geistigen Wesenheiten, die die Weltentfaltung lenken, und bewußt in eine Zusammenarbeit mit ihnen einzutreten. (Stichwort: *Rückverbindung mit dem Göttlichen)*[49].

Der beschriebene Wendepunkt in der Menschheitsentwicklung wird von der Theologie irreführenderweise als »Sünden-

[47] Die Begriffe »alt« und »neu« sind in bezug auf den beschriebenen Wendepunkt zu verstehen.

[48] Esoterische Schulen sind dem Ego gegenüber oft feindlich eingestellt, was auf ihr mangelndes Verständnis für die geistige Entwicklung nach der epochalen Wende zurückzuführen ist.

[49] »Rückverbindung« ist im Sinne einer nichtinstitutionellen Religion zu verstehen. »Religion« kommt von *re-ligio* (lat.) – sich wiederverbinden.

fall« bezeichnet und als Ursache für tiefgreifende Schuldgefühle im Sinne einer »Erbsünde« gedeutet. Es ist nicht zu begreifen, woher diese negative Bewertung stammt. Der Gott der Genesis selbst kommentiert das Ergebnis der Großen Wende, die unter dem Baum der Erkenntnis vollbracht wurde, mit Worten des Entzückens: »Siehe, Adam ist geworden wie unsereiner und weiß, was gut und böse ist.« *(Genesis 1.3.22)*

Die durch diese biblischen Worte angesprochene göttliche Essenz, die sich im Menschen Schritt für Schritt verwirklichen kann, nachdem er den »Neuen Weg« beschritten hat, ist jedoch keine Selbstverständlichkeit, sondern eine kostbare Gabe, die sich der Mensch selbst – oder in den Worten der Bibel ausgedrückt: »im Schweiße seines Angesichts« – erarbeiten muß, wenn seinerseits der Wille dazu besteht.

Wird der Wille dazu aufgebracht, dann stellen sich dem Menschen im ethisch-moralischen Sinne früher oder später drei Aufgabenbereiche:

- Die Unterscheidung zu pflegen zwischen den Kräften, die in die Richtung des alten bzw. des neuen Erkenntnisweges führen.
- Das Gleichgewicht in sich zu pflegen bezüglich der vier auf dem neuen Erkenntnisweg erworbenen Qualitäten (selbständiges Ich-Bewußtsein, logisches Denken, Liebe und Rückverbindung mit dem Göttlichen).
- Zwischen den zerstörenden und den aufbauenden Kräften zu unterscheiden.

1. Über die Unterscheidung zwischen den Kräften, die in die Richtung des alten bzw. des neuen Erkenntnisweges führen

Erstere können daran erkannt werden, daß sie den Menschen in Abhängigkeiten aller möglichen Art drängen wollen, um seine erwachende Selbständigkeit zu verhindern. Dazu gehören:

– Religiöse Gebote oder andere ewig gültige Vorschriften, die nicht hinterfragt werden sollen oder dürfen;
– hierarchische Gebilde, die auf dem Prinzip der Vermittlung des Göttlich-Geistigen »von oben nach unten« basieren und dabei versuchen, durch Machtausübung oder durch Furchteinflößung auf den Menschen einzuwirken – auch wenn das auf eine unauffällig-subtile Art und Weise geschieht;
– Bewegungen oder Institutionen aller Art, die versuchen, die Selbständigkeit des Menschen einzuschränken und ihn in einer gewissen Richtung zu führen, die nicht im Einklang steht mit seinen Fähigkeiten, selbst zu entscheiden, logisch zu denken, zu lieben oder eigenständig nach der Rückverbindung mit dem Göttlichen zu suchen.

2. Über das Gleichgewicht unter den vier auf dem neuen Erkenntnisweg erworbenen Qualitäten

Es handelt sich um Qualitäten, die der Mensch während der mehrtausendjährigen Geschichte der Kultur nach der Großen Wende entwickelt hat. Als erstes wurde in der letzten Hälfte des ersten vorchristlichen Jahrtausends, während der sogenannten Antike, die Fähigkeit entwickelt, selbständig auf

logische Art zu denken. Als nächstes wurde durch die Lehre Jesu Christi und durch den daraus hervorgegangenen christlichen Impuls die Fähigkeit im Menschenwesen wachgerufen, aus der eigenen Mitte heraus lieben zu können. Die philosophisch-intellektuelle Entwicklung nach der Renaissance hat im Menschen die Ausbildung des selbständigen Ichs eingeleitet. Die modernen geistigen Strömungen haben nach und nach dem Menschen die Wege zur Wiederverbindung mit dem Göttlichen in einem so breiten Spektrum eröffnet, daß jede Frau und jeder Mann den eigenen geistigen Weg finden könnte.
Stellen wir uns die vier neuerworbenen Qualitäten nach dem Urmuster der Vier Elemente auf einem Gleichgewichtskreuz angebracht vor, so lassen sich folgende Entsprechungen bilden:

- selbständiges Ich-Bewußtsein: Element Erde;
- logisch-verstandesmäßiges Denken: Element Feuer;
- Liebe: Element Wasser;
- Rückverbindung zum Göttlichen: Element Luft.

Wird nun einem der vier Arme des Gleichgewichtskreuzes zu wenig Aufmerksamkeit in den Selbstentfaltungsprozessen geschenkt, so erhebt sich sein Gegenüber und beginnt, die Bewußtseins- und Verhaltensmuster des Menschen zu dominieren und zu stören, zum Beispiel:
Wird die Rückverbindung zum Göttlichen vernachlässigt oder aus ideologischen Gründen bewußt ignoriert, so wächst der Gegenpol, das Ego, was zu einer egozentrischen Haltung dem übrigen Leben gegenüber führt.
Wird die Fähigkeit zu logischem Denken über die Kraft der Liebe gestellt, so entsteht die Gefahr der Überheblichkeit, wie sie dem rationalistischen Materialismus zugrunde liegt.

Wird die Kraft der Liebe zu stark in den Vordergrund gedrängt, so daß die Fähigkeit zu vernünftigem Denken mehr und mehr ausgelöscht wird, so kann diese Entwicklung in die blinde und leidenschaftliche Hingabe an eine Person oder Idee münden.
Wird den Rückverbindungsprozessen im Sinne einer Religion zu viel Kraft zugeführt, so besteht die Gefahr, daß eine gewalttätige geistige Strömung entsteht, die die Freiheit des individuellen Menschen-Ichs vergewaltigt.

3. Über die Unterscheidung zwischen den zerstörenden und den aufbauenden Kräften

Vertiefen wir uns in die ethisch-moralischen Gesetzmäßigkeiten der geistigen Entwicklung des Menschen nach der Großen Wende, dann wird nach allem, was bislang darüber gesagt wurde, klar, daß es immer unmöglicher wird, unseren Werdegang von außen führen zu lassen. Die Rolle eines ethisch-moralischen Führers, der dem Menschen im voraus sagt, was richtig und was falsch ist, verliert zunehmend ihre Berechtigung. Wie aber kann sich der Mensch in der neuen Situation überhaupt noch zwischen »Gut« und »Böse« zurechtfinden?
Die neuen Mechanismen der Orientierung auf dem geistigen Weg beruhen auf der Gesetzmäßigkeit von Ursache und Wirkung. Dadurch, daß ein Mensch die Folgen seiner Entscheidungen und Handlungen im Spiegel des ihn umgebenden Lebens oder am eigenen Leibe als positiv oder negativ erfährt, wird ihm Gelegenheit gegeben, das Aufbauende und das Zerstörende, das seinen Ursprung im eigenen ethisch-moralischen Verhalten hatte, zu erkennen und voneinander zu unterscheiden. So vermag der Mensch selbständig an der

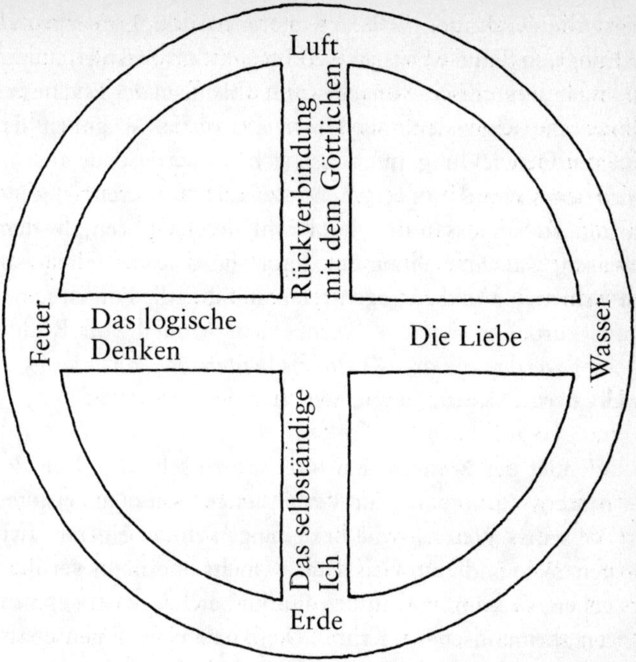

Abb. 16:
Das Gleichgewichtskreuz des »Neuen Menschen«
in seiner Beziehung zum Urmuster der Vier Elemente

persönlichen Wandlung und Weiterentwicklung zu arbeiten. Im gleichen Sinne werden Krankheiten, zum Beispiel, immer häufiger als eine Folge ungelöster Probleme in der Psyche des Patienten verstanden, als Hinweis auf die Aufgaben der inneren Entwicklung, mit denen sich der Betreffende auseinandersetzen muß, um sein Leben zu harmonisieren.[50]
Grundsätzlich lassen sich drei Kräfte unterscheiden, die dem Menschen als Spiegelung der durch ihn gesetzten Ursachen aus seinem Umfeld entgegentreten und ihm die Folgen seines Tuns zurückprojizieren. Nach einem Modell von Rudolf Steiner werden die drei Kräfte als luziferische, ahrimanische und Christus-Kräfte bezeichnet[51]:

- Wendet der Mensch sein Interesse zu sehr der Welt der Materie zu, so daß seine Verbindungen mit dem geistigen Pol seines Wesens – die Beziehungen zu der eigenen ewigen Seele und zum Geistselbst – mehr und mehr verloren gehen, so kommt er in den Einflußbereich der sogenannten ahrimanischen[52] Kräfte. Diese haben die Eigenschaft, den Menschen in das Stoffliche hineinzuziehen, in die leblose Erstarrung, die Materie an sich charakterisiert.
- Wendet sich das Interesse des Menschen zu sehr vom irdischen Leben ab und dem Transzendenten und Esoterischen zu, so wird er durch die luziferischen[53] Kräfte ergriffen. Diese versuchen, ihn in das Feuer des Geistigen hinaufzuziehen, wo er sich in Illusionen verlieren würde.

50 Vgl. dazu das zweite Kapitel in meinem Buch *Die Landschaft der Göttin,* München 1993.

51 Vgl. dazu Rudolf Steiner: *Themen aus dem Gesamtwerk, 19: Das Mysterium des Bösen,* Verlag Freies Geistesleben, Stuttgart 1993

52 »Ahriman« ist in der persischen Religion der Gott der Finsternis, Gegner des Lichtgottes Ahura Mazda.

53 »Luzifer« ist nach der christlichen Lehre der Anführer der aus der göttlichen Gnade gefallenen Engelscharen.

– Wird die richtige Proportion zwischen dem geistigen und dem irdischen Pol der Wirklichkeit gewahrt, so kommt der Mensch unter den Einfluß der Christus[54]-Kräfte, die ihn lehren können, die Stufen seines Weges im Einklang mit seinem göttlichen Urbild zu gehen.

Das beschriebene Kräftedreieck wirkt als eine die Wahrheit offenbarende Spiegelung des menschlichen Handelns nicht nur auf der persönlichen, sondern auch auf der kollektiven Ebene. Die Grausamkeiten eines Krieges mit dem Leiden, das sie auslösen, sind oft luziferische Rückspiegelungen nationalistischer oder religiöser Ideologien, die eine Nation oder eine kulturelle Gemeinschaft in ihre feurigen Wirbel hineingezogen haben. Eine ethisch-moralische oder wirtschaftliche Krise, in die eine Gesellschaft gerät, kann als Folge der Verwicklung dieser Gesellschaft mit den ahrimanischen Kräften verstanden werden. Erbarmungslos spiegeln sie die Folgen der Abtrennung einer Kultur von ihren geistigen Quellen wider. Umgekehrt kann eine Kultur aufgrund der geistig-irdischen Balance vieler Individuen, die an gemeinsamen Projekten arbeiten, eine harmonische und schöpferische Entwicklung zustandebringen, die als Antwort auf ihre ausgewogene Vorgehensweise des Segens der Christus-Kräfte teilhaftig wird.
Es stellt sich die Frage, welche Natur diesen Kräften zugeschrieben werden darf. Grundsätzlich handelt es sich zwar um objektivierte Kräfte, die infolge der ethisch-moralischen Einstellung der Menschen und der daraus resultierenden Wirkungen entstehen, nach dem Motto: »Was der Mensch sät, das wird er auch ernten.« *(Gal. 6,7)* Es handelt sich aber

[54] Der Begriff des Christus ist hier nicht mit der Person Jesu Christi zu verwechseln, die die Christus-Kraft in ihrem Leben verwirklicht und damit unserer Kultur ein Vorbild gegeben hat.

nicht nur um ein Spiel verschiedener Kräfte, sondern auch um bestimmte Wesenheiten, die diese Kräfte beseelen, ähnlich wie die Kräfte, die von uns Menschen ausgehen, durch uns beseelt sind. Im Falle der luziferischen Kräfte zieht das entsprechende menschliche Fehlverhalten Wesenheiten aus dem Urraum der Ewigkeit in die Erdensphäre hinein, die nicht hierher gehören. Ihre Schwingungen sind für das Menschenwesen zu hoch und deswegen giftig. Auf eine ähnlich zerstörerische Weise wirken die Kräfte der ahrimanischen Wesenheiten, die durch Resonanz – nach dem Gesetz »Gleiches zieht Gleiches an« – aus einem Daseinsbereich, der noch unterhalb des Manifestierten Raumes liegt, angezogen werden. Ihre Kräfte wirken erstarrend und todbringend, weil sie in bezug auf den Manifestierten Raum zu niedrige Schwingungen besitzen. Auch Christus braucht nicht nur als eine urbildliche Kraft verstanden zu werden, sondern kann auch als eine geistige Wesenheit[55] aufgefaßt werden, die aus dem Urraum der Ewigkeit heraus die Entfaltung des Menschenwesens zukunftweisend unterstützt und inspiriert.

Zusammenfassend können wir sagen, daß die neue ethisch-moralische Haltung, die aufgrund der geistigen Entwicklung nach der Großen Wende von jedem Menschen individuell zu erarbeiten ist, sich auf der ersten Stufe ausschließlich im Bereich des Selbstbewußtseins des Menschen auswirkt. Auf der zweiten Stufe, nachdem ein gewisser Abstand zu den übrigen Wesenheiten der geistigen Welt hergestellt wurde, kommt es jedoch zu einer neugearteten Beziehung zu ihnen. Diese Beziehung, die die erlangte Selbständigkeit des Menschen berücksichtigt, ist gekennzeichnet durch Wechselwir-

[55] Diese geistige Wesenheit kann auch als eine kollektive Wesenheit begriffen werden, die durch die sogenannten »aufgestiegenen Meister« personifiziert wird.

kungsprozesse mit der geistigen und mit der irdischen Welt, die auf dem Prinzip der Partnerschaft beruhen.

1.6.B. Das Wesen Mensch

Die Verkörperung einer Menschenseele auf dem Planeten Erde wurde im letzten Abschnitt als ein dynamischer Vorgang des Lernens und Entfaltens beschrieben. Nun stellt sich aber die Frage, wer der Mensch, der all diese Dynamik durchmacht, eigentlich ist. Um das zu veranschaulichen, möchte ich diesmal nicht die Bibel heranziehen, sondern auf eines der bekanntesten Grimm'schen Märchen zurückgreifen, das von einer schönen Prinzessin und ihrer Beziehung zu einem häßlichen Frosch handelt. Es ist das Märchen vom »Froschkönig«.

Darin wird erzählt, daß die Prinzessin im Garten mit einer goldenen Kugel spielt, die ihr in einen tiefen Brunnen fällt. Die Prinzessin steht hier als Sinnbild für die Seele des Menschen, die fröhlich und frei an der Unbegrenztheit des Urraumes der Ewigkeit teilhat, wobei die goldene Kugel den ganzheitlichen Charakter ihres Seins darstellt. Der Prozeß der Verkörperung der Menschenseele wird nun dadurch versinnbildlicht, daß der Prinzessin die goldene Kugel in einen tiefen, engen Brunnen fällt – das Hinabsteigen der Seele in die Enge der linearen Raum-Zeit-Strukturen.

Eingezwängt in die Struktur der raum-zeitlich bedingten Manifestierten Welt wird die Seele – jedesmal, wenn sie sich inkarniert – von dem Gefühl überflutet, daß die ihr ursprünglich zueigene Ganzheit unwiderruflich verlorengegangen ist: Die goldene Kugel ist in unerreichbare Tiefen gefallen. Da bietet sich nun der häßliche Frosch an, der Prinzessin die Kugel aus dem Brunnen heraufzubringen, unter der Bedin-

gung, daß sie ihm verspricht, ihn anschließend als ihren Partner zu akzeptieren, mit ihm am gleichen Tisch zu essen und im selben Bett zu schlafen. Wie ist dieses Angebot im Lichte unserer Frage nach dem Wesen des Menschen zu verstehen? Der Frosch steht hier für die elementaren Kräfte der irdischen Natur, die der Seele die stofflichen und feinstofflichen Körperstrukturen anbieten, durch die sie ihre Ganzheit wiedererlangen kann. Die Vorbedingung dafür lautet aber, daß sie sich auf die ihrem Wesen fremden Gesetzmäßigkeiten der irdischen Welt einlassen und ihre relative Begrenztheit akzeptieren muß. Der Frosch mit seiner – gemessen an menschlichen Proportionen – vollkommen fremden Gestalt entspricht der andersgearteten Ästhetik eines Elementarwesens. Dieses Elementarwesen ist es nun, das der Seele seinen Dienst für die Dauer einer Inkarnation anbietet, indem es den Aufbau ihrer körperlichen Strukturen leitet und diese einschließlich ihrer kraft-, gefühls- und gedankenmäßigen Kraftfelder aufrechterhält.
In Abschnitt 1.4.C. habe ich die Elementarwesen als die unsichtbare Intelligenz der Erde, der Natur und der Landschaft schon erwähnt. In Kapitel 5.3. spreche ich noch ausführlicher über diese verborgene Welt. Im Falle unseres Froschkönig-Märchens handelt es sich aber nicht um jene Bewußtseinszellen, die einzelne Erscheinungen der Natur, wie Kräuter, Bäume, Flüsse, Landschaftsräume, usw. beseelen. Vielmehr geht es um *das Elementarwesen, das unsichtbar im Astralfeld des Menschen lebt.* Auf ähnliche Weise, wie ein Faun für den Aufbau eines Baumes Sorge trägt, sorgt das persönliche Elementarwesen für die körperlichen Ausdehnungen des inkarnierten Menschen. Im heutigen Sprachgebrauch wird dieser Partner des Menschen oft in verschleiernder Weise als das »Körperbewußtsein« bezeichnet. Ich meine, wir sollten uns unseres froschähnlichen Partners nicht

schämen. Wie die Zwerge oder Faune stammt er aus der Familie der Elementarwesen, die dem Element *Erde* angehören, und teilt mit letzteren die unproportionierte Gestalt, die uns abstoßend erscheint. Ich nenne ihn das Elementare Ich des Menschen.[56]

Der dramatische Punkt in dem Grimm'schen Märchen liegt darin, daß die Prinzessin die Partnerschaft des Frosches genau in dem Augenblick ablehnt, da es sie zu verwirklichen gilt. Als der Frosch an die Türe ihres königlichen Gemaches klopft, will sie nicht öffnen. Dieses Bild deutet auf die Gefahr hin, daß die verkörperte Seele die Gelegenheit, die ihr die Intelligenz der Erde anbietet, nicht wahrnimmt. Diese Gelegenheit besteht darin, durch die Erfahrungen der Materialisierten Welt zu einer neuen Ganzheitserkenntnis zu gelangen. Statt dessen geschieht es allzu häufig, daß die Seele ihre körperliche Hülle mißachtet, sie als eine schmerzhaft-leidvolle Angelegenheit betrachtet oder dadurch entwertet, daß sie sie nur als Quelle körperlich-sinnlicher Genüsse gebraucht. Dadurch verpaßt sie die wunderbare Gelegenheit, die verlorene Ganzheit zurückzuerlangen. Die Vollmacht der menschlichen Entscheidungsfreiheit erlaubt es nämlich keiner anderen Autorität, die Seele in eine bewußte Partnerschaft mit ihrem Elementaren Ich zu zwingen.

In unserem Froschkönig-Märchen kommt es erst im Schlafzimmer der Prinzessin zum entscheidenden Umbruch, als sie, erzürnt über die Zudringlichkeit des Frosches, ihn gegen die Wand wirft. In dem Moment wird er in einen schönen Prinzen verwandelt, den die Prinzessin glückselig als ihren Partner akzeptiert. Erstaunlich an diesem Märchen ist die Auslösung der Verwandlung durch einen Akt der Gewalt –

[56] Vgl. dazu das Kapitel »Elementarwesen bei Tier und Mensch« in meinem Buch *Elementarwesen.*

in anderen Märchen dieses Typus wird der sogenannte »Tierbräutigam« durch den Liebeskuß erlöst. Entscheidend für die Erlösung sind meiner Ansicht nach zwei Bedingungen, die auch von der Prinzessin im Froschkönig-Märchen erfüllt werden: Erstens trifft das Mädchen eine eigenständige Entscheidung – in diesem Fall handelt sie gegen den Willen ihres Vaters, der sie in die Normen einer Verpflichtung, ihr Versprechen zu halten, hineindrängen will. Und zweitens geht es um die Schlüsselrolle der Gefühlsebene als jener Ebene, die eine Kommunikation mit den Elementarwesen ermöglicht. Obwohl ihre ersten spontanen Gefühle negativ geprägt sind, wird schon allein durch die Tatsache, daß sie sie zum Ausdruck bringt, das Tor zur Wiederverbindung mit der Welt der irdischen Evolution geöffnet.
Die unerwartete Wandlung des häßlichen Frosches in den wunderschönen Prinzen stellt eine klare Botschaft an die inkarnierte Seele dar mit dem Ziel, sie in ihrem Vertrauen darauf zu stärken, daß die Elementarwelt ihr trotz ihrer zeitweiligen »Gefangenschaft« in den linearen raum-zeitlichen Strukturen zur Rückkehr in die verlorene Ganzheit verhelfen kann. Diese Hoffnung wird darin zum Ausdruck gebracht, daß das persönliche Elementarwesen, das ja eine für die Natur normale, für den Menschen aber fremdartige Gestalt besitzt, in einen Prinzen verwandelt wird. Als Prinz aber kann es als ein Wesen erkannt werden, das der Menschenseele – der Prinzessin – ebenbürtig ist. Offensichtlich wird hier in einer Bildersprache gesagt, daß innerhalb des Elementarwesens, das der Menschenseele die Strukturen für ihre Verkörperung anbietet, ein Wesenskern verborgen ist, der ihr verblüffend ähnlich und hinsichtlich seiner Entwicklungsstufe gleichwertig ist.

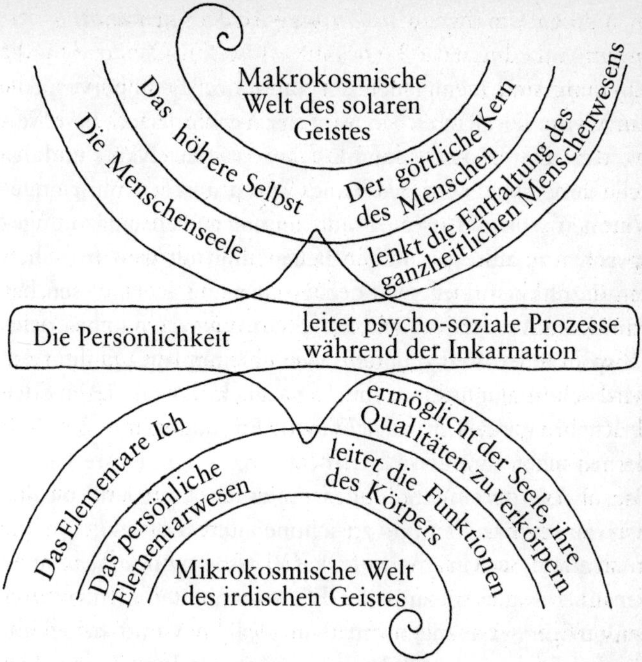

Abb. 17:
Die Persönlichkeit des Menschen als das verbindende Zentrum seiner Geistig-Seelischen und seiner Elementaren Dimensionen

1.6.C. Geomantie als ein Weg zur Selbsterkenntnis

Aus dem vorangegangenen Abschnitt 1.6.B. geht hervor, daß der Mensch, indem er den Weg der Verkörperung beschreitet, viel tiefer in die Zusammenhänge mit der Natur und der Erde verwickelt wird, als bisher durch unsere Kultur angenommen wurde. Unsere Tradition hat uns eher dazu angespornt, uns aus einer nahen Begegnung mit dem Irdischen herauszuhalten. Den geistigen, in unserem Seelenwesen begründeten Ausdehnungen unseres Seins wird ein unbestrittener spiritueller Wert zugeschrieben, während die Qualität der irdischen Geistigkeit, wo immer möglich, verschwiegen oder verleugnet wird. Wir betrachten die Erde samt ihren Lebensreichen nicht als einen Partner im Prozeß der Selbsterkenntnis, sondern als ein Gegenüber, das es im besten Falle ökologisch zu respektieren und zu schonen gilt.

Nach allem, was in Abschnitt 1.6.B. gesagt wurde, scheint es nun aber sogar so zu sein, daß wir mit den elementaren Kräften der Erde nicht nur innerhalb ein und desselben Körpers wohnen, sondern auch durch die Form einer sehr engen »Körpergemeinschaft« gemeinsam lernen und schöpferisch tätig sind. Wir teilen nicht nur die Freuden des inkarnierten Lebens miteinander, sondern auch die geistigen Erfahrungen, die uns daraus erwachsen. Mehr noch, wir sind füreinander Lehrer und Schüler zugleich.

Die Seele könnte ihr schöpferisches Potential innerhalb der ihr fremden Gesetzmäßigkeiten des Manifestierten Erdenraumes nicht voll entfalten, würde sie dabei nicht durch die Fähigkeit ihres elementaren Partners, sich unter den Bedingungen der Materie zurechtzufinden, unterstützt. Andererseits könnte die irdische Evolution möglicherweise nie die Erfahrung der geistigen Freiheit erlangen, wäre sie nicht mit dem Prozeß der Verkörperung der Menschenseelen verkoppelt. Es kann gar nicht genug betont werden, wie wichtig die Geschenke sind, die den beiden Partnern durch ihr lebenslanges Zusammensein zufließen können. Die entscheidende Frage ist erstens, ob wir Menschen diese Lerngemeinschaft bewußt akzeptieren wollen, und zweitens, ob wir die Kenntnisse besitzen, die es uns ermöglichen, ihre Gaben zu erkennen und zu nutzen.

Die Geomantie stellt jenes Wissen dar, das es dem Menschen ermöglicht, die seinem geistigen Wesen fremd erscheinende Natur der irdischen Welt tiefgreifend und ganzheitlich kennenzulernen und sich auf eine mitschöpferische Beziehung zur Erde, zur Natur und zur Landschaft einzulassen. Es geht nicht in erster Linie um die richtige Plazierung von Gebäuden oder deren kraftgemäße Gestaltung und auch nicht um die energetischen Phänomene der Orte. Absolut vorrangig ist das Entwickeln und Erlernen von Methoden des Kommunizierens mit der irdischen Mitwelt, und erst an zweiter Stelle geht es um das Verständnis für die unzähligen Ausdrucksweisen ihrer Mehrdimensionalität. Die Bereiche der praktischen Anwendung dieses Wissens stehen erst an dritter Stelle. Diese Reihenfolge stellt keine Wertung dar, sie rückt lediglich das Wesentliche in den Vordergrund.

Kapitel 2: Methoden der vertieften Wahrnehmung

Wollen wir uns mit der Geomantie befassen, so bliebe unsere Beschäftigung damit unfruchtbar ohne das Bemühen, die feinstofflichen Ausdehnungen nicht nur mit unserem Verstand zu begreifen, sondern sie auch an Ort und Stelle wahrzunehmen. Nur mit Hilfe der Wahrnehmung können wir die unsichtbaren Dimensionen der Erde, der Natur und der Landschaft als wahr erleben, allerdings unter der Bedingung, daß die Wahrnehmung nicht auf die sinnliche Ebene beschränkt bleibt, sondern auch die übersinnliche Wahrnehmung einschließt.

Letzteres dürfte eigentlich nicht so schwierig sein wie befürchtet, da unsere menschliche Existenz sowohl im sichtbaren wie im feinstofflichen Bereich der Wirklichkeit angesiedelt ist. Nur nehmen wir leider von diesem ganzen Spektrum nur einen kleinen, sinnlich erfahrbaren Teil wahr. Hier liegt die Schwierigkeit. Unsere Wahrnehmung wurde im Laufe der letzten Jahrtausende fortschreitend ausschließlich auf die Ebene des Manifestierten Raumes konzentriert und auf die Benutzung der fünf äußeren Sinne beschränkt. Diese Konzentration bzw. Einschränkung wird durch die Kraft des logischen Verstandes betrieben, der letztlich entscheidet, welche der Mitteilungen, die wir aus unserem mehrdimensionalen Lebenskreis erhalten, als Information im Lichte unseres Bewußtseins auftauchen dürfen bzw. welche in der Dunkelheit des Unbewußten verschwinden müssen.

Wenn es um die Frage der vertieften Wahrnehmung geht, so stellt sie sich nicht in der Weise, daß es fraglich ist, ob ein Mensch fähig sei, die feinstofflichen Bereiche der Wirklichkeit wahrzunehmen oder nicht. Diese Fähigkeit besteht außerhalb jedes Zweifels. Wir sollten uns lieber nach den mentalen und gefühlsbedingten Hemmungen fragen, die aufgrund der Tabuisierung der übersinnlichen Wahrnehmung entstanden sind.

Meiner Erfahrung nach handelt es sich um zwei Komplexe von Hemmungen, die ihren Ursprung im Bereich der kulturell bedingten mentalen Vorstellungen haben, deren Auswirkungen sich jedoch durch unsere Gefühlswelt ausbreiten und dadurch unsere innere Sensibilität lahmlegen.

Trotz der ausgewogen subjektiv-objektiven Qualität der feinstofflichen Wirklichkeit erwarten wir, daß übersinnliche Wahrnehmungen unbedingt objektive Qualität besitzen müssen.

Obwohl viele Bereiche der Wirklichkeit so fein strukturiert sind, daß sie nur gefühlsmäßig wahrgenommen werden können, benutzen wir doch unseren Verstand als einzigen Maßstab dafür, was wahr ist und was nicht.

Damit die Beschäftigung mit den eigentlichen Methoden der Wahrnehmung fruchtbar werden kann, werde ich die nächsten zwei Kapitel dem Abbau dieser beiden Blockadenkomplexe widmen. Gleichzeitig möchte ich dadurch schon ein neues, ganzheitliches Modell der Wahrnehmung formulieren.

2.1. Ein Modell der ausgewogen subjektiv-objektiven Wirklichkeit

Nehmen wir zu Anfang ein extremes Beispiel und analysieren das Wahrnehmungsmodell, das sich die *objektive* Erkenntnis zum Ziel gesetzt hat. Diese objektive Betrachtungsweise ist für wissenschaftliche Zwecke von grundlegender Bedeutung, und zwar so entscheidend, daß einer Wahrnehmung jede wissenschaftliche Qualität abgesprochen wird, wenn subjektive Einflüsse auf das Objekt der Betrachtung nicht im Vorhinein ausgeschlossen werden. Ich befürchte, daß dieses Wahrnehmungsmodell, das eine vollständige Abtrennung des betrachtenden Subjekts vom betrachteten Objekt verlangt, zum allgemeingültigen Modell für die moderne Wahrnehmungsweise geworden ist. Das ist dem vorrangigen Einfluß der wissenschaftlich-rationalen Weltanschauung zuzuschreiben, die den Rhythmus der modernen Epoche diktiert. Eine solche endgültige Distanz zwischen dem Subjekt des Betrachters und dem Objekt seiner Betrachtung, die für eine wissenschaftliche Untersuchung im herkömmlichen Sinne des Begriffes als unabdingbar gilt, stellt eine unüberwindbare Hürde für jede übersinnliche Wahrnehmung dar, die sich das Erforschen des Mehrdimensionalen Raumes oder des Urraumes der Ewigkeit als Aufgabe gestellt hat. Das Bestehen auf der Abspaltung des Betrachters vom zu Betrachtenden und die bewußte Isolierung des Subjekts vom Objekt seiner unmittelbar bevorstehenden Wahrnehmung heißt, sich bewußt aus dem Gewebe der feinstofflichen Welt herauszuziehen und gleichzeitig zu erwarten, eine Erfahrung eben dieser Welt zu gewinnen. Das Resultat eines solchen Vorganges, der im voraus verhindert, was er eigentlich anstrebt, kann nur zum Auslöschen jeglicher Möglichkeit einer übersinnlichen Wahrnehmung führen bzw. zu einer Frustration, die zu der

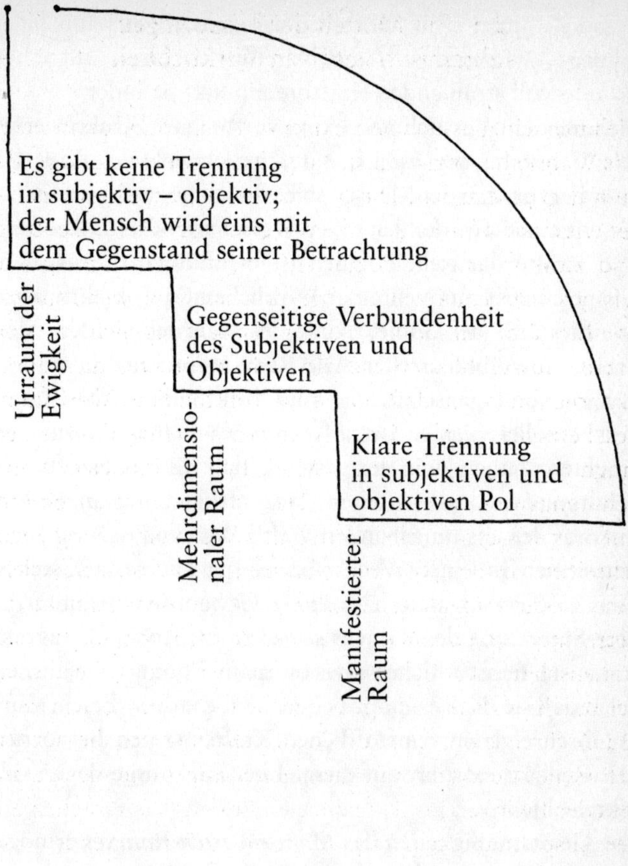

Abb. 18:
Drei Stufen von Beziehungen zur Realität, die der Mensch gleichzeitig erfährt.

Aussage führt: »Ich nehme nichts wahr – ich kann nichts fühlen«, während sich die betreffende Person auf einem wundervoll strahlenden Kraftbrennpunkt befindet.
Aus meinem Versuch, die kaum vorstellbare Strukturierung des *Urraumes der Ewigkeit* aufzuzeichnen (vgl. Kap. 1.3) geht hervor, daß der Mensch selbst in seiner geistig-seelischen Essenz einen Teil der den Kosmos erschaffenden und ordnenden Kräfte darstellt. Folglich ist es unmöglich, auf dieser Ebene eine Komponente der Wirklichkeit als objektiv abzutrennen und der Subjektivität des wahrnehmenden Menschen gegenüberzustellen. Die Realität besteht nur in ihrer subjektiven Eigenschaft, die mit Objektivität identisch ist.
Aus der Perspektive des *Mehrdimensionalen Raumes* betrachtet, haben wir festgestellt, daß die feinstofflichen Kraftsysteme des Menschen ihre Entsprechung im Makrokosmos der uns umgebenden Welt haben und daß beide eng verbunden in einer Wechselbeziehung zueinander stehen. Was eine Person innerhalb dieses Gewebes wahrnimmt, ist eine Spiegelung dessen, was sie selbst ist. Anders gesagt, sie kann ein feinstoffliches Phänomen nur dadurch wahrnehmen, daß sie die Resonanz beobachtet, die diese Erscheinung an ihren eigenen feinstofflichen Kraftsystemen hervorruft. Die Realität existiert auf dieser Ebene als ausgewogen subjektiv-objektiv.
Die Gesetzmäßigkeiten des *Manifestierten Raumes* ermöglichen die Trennung der subjektiven Rolle des Betrachters von der objektiven Rolle des Betrachtenden. Nur die Welt der Materie vermittelt dem Menschen den Eindruck, als Subjekt vom Gegenstand seiner Betrachtung getrennt zu sein und ihn von außen betrachten zu können. Infolge der Ausscheidung des Menschen aus der Weltganzheit – die nun als eine Um-Welt wahrgenommen wird – ist eine objektive Wertung der Ergebnisse einer Betrachtung oder Untersuchung möglich.

Auf dieser Ebene erscheint uns die Wirklichkeit als etwas Objektives.

Es liegt eine gewisse Ironie in dem Umstand, daß diese Objektivität, wie in dem Kapitel über den Manifestierten Raum erklärt (vgl. Kap. 1.5), aufgrund der menschlichen Fähigkeit zum logisch-verstandesmäßigen Denken entsteht und deswegen rein subjektiv begründet ist. Sogar die objektiv erkennbare Welt ist demnach nicht objektiv an sich, sondern nur relativ objektiv. Die subjektive Komponente der Wirklichkeit als ein Ausdruck des Prinzips der göttlichen Einheit zieht sich durch alle Ebenen der Schöpfung hindurch.

Aus dieser Überlegung, die den als objektiv zu bezeichnenden Charakter der Wahrnehmung stark relativiert, wird ersichtlich, welches Dilemma entsteht, wenn der moderne, verstandesmäßig orientierte Mensch sich vornimmt, die feinstofflichen Dimensionen seiner Umgebung zu erforschen. Seine ausschließlich auf die Logik der Subjekt-Objekt-Teilung fixierte Einstellung stößt auf eine Wirklichkeit, deren Struktur im Zusammenwirken der subjektiven und der objektiven Komponente begründet ist. Die falsche philosophisch-psychologische Einstellung schließt den Menschen von einer möglichen Wahrnehmung des Übersinnlichen von vornherein radikal aus. Das Resultat ist eine innere Hemmung, durch die der Betreffende zu der Überzeugung gelangt, daß er das Feinstoffliche nicht wahrnehmen kann, weil ihm die entsprechende Feinfühligkeit fehle.

Um die philosophisch-psychologische Hemmung abzubauen, die jegliche vertiefte Wahrnehmung verhindert, möchte ich das Modell einer ausgewogen subjektiv-objektiven Wahrnehmung vorschlagen, das sich durch meine Erfahrung herausgebildet hat. Auch ich wurde nämlich bei meiner geomantischen Arbeit und beim Lehren im Bereich der Sensibilisierung immer wieder mit der Frage konfrontiert, was

»objektiv« wahr ist und was »nur« eine »subjektive« Wahrheit besitzt.
Das Modell der subjektiv-objektiven Wahrnehmung ist dreiphasig und im Prinzip der göttlichen Dreiphasigkeit begründet. Stellen wir uns vor, daß im Prozeß der Wahrnehmung im Idealfalle die Phasen nicht hintereinander, sondern synchron zueinander ablaufen:

- *Die Phase der Einstimmung.* Sie ist geprägt durch ein vollkommenes Einswerden mit der wahrzunehmenden Wirklichkeit. Wir trennen nicht mehr zwischen dem, was wir sind, und dem, was wir wahrnehmen. Mehr noch, die Realität, die wir in dieser Phase wahrnehmen, ist mit dem Wesen des wahrnehmenden Menschen als ihrem Mitschöpfer identisch. Extrem ausgedrückt: Wir erschaffen, was wir wahrnehmen. Die Wirklichkeit besteht in dieser Phase als etwas rein Subjektives und besitzt als solche eine vollkommen objektive Qualität. Bei der Phase der Einstimmung handelt es sich um die Phase der ganzheitlichen Wahrnehmung. Sie kann durch eine meditative Haltung erreicht werden, durch die der wahrnehmende Mensch des allumfassenden Bewußtseins teilhaftig wird.
- *Die Austauschphase* ist die Phase der kreativen Wahrnehmung. Der Wahrnehmende konzentriert sich auf ein spezifisches feinstoffliches Phänomen oder auf ein Gelände. Ich, zum Beispiel, gehe diese Phase so an, daß ich meine Körperreaktionen und psychischen Empfindungen in dieser Situation betrachte. Im Laufe der Zeit habe ich gelernt, die Sprache meines Körpers zu verstehen, um seine Reaktionen und Empfindungen interpretieren zu können. Als nächstes versetze ich mich in einen teilweise entrückten Bewußtseinszustand, um innere Bilder, Intuitionen oder Botschaften zu empfangen. Durch die Konzentration wird

in dieser zweiten Phase zwar eine gewisse Subjekt-Objekt-Distanz hergestellt, die eine spezifische Erfahrung möglich macht. Gleichzeitig wird diese Distanz durch die beschriebenen Formen der Kommunikation[61] wieder abgebaut. Was ich in dieser Phase wahrnehmen kann, ist nicht mehr und nicht weniger als ein subjektiver Eindruck einer objektiven Ursache.

– *Die Phase der Übersetzung* in das lineare Denken stellt die Wandlungsphase des Wahrnehmungsvorganges dar. Die Informationen werden aus der Weite der feinstofflichen Welt in die Enge des Verstandesmäßigen hineingezogen. Ich erlebe die Phase der Übersetzung so, als würde ein Teil von mir – wohl der Verstand als der Träger meiner Selbstbewußtheit – außerhalb der »Gemeinschaft« der Austauschphase verbleiben und von außen beobachten, was da geschieht. (Dieses »Außen-vor-Bleiben«, das möchte ich betonen, bezieht sich nicht auf die Phase der Einstimmung, die mein ganzes Wesen, einschließlich dem Verstand, umfaßt![62] Dieser Teil von mir, der in logisch bedingter Subjekt-Objekt-Distanz zu der Kommunikation steht, versucht, die Ergebnisse des Austausches zu hinterfragen und die instinktiv, gefühlsmäßig oder intuitiv heranfließenden Informationen in logisch verstehbare Formen zu übersetzen. Die Phase der Übersetzung ist durch eine Trennung in Subjekt und Objekt geprägt.

Im Gegensatz zur herkömmlichen Wahrnehmung, die sich nur auf einer, der sinnlich-verstandesmäßigen Ebene abspielt

61 Der Begriff »Kommunikation« deutet schon an, daß es sich um eine Gemeinschaft von zwei *Subjekten* handelt. *Communis* (lat.) heißt »gemeinschaftlich«.

62 Wäre das nicht der Fall, so würde die sensible Struktur einer Wahrnehmung durch die Macht des Zweifels zerstört.

und nur die Phänomene der manifestierten Welt einbezieht, werden beim Modell der dreiphasigen Wahrnehmung alle drei Weltebenen berücksichtigt: Die Palette der Wahrnehmung reicht von der geistigen über die feinstoffliche bis zur materiellen Ebene. Der Einwand, der gegen diese Methode erhoben wird, lautet: Inwieweit können die Ergebnisse einer derartigen Wahrnehmung Wahrheitscharakter beanspruchen, da doch der subjektive, weitgehend unkontrollierbare Anteil so groß ist?

Wenn ich mit einer Gruppe im Gelände geomantisch arbeite, und es werden solche Zweifel an der Echtheit der Resultate laut, dann fordere ich die Teilnehmer auf, noch fleißiger an der eigenen Selbsterfahrung, Selbsteinstimmung, Selbstdisziplin und Selbsterkenntnis zu arbeiten. Denn die Arbeit an der eigenen Persönlichkeit ist meiner Einsicht nach absolute Voraussetzung für den Wahrheitsgehalt der eigenen übersinnlichen Wahrnehmung.

Wir bewegen uns hier im Bereich des ganzheitlichen Paradigmas. Die geistig-seelischen Fähigkeiten des Menschen werden nicht als eine Bedrohung für die Objektivität einer Wahrnehmung gesehen, sondern als ein Schatz, den zu nutzen wir lernen müssen, um das Potential unserer Wahrnehmung wesentlich vertiefen zu können. Wenn es aufgrund des überstarken subjektiven Einflusses im Prozeß der Wahrnehmung zu einer Vernebelung oder Verzerrung der Ergebnisse kommt, so spricht das nicht gegen die Methode der ausgewogenen subjektiv-objektiven Wahrnehmung. Es zeigt nur, daß derjenige, der sich in der Methode der vertieften Wahrnehmung übt, gut daran täte, die Beweggründe seiner Psyche besser kennenzulernen, um zu verhindern, daß persönlicher Ehrgeiz, unkontrollierte Willensimpulse und unbewußte Vorstellungsmuster in den Prozeß der subjektiv-objektiven Wahrnehmung mit einfließen. Es sind diese Faktoren, die den Wahrheitscharakter der Wahrnehmung gefährden. (Vgl. dazu Kap. 2.6.)

2.1.A *Übungen zur subjektiv-objektiven Methode der Wahrnehmung*

An drei Übungen möchte ich zeigen, wie ich die Synchronizität der drei Stufen der subjektiv-objektiven Wahrnehmungsmethode übe:

- In der *ersten Übung* gehe ich auf einem gut begehbaren Weg durch die Landschaft. Dabei beobachte ich die Umgebung des Weges mit ungefesselter Aufmerksamkeit. Ich lasse den Blick zwischen Ferne und naher Umgebung hin und her schweifen. Gleichzeitig bemühe ich mich, eine zweite Ebene der Aufmerksamkeit ununterbrochen aufrechtzuerhalten. Dabei lasse ich aus der Kopfmitte heraus meine Aufmerksamkeit sich sphärisch nach allen Seiten ausdehnen[63] und versuche, in jedem Moment die Qualität der ganzen Sphäre meiner Umgebung zu erspüren, ohne mich auf das Bruchstück der Umgebung beschränken zu lassen, das durch die physischen Augen gesehen wird.
- In der *zweiten Übung* sitze ich, ähnlich wie in der Meditation, mit aufgerichteter Wirbelsäule. Diesmal gehe ich von der Herzmitte aus, die ich mit der Lage des Herzchakras in der Brustmitte[64] gleichsetze. Aus dieser Mitte heraus bemühe ich mich, mein Bewußtsein sphärisch nach

[63] Der genaue Ausgangspunkt des sphärischen Raumbewußtseins ist das Chakra des Dritten Auges, das sich hinter den physischen Augen in der Kopfmitte befindet.

[64] aber nicht auf der Körperoberfläche, sondern tiefer im Körper in Richtung Wirbelsäule ...

allen Seiten gleich weit auszudehnen. Dabei gehe ich vorstellungsmäßig *und gefühlsmäßig* so weit, bis ich die Unendlichkeit erreiche. Dieses Gefühl der Unendlichkeit, das ich während der ganzen Dauer der Übung aufrechterhalte, steht für die erste Stufe des subjektiv-objektiven Wahrnehmungsvorganges, für die Stufe der Einstimmung.

Gleichzeitig dehne ich meine bewußte Aufmerksamkeit aus demselben Zentrum heraus wiederum sphärisch nach allen Seiten aus, bis ich aus dem Bereich der eigenen Aura herauskomme.[65] Dann versuche ich, die schwingungsmäßigen Qualitäten meiner Umgebung zu erspüren, gefühlsmäßig zu bewerten und die subtilen Unterschiede in den Schwingungsqualitäten zu erforschen. Dabei wandere ich mit meiner Aufmerksamkeit hin und her, auch ganz nach hinten oder nach oben … Die ganze Zeit bleibt die Einstimmung auf die Unendlichkeit bestehen.

Da wir uns heutzutage in einer weitgehend gestörten Welt befinden, wäre es im Falle der ersten zwei Übungen weise, sich vorher mit einem Schutzmantel zu umgeben (siehe dazu Kap. 2.7.E.).

Die erste Übung hilft, die Synchronizität der zweiten und dritten Stufe der Wahrnehmung zu erlangen, die zweite jedoch, die Gleichzeitigkeit der ersten und der zweiten Stufe. Um alle drei Stufen synchron zu erleben, bedarf es der Hilfe eines Lebewesens. Ich vertraue diese Rolle gewöhnlich den Bäumen an.

Die *dritte Übung* beinhaltet also drei Phasen. Ich suche mir einen Baum aus und gehe ganz nah an ihn heran, wobei

[65] Die Aura erstreckt sich nach allen Seiten mindestens so weit, daß die ausgestreckte Hand noch immer innerhalb der Aura ist.

Körper und Gesicht dem Baumstamm zugewandt sind: In der Phase der Einstimmung drücke ich mein Einssein mit dem Wesen Baum so aus, daß ich aus meinem Herzchakra Gefühle der Liebe zum Wesen Baum ausströmen lasse und mich für den Rückstrom aus der Richtung des Baumes öffne. Während der ganzen Übung halte ich diesen Kreislauf der Liebeskraft zwischen dem Baum und mir aufrecht.

In der Phase des Austausches beobachte ich, wie die Kräfte des Baumes auf mich wirken, welche psychischen oder körperlichen Empfindungen in mir auftauchen, ich betrachte möglicherweise auftauchende Farben oder Bilder usw. Dabei gehe ich mit meiner Aufmerksamkeit nicht in den Baum hinein, sondern verbleibe innerhalb meines eigenen Wesens. Denn der Baum ist im Zeichen der Einstimmungsphase ein Teil von mir, so wie ich ein Teil von ihm bin.

Gleichzeitig – in der Phase der Übersetzung – hält der verstandesmäßige Teil von mir die nötige Distanz zum Austauschprozeß aufrecht und versucht, die zufließenden Informationen zu ordnen und auf ihre Botschaften hin zu überprüfen. Die Übung mag in dieser Hinsicht erfolgreicher sein, wenn der Übende dem Baum von vornherein eine bestimmte Frage stellt oder zum Beispiel den Wunsch äußert, Informationen über die Umgebung zu erlangen, in der der Baum steht. In einem solchen Fall wird dem Verstand schon ein bestimmtes Kriterium zur Verfügung gestellt, nach dem er die zuströmenden Informationen bewerten kann.

2.2. Das Modell der gefühlsmäßigen Wahrnehmung

Das lineare Weltbild, das unsere Sinne produzieren, ist ein Erzeugnis der Verstandestätigkeit im menschlichen Gehirn. Ein Freund von mir, der Dichter, Vogelkundler und Tiefenökologe Iztok Geister, hat schon vor Jahrzehnten einen aufschlußreichen Schlüssel dazu entdeckt. Um gegen den Anthropozentrismus der uns umgebenden Gesellschaft Widerstand zu leisten, haben wir gemeinsam Mitte der 60er Jahre eine Kunstbewegung unter dem Namen »OHO«[66] gegründet. Ziel dieser Bewegung war es, eine neue Anschauung zu fördern, die nicht ausschließlich den Menschen zum Maß aller Dinge erhebt. Im Sinne unserer Bemühungen deutete Iztok Geister damals die Struktur des slowenischen Wortes »Odnos«, mit dem wir unsere Beziehung zur Umwelt bezeichnen, als charakteristisch für unsere anthropozentrische Kultur. »Odnos« (deutsch: »Beziehung«) heißt nämlich in unserer Sprache wörtlich »an der Nase« (gemessen). Und tatsächlich, so stellte mein Freund fest, sieht der Mensch, wenn er seine Umgebung betrachtet, fortwährend die Spitze der eigenen Nase am Rande seines Blickfeldes. Um das sinnlich erfahrene Realitätsabbild zu gestalten, gebraucht der Verstand die Spitze der Nase als Fixpunkt, an dem blitzschnell die Distanz zu jedem einzelnen Punkt der Umgebung gemessen wird. Das sinnliche Erfahrungsbild entsteht letztlich ähnlich wie das Bild auf dem Fernsehschirm. Es ist aus unzähligen, vom Verstand festgelegten Pünktchen zusammengesetzt.

[66] Zur Gruppe OHO (1965-71) ist ein Katalog erschienen unter dem Titel »OHO. Eine Retrospektive«. Moderna galerija Ljubljana und Neue Galerie am Landesmuseum Joanneum, Graz 1994.

Wenn wir uns diesen Zusammenhang klarmachen, nimmt es nicht Wunder, daß eine so linear konzipierte Wahrnehmungsweise unbrauchbar ist, sobald der Mensch seine Aufmerksamkeit den feinstofflichen Ausdehnungen der Wirklichkeit zuwendet. Da handelt es sich nicht mehr um linear meßbare Abstände innerhalb einer verstandesmäßig zwischen dem Subjekt des Betrachters und dem Objekt der Betrachtung teilbaren Welt. Nun möchte der Mensch etwas wahrnehmen, von dem er selbst ein Teil ist, indem er, bildlich gesprochen, zusammen mit dem, was er wahrnehmen möchte, mitschwingt. Würde er die für die verstandesbedingte sinnliche Wahrnehmung benötigte Distanz herstellen, so würde er die Voraussetzungen für die ersten zwei Phasen der übersinnlichen Wahrnehmung im voraus zerstören.

Der Mensch ist jedoch den Anforderungen der übersinnlichen Wahrnehmung gegenüber nicht hilflos ausgeliefert. Wir sind nicht nur mit den vorzüglichen Werkzeugen des Verstandes ausgestattet, sondern auch mit der nicht minder verfeinerten Fähigkeit des Fühlens. Mit dem Gefühlsmäßigen ist hier nicht der körperliche Tastsinn gemeint, sondern eine psychisch-energetische Fähigkeit des Menschen, sich in den feinstofflichen Schwingungsstrukturen zurechtzufinden und verschiedene Schwingungsqualitäten zu unterscheiden. So wie wir mit der auf dem logischen Verstand beruhenden Sinneswahrnehmung ausgestattet sind, um uns in der Materialisierten Welt orientieren zu können, sind wir auch mit der Fähigkeit der gefühlsmäßigen Wahrnehmung begabt, um uns in den feinstofflichen Bereichen des Mehrdimensionalen Raumes zurechtzufinden. Wo also liegt dann das Problem?

Das Problem liegt darin, daß wir als Angehörige einer patriarchal orientierten Kultur unsere verstandesmäßigen Fähigkeiten – die wir für einen Ausdruck des männlichen Prinzips im Menschen halten – überbewerten, während wir die gefühlsmäßigen Fähigkeiten als einen Ausdruck weiblicher Werte unterschätzen bzw. abwerten. Die Gefühle werden wegen ihrer ganzheitlich-sensiblen Natur als unsicher betrachtet und weitgehend unterdrückt. Ich glaube allerdings, daß sogar jede Sinneswahrnehmung unterhalb ihrer rationalen Oberfläche immer auch parallel von Gefühlen begleitet ist. Wir bekommen ein Gefühl für die qualitativen Unterschiede, wenn wir die uns umgebende Welt sinnlich betrachten, doch verbleibt die Gefühlsschicht gegenüber der logischen Information untergeordnet und wird gewöhnlich gar nicht bewußt wahrgenommen.

William Bloom, ein anderer Freund von mir, der Anfang der 80er Jahre meiner Entwicklung wichtige Anstöße gab[67], hat ein eindrucksvolles Modell der gefühlsmäßigen Wahrnehmung erarbeitet, das ich mit seiner Zustimmung hier beschreiben möchte. Er regt dazu an, sich den Raum nicht als leer vorzustellen, sondern angefüllt mit Kraftfeldern verschiedener Art, darunter vitalenergetische Kraftfelder und andere, die durch emotionale und gedankliche Tätigkeit der Lebewesen entstehen. Schwingungen jeder Art breiten sich wellenartig durch diese Felder aus, ähnlich wie die Schwingungen eines Schalls (eines Tones) sich in der Form von Wellen durch die Luft verbreiten können.

Andererseits ist der Mensch auch von eigenen Kraftfeldern umgeben, die wir Aura nennen. Als erstes gibt es die vitalenergetische (ätherische) Aura, die nur einige Zentimeter über den physischen Körper hinausragt, ferner die mentale Aura und die gefühlsmäßige (astrale) Aura. Letztere breitet sich am weitesten über den Rahmen des stofflichen Leibes

[67] Zusammen haben wir damals ein dünnes Buch verfaßt unter dem Titel *Ley-Lines and Ecology* (Gothic Image, Glastonbury 1985), das leider seit langem vergriffen ist.

hinaus aus. Das Aura-Modell ist so zu verstehen, daß diese Kraftfelder nicht schichtweise um den Körper herum angebracht sind, sondern daß sie als kompakte eiförmige Felder auch den ganzen Körper mitsamt seinen Organen durchdringen.

Die übersinnliche Wahrnehmung verläuft innerhalb der beschriebenen Umstände in drei aufeinanderfolgenden Abschnitten:

Abschnitt Eins: Ein feinstoffliches Phänomen (z.B. eine Kraftquelle oder die Präsenz eines Elementarwesens) verbreitet seine Schwingungen wellenartig durch die Kraftfelder des Ortes. Nähern wir uns diesem Phänomen an, so kommt es am Rande unseres Gefühlskraftfeldes zu einem Aufeinandertreffen mit diesen Schwingungswellen.

Abschnitt Zwei: Durch den Zusammenprall der betreffenden Schwingung oder des Schwingungsbündels mit unserer Aura werden unsere Kraftfelder in entsprechende Schwingungsmuster eingependelt. Nun verbreiten sich diese Muster durch unsere Aurafelder und gelangen so auch zu verschiedenen Teilen unseres Körpers, zum Beispiel zu der hochempfindsamen Wirbelsäule, die aufgrund dieser Anregung ähnlich wie die Saite eines Instruments zu schwingen beginnt. Aber auch bei bestimmten Körperorganen kann es zu einer Resonanz kommen.

Abschnitt Drei: Die Nerven, die entlang der Wirbelsäule verlaufen, übertragen die Schwingungsimpulse der Wirbelsäule an das Gehirn, das darauf so reagiert, daß es sofort entsprechende Emotionen, Farben, Töne oder Bilder aus der Schatzkammer unserer Erinnerung holt, auch Erinnerungen aus vergangenen Inkarnationen oder aus dem kollektiven Unbewußten. Auf diese Weise kleidet es die Botschaft in entsprechende Bilder und macht sie dadurch dem Verstand zugänglich. Was wir bei einer übersinnlichen Wahrnehmung

»sehen«, sind also keineswegs unmittelbar existierende Bilder, Farben, Symbole und ähnliches mehr, vielmehr dienen solche Formen nur als entsprechende Bekleidung für die gefühlsmäßig wahrgenommenen Informationsmuster.

Nun stellt sich sofort wieder die Frage, inwieweit die auf diese Art wahrgenommene Information dem ursprünglichen Phänomen entspricht bzw. wie weit sie durch unsere Psyche oder durch unsere Gehirnmechanismen verfälscht werden kann.

Die Antwort ist klar:

Einerseits ist die Möglichkeit zur Verzerrung und Verfremdung der Botschaft unbegrenzt groß, andererseits kann der Mensch, wenn er an der eigenen inneren Klärung und an der Sensibilisierung seiner gefühlsmäßigen Aufnahmefähigkeit arbeitet, die Botschaften aus der Mehrdimensionalen Welt unbegrenzt genau empfangen und formulieren.

Worin liegt der entscheidende Unterschied in bezug auf die beiden extremen Möglichkeiten?

Zum Beispiel, sagt William Bloom, ist ein Mensch, der die feinstofflichen Dimensionen wahrheitsgemäß wahrnehmen möchte, aber nicht regelmäßig an der eigenen Zentrierung und Einstimmung arbeitet, nicht imstande, während des Wahrnehmungsvorganges die notwendige innere Stille zu bewahren. Kommt ein solcher Mensch mit einem aufregenden feinstofflichen Phänomen in Berührung, zum Beispiel mit einer reizenden Fee, so werden aufgrund der Aufregung seine Kraftfelder in heftig schwankende Bewegungen versetzt. Was dann durch sein Nervensystem wahrgenommen wird, ist eine Mischung aus den eigenen Kraftfelderschwingungen und den Schwingungswellen, die von der wahrzunehmenden Erscheinung herbeiströmen. Das Ergebnis der Wahrnehmung ist zu stark durch die Eigenresonanzen des Menschen geprägt und ist wenig wirklichkeitsgetreu.

Als Voraussetzung für eine exakte Wahrnehmung auf der

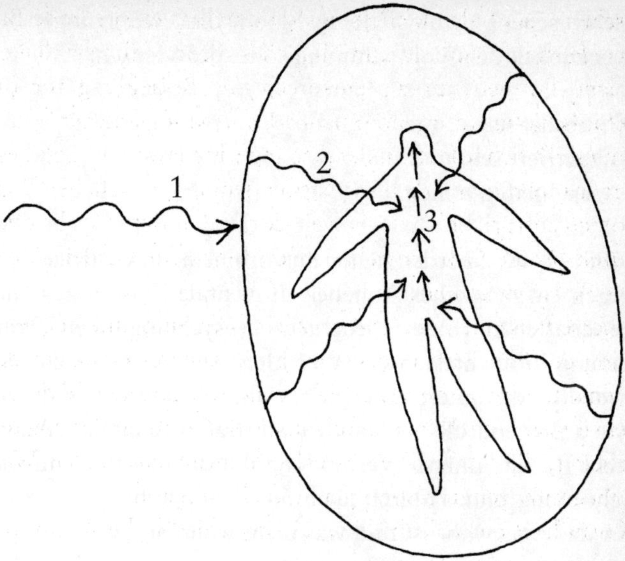

Abb. 19:
Modell der übersinnlichen Wahrnehmung (nach William Bloom):
1. Ein feinstoffliches Phänomen verbreitet seine Schwingungen durch die Kraftfelder des Ortes.
2. Sie treffen auf den Rand der Aura des Menschen, werden dort aufgenommen und mittels seiner Kraftfelder durch den ganzen Körper getragen.
3. Die Nerven entlang der Wirbelsäule nehmen die Schwingungen auf und tragen sie als Information weiter zum Gehirn.

Gefühlsebene nennt William Bloom drei Bedingungen. Im Augenblick der Wahrnehmung sollte der Mensch:

- geerdet sein,
- zentriert sein und
- regelmäßig atmen.

Sich bewußt zu erden heißt, im vorhinein ein Gegengewicht gegen ein mögliches Abheben in mentale Illusionszustände zu schaffen im Sinne der energetisch-psychologischen Verankerung im dichtesten der Vier Elemente. Zentriert zu sein, bedeutet, die innere Stille zu bewahren, unabhängig davon, wie aufregend die Umstände sind. Das regelmäßige Atmen steht für die innigste Verbindung mit dem Urrhythmus der Schöpfung und dadurch auch mit dem instinktiven Gefühl für das, was wahr ist und was nicht wahr ist.

2.2.A. *Übungen zur Sensibilisierung*

Ich glaube, daß die Bäume den Menschen vieles lehren können, darunter auch die Fähigkeit, die eigene Wahrnehmungssprache kennenzulernen. *Übung Eins* ist auf der Basis meiner Erfahrung der verschiedenen kraftmäßigen Qualitäten unterschiedlicher Baumarten entstanden. Ich habe herausgefunden, daß die Baumarten ein breites Spektrum bilden, innerhalb dessen sie sich dadurch unterscheiden, inwieweit sie als Leiter kosmischer oder irdischer Energien dienen. Erstere ließen sich auch als die sich aus dem Kosmos hinunterlassenden, letztere als die aus der Erde aufsteigenden Kräfte charakterisieren.
Auf dem extrem irdischen Pol des Spektrums steht meiner

Erfahrung nach die Eibe[68], auf dem kosmischen die Stechpalme[69]. Genau in der Mitte dieses Spektrums, balanciert zwischen Kosmos und Erde, steht die Linde.
Die Übung besteht darin, daß sich der Übende abwechselnd zu diesen drei Arten von Bäumen begibt, und zwar in der Weise, wie ich es bei den Übungen des vorangegangenen Kapitels beschrieben habe. In der Phase des Austausches sollte der Übende genau beobachten, wie die Kräfte der Eibe oder der Stechpalme auf ihn wirken, die Linde sollte immer wieder zwischendurch konsultiert werden. Es ist möglich zu beobachten, wie sich das Gewicht gefühlsmäßig im Körper verteilt, wie frei oder beengt man sich fühlt, welche Körperorgane in dem einen oder anderen Fall in Resonanz treten, usw. Durch wiederholte Übungen dieser Art kann der Mensch stufenweise die Grammatik seiner eigenen Körper- und Gefühlssprache kennenlernen. Jeder Mensch reagiert nämlich anders auf dieselben feinstofflichen Phänomene, weil unsere Kraftfelder anders aufgeladen oder sogar anders gepolt sein können. Es gibt keine allgemeingültige Sprache in der übersinnlichen Wahrnehmung.
Übung zwei hat der Erdheilungsengel Devos für die Sensibilisierung einer Gruppe vorgeschlagen, die im Sommer 1994 an meinem Landschaftsheilungsseminar in Svetinje-Jeruzalem (Slowenien) teilgenommen hat. Sie wird in Paaren geübt. Die Partner sitzen sich gegenüber[70]. Nun wählt einer von ihnen eine Farbe aus, die ihm in dem Augenblick am nächsten ist, und sendet sie intensiv fühlend und visualisierend zu

[68] Die Eibe (lat. *taxus)* ist ein niederwüchsiger Nadelbaum mit roten Beeren, ein heiliger Baum des Nordens.
[69] Die Stechpalme *(lat. ilex)* ist ein buschartiger, immergrüner Laubbaum mit stacheligen Blättern. Sie trägt ebenfalls rote Beeren.
[70] Es empfiehlt sich, den Abstand zwischen den Partnern nicht zu eng zu wählen.

seinem Gegenüber. Dieser versucht, die Botschaft im Sinne des beschriebenen Modells der gefühlsmäßigen Wahrnehmung zu entschlüsseln. Nachdem beide die Rollen gewechselt haben, sollten sie sich so genau wie möglich über ihre Erfahrungen austauschen. Es geht nicht darum, wer bei der Übung erfolgreicher war. Wichtiger ist es, alle Einzelheiten des Wahrnehmungsprozesses zu registrieren und zu besprechen, um die eigenen Wahrnehmungsvorgänge kennenzulernen.

Die nun folgenden drei Aufgaben hat der Erdheilungsengel meiner Tochter Ana beschrieben, nachdem ich sie gebeten hatte, mir dabei zu helfen, den praktischen Wert dieses Buches zu erhöhen.

Übung drei beginnt damit, daß sich der Übende im Herzzentrum zentriert. Von dort geht die Übung aus und dahin kehrt sie immer wieder zurück. Als zweites wird nun die Aufmerksamkeit zum Scheitelchakra (Farbe Weiß) gelenkt und versucht, dessen Schwingungsqualität zu erspüren. Von dort kehrt die Aufmerksamkeit zum Herzzentrum zurück. Danach führt der Weg entlang der Wirbelsäule hinunter zum Wurzelchakra (Farbe Rot), und man betrachtet und erspürt dabei die Unterschiede in der Qualität verglichen mit dem Scheitelchakra. Die nächste Stufe besteht darin, aus dem Herzen heraus einen Ton zu singen und zu erspüren, in welchem Zentrum entlang der Wirbelsäule oder an welchem Körperteil dieser Ton Resonanz erzeugt. Eine weitere Möglichkeit wäre, sich eine Farbe vorzustellen bzw. sie zu visualisieren und auf dieselbe Weise Reaktionen im Körper zu beobachten. Auch könnte die übende Person einen Baum berühren und wieder nach der entsprechenden Resonanz im eigenen System schauen. Es ist möglich, auf diese Weise durch Töne, Farben oder Gegenstände und sogar durch Konzentration auf verschiedene Menschen zu üben, die eigene Sensibilität zu verfeinern, wobei immer wieder vom Herzzentrum ausgegangen und während der ganzen Übung die Verbindung mit dem Herzzentrum aufrechterhalten werden soll. Dabei sollte besonders acht darauf gegeben werden, bei welchen Körperteilen, -zonen oder -ebenen es zu einer Resonanz kommt, um auf diese Weise den eigenen Körper als ein Wahrnehmungsinstrument kennenzulernen.

Übung vier ist eine Vertiefung der vorangegangenen Übung. Der Übende erzeugt verschiedene Töne, die langsam variiert werden sollen. Dabei sollte er versuchen, sie einzeln zu erspüren, ihren jeweiligen Resonanzort im Körper feststellen, die zugehörige Farbe herausfinden und vielleicht auch das diesem Ton entsprechende Chakrakraftzentrum. Dabei ist es besonders wichtig, die Qualität der begleitenden Gefühle aufmerksam zu beobachten, jeder Ton sollte erspürt und mit dem Herzen – nicht mit den physischen Ohren – gehört werden.

Übung fünf ist eine ähnliche Übung, bei der jedoch nicht mit Tönen, sondern mit Farben »gespielt« wird. Eine Farbe wird ausgewählt und visualisierend in das Umfeld außerhalb des eigenen Körpers projiziert. Dann versucht der Betreffende zu erspüren, wie sich die Qualität dieser Farbe anfühlt, ob sie warm wirkt oder hart, unangehm oder freundlich, usw. Auf der nächsten Stufe sollte dieselbe Farbe überall in den eigenen Körper hineinprojiziert werden, um zu beobachten, wie sie auf einzelne Körperteile wirkt. Handelt es sich um eine der sieben Farben der Yang-Chakren (vgl. dazu Kap. 1.2.B), so sollte sich der Übende auf das entsprechende Chakra konzentrieren und wieder die Unterschiede erspüren. Das Visualisieren der Farbe kann dabei mit dem entsprechenden Ton kombiniert werden, der gefühlsmäßig gefunden werden soll. Durch den Ton ist es möglich, die Gefühle, die die Energie einer Farbe hervorruft, zu verstärken. Durch eine solche Übung wird es möglich, die eigenen Gefühlsreaktionen un-

terscheiden und besser verstehen zu lernen. Die Einstimmung auf die Dimensionen der feinstofflichen Welt wird dadurch vertieft.
Eine Übung zur Sensibilisierung, die von der Betrachtung der Umgebung ausgeht, wird in dem gemeinsam mit William Bloom herausgegebenen Buch *Ley-Lines and Ecology* vorgeschlagen. Ich möchte sie als *Übung Sechs* vorschlagen:
Übung sechs: Die beobachtende Person entspannt zunächst auf eine sanfte Weise ihren Körper, die Gefühle, Emotionen und Gedanken und wählt dann einen winzigen Gegenstand aus, der in allen Einzelheiten beobachtet werden soll, zum Beispiel einen Grashalm, einen Stein oder ein Stuhlbein. Die Beobachtung und Bewußtmachung dieser Details sollte sich über eine längere Zeit erstrecken. Man betrachtet seine Formen, Farben und seine Textur, berührt ihn und geht liebevoll mit ihm um. Dann leitet man die Aufmerksamkeit zur größeren Umgebung über, von der dieses Bruchstück ein Teil ist, ohne dabei die liebevolle Zuwendung zu verlieren. Langsam und ohne zu bewerten, läßt man alle Beziehungen, Formen, Texturen und Bewegungen bewußt werden, indem man sich der Schönheit hingibt, die nicht aus dem Auge des Betrachters stammt, sondern die den Dingen selbst innewohnt. Es geht darum, eine spielerische Einstellung zu bewahren und alles wahrzunehmen (im Sinne von »für wahr nehmen«), was wir dabei erfahren.

2.3. Körperempfindungen und kraftmäßige Reaktionen

Der eigene Körper mit seinen stofflichen und unsichtbaren Dimensionen ist das beste Instrument für die Wahrnehmung nicht nur der sinnlich, sondern auch der übersinnlich erfahrbaren Phänomene der Wirklichkeit. Theoretisch habe ich am Modell der gefühlsmäßigen Wahrnehmung versucht zu zeigen, wie eine übersinnliche Wahrnehmung diesbezüglich zustande kommt. Um nun die praktische Seite einzuleiten, möchte ich zuerst von einigen Fehlern berichten, die ich selbst anfangs gemacht habe. Ich hoffe, damit anderen einige Umwege zu ersparen.

Als erstes bin ich den Prozeß der eigenen Sensibilisierung genau von der falschen Seite her angegangen. Im Juni 1979 sah ich zum ersten Mal jemanden mit einem Pendel in der Hand herumlaufen und aufgeregt über Kraftlinien reden, die er auf unserem Hof in Šempas fand. Nachdem ich meine erste Schüchternheit überwunden hatte, fragte ich den Gast aus England, ob ich auch probieren dürfe, und siehe da, entzückt stellte ich fest, daß sich das Pendel auch in meiner Hand lebendig verhielt, an einigen Stellen hin und her hüpfte und an anderen sich im Kreis drehte.

Nun dachte ich endlich ein Werkzeug in der Hand zu haben, mit dem ich die lange ersehnten Untersuchungen der Standorte für meine Skulpturen in bezug auf die unsichtbaren Dimensionen der Orte würde ausführen können. Dazu kam noch ein für meine weitere Erzählung wichtiger Umstand. Mein Freund Austin Arnold, ein britischer Diplomat bei den Vereinten Nationen in Genf, mit dem zusammen ich Mitte der 70er Jahre die Idee der Erdheilung ausgebrütet hatte, organisierte im Herbst 1979 ein Treffen in der Kathedrale zu

Chartres. Das Treffen hieß »Amethyst-Treffen«. Eine Frau, die an dem Treffen nicht teilnehmen konnte, sandte stattdessen einen wunderschön geschliffenen Amethyststein in einer silbernen Fassung mit Öse versehen. Beim Verabschieden in der Kathedrale wurde der Amethyst mir geschenkt. Zu Hause angekommen, habe ich ihn an einer Schnur befestigt und als mein neues Pendel in Gebrauch genommen. Dabei war ich fest davon überzeugt, daß der in Chartres auf wundersame Weise mir zugefallene Amethyst eine besondere Kraft besäße, die mich vor Irreführungen schützen würde.

Dadurch beflügelt, begann ich großräumige geomantische Beziehungen durch Muten auf geografischen Karten zu suchen. Ich bemerkte nämlich, daß der pendelnde Amethyst in eine gewisse Richtung auszuschlagen begann, sobald ich innerlich darum bat, die kraftmäßigen Beziehungen eines Ortes kennenzulernen. Die mir so gezeigten Richtungen habe ich prompt in eine Europa-Karte eingezeichnet, und schon präsentierte sich vor meinen Augen ein ganz Europa durchziehendes System, das ich für das Kraftzentrensystem unseres Kontinents hielt. Das System reichte vom Atlantik bis zum Schwarzen Meer und vom Mittelmeer bis zur Nordsee und schloß 18 Hauptbrennpunkte ein, darunter so bekannte Orte wie Iona, Glastonbury, Chartres, Salzburg, Venedig, usw., aber auch eine Anzahl von als Kraftorte völlig unbekannten Orten, an denen jedoch genau einer meiner Freunde wohnte! Besonders starke Zweifel am Wahrheitscharakter meines Systems kamen mir, weil auch der Hügel, auf dem ich mit meiner Familie in Šempas lebe, zu diesen auserwählten Orten zählte. Meine Zweifel habe ich jedoch mit der Begründung zur Seite geschoben, ich sei wohl innerlich geführt worden, an einem so wichtigen Ort zu leben, damit ich künftig für das ganze Kraftsystem würde Sorge tragen können.

Nachdem ich die berechtigten Einwände meines Verstandes

beiseite geräumt hatte, wurde ich durch mein Unterbewußtsein durch einige kristallklare Träume gewarnt. So träumte ich zum Beispiel am 12. Februar 1981, daß ich in einer Prügelei vermitteln wollte und von einer Gruppe Jugendlicher überfallen wurde. Ich konnte mich erfolgreich wehren, und erst danach bemerkte ich, daß ich schwere Panzerschuhe an den Füßen trug, die mir mit ihren metallenen Beschlägen einen vorzüglichen, elektrisch aufgeladenen Kontakt mit der Erde ermöglichten. Diesem Traum hätte ich entnehmen können, daß ich mit meinen Mutungen gefährlich in der Luft schwebte und daß die einzige Möglichkeit, mich der drohenden Gefahr eines Ikarussturzes[71] zu entziehen, eine gründliche Erdung meiner Wahrnehmungen gewesen wäre. Stattdessen deutete ich den Traum genau andersherum, in dem Sinne, daß meine »geomantischen Systeme« bedroht seien und ich sie durch die elektrische Kraft der Magie verteidigen solle. Schließlich brachen die Folgen einer ganzen Reihe von Fehlern, die ich aufgrund meiner falschen Einstellung zur übersinnlichen Wahrnehmung, zur Geomantie und zur Frage der eigenen geistigen Entwicklung begangen hatte, über mich herein. Zwölf Tage nach dem beschriebenen Traum erlitt ich einen Herzinfarkt, der mich monatelang körperlich und psychisch umwarf, obwohl es sich später herausstellte, daß es gar kein wirklicher Herzinfarkt gewesen war. Meine Seele hatte ihn mir vorgetäuscht, um mich vor einer echten Katastrophe zu bewahren, die auf mich zurollte.[72] Die Erschütte-

[71] Der Ikarussturz symbolisiert eine spezifische Gefahr auf dem geistigen Weg: Der Mensch versteigt sich in gewisse Illusionen, die ihn in scheinbare geistige Höhen tragen. Wie beim Ikarus-Mythos wird die Lektion dadurch gelernt, daß der Verblendete abrupt in die Tiefe gestürzt wird.

[72] Über das Erlebnis des vermeintlichen Herzinfarktes habe ich ausführlicher im zweiten Kapitel meines Buches *Die Landschaft der Göttin*

rung war jedoch stark genug, um mich dazu zu bringen, daß ich alle meine spirituell-geomantischen Projekte fallen ließ und meine Fehler gründlich zu analysieren begann. Mit dem Prozeß der Heilung des Schloßparks zu Türnich[73], der drei Jahre später begann, habe ich einen völlig neuen Anfang gemacht, indem ich auf der Analyse der vorangegangenen Fehler aufbaute. Unter dem Gesichtspunkt der Wahrnehmung würde ich diese Fehler folgendermaßen charakterisieren:

Ein Ausweichen vor der unmittelbaren Wahrnehmung des Übersinnlichen. Meine Mutungen verliefen auf dem Weg des Unbewußten. Statt mit dem eigenen Körper zu spüren und die Wahrnehmungen in mir Gestalt annehmen zu lassen, habe ich mich auf die Reaktionen meines Radiästhesieinstrumentes, des Pendels, konzentriert, die ich, ohne diese Annahme zu hinterfragen, für einen physischen Ausdruck der nichtphysischen schwingungsmäßigen Phänomene hielt. Da aber nichtphysische Phänomene an sich keinen physischen Ausdruck hervorbringen können, ist es offensichtlich, daß meine Persönlichkeit als Mittler und Übersetzer wesentlich am Prozeß der Mutungen beteiligt war. Da ich jedoch der Wahrheit über diese meine Rolle unbewußt auswich, war allen möglichen Färbungen der Resultate meiner Untersuchungen durch unbewußte Ambitionen, Erwartungen und Projektionen meiner ungeklärten Persönlichkeit Tür und Tor geöffnet.

Die Behauptung, eine höhere Macht sei am Werk. Der unbewußte Einfluß der Persönlichkeit, die die Struktur der unsichtbaren Wirklichkeit nicht wahrhaben will, sondern sie

berichtet, weil durch diese Erfahrung noch ein weiterer für mich wichtiger Prozeß in Gang gesetzt wurde: der Zusammenbruch meiner patriarchalen Vorstellungsmuster.

73 Vgl. dazu mein Buch *Die Erde heilen – Das Modell Türnich,* München 1989.

in die eigenen Vorstellungsmuster hineinzwingt, wurde durch die Überzeugung verdeckt, eine höhere Macht habe ihre Hände im Spiel. Ausdruck dieser unbegründeten Behauptung waren in meinem Fall die vermeintlich schicksalhafte, wundersame Herkunft meines Amethyststeines und die Überzeugung, einen »höheren Auftrag« und damit eine charismatische Rolle zu besitzen, die an sich schon eine Garantie dafür sei, daß jedes mögliche Fehlverhalten bereits im Vorfeld ausgeräumt wäre. Solche Annahmen entbehrten natürlich jeder Grundlage. Jedem Menschen kommt eine spezifische Rolle im Universum zu, die einem aber nicht als ein zu genießendes Geschenk oder als Freibrief angetragen wird, sondern als eine Aufgabe, an der es zu arbeiten gilt.

Die Vernachlässigung der Prozesse der eigenen Sensibilisierung. Wenn die Verkörperung auf der Erde als ein Lernprozeß sowohl für den Menschen wie für die Entwicklung unseres Universums von vorrangiger Bedeutung ist, dann können die Entdeckungen, die wir durch die geomantische Arbeit machen, nie so wichtig sein wie die eigene dabei erlangte Selbsterkenntnis. Während der beschriebenen zwei Jahre hatte ich das ganze Gewicht auf die Ergebnisse meiner Untersuchungen gelegt und darüber die Entwicklung meiner eigenen Sensibilität als Voraussetzung für die Gewinnung zuverlässiger Resultate in der Geomantie vollkommen vernachlässigt. Der Widerspruch in einem solchen Vorgehen ist offensichtlich.

Ausgehend von der Analyse der Fehlentwicklungen vor meinem Ikarussturz, habe ich in den nächsten zehn Jahren (1981–1991) eine mehrschichtige Methode der vertieften Wahrnehmung entwickelt, die ich im folgenden ausführlich darstellen möchte. Bei dieser neuentwickelten Methode werden körperliche Wahrnehmungen mit den Wahrnehmungen auf der energetischen, psychischen und intuitiven Ebene kombiniert. Dadurch wird die Möglichkeit des Einflusses eigener Vorstellungs- und Wunschmuster auf ein Minimum reduziert. Die Wahrnehmungen können nämlich entsprechend den Erfahrungen auf den verschiedenen Ebenen miteinander verglichen und so auf ihren Wahrheitscharakter hin überprüft werden. Als zweites habe ich alle diese Jahre hindurch fleißig an der Klärung meiner Identität und der Harmonisierung meiner Persönlichkeit gearbeitet.

2.3.A. Körperreaktionen – dynamischer Aspekt

Grundsätzlich benutze ich den eigenen Körper als Wahrnehmungsinstrument in doppelter Hinsicht: Entweder ich beobachte die Schwingungen einzelner Körperteile als Reaktion auf gewisse energetische Impulse aus der Umgebung, oder ich beobachte, welcher Teil meines Körpers in Resonanz kommt mit einer feinstofflichen Erscheinung, in deren Einflußbereich ich mich befinde.
Die erste Methode, die ich als den *dynamischen Aspekt* der Körperreaktionen bezeichnen möchte, findet ihre Erklärung in der Konstitution einzelner Körperteile, die so beweglich sind, daß sie durch eine innere Anregung ganz leicht ins Schwingen gebracht werden. Ich habe Menschen getroffen, die durch Schwingungen der Arme unterhalb des Ellbogens (1) wahrnehmen oder durch Schwingungen der ganzen Hand aus der Schulter heraus (2). Es ist auch möglich, die Schwingungen der Knie zu beobachten, durch die der ganze Körper in Bewegung gebracht wird (3).

1. Gebraucht man die Schwingungen der Arme unterhalb des Ellbogens, so werden die Hände locker in Höhe der Brust gehalten und in einem Winkel gebeugt, der sensible Bewe-

gungen im Ellbogengelenk ermöglicht. Man beobachtet die wellenartig auf- und abwärtsführenden Schwingungen der Arme.

2. Werden die Schwingungen der ganzen Hand als Wahrnehmungsinstrument benutzt, so beobachtet man das Pendeln der Hand, die vergleichbar einem Pendel an der Schulter aufgehängt ist.
3. Die (locker entspannten) Knie können nach vorne und nach hinten pendeln. Sie können auch im Kreis nach links oder nach rechts schwingen oder die Figur einer liegenden Acht (Unendlichkeitszeichen) nachbilden.

Die Körperreaktionen kommen in allen drei Fällen dadurch zustande, daß der Mensch sich über einer Kraftquelle oder mitten im Fluß einer Kraftströmung befindet oder sich aus dem Einflußbereich eines Kraftfeldes heraus und in ein anderes hinein begibt.

Nach dem Modell der gefühlsmäßigen Wahrnehmung kommt es dabei zu einer inneren Reaktion, die sich durch verschiedene Ausdrucksformen des Körpers (eine Art Körper-»Sprache«) äußern kann. Es ist ganz verschieden von Mensch zu Mensch, für welche Art der Körpersprache sich jemand entscheidet. Am besten ist es, den eigenen Körper zu beobachten und herauszufinden, welche Art ihm am besten liegt. Wenn diese Entscheidung getroffen ist[74], gilt es, ein eigenes »Wörterbuch« zu erarbeiten, mit dem Ziel, die Gestensprache des Körpers als Reaktionen auf feinstoffliche Phänomene zu verstehen.

Dieses »Wörterbuch« beinhaltet das persönliche Codesy-

[74] Es muß sich dabei nicht nur um die drei beschriebenen Formen handeln, möglicherweise gibt es weitere Formen der Körperreaktionen, die außerhalb meiner Erfahrung liegen.

stem, das der Mensch, der an der Entschlüsselung der eigenen Körpersprache arbeitet, selbst entwickeln muß. Wer die beschriebenen zwei Modelle der übersinnlichen Wahrnehmung verstanden hat, wird sofort einsehen, daß es kein objektives, für jeden wahrnehmenden Menschen gültiges Codesystem geben kann. Zumindest müßte jeder Wahrnehmende, bevor er ein bestimmtes Codesystem übernimmt, am eigenen Körper überprüfen, ob die Codices für einzelne Kraftphänomene, die er von jemand anderem übernehmen will, mit der eigenen Körpersprache übereinstimmen.

Da ich aus den genannten Gründen kein allgemein gültiges Codesystem anführen kann, werde ich nachfolgend mein eigenes Codesystem der Körpersprache in seinen Grundzügen beschreiben. Dadurch hoffe ich, eine Vorstellung davon zu vermitteln, wie ein persönliches Codesystem aufgebaut werden kann. Auch möchte ich mein Codesystem als einen möglichen Raster anbieten, das eine Studentin oder ein Student der Geomantie unter den oben genannten Vorbehalten dem eigenen Gebrauch anpassen kann.

Im Rahmen der drei beschriebenen Körpersprache-Formen habe ich mich für die zweite Methode, die Wahrnehmung mit der ganzen Hand, entschlossen. Am ausgewogensten wäre es wohl, dabei beide Hände synchron zu benutzen. Da ich aber ein ausgesprochener Linkshänder bin, gebrauche ich, um meine Körperreaktionen zu lesen, nur die linke Hand. Der rechten Hand kommt in besonderen Fällen eine helfende Rolle zu. Nun zu meinem Codesystem, das in fünf Kapitel gegliedert ist, je nachdem, zu welchem Zweck die Handsprache gebraucht wird:

1. die untersuchende Hand
2. die führende Hand
3. die entschlüsselnde Hand

Strukturgebende und Vitalenergetische Dimension	*Urbildliche Dimension*	*Geistig-Seelische Dimension*
Körperreaktionen – dynamischer Aspekt	Träume	Intuitionen
Körperreaktionen – Resonanzaspekt	Inneres Schauen	Botschaften aus geistigen Quellen
Wahrnehmung durch Einbeziehung von Tieren, Pflanzen und Mitmenschen	Inneres Gespräch	Offenbarung
Wahrnehmung mit Hilfe von Radiästhesieinstrumenten	Emotionale Wahrnehmung	
Wahrnehmung mit Hilfe von geographischen Karten		

Abb. 20: Übersicht über die Formen der vertieften Wahrnehmung

4. die fühlende Hand
5. die testende Hand

1. *Die untersuchende Hand* gebrauche ich, wenn ich ein Gelände untersuchen soll. Ich gehe langsam über das Gelände, bin innerlich vollkommen still, frei von jeglichen Vorstellungsmustern, und in der Herzmitte konzentriert. Dabei fahre ich mit der leicht ausgestreckten linken Hand horizontal hin und her, als ob ich über das weiche Fell eines Tieres streicheln würde. Gefühlsmäßig halte ich die Hand dabei federleicht. In dem Moment, wo ich – während ich so langsam durch das Gelände gehe – an die Grenze eines Kraftphänomens stoße, zum Beispiel an den Rand einer dort verlaufenden Kraftlinie, kommt es zu einer Reaktion. Die Bewegung der streichelnden Hand wird gestoppt, die Hand wird wirbelartig im Uhrzeigersinn gedreht und leicht nach hinten gezogen. Nun weiß ich, daß ich auf ein unbekanntes Kraftphänomen gestoßen bin. Ich breche nun den Vorgang der untersuchenden Hand ab, betrete das Kraftfeld des entdeckten Phänomens und fahre nun mit der Methode der entschlüsselnden Hand (3) fort.[75]
2. *Die führende Hand* gebrauche ich als Methode alternativ zu (1), wenn ich ein unbekanntes Grundstück untersuche. Ich stelle mich zuerst auf ein auf dem Grundstück zu erwartendes Phänomen ein. Zum Beispiel stelle ich die Frage nach dem Kraftzentrum dieses Geländes. In dem Moment, wo das Stellen der Frage im Bewußtsein des Menschen eine spezifische Schwingung erzeugt, stellt das

[75] Dabei führe ich ein Protokoll, in dem ich die Körperreaktionen notiere, und zeichne ihre Position im Gelände in eine Karte oder Geländeskizze ein. Sonst werden viele Details später vergessen.

Bewußtsein im Rahmen des Mehrdimensionalen Raumes die Beziehung zum nachgefragten Phänomen her – vorausgesetzt es ist überhaupt existent. Im Rahmen des Mehrdimensionalen Raumes ist das Herstellen dieser Beziehung möglich, weil es auf der Ebene keine räumlich-zeitliche Trennung gibt und sich der suchende und fragende Mensch schon innerhalb aller überhaupt möglichen Schwingungen des betreffenden Grundstücks befindet.

Den »Code der führenden Hand« gebrauche ich, um die auf der überbewußten Ebene schon existierende Beziehung zum auserwählten Phänomen nun auch im Rahmen des Materialisierten Raumes des Geländes festzulegen. Dabei schwingt die leicht gebeugte Hand an meiner Seite hin und her und versucht, den Impulsen der Beziehung zu dem gesuchten Ort zu folgen, die in meinem Über- oder Unterbewußtsein schon besteht. Um den Unterschied zur Methode der untersuchenden Hand kurz zu definieren, bei der die Handfläche horizontal gehalten wird, lasse ich bei der Methode (2) die Hand mehr nach unten hängen.

Es stellt sich dabei ein Gefühl ein, als ob meine Hand in eine bestimmte Richtung gezogen würde. Es fühlt sich an, als ob zwischen meiner Handfläche und dem mir in der physischen Realität unbekannten Ort ein Anziehungsstrom existierte, der mich genau zu dem entsprechenden Platz hinführen will. Dabei stellt der Anziehungsstrom eine Manifestation der inneren Beziehung dar, und die führende Hand leistet die Übersetzung in die Umstände des Manifestierten Raumes. Die Anziehung bleibt solange bestehen, bis ich an dem gesuchten Platz angelangt bin. An dem Punkt läßt sich die Hand am Körper entspannt hinunter oder beginnt, im Kraftfeld des Ortes zu kreisen. Nun bin ich aufgefordert, mit den Untersuchungen des gefundenen Punktes zu beginnen.

3. *Die Methode der entschlüsselnden Hand* beinhaltet ein eigenes Codesystem; hier einige Beispiele:

3.1. Wenn ich über einer Verwerfung in der Erdkruste stehe, macht meine Hand eine Geste, als wolle sie mein Sonnengeflecht vor der giftigen Strahlung aus dem Erdinneren schützen.[76] Sie fährt in einer heftigen Bogenbewegung vor meinen Bauch und bleibt in dieser Stellung, solange ich mich innerhalb dieses Schwingungsfeldes bewege.

3.2. Wenn ich mich im Bereich eines vitalenergetischen Systems befinde, kreist meine Hand im Uhrzeiger- oder Gegenuhrzeigersinn. Ersteres zeigt mir den Yin-, letzteres den Yang-Pol an. Nun gilt es herauszufinden, um welche der vielen vitalenergetischen Systeme es sich dabei handelt. Dazu gebrauche ich die Hilfe meiner rechten Hand, die ich auf verschiedene Stellen an meinem Körper lege, um zu erspüren, mit welchem Körperteil die betreffende Schwingung in Resonanz steht. Dabei suche ich nicht blind herum, sondern habe ein eigenes Vorgehen erfunden, auf das ich an späterer Stelle ausführlicher eingehen werde.

3.3. Einflüsse der sieben klassischen Planeten kann ich anhand der Richtung und Intensität der sich bewegenden Hand oder der Zahl der Bewegungen feststellen, zum Beispiel:

Mond: Die Hand pendelt in schnellen, kurzen Bewegungen am Körper hin und her.

Sonne: Die Hand pendelt in einem feierlich getragenen Rhythmus, den ich als Herzschlagrhythmus bezeichne, hin und her.

[76] Die ungefilterte Strahlung aus dem Erdinneren ist für den Menschen und viele andere Lebewesen schwer erträglich. Vgl. dazu Kap. 4.2.

Venus: Die Hand macht 14 Drehungen, pendelt dann einmal in Richtung links-rechts und einmal in Richtung vorne-hinten. Danach wiederholen sich die 14 Umdrehungen, usw.

Saturn: Die Hand macht 21 Umdrehungen in einer Richtung, schlägt danach um und vollzieht 21 Umdrehungen in umgekehrter Richtung, usw.

4. *Die Methode der fühlenden Hand* gebrauche ich bei der Identifizierung von Elementarwesen. Wie bereits erwähnt (vgl. Kap. 1.4.C), besitzen die Elementarwesen neben dem vitalenergetischen Körper auch einen Bewußtseinsfokus auf der urbildlichen Ebene. Folglich bewegt sich die Wahrnehmung von Elementarwesen bzw. deren Präsenz auf einem Gelände auf zwei Ebenen synchron. Durch spezifische Bewegungen der Hand kann ich verschiedene Arten von Elementarwesen unterscheiden. Ein die Bewegungen der Hand begleitendes *Gefühl* in derselben Hand zeigt mir an, daß es sich nicht nur um ein Kraftphänomen handelt, sondern um ein von Bewußtsein durchdrungenes Lebewesen. Bei den Erdelementarwesen ist das Gefühl in der Hand ganz tief und schwer. Bei den Luftelementarwesen hingegen leicht und voller Aufschwung. Hier einige Codes für die einfachen Arten von Elementarwesen:

- Bei Elementarwesen der Erde (in der Märchensprache als Gnomen, Zwerge oder Heinzelmännchen bekannt) bewegt sich die Hand unvorstellbar langsam um wenige Zentimeter nach hinten.
- Bei Wasserelementarwesen (Nixen) beschreibt die Hand – verbunden mit einem Gefühl der Lebensfülle – im Uhrzeigersinn einen langsamen Bogen nach hinten.
- Handelt es sich um Luftelementarwesen (Feen), so wird die Hand mit Leichtigkeit in die Höhe des Sonnengeflechts

gehoben und bewegt sich spielerisch in der Form eines Unendlichkeitszeichens (liegende Acht).

- Bei den Feuerelementarwesen (Salamander) wird die steif ausgestreckte Hand diagonal vom Körper weg hoch in die Luft gehoben – wie beim »Hitlergruß«.

5. *Die Methode der testenden Hand* ermöglicht es, Erkenntnisse zu gewinnen über die Qualität einer Umgebung, in der man sich körperlich befindet, oder über einen Gegenstand, mit dem man in Berührung steht. Es stellt sich nämlich die Frage, inwieweit die Kraftstrukturen eines Raumes oder eines Gegenstandes geordnet oder chaotisiert bzw. gestört sind. Es kann sein, daß ein Landschaftsraum über längere Zeit ökologischen oder psychischen Zerstörungsprozessen ausgesetzt gewesen ist – daß, zum Beispiel, vor nicht allzu langer Zeit ein Krieg in einer Landschaft gewütet hat – dann tragen Blockierungen und Wunden in den Kraftsystemen des Ortes dazu bei, daß die Umgebung nicht harmonisch und ausgeglichen schwingt. Mit der Methode der testenden Hand können solche Qualitätsmängel erspürt werden, obwohl ein Platz für die äußeren Sinne makellos erscheinen mag.
Die Methode der testenden Hand ist insbesondere im Rahmen der Raum- und Erdheilungsprozesse von großer Hilfe. Sie dient dazu, sich der Ausgangsqualität einer Umgebung bewußt zu werden und die späteren Veränderungen begleiten und beobachten zu können. Grundsätzlich gebrauche ich diese Methode auf zwei Weisen:

- Um die allgemeine Schwingungsqualität einer Umgebung erfassen zu können, schreite ich in den Raum hinein mit der psychischen Einstellung, alles um mich herum sei tadellos und wunderbar. Dann lasse ich meine Hand in Yang-Richtung – für mich heißt das: gegen den Uhrzeigersinn – kreisen, wobei ich innerlich ganz subtil auf die wahre Qualität der Umgebung achte. Die Bewegung der Hand zeigt mir in diesem Falle das Verhältnis an zwischen meiner künstlich aufgestellten Behauptung und der wahren Lage im Raum. Ist der Raum tatsächlich in sich harmonisch, so kreist meine Hand, ohne daß ein Widerstand zu spüren wäre. Gibt es jedoch Probleme in dem Raum, so kommt es zu einer Interferenz zwischen meiner gefühlsmäßig aufgestellten Behauptung und dem Umstand, wie sich mein Körper in diesem Raum tatsächlich fühlt. Diese Interferenz nehme ich als eine Hemmung wahr, die sich der kreisenden Hand entgegenstellt. Gewöhnlich äußert sich dieser Umstand darin, daß die Hand einen Teil des Kreises schafft, ihn aber nicht vollendet. Sie fällt aus der kreisenden Bewegung immer wieder heraus. In einem extrem gestörten Fall würde sie, statt zu kreisen, nur mit einem Gefühl der Leere hin und her pendeln.

Um ein Gespür für die Schwingungsqualität eines Gegenstandes, Monumentes, einer Wand, usw. zu bekommen, die nicht so weit gestört sind, daß meine Hand beim Berühren das Kreisen völlig verweigert, gebrauche ich eine zweite Testmethode mit der Hand. Ich fasse den Gegenstand mit meiner Rechten an, um einen schwingungsmäßigen Kontakt herzustellen, und lasse die linke Hand kreisen. In diesem Falle wird durch das Kreisen der linken Hand enthüllt, was durch die rechte unterbewußt wahrgenommen wird. Ich beobachte dabei mögliche, ganz subtile Unebenheiten beim Kreisen, mögliches Ausscheren aus der perfekten Kreisform, usw. Durch diese Unregelmäßigkeiten kann ich auf mögliche Probleme aufmerksam werden. Allerdings müssen dann noch weitere Untersuchungsmethoden eingesetzt werden, um genau zu erfassen, welche Art von Störungen vorliegen.
Abschließend möchte ich davor warnen, ohne die dazu drin-

gend benötigte Erfahrung die Methode der testenden Hand anzuwenden, um dann bestimmte Räume als »gut« oder »schlecht« zu definieren. Der Gebrauch dieser Methode muß besonders gründlich durch Sensibilisierungsübungen und durch die Arbeit am eigenen Selbst untermauert werden. Hier geht es nämlich nicht mehr nur um das Erspüren der Interaktion zwischen dem Körper des wahrnehmenden Menschen und einem kraftmäßigen Phänomen in der Umgebung, sondern auch um das Erspüren des Unterschiedes zwischen einer vorgetäuschten Lage und den realen Verhältnissen. Die Gefahr der Selbstbeeinflussung ist in diesem Fall viel größer. Es wäre weise, immer auch andere Testmethoden hinzuzuziehen, wie zum Beispiel eine Überprüfung durch den Muskeltest[77].

2.3.B. Körperreaktionen – der Resonanzaspekt

Wie in Kapitel 2.3.A. dargestellt, gibt es neben der Beobachtung der dynamischen Körperreaktionen noch eine zweite Art und Weise, den eigenen Körper als Wahrnehmungsinstrument einzusetzen. Bei dieser zweiten Methode beobachten wir, welche Körperteile *in Resonanz* geraten, wenn der Körper mit einem bestimmten Phänomen des Mehrdimensionalen Raumes konfrontiert wird.
Es gibt verschiedene Möglichkeiten, wie dieser *Resonanzaspekt der Körperreaktionen* in den Wahrnehmungsprozeß einbezogen werden kann. Ich selbst gebrauche davon zwei:

[77] Der Muskeltest wurde von der Kinesiologie entwickelt. Er beruht auf der Erfahrung, daß die Muskeln beim Test nicht die gleiche Stärke aufweisen können, wenn der Ort, an dem die Testperson steht, diesen die Kraft entzieht.

1. Gefühlsmäßig beobachte ich verschiedene Teile meines Körpers, wie sie auf ein bestimmtes Kraftphänomen reagieren.
2. Durch Auflegen der Hand auf unterschiedliche Körperteile prüfe ich, ob sie mit dem betreffenden Kraftphänomen in Resonanz stehen.

Die erste Vorgehensweise gebrauche ich als selbständige Methode, die zweite hingegen kombiniere ich mit der Methode der entschlüsselnden Hand. Im folgenden möchte ich beide etwas genauer vorstellen:

1. Bei der ersten Methode stelle ich mich auf den zu untersuchenden Platz, werde innerlich ganz still und unvoreingenommen und beginne dann ganz feinfühlig und aufmerksam, mögliche Reaktionen meiner Körperteile auf Einwirkungen seitens meines Standortes oder meiner Umgebung zu beobachten. Sobald ich solche Resonanzen im Körper feststelle, ordne ich sie verstandesmäßig ein und beziehe die Ergebnisse in die weiteren Untersuchungen des Ortes ein. Wenn plötzliche Schmerzen in bestimmten Teilen des Körpers auftreten oder mich ein Gefühl von Übelkeit im Magen überkommt, oder wenn das Atmen plötzlich schwerfällt, so ist die Wahrscheinlichkeit groß, daß der Platz oder der Raum kraft- oder gefühlsmäßig gestört ist. Es kann aber auch genau umgekehrt sein, daß der wahrnehmende Mensch Schwachstellen in seinem Körper hat, die sich erst durch die Einwirkung von gesunden Kräften manifestieren. Es bedarf weiterer Untersuchungen (vgl. Kap. 2.3.C und 2.4), um herauszufinden, um welche der beiden Möglichkeiten es sich handelt.
2. Die zweite Methode, mit dem Resonanzaspekt der Körperreaktionen umzugehen, ist schon im Zusammenhang

mit der Methode der entschlüsselnden Hand in Abschnitt (3.2) erwähnt worden. Wie gesagt, übe ich diese Methode so aus, daß ich die rechte Hand auf unterschiedliche Körperteile auflege und dabei durch das Kreisen oder Nichtkreisen der linken Hand herausfinde, ob das untersuchte feinstoffliche Phänomen mit einem bestimmten Körperteil in Resonanz steht oder nicht. Dabei suche ich nicht blind herum, sondern habe eine Methode ausgearbeitet, die sich auf die Chakrensysteme beim Menschen stützt.

In den Kapiteln 1.2.B. und 1.2.C. habe ich das Yang- bzw. Yin-Chakrensystem dargestellt. Die einzelnen Chakren beziehen sich auf die entsprechenden Körperteile, an denen sie plaziert sind. Sie schwingen zwar auf der Kraft-, Gefühls- und Geistebene, stehen jedoch in Beziehung zur materialisierten Ebene des Körpers. Durch Auflegen der Hand auf die entsprechende Stelle komme ich in Kontakt mit dem Chakra, dessen Tätigkeit an der Stelle fokussiert ist.

Dabei gebrauche ich die vertikale Reihe der Yang-Chakren als eine Tonleiter, mit deren Hilfe ich feststellen kann, auf welcher Höhe ein Kraftphänomen schwingungsmäßig angesiedelt ist.

So habe ich durch Erfahrung folgende vertikale Ordnung herausgefunden:

Auf der Höhe des Wurzelchakras und des Sexualchakras sind die vitalenergetischen Systeme zu finden, die die Intelligenzen der Elementarwelt benutzen, um ihre Aufgaben im Bereich des Mehrdimensionalen Raumes auszuführen. (Vgl. dazu Kapitel 4.7.) Auf der Höhe des Sonnengeflechts-, Herz- und Kehlkopfchakras sind die drei wichtigsten vitalenergetischen Systeme zu spüren: das System der Kraft-Leylinien (Kehlkopf), das System der Berge und

ihrer Kraftquellen (Herz) und das System der Verbindungs-Leylinien (Sonnengeflecht).
Auf der Höhe des Dritten Auges und des Scheitelchakras sind durch menschliche Kreativität entstandene Systeme der Landschaft bzw. Systeme zur Einbindung der Landschaften in die kosmischen Zusammenhänge zu spüren. (Vgl. dazu Kap. 4.5.) Da es nur sieben Yang-Chakren gibt, ist es unmöglich, alle Arten von Kraftsystemen mit ihrer Hilfe zu unterscheiden. Ich gebrauche die »Tonleiter« der Yang-Chakren nur, um die verschiedenen linienmäßigen Systeme voneinander zu unterscheiden, auf die meine entschlüsselnde Hand immer mit ein und derselben Bewegung reagiert; sie dreht sich im Gegenuhrzeigersinn. Wenn ich also auf eine solche Kraftlinie stoße, bei der es zur Linksdrehung meiner Hand kommt, dann bringe ich als erstes die Hand zum Stillstand. Danach verlagere ich meine ganze Aufmerksamkeit auf das Yang-Chakrensystem meines Körpers. Ausgehend von der Wurzel der Wirbelsäule berühre ich mit der rechten Hand nacheinander die Plätze der einzelnen Chakren. Diesmal reagiert die linke Hand mit ihrer Drehbewegung auf das zu untersuchende Phänomen der Kraftlinie nur dann, wenn ich den Chakrabereich berühre, mit dem die Kraftlinie in Resonanz steht.[78]
Wenn zum Beispiel die linke Hand, die zu der zu untersuchenden Linie in Beziehung steht, mit Kreisen reagiert in dem Moment, da die rechte Hand das Sonnengeflechtschakra berührt, so heißt das, daß ich es mit einer Verbindungs-Leylinie des sternförmigen Kraftsystems zu tun habe. Wenn in einem anderen Fall der Bereich des Kehl-

78 Wenn bei ein und demselben Phänomen Reaktionen auf verschiedenen Chakrenebenen zustande kommen, ist dies ein Hinweis, daß mit meiner Wahrnehmung etwas nicht in Ordnung ist.

kopfchakras mit der Kraftlinie in Resonanz tritt, so heißt dies, daß ich auf eine Kraft-Leylinie des lokalen oder des planetaren Leyliniensystems gestoßen bin.
Aus dem letztgenannten Fall wird ersichtlich – da es zwei Möglichkeiten gibt –, daß die Untersuchungsmöglichkeiten, die durch die sieben Yang-Chakren gegeben sind, in manchen Fällen nicht ausreichen. Dann bediene ich mich zusätzlich des Vier-Kreise-Systems der Yin-Chakren, das ich in Kapitel 1.2.C. dargestellt habe. Auf diese Weise kann ich bei jedem Yang-Chakra zusätzlich vier Varianten unterscheiden. Ich gebrauche diese zusätzliche Möglichkeit zur Zeit nur bei den Kraft-Leylinien, von denen mehrere Unterarten existieren.
Praktisch nutze ich diese zusätzliche Möglichkeit, die Kraftphänomene nach der Resonanz am Körper zu unterscheiden, so, daß ich mit der rechten Hand nacheinander die vier Kreise, an denen sich die Yin-Chakren befinden, berühre und durch das beginnende Kreisen der linken Hand herausfinde, welcher der vier Kreise in Resonanz steht. Für den ersten Kreis (Element Wasser) berühre ich den Bereich der rechten Brustwarze, für den zweiten (Feuerkreis) berühre ich das rechte Ohrläppchen. Bei den beiden letzten Kreisen ist die Anwendung der Methode nicht so leicht, weil sie nur durch die ausgestreckte Hand zu erreichen sind. Die Hand kann aber nicht sich selbst berühren. Ich habe das Problem so gelöst, daß ich stellvertretend für die Berührung des dritten Kreises (Element Erde) den Ellbogen der ausgestreckten Hand im rechten Winkel halte, um die Aufmerksamkeit auf das Ellbogenchakra zu lenken, das auf der dritten Kreislinie liegt. Stellvertretend für die Berührung des Chakras in der Handfläche (vierter Kreis – Element Luft) öffne und schließe ich die Hand zur Faust.

Dynamischer Aspekt der Körperreaktionen	*Resonanzaspekt der Körperreaktionen*
Schwingungen einzelner Körperteile werden beobachtet	Resonanzen am Körper werden festgestellt
(1) Die unterscheidende Hand	(1) Gefühlsmäßige Beobachtung der Reaktionen einzelner Körperteile
(2) Die führende Hand	
(3) Die entschlüsselnde Hand	(2) Durch Auflegen der Hand auf verschiedene Chakren-Bezugspunkte wird die Resonanz zwischen diesen Punkten und einem Kraftsystem gesucht
(4) Die fühlende Hand	
(5) Die testende Hand	

Abb. 21: Grundschema der Körperreaktionen bei der übersinnlichen Wahrnehmung

2.3.C. Wahrnehmung durch Einbeziehung von Tieren, Pflanzen und Mitmenschen

Um die Richtigkeit der eigenen Wahrnehmungen zu überprüfen, kann die mediale Hilfe eines Nächsten hilfreich sein. Für diesen Zweck können wir die Hilfe der Wesenheiten heranziehen, die mit uns die Verkörperung im Materialisierten Raum teilen. Ich spreche von den Tieren, Pflanzen und Mitmenschen.

1. Da wir im 20. Jahrhundert nicht mehr in so enger Gemeinschaft mit den *Tieren* leben, macht sich uns ihre Hilfe bei der geomantischen Arbeit kaum noch bemerkbar.[79] Das bekannteste Beispiel ist wohl, daß Hunde Plätze mit stark ausgeprägter Erdstrahlung meiden – Plätze, die unter dem Einfluß von Verwerfungen oder Wasseradern stehen –, während Katzen gerade von solchen Plätzen besonders angezogen werden.

Während meiner mehrjährigen Heilungsarbeit in den Landschaftsparks von Schloß Türnich bei Köln und Schloß Cappenberg bei Lünen habe ich in dieser Hinsicht etwas über das Verhalten von Vogelpopulationen gelernt. In beiden Fällen haben die luftigen Bewohner dieser Orte bemerkt, daß nach etwa einem Jahr, als der Prozeß der Harmonisierung der Orte und ihre Befreiung von den schwersten Blockaden so weit gediehen waren, daß die Orte wieder richtig atmen konnten, der Vogelgesang deutlich intensiver wurde. Das Gezwitscher wurde mit einem Mal unbeschreiblich reich und lebendig.
Die Tiere sind jedoch fähig, uns auch ganz gezielte Anstöße bei der geomantischen Arbeit zu geben. Ein Erlebnis dieser

[79] Über meine Erfahrungen mit dem Tierreich vgl. auch mein Buch *Elementarwesen.*

Art möchte ich aus dem Tagebuch meiner Lithopunkturarbeit im Schloßpark Cappenberg schildern. Am 13. Mai 1990 erwachte ich ganz früh, saß bei halboffenem Fenster noch im Bett und grübelte über die bevorstehenden Heilungsaufgaben vor Ort. Eine dieser Aufgaben bestand darin, ein Zeichen für die über zwei Meter hohe Glasplatte zu entwerfen, die in den nächsten Tagen in eine Maueröffnung gegenüber dem Eingang zur Stiftskirche im Schloßhof montiert werden sollte. Solche Zeichen, die ich gelegentlich bei meiner geomantischen Arbeit gebrauche, nenne ich Kinesiogramme. Das Wort habe ich selbst geprägt aus *kinesis* (gr.) »Bewegung« und *gramma* (gr.) »Buchstabe«, um darauf hinzuweisen, daß die Aufgabe solcher Zeichen darin besteht, gewisse Kräfte in Bewegung zu bringen, deren Wirkung an einem bestimmten Platz hilfreich ist. Im Falle der Glasplatte ging es darum, durch das Kinesiogramm die Vögel zu warnen, daß von nun an jeder Versuch, durch die Öffnung in der Mauer zu fliegen, tödlich enden könnte.
Es stellt sich die Frage, warum für diesen Zweck ein Kinesiogramm vorgesehen war und nicht die üblichen schwarzen Raubvogelsilhouetten. Nun, die Glasplatte sollte zwar den Zugang zu dem Privatbereich des dahinterliegenden Gartens versperren, aber doch einen ungehinderten Durchblick gewähren. Jenseits der Glasplatte und direkt vor der Öffnung in der Mauer wurde nämlich eine von meiner Frau und mir gestaltete dreigliedrige Sandsteinskulptur aufgestellt, die den Schlüsselpunkt des Kraftortes Cappenberg markiert und im Sinne der Lithopunktur auch aktiviert. Dort befindet sich nämlich eine Quelle von zwei Kraft-Leylinien[80] und darüber

[80] Interessant zu erleben ist die Linie, die durch die Achse der romanischen Stiftskirche verläuft und in ihrem weiteren Verlauf durch den Wildpark durch eine ganze Reihe von Lithopunktursäulen von mir markiert wurde.

noch eine sternförmige Quelle von Verbindungs-Leylinien, die diesen Ort mit verwandten Orten europaweit verknüpfen.

Um den Blick auf die Skulptur nicht zu stören, sollte das erwähnte Kinesiogramm fast unsichtbar bleiben und nur in die obere rechte Ecke der Glasscheibe eingraviert werden. Es sollte folglich seine Aufgabe, die Vögel zu warnen, nur auf der (unsichtbaren) energetischen Ebene – genauer gesagt, auf der Astralebene – erfüllen. Mit anderen Worten, das Zeichen sollte so gestaltet werden, daß die Vögel seine Botschaft auf der psychisch-energetischen Ebene blitzschnell im Fluge »lesen« könnten. Aber wie sieht eine Sprache aus, die Vögel instinktiv lesen können? Ich hatte keine bewußte Vorstellung davon.

Während ich in diese Überlegungen vertieft war, kam eine Meise durch das halbgeöffnete Fenster in mein Zimmer geflogen. Ohne sich durch meine Anwesenheit stören zu lassen, ließ sie sich auf dem Teppich nieder, der nach der Art der Perserteppiche reich verziert war. Der Vogel klopfte mit seinem Schnabel einige Male auf einen bestimmten Punkt auf dem Teppich und flog dann sofort in Richtung Fenster zurück. Da aber das Fenster nur halboffen war, prallte er gegen die Fensterscheibe und fiel zu Boden. Völlig verblüfft, sprang ich aus dem Bett, nahm den Vogel in die Hand – aber er war schon tot. Ich wußte, die Meise hatte sich geopfert, genau den Tod zu erleiden, vor dem mein Zeichen warnen sollte. Ich war nun überzeugt, daß sie auch den Schlüssel für die Gestaltung des Kinesiogramms mitgebracht hatte, sonst wäre ihr Opfertod sinnlos gewesen. Leider war ich in dem Moment, als mir das klar wurde, noch nicht wach genug, um das Muster auf dem Teppich zu betrachten, auf das die Meise durch ihr Klopfen hingewiesen hatte. Statt dessen glaubte ich, das Warnzeichen, das sie vermutlich mitgebracht hatte, müs-

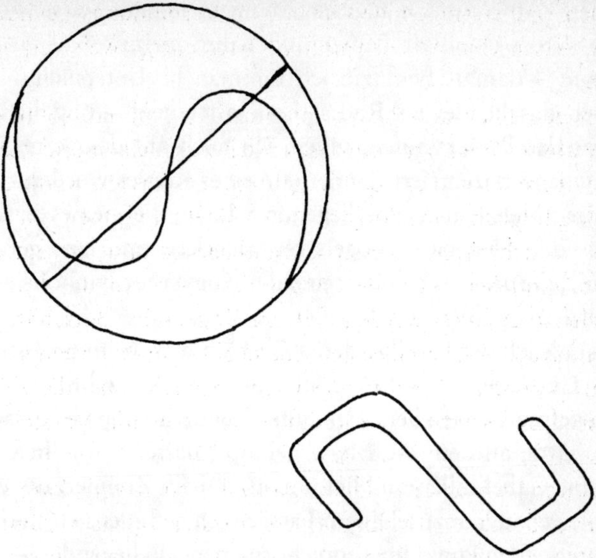

Abb. 22:
Das Kinesiogramm zur Warnung der Vögel auf einer Glasscheibe in Cappenberg. Unten rechts das Zeichen auf dem Teppich, das mir die Meise durch Schnabelklopfen zeigen wollte.

se im Ätherbereich meines Zimmers hängen. Also holte ich sofort ein Blatt Papier und nahm mein Pendel in die Hand – damals benutzte ich für manche Untersuchungen noch das Pendel als Radiästhesieinstrument – und ließ es über das Papier laufen, indem ich mich auf das vermutete Zeichen konzentrierte. Innerhalb eines Kreises wurden zwei Linien angedeutet, eine liegende S-Linie, die meines Erachtens den Flug eines Vogels repräsentiert, und eine gerade Linie, die diese durchquert und das Flugverbot symbolisieren würde.

Erst als ich der Familie, deren Gast ich war, beim Frühstück die Geschichte vom Selbstopfer des Vogels erzählte, wurde ich gefragt, ob ich denn den Punkt auf dem Teppich betrachtet hätte, an dem die Meise geklopft hatte. Sofort ließ ich meine Gabel fallen und lief hinauf in mein Zimmer, um den Platz genauer anzuschauen. Tatsächlich befindet sich an dem betreffenden Punkt im Teppichornament ein liegendes S-Zeichen! So wurde meine Intuition, wie das Kinesiogramm aussehen müßte, um für die Vögel wahrnehmbar zu sein, wenigstens bestätigt. Ich war noch weitere zwei Jahre mit dem Lithopunkturwerk in Cappenberg beschäftigt, und zumindest kann ich für diese Zeitdauer bezeugen, daß an der Scheibe mit dem eingeätzten Kinesiogramm nie einem Vogel ein Leid zugestoßen ist.

2. Was die *Pflanzenwelt* angeht, so beziehe ich in den Vorgang der Erforschung eines Ortes die Körpersprache der Bäume regelmäßig mit ein. Meine Liebe zu den Bäumen und mein Vertrauen in ihre Intelligenz ist unermeßlich. Die Bäume sind fähig, durch die Art ihres Wuchses verschiedene unsichtbare Phänomene ihres Standortes oder ihrer nahen Umgebung anzuzeigen. Ich unterscheide vier Hauptmerkmale in der Körpersprache der Bäume:

- *Verdickungen oder Wülste* am Stamm zeigen gewöhnlich an, daß an dem Platz starke irdische Kräfte walten, wie z.B. Strahlungen aus geologischen Verwerfungen und Wasseradern. Die meisten Baumarten können das schlecht vertragen und wehren sich durch Wülste, die durch ihre Form die unerwünschte Strahlung abstoßen bzw. umlenken.
- *Besonders ausgeprägte Äste,* die sich, gemessen an der Gestaltung der übrigen Krone, unerwartet in eine Richtung ausstrecken oder vorbeugen, sind oft ein Merkmal für eine Kraftquelle, einen Brennpunkt oder eine vorbeilaufende Kraftlinie aus dem Bereich der vitalenergetischen Systeme. Der Baum holt sich auf diese Weise zusätzliche Lebenskraft.
- *Verwachsungen von Ästen oder Stämmen* zeigen, daß der Baum mitten im Wirbel einer starken Kraft steht. Es kann sich um eine vitalenergetische Quelle handeln oder – was häufiger vorkommt – um die Präsenz eines höherentwickelten Elementarwesens, das auf der Kraftebene einem verflochtenen Energiewirbel gleicht und auf entsprechende Weise auf das Wachstum des Baumes Einfluß nehmen kann.[81]
- *Symbolisch gestaltete Baumformen* legen Zeugnis ab von der besonderen geomantischen Bedeutung der Plätze, an denen sie wachsen, sei es, daß es sich um Kraftorte, Naturtempelbezirke oder Brennpunkte von Landschaftstempeln handelt. In meinem Buch *Elementarwesen* erzähle ich die Geschichte vom Heideberg in Nordfriesland, wo

[81] Um einer möglichen Verwirrung vorzubeugen: Das Wachstum *jedes* Baumes wird durch ein eigenes Elementarwesen, einen Faun, gelenkt. Hier handelt es sich um die zusätzliche Präsenz von Elementarwesen, die auf einem bestimmten Baum ihren Platz eingenommen haben, zum Beispiel der Pan einer Landschaft.

ich von den Elementarwesen erfuhr, daß sie die Aufgabe übernommen haben, gewisse heilige Orte durch Symbole zu kennzeichnen, nachdem diese Plätze von den Menschen vergessen wurden. Oft wird diese Kennzeichnung von der Naturintelligenz durch in ihrer Symbolik auffällig gestaltete Baumformen ausgeführt, die als Identitätszeichen der Orte – als Kosmogramme – dienen.

3. *Mitmenschen* können in den persönlichen Wahrnehmungsprozeß durch Austausch innerhalb einer Gruppe einbezogen werden. Wenn nicht nur ein Mensch, sondern mehrere Personen sich mit der Wahrnehmung eines Ortes beschäftigen, besteht die Möglichkeit der gegenseitigen Kontrolle und die Wahrscheinlichkeit, daß eine größere Vielfalt von Aspekten des Ortes wahrgenommen wird, als wenn ein einzelner sich der Wahrnehmung des Ortes widmet. Teilnehmer einer Gruppe haben höchstwahrscheinlich ihre Wahrnehmungspotentiale in verschiedenen Richtungen und auf verschiedenen Ebenen entwickelt. Wenn die verschiedenen Ergebnisse im Rahmen eines Austausches zusammengetragen werden, kann das so entstehende Bild der unsichtbaren und sichtbaren Dimensionen eines Ortes der Mehrschichtigkeit der Wirklichkeit sehr nahe kommen.
   Beim Vorgang der Gruppenwahrnehmung unterscheide ich drei Stufen:

- Es wird vorher der Umfang des zu untersuchenden Geländes abgesprochen und vereinbart, wieviel Zeit jedem zur Verfügung steht, um eigene Wahrnehmungsmethoden anzuwenden und den Ort persönlich zu untersuchen.
- Nach Ablauf der vereinbarten Zeit trifft sich die Gruppe in einem Kreis zum Austausch. Allen Beteiligten wird Zeit gegeben, die persönlichen Erfahrungen mit dem Ort dar-

zustellen. In der Phase des Austausches ist es möglich, dem Erzählenden zusätzliche Fragen zu stellen, eine Diskussion ist jedoch nicht wünschenswert, weil die Aufmerksamkeit der Gruppe, die der erzählenden Person gelten sollte, dadurch leicht abgelenkt wird.

- Erst in der dritten Phase kommt es zu einer Diskussion, in der die einzelnen Mitteilungen untereinander verglichen werden. Es wird nach einem sich aus den einzelnen Wahrnehmungsberichten zusammengesetzten Gesamtbild gesucht. Bei dem Versuch, das Gesamtbild zu gestalten, stößt die Gruppe erfahrungsgemäß auf einige Arten von Schwierigkeiten, die den ungeklärten Problemen der persönlichen Wahrnehmung zuzuschreiben sind:
- Es gibt Teilnehmerinnen und Teilnehmer, die die Wirklichkeit durch einen stark persönlich gefärbten Filter wahrnehmen – eine solche Situation habe ich zu Beginn dieses Kapitels am Beispiel meiner eigenen Erfahrungen geschildert.
- Wieder andere haben eine gewisse Schulung durchgemacht und sich dadurch ein gewisses stereotypes Wahrnehmungsmuster angeeignet. Was sie dann wahrnehmen, ist kaum brauchbar, weil es unverhältnismäßig stark durch diese Muster geprägt ist.
- Es gibt Teilnehmerinnen und Teilnehmer, die den Ehrgeiz haben, mit dem Ergebnis ihrer Wahrnehmung der Gruppe zu imponieren. Über die (Un)Glaubwürdigkeit solcher Berichte brauche ich kein Wort zu verlieren.
- Immer gibt es auch Menschen, die ihren eigenen Wahrnehmungen oder der Aufrichtigkeit der Gruppe nicht vertrauen. Was sie zum Austausch beitragen, ist von geringem Wert, weil sie das Wesentliche verschweigen.

Es gibt zwei Möglichkeiten, mit diesen Schwierigkeiten umzugehen: Entweder die Person, die von der Gruppe beauftragt ist, den Vorgang der Gestaltung des Gesamtbildes zu leiten, sortiert solche falschen Wahrnehmungen aus, oder die Gruppe besitzt die Souveränität, über solche Probleme offen zu reden, wodurch sie den betroffenen Personen hilft, in ihrem Selbsterkenntnisprozeß weiterzukommen.

2.3.D. Wahrnehmung mit Hilfe von Radiästhesieinstrumenten

Radiästhesie heißt wörtlich »das Erspüren von Strahlung« *(aisthesis,* gr. – Wahrnehmung). Vom Namen her könnte der ganze Bereich der vertieften Wahrnehmung Radiästhesie heißen. Das geht aber deshalb nicht, weil die Radiästhesie in den letzten Jahrzehnten weitgehend in den Dienst einer Bestrebung gestellt wurde, das traditionelle, wissenschaftliche Paradigma auf die unsichtbaren Bereiche der Erde, der Natur, der Landschaft und des Menschen auszudehnen. Folglich handelt es sich gar nicht um ein Bemühen um vertiefte Wahrnehmung, sondern um eine Übertragung der meßtechnischen Verfahren der modernen Wissenschaften auf die Untersuchungen der feinstofflichen Bereiche der Wirklichkeit. Grundsätzlich geht es bei der so praktizierten Radiästhesie nicht um Wahrnehmung im ursprünglichen Sinne des Wortes – »die Wahrheit über die den Menschen umgebende Welt in sich hineinzunehmen« –, sondern um bestimmte Meßverfahren in den feinstofflichen oder auch elektromagnetischen Bereichen.[82] Besinnen wir uns auf die Überlegun-

[82] Vgl. dazu Jörg Purner: »Kräfte messen« in: Wulfing von Rohr (Hrsg.), *Orte der Kraft – Kräfte des Lebens,* Münsingen-Bern 1991

gen zur subjektiv-objektiven Natur des Mehrdimensionalen Raumes (Kap. 2.1.A.), so wird offenkundig, daß das Eindringen der objektive Ergebnisse anstrebenden Meßverfahren in die subtilen Bereiche jenseits des Materialisierten Raumes höchst fragwürdig ist.

In ihrer kurzen Entwicklungsgeschichte hat die Radiästhesiebewegung den Gebrauch der traditionellen Radiästhesieinstrumente – wie Pendel und Wünschelrute – neu begründet und auch neue Instrumente entwickelt, wie z.B. die Lecherantenne, Drehwinkelsonden und den Bio-Tensor. Aufgrund meiner Erfahrung mit Pendel, Drehwinkelsonde und Bio-Tensor sehe ich durchaus die Möglichkeit, diese Instrumente kreativ im Prozeß der vertieften Wahrnehmung einzusetzen und ähnlich wie Musikinstrumente zu gebrauchen. Das setzt aber auch voraus, daß der wahrnehmende Mensch sich ein persönliches Codesystem entwickelt, um die Reaktionen dieser Instrumente lesen und interpretieren zu können, ähnlich wie ich es für die unmittelbaren Körperreaktionen beschrieben habe.[83] In diesem Sinne wäre der Gebrauch der Radiästhesieinstrumente eine Alternative zum Gebrauch der Sprache des eigenen Körpers.

Dabei sehe ich ein wesentliches Problem, mit dem diejenigen konfrontiert werden, die den Gebrauch eines Radiästhesieinstrumentes schon erlernt haben. Problematisch sind die Gedankenmuster, die den einzelnen Schulen für Radiästhesie zugrunde liegen, einschließlich deren Codesysteme zum Entschlüsseln der Instrumentenreaktionen. Sofern diese Schulen den Anspruch haben, objektive Meßverfahren auf einer quasiwissenschaftlichen Basis zu vermitteln, liegt die Vermutung

[83] Über meine Erfahrungen aus der Zeit, als ich zur Wahrnehmung noch Radiästhesieinstrumente verwendete, vgl. mein Buch *Die Erde heilen.*

nahe, daß sie die angestrebte übersinnliche Erfahrung während des Wahrnehmungsprozesses an die Bereiche der Wirklichkeit zurückfesseln, deren Grenzen der Wahrnehmende gerade überschreiten möchte. Die realen übersinnlichen Wahrnehmungen, die jemand hat, werden durch diese Gedankenmuster auf die Ebene der materiellen Strukturen rückprojiziert und dadurch ihrer vitalenergetischen, urbildlichen oder geistig-seelischen Inhalte zu oft entfremdet.

Das zweite Problem sehe ich darin, daß die Codesysteme zum Verständnis der Reaktionen einzelner Radiästhesieinstrumente als objektive, allgemein gültige Systeme gelehrt und angewendet werden. Betrachten wir das Modell der gefühlsmäßigen Wahrnehmung, genauer gesagt, seinen dritten Abschnitt (vgl. Kap. 2.2.), so können wir uns vorstellen, worin das Problem in dieser Hinsicht besteht. Statt daß der Verstand aufgefordert wäre, kreativ auf die Impulse der wahrnehmenden Aura des Menschen zu reagieren, wird ihm hier die Möglichkeit angeboten, die Impulse automatisch nach einem vorgegebenen Schema einzuordnen und zu erklären.

Um den Lernenden im Bereich der übersinnlichen Wahrnehmung mehr Einsicht in die Problematik des Gebrauches von Radiästhesieinstrumenten zu ermöglichen, habe ich mit Hilfe meiner Tochter Ana den Erdheilungsengel Devos nach seiner Meinung hierzu gefragt. Seine Antwort lautete:

»Es ist schon richtig, daß diese Werkzeuge auf gewisse energetische Phänomene reagieren können und fähig sind, auf Veränderungen auf der Kraftebene zu reagieren. Sie sind jedoch unfähig, alle energetischen Strukturen zu erspüren, im Gegensatz zum Menschen, der bessere Sensoren dafür besitzt. Durch die Instrumente läßt sich eigentlich nur ein Bruchteil des ganzen Spektrums erspüren, deswegen besteht die Möglichkeit, daß das ganze Bild stark verzerrt wird. Das trifft jedenfalls dann zu, wenn derjenige, der die Radiästhesieinstrumente als einzige Alternative benutzt, sich selbst als das eigentliche Wahrnehmungsorgan von der Wahrnehmung ausklammert. Es ist etwas anderes, wenn das Werkzeug eine mögliche Hilfe zum Bewußtmachen und Unterscheiden feinstofflicher Phänomene darstellt. Der leitende Sensor bleibt dabei jedoch der menschliche Körper. Letzten Endes ist der menschliche Körper diejenige Instanz, die auf eine bestimmte Schwingung, Energie … reagiert; das Instrument, das der Mensch in seiner Hand hält, hat nur die Funktion, die Körperimpulse aufzunehmen und sie in einer klar erkennbaren Form – zum Beispiel durch den sogenannten Ausschlag – zu zeigen. Zu oft vergeßt ihr, daß das Werkzeug an sich unfähig ist, auf bestimmte Phänomene oder Kraftstrukturen zu reagieren. Instrumente können nur ein Hilfsmittel sein. Sie sind tot, auch wenn sie spezielle Sensoren, Steine usw. eingebaut haben.

Das Hauptproblem sehe ich darin, daß die Menschen für die tieferen Dimensionen dieser Welt, also auch für die energetischen Strukturen und deren Wahrnehmung, verschlossen sind und folglich ihre Sensoren nicht zu gebrauchen wissen. Als Ausweg wird dann nach den Radiästhesieinstrumenten gegriffen. Dabei sind sich die Menschen aber nicht bewußt, daß sie auf diese Weise nur 0,5 Prozent von dem erspüren können, was sonst wahrnehmbar ist. Das ist die eine problematische Seite, die zweite sehe ich darin, daß die radiästhetischen Untersuchungen auf einer falschen Vorstellung über die Mehrdimensionalität des Raumes und des Menschen basieren. Das ist ein geschlossener Kreis, weil solche Vorstellungen wiederum ein Ergebnis der mangelhaften – oft sehr mangelhaften – Wahrnehmungen der Wirklichkeit sind, gewöhnlich ein Ergebnis von Wahrnehmungen anhand der Reaktion der Instrumente, bei denen der Mensch, der mit dem Instrument hantiert, gar nicht mit seinem Bewußtsein beteiligt ist. Der kleine 0,5prozentige Bruchteil der Wirklichkeit, der dabei einbezogen wird, kann nämlich wahrgenommen werden, ohne daß der Mensch sich vertiefen und öffnen müßte, die Instrumente können sogar aus sich heraus auf diesen Bruchteil reagieren, wenn sie richtig gebaut sind. Die Radiästhesieinstrumente selbst sind ein weiteres Problem, weil sie gewöhnlich aufgrund der Vorstellung gebaut sind, die 0,5 Prozent der Wirklichkeit seien die ganze Realität, also aufgrund eines vollständig falschen Bildes. Alles das dreht sich in einem verhexten Kreis, der vollkommen unproduktiv ist, da er keinen Fortschritt ermöglicht, sondern sich ständig in sich selbst dreht.

Das Gesagte bezieht sich nur auf die Kraftebene und berührt die Gefühlsebene überhaupt nicht. Wird die Gefühlsebene (die Urbildliche Dimension des Raumes) berücksichtigt, so ist die Lage der herkömmlichen Radiästhesie noch katastrophaler. Die Instrumente sind für diese Ebene taub, sie wird von den Radiästhesisten auch völlig ignoriert und aus dem Spektrum der Realität gestrichen. So kommt noch ein weiterer Faktor hinzu, durch den das Bild des Menschen und des Raumes endgültig verzerrt wird. Es geht um eine unglaublich enge Weltanschauung, die letztlich sogar erfolgreich zu sein scheint, weil sie mit einem so kleinen Bruchteil des ganzen Spektrums operiert.

Ein Werkzeug wird für die übersinnliche Wahrnehmung, global gesehen, gar nicht gebraucht. Wird ein Instrument benutzt, so sollte der Mensch selber zuerst zu einem guten Werkzeug werden, um dann auch die Werkzeuge richtig gebrauchen zu können. Das hieße, daß der wahrnehmende Mensch als erstes – auch theoretisch – die Vitalenergetische, die Urbildliche, die Geistig-Seelische Dimension, die Welt der Elementarwesen usw. kennenlernen sollte und nicht nur die 0,5 Prozent der Wirklichkeit. Das ist der Schlüssel. Danach kann er auch die Radiästhesieinstrumente gebrauchen, um ein vollständigeres Bild eines Ortes zu gewinnen, die Phänomene besser zu verstehen oder um eine Erfahrung zu bestätigen. Die Instrumente wirken in jedem Falle mittels dem, was der sie handhabende Mensch wahrnimmt, und nicht unmittelbar. Die Menschen sollten sich vergegenwärtigen, daß der menschliche Körper das vollkommenste Instrument ist und das beste Werkzeug, um alle genannten Ebenen wahrzunehmen.«

2.3.E. Wahrnehmung mit Hilfe von geographischen Karten

Die Wahrnehmung mit Hilfe einer geographischen Karte ist möglich, wenn wir uns vorstellen, daß die Zeichnung auf der Karte als Abbild der realen Situation auf dem Gelände mit letzterer in Resonanz steht. Wenn gewisse Kraftphänomene auf der Karte erspürt werden, so heißt dies, daß der Wahrnehmende durch das Abbild auf der Karte mit Hilfe der Resonanzbrücke in Wirklichkeit mit der Realität der zu untersuchenden Gegend in Kontakt gekommen ist und daß er fähig ist, diese zu erspüren, als würde er mit seinem Körper durch das betreffende Gelände wandern.
Diese Art der Wahrnehmung mittels einer geographischen Karte oder sogar mittels einer Skizze des Geländes bzw. einer Luftaufnahme ist meiner Erfahrung nach nur möglich, wenn folgende Vorbedingungen erfüllt sind:

- Die Karte, Skizze, usw. muß zunächst so ausgerichtet werden, daß sie in Resonanz steht mit dem Gelände, dessen Abbild sie ist. Zu diesem Zweck wird die Karte so lange gedreht, bis der Untersuchende durch seinen persön-

lichen Code für »Übereinstimmung« (Harmonie) das Signal bekommt, daß die Ausrichtung genau stimmt.
- Bevor die Wahrnehmung über die Karte beginnt, sollte sich der Wahrnehmende selbst auch gefühlsmäßig durch eine Vertiefung jenseits des Mediums der Karte auf die Schönheit und die einzigartige Wahrheit der zu untersuchenden Umgebung einstimmen. Die formale Resonanz genügt nicht, um den ganzheitlichen Kontext des Ortes erspüren zu können. Eine liebevolle Einstimmung ist für die Echtheit der Resultate unumgänglich.

Wenn diese zwei Vorbedingungen erfüllt sind, fahre ich mit dem Mittelfinger über die Karte, um zu spüren; dabei stelle ich mir vor, ich würde real durch die Gegend wandern. Entweder beobachte ich dabei, in welche Richtung mein Finger gezogen wird, oder ich bleibe für eine längere Zeit mit der Fingerspitze über einem bestimmten Punkt, der mich interessiert, stehen und »lese« innerlich die Qualität der Gefühle, die dabei in mir aufkommen. Auch wenn ich ein Gelände untersuchen soll, das zu umfangreich ist, um einfach begangen zu werden, nehme ich die Karte dieses Bereiches, stimme mich ein und spreche innerlich die Bitte aus, daß mir einige Plätze, die für meine Untersuchung wichtig sind, gezeigt werden mögen. Dann lasse ich meine Hand mit leicht ausgestrecktem Mittelfinger über die Karte gleiten und bezeichne die Plätze, zu denen ich geführt werde. Danach gehe ich auf das reale Gelände und führe weitere Erforschungen an Ort und Stelle aus. Der Vorteil dieser Methode besteht darin, daß ich nicht unnötig viel herumzuirren brauche, sondern schon im voraus weiß, an welche Plätze ich gehen soll, um mit meinen Untersuchungen zu beginnen.
Dabei möchte ich ausdrücklich betonen, daß die Wahrnehmung mit Hilfe einer geographischen Karte ähnlich der durch

die Radiästhesieinstrumente gemachten Wahrnehmung durch einen Mittler geschieht und der Gefahr unterliegt, daß die Ergebnisse verfremdet sind. Wenn Menschen ausschließlich an Karten sitzen und dort ihre geomantische Arbeit tun, bin ich angesichts der Ergebnisse solcher Arbeit höchst zurückhaltend. Ich verlange von mir selbst, daß ich zuerst einen persönlichen Kontakt zu der Landschaft habe und meine Untersuchungen erst danach, wenn nötig, auf einer Karte weiterführe. Wenn ich, zum Beispiel, auf dem Gelände eine Kraft-Leylinie finde und ihr ein Stück ihres Weges folge, um ihre allgemeine Richtung herauszufinden, kann ich nachher durch die in mir gespeicherte Erfahrung ihren weiteren Verlauf auf einer Karte verfolgen, um zu sehen, wohin sie führt. Am besten ist es dann, einige Stellen entlang des auf diese Weise trassierten Weges der Leylinie auf der Karte zu orten und später dort hinzufahren, um zu kontrollieren, ob die Linie tatsächlich so verläuft, wie auf der Karte erspürt wurde.

2.4. Wahrnehmung im Bereich der Urbildlichen Dimension

Die Empfindungen und kraftmäßigen Reaktionen des Körpers ermöglichen die Wahrnehmung auf allen vier Ebenen des Mehrdimensionalen Raumes, am besten jedoch im Bereich der Strukturgebenden und der Vitalenergetischen Dimension. Träume, das Innere Schauen, das Innere Gespräch und emotionales Wahrnehmen sind Formen der Wahrnehmung, die am besten im Bereich der Urbildlichen Dimension bzw. auf der Gefühlsebene funktionieren, doch erstreckt sich der Bereich ihrer Wahrnehmung auch in die anderen drei Dimensionen hinein.

2.4.A. *Wahrnehmung durch Träume*

Beim Träumen wird der Körper des Träumenden von seiner Psyche getrennt, die sich frei in der astralen Dimension der Wirklichkeit bewegt. Der Körper liegt wie bewußtlos im Bett, ohne dabei in die Realität, die beim Träumen erfahren wird, einsteigen zu müssen. Grundsätzlich birgt diese Situation eine ähnliche Gefahr, wie ich sie für die Wahrnehmung durch Radiästhesieinstrumente oder mit Hilfe einer geographischen Karte dargelegt habe. Auch hier wird die unmittelbare Wahrnehmung durch den geerdeten Körper weitgehend ausgeschlossen, so daß das Gespür dafür, was wahr ist und was nicht, leicht verlorengeht. Meine Empfehlung lautet daher, Traumbotschaften über einen Ort unbedingt durch die Methoden der Körpersprache oder andere Formen der Wahrnehmung an Ort und Stelle unmittelbar zu überprüfen.

Um Träume zu deuten und in den Wahrnehmungsprozeß einzubeziehen, bediene ich mich folgender Methoden:

- Bevor ich einschlafe, spreche ich innerlich eine ganz genau definierte Bitte aus, ein bestimmter Aspekt eines Ortes, den ich nicht verstanden habe, möge mir erklärt werden. Die Träume, die ich eventuell danach empfange, schreibe ich sofort nach dem Erwachen auf und betrachte dann die Symbolsprache des Traumes im Lichte der vorher gestellten Frage. Wird diese Deutung mit den Erfahrungen kombiniert, die ich mittels anderer Methoden der Wahrnehmung schon über den betreffenden Ort erlangt habe, so ist der Schlüssel zur Entzifferung der Traumbotschaft leicht zu finden.
- Ich lege mich an dem Ort meiner Untersuchungen zum Schlafen nieder und versuche, die Botschaften eines even-

tuellen Traumes durch anschließende Untersuchungen des Ortes zu erschließen.

- Ich betrachte einen Traum, den ich »wie zufällig« habe, als erstes im Zusammenhang meiner persönlichen Wandlungsprozesse. Finde ich in dieser Hinsicht keine aufschlußreichen Bezüge, dann betrachte ich ihn weiter in bezug zu dem Ort, an dem ich schlafe, und im Kontext meiner Untersuchungen oder anderen Tätigkeiten, die an dem Ort verlaufen.[84]

Im allgemeinen gilt, daß Träume in Bildersprache verhüllte Botschaften darstellen, die sich auf die konkreten Lebensumstände des Träumenden beziehen. Zur Entschlüsselung sollten also diese Umstände herangezogen werden und nicht allgemeine Deutungsmuster eines Traumbuches.
So wie alle Formen der Wahrnehmung verlangt auch das Bewußtmachen durch Träume eine Kultivierung, die dazu führt, daß die Träume von ihren chaotischen Strukturen befreit werden und den Charakter einer klaren Bildersprache bekommen: Für diesen Zweck schlage ich folgende Formen der Selbstdisziplinierung vor, die ich auch selber einhalte:

- Ständige Arbeit an der eigenen geistig-seelischen Entfaltung und an der Erdung der erlangten Einsichten durch Integration in die täglichen Lebensprozesse und Beziehungen.
- Es sollte ein Traumtagebuch gebührt werden, in dem nicht nur die Träume notiert werden, sondern auch Grundzüge ihrer Entschlüsselung und eventuell in die Sprache des Verstandes übersetzte Botschaften.

[84] Beispiele dazu finden sich reichlich in meinen drei bisher in deutscher Sprache veröffentlichten Büchern.

- Die beharrliche Arbeit an der Entschlüsselung des Traumes unmittelbar an dem auf den Traum folgenden Tag und die Umsetzung der daraus gewonnenen Erkenntnisse in die laufende Tätigkeit.

2.4.B. Wahrnehmung durch Inneres Schauen oder Inneres Hören

Die Wahrnehmung durch Inneres Schauen wird gewöhnlich als Hellsichtigkeit bezeichnet. Ich meide diesen Ausdruck, weil er die falsche Vorstellung hervorruft, einige auserwählte Menschen seien mit der Fähigkeit des Inneren Schauens begabt, die Mehrheit jedoch nicht. Die Fähigkeit zum Inneren Schauen stellt einen normalen Aspekt der gefühlsmäßigen bzw. der übersinnlichen Wahrnehmung dar; die (falsche) Aura des Außergewöhnlichen hat die Kehrseite, daß ich nirgends so bizarre Fehler beim Inneren Schauen erlebt habe wie bei einigen Personen, die sich selbst für von Natur aus hellsichtig halten.
Auch die Vorstellung, das Innere Schauen sei dem physischen Sehen komplementär und der Hellsichtige könne die feinstofflichen und geistigen Phänomene so objektiv in einer festen Gestalt sehen wie der normale Mensch die physischen Gegenstände, ist grundsätzlich falsch. Auch die übersinnliche Wahrnehmung eines »Hellsehers« unterliegt den in den Kapiteln 2.1. und 2.2. erläuterten Gesetzmäßigkeiten der subjektiv-objektiven Natur der Wirklichkeit und der gefühlsmäßigen Wahrnehmung. Auch das, was vermeintlich hellsichtig gesehen wird, kann nur ein durch die persönlichen Muster des »Hellsehers« gestaltetes Abbild einer Wirklichkeit sein, das an sich keine Form hat und deswegen auch auf eine »hellsichtige« Weise nicht gesehen werden kann.

Im Bereich des Mehrdimensionalen Raumes gibt es keine Formen, die objektiv gesehen werden können. Es gibt nur kraftmäßige (ätherische), gefühlsmäßige (astrale) und geistige Qualitäten, Realitäten und Wesenheiten, die – durch mehrere Menschen innerlich geschaut – jedem von ihnen in einem anderen Bild erscheinen. Jeder von ihnen spürt zwar dieselbe Wirklichkeit vor sich, doch wird das Bewußtsein jedes einzelnen ein anderes Bild daraus formen. Die Bilder an sich sind überhaupt nicht wichtig. Einzig entscheidend ist letztlich, daß sich die verschiedenen Menschen anhand ihrer inneren Bilder untereinander verständigen können, um welche Art von Wesenheit, Realität oder Qualität es sich jenseits all dieser Bilder handelt.

Das Innere Schauen ist nicht mystischer als das Leben selbst. Es ist eine normale Kommunikationsfähigkeit des Menschen auf der Gefühlsebene, die wegen der Vernachlässigung der Sprache der übersinnlichen Wahrnehmung im Menschen verkümmert ist und die es wiederzuerlernen gilt. Manches, was für das Wiedererlernen der Körpersprache gilt, gilt auch für die Sprache des Inneren Schauens, es kann nicht erzwungen werden. Ein Mensch, der an der Erweiterung der eigenen Wahrnehmung arbeitet, sollte sich auch um eine zunehmende Sensibilisierung auf der Gefühlsebene bemühen (vgl. dazu die Übungen zur Sensibilisierung) und regelmäßig an der eigenen Entwicklung arbeiten. Die Fähigkeit des Inneren Schauens wird erweckt werden, wenn die Person *auf allen Ebenen* dafür bereit ist.

Ich selbst gebrauche das Innere Schauen als eine Methode der Wahrnehmung durch folgende Formen:

1. Wenn ich auf ein Phänomen stoße, das ich zumindest in der Anfangsphase der Untersuchung durch die Methode der Körperreaktionen nicht erreichen kann, so ziehe ich

mich aus dem unmittelbaren Kontakt mit dem Phänomen heraus, begebe mich an einen neutralen Ort und konzentriere mich eine Zeitlang auf die Erfahrung, die ich damit hatte. Dabei tauche ich in eine Stille ein, die frei ist von jeglicher Erwartung. Dann lasse ich die Konzentration völlig los und betrachte die Bilder, die sofort nach diesem Loslassen auftauchen. Es ist auch wichtig, die Gefühle zu beobachten, die möglicherweise die Bilder begleiten. Erst wenn die Phase des Beobachtens vorbei ist, schalte ich meinen Verstand ein, um die erhaltene Information zu ordnen und zu deuten. Gewöhnlich gehe ich dann zu dem zu untersuchenden Platz zurück, um die Information mit anderen Methoden der vertieften Wahrnehmung zu überprüfen und meine Erkenntnisse auf anderen Ebenen zu erweitern.

2. Wenn ich durch das Code-System meiner Körperreaktionen herausfinde, daß ein bestimmter Platz den Brennpunkt einer Kraft oder einer Wesenheit darstellt und ich mehr Erkenntnisse über die Kraft oder die Art der Wesenheit brauche, so entferne ich mich acht bis zehn Schritte von dem Platz und schaue innerlich zum Platz meiner ursprünglichen Wahrnehmung zurück – dabei lasse ich meinen Blick leicht aus seiner gewohnten Bahn heraus schweifen, so daß er nicht mehr von Einzelheiten gefesselt ist. Durch dieses Herausgleiten entsteht in der Dichte der sichtbaren Struktur des Ortes eine Art Freiraum, in dem ein leichtes, fast formloses Bild der unsichtbaren Realität dieses Ortes erscheinen kann. Erst danach schalte ich meinen Verstand zwecks Deutung ein.

In beiden Fällen habe ich die Distanz erwähnt, die ich beim Prozeß des Inneren Schauens zum Gegenstand einnehme. Diese Distanz ist für das Innere Schauen charakteristisch im

Unterschied zur Methode der Körperreaktionen, die nur funktionieren kann, wenn der Körper sich am Ort der Wahrnehmung befindet oder wenn die Beziehung zu diesem Ort wenigstens innerlich hergestellt wird. Die Entfernung vom unmittelbaren Ort des wahrzunehmenden Phänomens ist ein Zeichen, daß ich mich mit meinem Erspüren in die Urbildliche Dimension hineinbegebe.

3. Die dritte Form des Inneren Schauens gebrauche ich, wenn ich mich über die allgemeine Qualität eines Ortes oder seiner Problematik informieren möchte. Ich begebe mich an einen neutralen Ort und visualisiere die Aura des Platzes, den ich untersuche. Dabei betrachte ich, ob die Aura regelmäßig ist oder ob sie vielleicht an der einen oder anderen Stelle Einkerbungen, Ungleichgewichte, Verschmutzungen usw. aufweist. Anhand der so gewonnenen Erkenntnisse weiß ich besser, in welcher Richtung ich mit den Untersuchungen fortfahren soll.
4. Wenn ich mit der Entzifferung eines Phänomens nicht weiterkomme, suche ich in der nahen Umgebung nach einem Elementarwesen, gewöhnlich nach dem Geist eines alten Baumes (seinem »Faun«) und bitte ihn, er möge mir das Gewünschte durch seine Augen zeigen. Diese Methode setzt die Kenntnis der Kommunikation mit Elementarwesen voraus. Wenn ich einen Faun um Vermittlung gebeten habe, dann schaue ich einfach »durch seinen Baum« in die Richtung des zu untersuchenden Phänomens.

Bei allen beschriebenen Methoden rate ich dringend dazu, daß sie von einer aufrichtigen, selbstkritischen Einstellung sich selbst gegenüber begleitet sein sollten. Ich meine damit aber um Himmels Willen keine Zweifel! Wenn auch nur der Schatten eines Zweifels den Prozeß der inneren Wahrnehmung trübt, besteht die Gefahr, daß jegliche Wahrnehmung auf der Stelle zerstört wird. Was ich für unentbehrlich halte, ist eine selbstkritische Einstellung, die den Menschen in jedem Moment in die Lage versetzt, sich über seine eigenen Grenzen, über den Stand seiner Auseinandersetzung mit der eigenen Persönlichkeit und über den Sinn des eigenen geistigen Weges im klaren zu sein. Mit dieser klaren Einstellung zu sich selbst im Hintergrund kann der Betreffende, nachdem er die Informationen erhalten hat, selbst entscheiden, inwieweit sie einen Wert für die folgenden Untersuchungen besitzen oder ob sie wegen zu starker Färbung durch persönliche Interessen und Ambitionen unbrauchbar sind.

5. Es gibt auch Situationen, in denen der Betrachtende aufgerufen ist, mehr eigene Kreativität zu entwickeln, um den Prozeß der Wahrnehmung bis zum erwünschten Ergebnis weiterführen zu können. Als Beispiel möchte ich von der Entzifferung der Funktion einer Deva[85] in Tolmin, Slowenien, im August 1994 berichten. Die Kirche von Tolmin und der sie umgebende Park befinden sich an einem sakralen Ort aus der vorchristlichen Epoche. Ich habe sie im Rahmen eines Seminars über das Soca-Tal (Isonzo) untersucht. Dabei habe ich in einem von Roßkastanien umgebenen Dreieck unterhalb der Kirche die Präsenz einer mächtigen Deva erspürt, die ich später als eine Ritualdeva identifiziert habe, die im vermuteten Heiligtum an dem Platz tätig war und die noch heute als ein Potential des Ortes anwesend ist. Ich nahm einige Schritte Abstand von dem Platz, an dem ihr Fokus zu spüren war, dann versuchte ich, sie genauer zu betrachten, um ein Zeichen ihrer Identität zu erkennen. Da bemerkte ich, daß sie so etwas

[85] Als »Deva« bezeichne ich eine höherentwickelte Fee bzw. ein Elementarwesen des Luftelements. Vgl. dazu Kapitel 5.3.

wie ein offenes Buch in der Hand hielt. Seitlich waren vier Rollen angebracht, die länger waren, als das Buch hoch war, so daß sie über das Buch hinausragten.
Es versteht sich von selbst, daß sie keine menschenähnlichen Hände haben und folglich auch kein Buch in der Hand halten konnte. Das Etwas-in-der-Hand-Halten konnte nur eine bildliche Übersetzung ihrer tatsächlichen Funktion sein. So läßt sich die Hand als ein Symbol für den aktiven Aspekt eines Wesens deuten. Das Buch mit den Rollen stellte eine bildliche Erläuterung dieses aktiven Aspektes dar.
Durch das Buch verstand ich, daß ihre Funktion mit der Vermittlung eines Wissens gekoppelt war. Die rollenartigen Gebilde sollten meinem Gefühl nach der Präzisierung dienen, um welche Art von Wissen es sich dabei handelt. Um diesen Punkt verstehen zu können, bat ich die Deva, eines dieser Rollengebilde in meiner Hand zu manifestieren. Was sich im nächsten Moment in meiner Hand manifestierte, war das Gefühl eines altertümlichen Fernrohres. Es war aber kein Fernglas, durch das man Sterne beobachten konnte, sondern seine Funktion bestand darin, die Betrachtung des Mikrokosmos des menschlichen Wesens zu ermöglichen, genauer gesagt, den Weg der Selbsterkenntnis. Daraus habe ich letztlich geschlossen, daß die Rolle der Deva im Rahmen des ursprünglichen sakralen Ortes darin bestand, den Menschen, die dorthin pilgerten, auf dem Weg der Selbsterkenntnis zu helfen.

6. Ferner gibt es visuelle Wahrnehmungen, die nicht gesucht, sondern dem Menschen unerwartet geschenkt werden. Ein besonders eindrucksvolles Beispiel habe ich mit einer Gruppe von 40 Teilnehmern im Park Rakičan[86] in der

[86] Über weitere Erlebnisse während dieses Seminars im Park Rakičan siehe mein Buch *Elementarwesen*, Kapitel VII.

Nähe von Murska Sobota im Osten Sloweniens während eines Erdheilungsseminars im August 1993 erlebt. Wir standen im Kreis unter einer mehrhundertjährigen Platane mit einem gigantischen Kronenumfang. Dieser Baum wurde in seiner Rolle im Park und im Kraftsystem des Landes durch eine Grabkapelle verdrängt, die Ende des 19. Jh. in ihrer unmittelbaren Nähe erbaut worden war. Nachdem wir im Rahmen des Seminars einige Monate zuvor an der Wiederbelebung dieses Kraftsystems gearbeitet hatten, wurde die kostbare Platane durch barbarische Einschnitte in ihre Rinde verwundet. Das bildete den Anlaß, daß sich die Gruppe nun unter der Anleitung des Erheilungsengels Devos den Problemen der Platane widmete.

Nachdem wir unser »Akupunktursingen« beendet hatten und in innerer Stille noch weiter in mehreren engen konzentrischen Kreisen um den auserwählten Platz an der Seite des Baumes standen, hat sich der Faun der Platane, vermutlich aus Dankbarkeit, in der Mitte unseres Kreises manifestiert. Viele Teilnehmer nahmen seine Präsenz dadurch wahr, daß sie einen Schauer spürten, der ihren ganzen Körper durchrieselte. Einige sahen ein starkes weißes Licht in unserer Mitte. Ich sah ein Wesen, das an eine Gottesanbeterin erinnerte, uns bis zur Schulter reichte und vollkommen weiß war. Ich spürte, wie das Wesen eine tiefgreifende Weisheit ausstrahlte. Die ganze Gruppe war von seiner Anwesenheit begeistert und fühlte sich gesegnet.

7. Die innere Wahrnehmung gefühlsmäßiger Art braucht nicht unbedingt über Bilder zu laufen. Ebenso gehört dazu die Wahrnehmung durch Farben oder durch das Innere Hören von Tönen und Klangmustern bzw. Melodien. Manche Menschen sind empfindsamer für den Empfang von Informationen durch Farben und Töne. In diesem

Falle gilt es, die Sprache der Farben oder der Töne interpretieren zu lernen. Auch die Bildersprache bleibt weitgehend stumm, wenn die Werkzeuge zu ihrer Entzifferung fehlen.

2.4.C. Das Innere Gespräch

Das Innere Gespräch stellt eine Erweiterung des Inneren Schauens bzw. Inneren Hörens in Richtung der Kommunikation zwischen zwei gleichwertigen Subjekten dar. Es handelt sich um das Gespräch des Menschen mit einem unsichtbaren Partner, der wie ein Mensch der Qualität des Bewußtseins teilhaftig ist. Gewöhnlich geht es um das Gespräch mit einem Elementarwesen. Da das Elementarwesen nicht auf der materiellen Ebene manifestiert ist, kann es sich folglich auch nicht durch eine formale Sprache ausdrücken. Sein Bewußtsein ist auf der emotionalen Ebene angesiedelt, die der Mensch ebenfalls besitzt. Folglich steht beiden Partnern auf der Gefühlsebene die Möglichkeit für ein Gespräch offen.
Eine Kommunikation kann in diesem Falle natürlich nicht in verbaler Form zustande kommen. Es handelt sich vielmehr um einen Austausch von Gefühlen und Bildern, die anschließend mit Hilfe der menschlichen Vernunft in die lineare Grammatik der logischen Sprache übersetzt werden müssen. Ich gebrauche diese Methode bei der Untersuchung eines Ortes für den Fall, daß ich Informationen über Umstände benötige, die nicht in Dokumenten irgendwelcher Art verzeichnet sind. Für diesen Zweck suche ich vor Ort ein Elementarwesen, das an dem Ort dient und das mir eine so komplexe Information vermitteln kann. Gewöhnlich wende ich mich in solchen Fällen an den Faun eines alten Baumes oder an den »Alten Weisen«, der meiner Erfahrung nach für

die Aufbewahrung aller Informationen eines Ortes zuständig ist. In Kapitel 1.4.A. habe ich ein Gespräch mit einem Alten Weisen über das Wesen der unmittelbaren Wirklichkeit beschrieben.

2.4.D. Die emotionale Wahrnehmung

Das Modell der gefühlsmäßigen Wahrnehmung ist nicht ausreichend, um alle Formen der übersinnlichen Wahrnehmung zu verstehen. Dieses Modell, das ich in Kap. 2.2. aufgezeichnet habe, kann nur Wahrnehmungen in bezug auf die Strukturgebende und die Vitalenergetische sowie zum Teil auch in bezug auf die Urbildliche Dimension erklären. Um zum Beispiel die Wahrnehmung von Emotionen, wie Liebe, Trauer, Glückseligkeit, usw. modellhaft verstehen zu können, müssen wir die Grundlage der Wahrnehmungen nicht mehr im Zusammenspiel von Körper und Bewußtsein suchen, sondern im Bereich der emotionalen Funktion der Chakren.
In Kapitel 1.2.B. habe ich im Rahmen des Prinzips der Sieben Strahlen auch das Chakrensystem des Menschen mit den sieben Yang-Chakren dargestellt. Dabei habe ich über die Funktion der Chakren im Rahmen der energetischen und geistigen Ebene gesprochen, wie sie uns der Engel Christopher Tragius erläutert hat. Bei der Gelegenheit hatte der Engel aber auch Aussagen über die Funktion der Chakren auf der Gefühlsebene gemacht. Die energetische, die gefühlsmäßige und die geistige Ebene der Chakrenfunktionen überlagern sich, ohne sich untereinander zu vermischen, weil es bei jeder dieser drei Funktionen um einen anderen Frequenzbereich geht. Ein Beispiel: Wenn ein Chakra auf der energetischen Ebene im Frequenzbereich 1–15 wirkt, dann wirkt es

auf der emotionalen Ebene im Frequenzbereich 15–30 und auf der geistigen Ebene im Frequenzbereich 30–45. Auf diese Weise überlagern die drei Wirkungsebenen der Chakren einander. Christopher Tragius wies darauf hin, wie wichtig es sei, bei der Darstellung der Chakren die drei Funktionen auseinanderzuhalten. Wenn alle drei Ebenen in *ein* Schema gepreßt werden, wie das gewöhnlich geschieht, kann es leicht zu einer Verwirrung kommen.

Was die Funktion auf der gefühlsmäßigen Ebene betrifft, so sind daran nur drei der sieben Chakrenzentren beteiligt: das Kehlkopfchakra, das Herzchakra und das Sonnengeflechtschakra.

- Das *Kehlkopfchakra* ist für die gefühlsmäßige Kommunikation zuständig. In diesem Zentrum nimmt der Mensch Emotionen wahr.
- Das *Herzchakra* ist für die Verwirklichung, Ausstrahlung und den Empfang der gefühlsmäßigen Kräfte zuständig. Es ist das Zentrum, durch das wir Emotionen leben.
- Das *Sonnengeflechtschakra* ist für die Umwandlung der Emotionen zuständig. Durch dieses Zentrum ist es möglich, Gefühle zu überlagern. Wenn, zum Beispiel, durch das Kehlkopfchakra ein negatives Gefühl wahrgenommen wird, bietet das Sonnengeflecht die Möglichkeit, die negativen Schwingungen dieser Emotion bewußt umzuwandeln in ein positives Gefühl, das dann durch das Herzchakra ausgestrahlt wird. Statt auf Negatives mit Negativität zu antworten, ist der Mensch auf diese Weise fähig, positive Gefühle wie Liebe oder Mitgefühl zurückzustrahlen.

Modellhaft dargestellt mag die emotionale Ebene der Wahrnehmung kompliziert aussehen, und doch handelt es sich um etwas ganz Einfaches. Es geht um Gefühle der Liebe, Demut, Fürsorge, usw., die ausgetauscht werden, wenn zwei Lebewesen miteinander kommunizieren, oder es handelt sich um Emotionen, die die Wahrnehmungen begleiten. Jemand betritt zum Beispiel einen Wald und wird von Gefühlen der Harmonie, Schönheit oder Lebensfülle durchströmt. Daß die Gefühle jede Handlung eines Menschen begleiten, klingt selbstverständlich. Nun geht es darum, sich dieser Gefühle bewußt zu werden und sie kreativ in den Wahrnehmungsprozeß einzubeziehen. Dabei sehe ich zwei Aspekte als besonders wichtig an:

1. Wenn es sich um die Wahrnehmung von Elementarwesen oder von durch Elementarwesen beseelte Lebewesen – wie zum Beispiel Pflanzen – handelt, dann stellt die emotionale Information einen der wichtigsten Bestandteile der Wahrnehmung dar. Ohne Wahrnehmung auf der Gefühlsebene ist es völlig unmöglich, die Präsenz eines Elementarwesens an einem Ort von einem Kraftbrennpunkt zu unterscheiden. (Vgl. dazu Kap. 2.3.A.).
2. Ohne seinen emotionalen Wahrnehmungen Aufmerksamkeit zu schenken, kann der Untersuchende kaum wissen, in welchem Zustand sich ein Ort befindet, den er gerade untersucht. Der Weg der emotionalen Wahrnehmung bietet die beste Möglichkeit zu erspüren, wenn ein Ort unter dem Druck von Blockaden, subtilen Zerstörungen oder unter einem alten Fluch steht. Mein Herz blutet, wenn ich Leute sehe, die an sogenannten Kraftorten mit ihren Radiästhesiewerkzeugen herumlaufen, ohne sich darum zu kümmern, ob der Ort unter der Last menschlicher Mißhandlungen stöhnt. Es ist schon schlimm genug, wenn man einen Ort auf seine geomantischen Strukturen und Systeme hin untersucht und dabei nicht gefühlsmäßig

seine Schönheit und Einmaligkeit ausgiebig genießt. Es geht aber um viel mehr, nämlich um das Mitgefühl mit dem Ort unserer Untersuchungen, in jedem Fall aber um Liebe – die Liebe, die für ein Wesen der Natur oder für einen Ort ebenso heilend und beglückend wirkt wie für uns Menschen.

2.5. Die Ethik der vertieften Wahrnehmung

Jede vertiefte Wahrnehmung stellt ein gewisses Eindringen in die intimen Bereiche der Erde, der Naturwesenheiten und des Menschen dar. Besonders stark ist die potentiell damit verbundene Gefahr bei der Wahrnehmung auf der gefühlsmäßigen (astralen) Ebene. Es handelt sich dabei nämlich um die Ebene, auf der viele Wesenheiten ihre Identität verschlüsselt haben; das gilt auch für den Menschen während seiner Inkarnation. Es handelt sich um eine Art verschlüsseltes Siegel, in dem die Grundzüge der Identität eines Wesens schwingungsmäßig aufbewahrt sind und durch das ganze Leben oder sogar noch längere Zeiträume hindurchgetragen werden.
Ein Elementarwesen hat auf der gefühlsmäßigen Ebene seine Identität in einem Siegel verschlüsselt, in dem seine Aufgabe im Organismus der Natur festgelegt ist. Dieses Siegel ist das Herzstück seines Bewußtseins und ein Garant dafür, daß das betreffende Elementarwesen seine Aufgaben in Harmonie mit anderen Wesenheiten und Vorgängen in der Natur ausführen wird. Stellen wir uns nun vor, daß ein Mensch durch seine Fähigkeiten des Inneren Schauens diesen Code des Elementarwesens wahrgenommen hat und folglich auch die Möglichkeit besitzt, ihn zu verändern. Wird von dieser Möglichkeit Gebrauch gemacht, so kann ein Elementarwesen

leicht »umgedreht« werden und zur Ausführung von Aufgaben gezwungen werden, die nicht in den Plan seines Daseins und seiner Entfaltung eingeschrieben sind. Es handelt sich dabei um ein esoterisches Verbrechen, für das der Täter die volle karmische Verantwortung trägt. Moralisch gesehen ist eine solche Einmischung in das Bewußtsein eines Elementarwesens umso niederträchtiger, weil ein Elementarwesen nicht über einen freien Willen verfügt und sich daher in keiner Weise gegen einen Einbruch in sein Codesystem wehren kann.

Das Codesystem eines Menschen kann nicht auf diese Weise verändert werden, weil es auf der geistigen Ebene verschlüsselt ist. Trotzdem ist ein Eindringen in die unsichtbaren Dimensionen eines Mitmenschen und besonders in sein persönliches Codesystem unzulässig. Wenn jemand die Methode des Inneren Schauens oder andere Methoden der übersinnlichen Wahrnehmung dazu benutzt, um unerlaubt im ätherischen, astralen oder mentalen Bereich eines Mitmenschen herumzuschnüffeln und Informationen zu sammeln, dann verstößt diese Person gegen das Recht jedes Menschen, autonom über sein Schicksal zu verfügen, um daraus die Lektionen lernen zu können, die er zu lernen wünscht. Nur wenn jemand ausdrücklich darum gebeten wird bzw. für therapeutische oder heilerische Zwecke von der betreffenden Person eine Erlaubnis erhält, ist er frei, in die intimen Bereiche eines Menschenwesens hineinzuschauen – und auch das nur im Rahmen der erteilten Erlaubnis.

Auch Orte haben eigene »Intim«-Bereiche – ich meine damit ihre Vitalenergetische, Urbildliche und Geistig-Seelische Dimension, die nicht ohne weiteres durch übersinnliche Wahrnehmung betreten werden dürfen. Orte haben ihre einzigartige Rolle im geistig-energetischen Gewebe einer Landschaft zu erfüllen und sollten dabei nicht gestört werden. Und was noch wichtiger ist, Orte besitzen kraftmäßige Schätze, die nicht ausgeplündert werden dürfen, weil sie die Potenz darstellen, die es den Orten ermöglicht, ihre Funktion im Organismus der Erde zu erfüllen. Folglich werden sie kraftmäßig und durch die Präsenz von Schutzgeistern in ihrer Ganzheit bewahrt und geschützt. Jede Person, die durch irgendeine Art von übersinnlicher Wahrnehmung in einen Ort eindringt, trägt Verantwortung für die Störung und Schwächung dieser Schutzsysteme und folglich auch der Orte selbst. Hier liegt die Gefahr einer Jagd auf die sogenannten Kraftorte, eines esoterischen Tourismus und einer Geomantie, die sich ihrer eigenen Beweggründe nicht bewußt ist.

Es ist zwar richtig, wie der Engel Christopher Tragius bezeugt hat[87], daß die Erde in den Urzeiten, als der Inkarnationszyklus der Menschheit begann, mit den Menschen einen Vertrag geschlossen hat, wonach die Menschheit die Potentiale der Erde dazu benutzen darf zu lernen, mit den Energien umzugehen. Das heißt aber gerade nicht, daß wir mit diesem Geschenk unverantwortlich umgehen dürfen. Im Gegenteil, es bedeutet, daß wir umso mehr für jedes Tun in unserem Umgang mit den sichtbaren und unsichtbaren Dimensionen der Erde, der Natur und der Landschaft eine erhöhte Verantwortung tragen. Zumindest sind wir dazu aufgerufen, aus unseren Fehlern zu lernen.

In dem Kapitel über die vertiefte Begegnung mit Orten und Landschaften werde ich umfangreicher auf diese Thematik zu sprechen kommen. Was die übersinnliche Wahrnehmung angeht, so gilt es, ähnlich wie beim Menschen, unbedingt das Recht der Orte bezüglich der Unverletzbarkeit ihrer Integri-

[87] Vgl. die Ausführungen in dem Buch von Ajra Miška: *Dotik večnosti (Von der Ewigkeit berührt – Die Erzählung eines Engels),* Aura Verlag, Ljubljana 1993.

tät zu respektieren. So sollten mindestens zwei Vorbedingungen eingehalten werden, wann immer wir einen Ort untersuchen wollen:

1. Vor dem Beginn jeglicher Untersuchungen sollte der Wahrnehmende einen Augenblick innehalten und innerlich um Erlaubnis bitten. Obwohl wir nicht erwarten können, daß uns eine unmittelbare Antwort gegeben wird, sollten wir unbedingt eine gewisse Zeitlang in der Stille verbleiben und auf eine mögliche Rückmeldung auf der Gefühls- oder Bilderebene warten. Diese Zeit der Stille ermöglicht es dem Ort, sich regelrecht dem Besuch gegenüber zu öffnen bzw. gibt den unsichtbaren Hütern des Ortes Gelegenheit, sich auf den Besuch einzustimmen. Auch die Besucherin oder der Besucher sollte diese Zeit für die eigene Einstimmung auf den Ort nutzen. Falls ein klares »Nein« als Antwort zurückkommt, heißt dies, daß ein Ort zu dem Zeitpunkt nicht bereit ist, sich für eine vertiefte Wahrnehmung zu öffnen, und es sollte auf die Untersuchung verzichtet werden.
2. Ethisch und moralisch vertretbar sind nur solche Untersuchungen an einem Ort, die entweder dem Lernen und der Vertiefung der eigenen Sensibilität dienen oder für die geomantische Arbeit erforderlich sind, um den Ort als einen Kraft- und Sakralort der Erde, der Natur und der Landschaft zu unterstützen.

2.6. Erkenntnisse mittels geistig-seelischer Quellen

Bewegen wir uns mit der Frage der übersinnlichen Wahrnehmung in die Geistig-Seelische Ausdehnung des Mehrdimensionalen Raumes hinein, so stoßen wir auf Gesetzmäßigkeiten, die uns kaum noch erlauben, von einer Wahrnehmung zu sprechen. Jedenfalls geht es nicht mehr um die Aufnahme schwingungsmäßiger Informationen aus der Umgebung, die durch das Bewußtsein des Betrachters als spezifische Erfahrungen formuliert und erkannt werden, wie wir das am Modell der gefühlsmäßigen Wahrnehmung beschrieben haben. Nun geht es darum, daß die Quelle der Information jenseits des Mehrdimensionalen Raumes liegt bzw. jenseits der Ebene, die durch die Persönlichkeit des Menschen erreichbar ist. Es kann sich um eine Offenbarung handeln, durch die die geistigen Wesenheiten des untersuchten Ortes dem untersuchenden Menschen Wahrheiten über die unsichtbaren Dimensionen des Ortes mitteilen, die er durch die gewöhnlichen Formen der übersinnlichen Wahrnehmung nicht erlangen könnte. Es kann sich um Botschaften eines Engelwesens handeln, das in der Rolle eines Lehrers dem Menschen gewisse Aspekte eines Ortes oder seiner räumlichen Beziehungen erklärt, für deren selbständige Wahrnehmung der Mensch allein nicht reif genug ist. Oder es kann sich um Intuitionen handeln, die der Mensch unmittelbar als eine Botschaft seiner Seele erhält.

Die Funktion des Menschen bzw. seines Bewußtseins verändert sich wesentlich, wenn es sich um Erkenntnisse aus den geistig-seelischen Quellen handelt. Er steht dabei nicht mitten in einem Austausch mit seiner Umgebung. Die Erfahrungen werden ihm vielmehr von einer relativ höheren Ebene zuteil. Es könnte so aussehen, als sei hier die im Kapitel 1.6.A.

gepriesene Selbständigkeit des Menschen, die für die gegenwärtige Epoche von entscheidender Bedeutung ist, in Frage gestellt. Das braucht aber keineswegs der Fall zu sein. Ganz gleich, ob es sich um eine Offenbarung, eine Botschaft oder eine Intuition handelt, in jedem dieser Fälle hängt es doch vom Bewußtsein des Menschen ab, das als Vermittler dient – von der Reinheit seiner Absicht und seiner Unabhängigkeit von Stereotypen –, wie weit die dadurch gewonnenen Erkenntnisse der Wahrheit entsprechen. Es ist keineswegs eine passive, sondern eine kreative Rolle, die dem Menschen beim Prozeß der Gewinnung von Erkenntnissen aus den geistig-seelischen Quellen zukommt.

2.6.A. Die Intuition

Die Intuition ist ein unmittelbarer Ausdruck der ewigen Seele des Menschen, die als seine innere Meisterin das Leben des Menschen aus dem Urraum jenseits der Verkörperung und jenseits der vier Ausdehnungen des Mehrdimensionalen Raumes in den kosmischen Bahnen leitet. Gewöhnlich beschränkt sich die Führung der Seele – was die inkarnierten Ebenen des Menschen betrifft – auf das Wirken durch subtile Impulse im Bereich des Unbewußten. Sie versucht, sich so weit wie möglich in die Wahrnehmungsprozesse ihrer Persönlichkeit einzubringen, um darin der Qualität der ewigen Wahrheit Geltung zu verschaffen. Wenn es aber zu einer Intuition kommt, so bedeutet das, daß die Seele die psychischen Mechanismen des Unbewußten umgeht und unmittelbar das Wachbewußtsein anzusprechen versucht.
Dieser Versuch der Seele wird von seiten der Persönlichkeit dergestalt wahrgenommen, daß unerwartet ein Wissen im Bewußtsein auftaucht, das eine überraschende Klarheit be-

sitzt, die im logischen Feld des Alltagsbewußtseins keine Grundlage findet. Eine Intuition oder Eingebung kann mit dem Gefühl verbunden sein, es habe die Stimme Gottes gesprochen. Es handelt sich aber nicht um eine universelle »Stimme Gottes«, sondern um eine Mitteilung des eigenen individuellen Ewigkeitsaspektes, der uns nur in unserem Gefangensein in der Inkarnation als ähnlich fern und erhaben erscheinen mag.

Die intuitive Wahrnehmung kann, zum Beispiel, eine tiefgreifende Bedeutung haben im Falle, daß alle Möglichkeiten der übersinnlichen Wahrnehmung ausgeschöpft sind und doch in einer Umgebung Probleme vorhanden sind, die nicht geklärt oder verstanden worden sind. In einem solchen Fall besteht die Möglichkeit, daß die Seele auf der geistigen Ebene das Wissen besitzt, das sowohl der sinnlichen wie der übersinnlichen Wahrnehmung verborgen geblieben ist. Nun ist der Untersuchende aufgefordert, auf eine mögliche Intuition zu lauschen, sie wahrheitsgetreu zu verstehen und als einen Schlüssel anzuwenden, um das Tor zu weiteren Erkenntnissen zu öffnen.

In diesem Sinne würde die Intuition zusammen mit den Methoden des Inneren Schauens bzw. Inneren Hörens und der Körperreaktionen das Grunddreieck der übersinnlichen Wahrnehmung bilden, wobei die Intuition den geistig-seelischen Blickwinkel repräsentiert, das Innere Schauen/Hören den urbildlichen Aspekt und die Körperreaktionen die vitalenergetische Seite. Zusammen mit der Sinneserfahrung ermöglichen diese drei Methoden einen ganzheitlichen Kontakt mit der mehrdimensionalen Wirklichkeit, wenn sie kombiniert angewendet werden.

Wie die Körperreaktionen oder das Innere Schauen/Hören, so weist auch die intuitive Wahrnehmung denselben Schwachpunkt auf: die Übersetzung. Obwohl die Informati-

Ausdehnung des Mehrdimensionalen Raumes	*Radiästhetische Wahrnehmung*
Geistig-Seelische Dimension	
Urbildliche Dimension	
Vitalenergetische Dimension	
Strukturgebende Dimension	

Abb. 23: Grundschema der übersinnlichen Wahrnehmung. Bereich für einzelne Dimensionen der

on in diesem Falle nicht in waagerechter, sondern in senkrechter Richtung verläuft – zwischen der verkörperten Ebene und den unverkörperten Ebenen –, bleibt auch in diesem Falle die Frage offen, inwieweit die intuitive Information, die im Bewußtseinsfeld der Persönlichkeit auftaucht, dem intuitiven Signal – der Stimme der Seele – entspricht. Denn auch das intuitive Signal muß sich seinen Weg durch den Filter des Bewußtseins bahnen. Von der Durchlässigkeit des Filters aber hängt es ab, inwieweit die verstandene Information mit dem Ausgangssignal identisch ist bzw. ob die leise Stimme der Seele überhaupt wahrgenommen wird oder im Getümmel der Selbstzweifel, verengten Vorstellungen, fixen Ideen, usw. untergeht. Der Kommentar des Engels Christopher Tragius dazu, den meine Tochter Ajra Miška am 31. Dezember 1994 auf meine Bitte hin aufgezeichnet hat, lautet:

»Der Filter des Bewußtseins, der für die Qualität übersinnlicher Wahrnehmungen jeglicher Art von entscheidender Bedeutung ist, entsteht aufgrund der religiösen Erziehung, aufgrund vorhandenen Wissens, allgemein gebräuchlicher Sym-

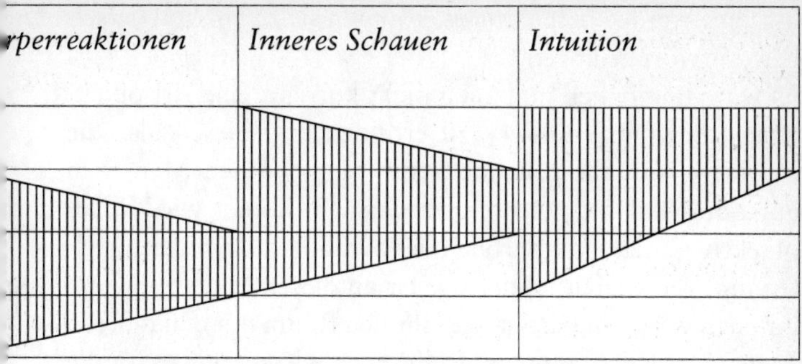

Die schraffierten Flächen deuten an, in welchem Wahrnehmungsschwerpunkt liegt.

bolik, usw. Diese »Filter« sind bei jedem Menschen anders strukturiert. Wegen dieser Unterschiedlichkeit ist es einer Person fast unmöglich, intuitive Bilder, Visionen oder Träume anderer Menschen zu übersetzen und zu deuten. Um zum eigentlichen Inhalt der Botschaft zu gelangen, müßte jedermann sie hinsichtlich ihrer symbolischen Ausgestaltung durch die Filterstrukturen des eigenen Verstandes bearbeiten.

Die vertiefte Wahrnehmung ein und desselben Raumes durch mehrere Personen wird immer vielfältig sein, weil die intuitiven Wahrnehmungen unterschiedlicher Menschen wegen der andersartig gestalteten Verstandes-»Filter« verschiedenartig sein werden. Der eine würde zum Beispiel den gefühlsmäßigen Schmerz eines Feldes innerlich als ein verwüstetes Schlachtfeld sehen, ein anderer würde dasselbe Phänomen als ein unendliches rotgefärbtes Meer wahrnehmen, ein dritter würde es vielleicht unmittelbar als Schmerz erspüren. Alle drei müßten sich selbst die Frage stellen, was die aufgetauchten Symbole für sie bedeuten. Im Falle, daß sie sich sehr genau

mit dieser Frage beschäftigen, könnten sie zu ein und derselben Antwort gelangen.
Es wäre unmöglich und auch nicht korrekt, eine Art objektiven »Bewußtseinsfilter« zu erfinden und diesen als eine objektive, für alle geltende Symbolsprache den Menschen aufzudrängen. Die Menschheit versucht immer wieder, ein objektiv gültiges Wörterbuch der Symbole zusammenzustellen und verzweifelt immer wieder an dieser Aufgabe. Wenn ihr euch vergegenwärtigt, daß ihr den Raum mit den inneren Augen betrachtet, dann müßt ihr auch wissen, daß es für die übersinnliche Wahrnehmung keine von vornherein gültige Regel gibt, wie das bei der Betrachtung der physischen Welt der Fall ist. Die energetischen und anderen feinstofflichen Ausdehnungen der Wirklichkeit haben keine Formen. Sie sind das, was sie sind. Das Höchste, was ihr erreichen könnt, ist, euch ihrem Wesen anzunähern. Da sie keine Formen haben und dadurch auch keine objektive Qualität besitzen, ist die Beurteilung ihrer Wirklichkeit von euren subjektiven Entscheidung abhängig.
Durch die Augen der Intuition, die hinter den physischen Augen verborgen sind, drückt sich eine grenzenlose Welt aus. Wenn ihr diese Welt wahrnehmen wollt, dürft ihr keine Vorstellungsgrenzen in eurem Verstand aufrechterhalten. Sonst könnt ihr nicht die Wahrheit wahrnehmen, sondern nur ihren Abglanz. Das Resultat ist ein fehlerhaftes Bild der Wirklichkeit bzw. das Verständnis für die Mehrdimensionalität der Wirklichkeit geht verloren. Wenn es sich um eine intuitive Wahrnehmung handelt, hört die Wahrnehmung in ihrem Yang-Aspekt auf: Es hat keinen Sinn, begierig nach neuen und immer neuen Antworten zu greifen. Es gilt nun, die Wahrnehmung nach dem Yin-Prinzip zu erlernen, und das heißt: zulassen, daß die Wahrheit sich euch offenbaren kann.«

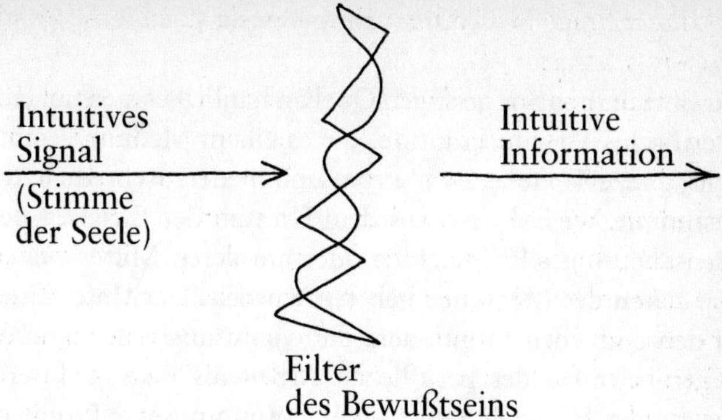

Abb. 24:
Die Rolle des Bewußtseins im Prozeß der intuitiven Wahrnehmung.

2.6.B. Botschaften aus geistigen Quellen

Bei Botschaften aus geistigen Quellen handelt es sich um eine spezifische Art von Intuition, die es einem Medium ermöglicht, ganze Texte zu empfangen und niederzuschreiben, die bestimmte Wesenheiten aus dem Urraum der Ewigkeit den Menschen mitteilen möchten oder um deren Mitteilung sie von seiten des Menschen gebeten wurden. Der Unterschied zu den einfachen Intuitionen, die wir in unserem täglichen Leben oder bei der beruflichen Arbeit als Beitrag unserer Seele – des Höheren Selbst – zur Lösung unserer Probleme oder als Antwort auf unsere Fragen erhalten, liegt darin, daß die Botschaften der geistigen Wesenheiten nicht persönlich gemeint sind, sondern einen allgemeingültigen Charakter haben. Sie stellen den Beitrag der geistigen Welt zu den Bemühungen der Menschheit dar, den wahrheits- und lebensgemäßen Umgang mit der Welt der Materie zu erlernen.

An dem Punkt gibt es viel Verwirrung in der Frage der Botschaften. Es kann vorkommen, daß die Seele des Menschen bzw. dessen geistige Lehrerin oder geistiger Lehrer ihre helfende Rolle bei der Entwicklung seines/ihres Schützlings dadurch ausdrücken, daß sie dem Bewußtsein der Persönlichkeit Botschaften zuführen, die ihr zu einer gründlicheren und schnelleren geistigen Entwicklung verhelfen, ihr Wissen erweitern oder sie bei der Ausführung schöpferischer Aufgaben unterstützen sollen. Diese Art des Inneren Gespräches sollte eine ganz normale Angelegenheit im Prozeß der Integration der verschiedenen Wesensglieder des Menschen werden, der im Licht der herannahenden Epoche immer intensiver wird. Botschaften dieser Art sollten wie Intuitionen, Träume oder Visionen auf ihren Ursprung hin geprüft, verstandesmäßig dechiffriert und im Rahmen des persönlichen Lebens bzw. der eigenen Tätigkeit angewandt werden.

Es gibt aber Menschen, die die Fähigkeiten ihrer Intuition – gewöhnlich durch viele Leben hindurch – so ausgebildet haben, daß sie anderen Wesenheiten aus dem Urraum der Ewigkeit als ein Sprachrohr dienen können. In diesem Falle geht es um eine Berufung, durch die ein Dienst an der Allgemeinheit geleistet wird. Die alten Kulturen haben diesen Dienst als Orakel bezeichnet. Um einer solchen Berufung gerecht zu werden, muß der oder die Betreffende einen hohen Grad an persönlicher Reinheit und Weisheit erreichen, um die hohen Frequenzen der Engelsprache vermitteln zu können. Heutzutage wird diese Arbeit oft mit dem amerikanischen Begriff »Channeling« bezeichnet. Dieser Begriff vermittelt die falsche Vorstellung, die Mittlerin oder der Mittler sei ein vollkommen neutraler Kanal, der ganz im Dienst einer göttlichen Macht steht. Diese Vorstellung entspringt unserem gewohnten patriarchal-hierarchischen Weltbild, wonach das Göttliche als das absolut Gute (absolutes Yang) sich des Menschen als der potentiell schwachen Seite, als einem vollkommen Passiven (ein Mißverständnis der Yin-Rolle!) bedient, um sich auszudrücken. In Wirklichkeit ist es genau umgekehrt: Um höchst komplex strukturierte Botschaften aus dem Urraum der Ewigkeit so zu vermitteln, daß sie für den logischen Verstand begreifbar werden, bedarf es eines höchst kreativen Einsatzes von seiten der Mittlerin oder des Mittlers. Es handelt sich dabei keineswegs um sogenanntes »automatisches Schreiben« – es ist dabei keinerlei Automatismus im Spiel –, sondern um den Vorgang einer voll bewußten Intuition. Nach den Aussagen meiner Töchter Ajra und Ana, die u.a. für dieses Buch die Botschaften aus der Engelwelt beigesteuert haben, geht es dabei erstens darum, bei jeder Kommunikation bewußt und mit Hilfe eines bestimmten abgesprochenen Codes die intuitive Verbindung mit dem Partner aus der Engelwelt herzustellen und während der ganzen Zeit der Mitarbeit aufrechtzuerhalten. Zweitens, fließt die »Sprache« der Botschaft ausschließlich in Form von Schwingungsimpulsen herbei, die das Bewußtsein der Mittlerin simultan in die entsprechenden Ausdrücke der eigenen grammatikalisch aufgebauten Sprache übersetzen muß. Auf die *bewußte* Qualität der Mitarbeit mit der Engelwelt deutet auch die von mir unzählige Male erfahrene Möglichkeit, zu jeder Aussage, die nicht klar genug ist, Rückfragen stellen zu können. Botschaften aus geistigen Quellen stellen einen hohen Anspruch an die Fähigkeit zur vertieften Wahrnehmung. Das gilt nicht nur für diejenigen, die diese Botschaften erhalten, sondern auch für uns, die sie gebrauchen, um ihre Informationen in unsere Vorstellungswelt einzubauen. Es gibt einige Gefahren, die den Wahrheitscharakter der Durchsagen bedrohen. Drei davon sollten besonders beachtet werden, bevor sich jemand entschließt, einer Botschaft volles Vertrauen zu schenken:

1. Die Person, die eine Botschaft empfangen hat, mag unbewußt aufgrund von gewissen persönlichen Interessen eine kaum merkliche Färbung hineinbringen, so daß das Endergebnis der Durchgabe von der ursprünglich beabsichtigten Botschaft abweicht. Auch religiöse oder spirituelle Überzeugungen der vermittelnden Person können einen Filter darstellen, durch den es zu einer Verfremdung der Botschaft kommen kann.
2. Kräfte, die die Menschheit auf der alten Stufe der Entwicklung zurückhalten wollen, und Wesenheiten, durch die diese Kräfte zum Ausdruck gelangen, versuchen gezielt, die Kontakte der Menschheit mit dem Urraum der Ewigkeit zu zerstören. Durch diese Kontakte und besonders durch die Botschaften aus der geistigen Welt wird nämlich die Menschheit zum Schritt in eine neue Entwicklungspha-

se ermutigt und auch darüber belehrt. Die Gegenkräfte (vgl. dazu Kap. 1.6.A) versuchen, die Vermittlungskanäle zu erobern und angsterzeugende Botschaften unter den Menschen zu verbreiten. Um einen solchen Einbruch in das Übermittlungssystem verhüten zu können, bedarf es einer ständigen Arbeit der Mittlerin oder des Mittlers an sich selbst und an den eigenen kraft- und gefühlsmäßigen Schutzsystemen (vgl. dazu Kap. 2.6.C).

3. Botschaften können aus einer Quelle stammen, die sich zwar als Quelle aus dem Urraum der Ewigkeit ausgibt, es aber nicht ist. Es kann sich, zum Beispiel, um Botschaften von Wesenheiten handeln, die durch menschliche Verbrechen aus ihrer naturgemäßen Rolle herausgeworfen wurden und die uns nun die dunklen Seiten unserer Zivilisation widerspiegeln[88], zum Beispiel das Streben nach Macht und Einfluß. Es kann sich auch um falsche Wesenheiten handeln, die Menschen durch Magie erschaffen haben, um eigene egoistische Ziele zu erreichen. In beiden Fällen geht es um Wesenheiten, die nicht die Qualität der Ganzheit besitzen, die allein es ihnen ermöglichen würde, am Urraum der Ewigkeit teilzunehmen oder gar die Menschheit zu belehren. Sie schweben in den durch menschliches Fehlverhalten gestörten Bereichen der Urbildlichen Dimension und stellen letztlich unwillentlich eine Prüfung für die den geistigen Weg suchenden Menschen dar.

Die Botschaften aus solchen falschen Quellen können so gut vorgetäuscht werden – ich sage das aus eigenen bitteren Erfahrungen –, daß sie einen leicht zu überzeugen vermögen,

[88] So etwas kann mit den höherentwickelten Elementarwesen geschehen, z.B. mit den Raumfeen, die über ein Bewußtsein verfügen, das in seiner Weite dem eines Engels entspricht.

es handele sich um Botschaften aus einer geistigen Quelle. Hier einige der Merkmale, an denen die Täuschung erkannt werden kann:

- Die Botschaften enthalten Elemente, die uns faszinieren, und gleichzeitig andere Elemente, die uns in Verwirrung bringen.
- Sie enthalten unlogische Schloßfolgerungen oder vollkommen unlogische Behauptungen.
- Es fehlt ihnen die enge Verbindung zur Wirklichkeit des Lebens, hier und jetzt.
- Sie enthalten Befehle, der Mensch müsse unbedingt dieses oder jenes tun; es fehlt die Achtung vor der Freiheit der Wahl, die eine Grundbedingung des Menschseins ist, und zwar in jeder Situation.
- Sie enthalten Verbote, dieses oder jenes dürfe nicht öffentlich bekannt werden.
- Sie enthalten Aufforderungen, jemand müsse an einem Mitmenschen etwas vornehmen, ohne daß dieser davon erfahre, usw.

Eine durch einen kompetenten Mittler empfangene Botschaft aus den geistigen Quellen ist immer frei von solchen Verirrungen.
Eine andere Gefahr sehe ich darin, daß sich der Mensch in übertriebener Weise auf Botschaften aus der Engelwelt stützt und dadurch die eigenen Erkenntnismöglichkeiten und die eigenen Fähigkeiten zur übersinnlichen Wahrnehmung vernachlässigt. Für einen ausgewogenen Erkenntnisweg ist es unentbehrlich, ein Gleichgewicht zu suchen zwischen dem, was wir durch eigene Anstrengung von innen heraus wahrnehmen können, und den Informationen, die uns von außen zuteil werden.

2.6.C. *Die Offenbarung*

Mit dem Begriff der Offenbarung ist oft ein Gefühl der Ehrfurcht verbunden. Und tatsächlich handelt es sich um einen Vorgang, bei dem sich Wesenheiten des Urraumes der Ewigkeit dem Menschen mitteilen, was eine besonders erhabene Angelegenheit darstellt. Das heißt aber nicht, daß die Offenbarung nicht ein normales Mittel der Erkenntnis sein könnte. Jeder Mensch ist eine Verkörperung einer Wesenheit aus dem Urraum der Ewigkeit und ist dementsprechend einer Kommunikation auf der Ebene der Offenbarung gewachsen. Ob eine solche Verbindung zustande kommt, hängt eher davon ab, an welchem Punkt seiner Entwicklung sich der Betreffende befindet. Um eine Offenbarung empfangen zu können, ist wohl ein hoher Grad der Verbundenheit aller Ebenen im Menschen notwendig.

Eine Offenbarung sollte von einer Vision – die das Ergebnis des Inneren Schauens ist – unterschieden werden. Der Unterschied zwischen diesen beiden Aspekten der übersinnlichen Wahrnehmung besteht darin, daß die Offenbarung einem Menschen als Geschenk aus dem Urraum der Ewigkeit dadurch zuteil wird, daß die Wesenheit, die die Quelle der Offenbarung darstellt, sich mit dem Empfänger bewußtseinsmäßig, gefühlsmäßig und kraftmäßig vereinigt, im Gegensatz zum Inneren Schauen, wo es um eine Kommunikation zwischen zwei voneinander getrennten Subjekten geht. Im Falle der Offenbarung handelt es sich um die Vermittlung so tiefgreifend ganzheitlicher Botschaften, daß der Mensch sie nur dadurch begreifen kann, daß er sie simultan auf der energetischen, gefühlsmäßigen, verstandesmäßigen und geistig-seelischen Ebene erlebt. Die ganzheitliche Erkenntnis kommt also dadurch zustande, daß dem Menschen durch die beschriebene Vereinigung mit der Quelle der Offenbarung die Botschaft als ein unmittelbares Erlebnis auf allen genannten Ebenen gleichzeitig eingeprägt wird.

Im Falle einer Vision infolge von Innerem Schauen auf der astralen Ebene handelt es sich um eine – im Vergleich zur gewohnten Sichtweise – leicht versetzte parallele, jedoch transzendente Betrachtungsweise. Da es sich aber bei einer Offenbarung um eine Vereinigung mit einer Wesenheit aus dem Urraum der Ewigkeit handelt, die einer wesentlich höheren Daseinsebene angehört als der verkörperte Mensch, wird beim Empfangen der Offenbarung die Versetzung in einen anderen Bewußtseinszustand viel deutlicher. Es handelt sich um einen Zustand der Seligkeit, der jedoch nicht mit einem Verlust des Wachbewußtseins verbunden ist.

Als Beispiel möchte ich von meiner Begegnung mit der »Seele« des Schweizerischen Seelandes erzählen. Innerhalb der Ordnungen, die eine Landschaft als Ganzes beleben, würde ich sie als die Göttin[89] des Seelandes ansprechen. Zu dem Kontakt kam es am 30. Oktober 1994, nachdem ich im Frühjahr desselben Jahres mich intensiv mit den geomantischen Systemen des Seelandes, einschließlich der Stadt Bern, beschäftigt hatte. Im Herbst war ich wieder zu Gast im Seeland, diesmal eingeladen von einer Gruppe interessierter Bürger, die an der Heilung einiger akuter Probleme der Stadtlandschaft von Bern arbeiten wollten. Ich wohnte in Neuveville am Bieler See, um parallel dazu mit Kurt Rohner an der Vorbereitung eines Lithopunkturprojektes für das Seeland zu arbeiten. Aus dem Vorangegangenen dürfte ersichtlich werden, daß die folgende Offenbarung der Landschaftsgöttin des Seelandes sich nur aufgrund unserer vorherigen umfangreichen Bemühungen um »ihre« Landschaft ereignen konnte.

[89] Vgl. dazu meine Ausführungen in Kapitel 6.4.

An dem betreffenden Morgen erwachte ich ganz früh, als es draußen noch stockdunkel war. Sofort hatte ich das Gefühl, daß ich in einer bestimmten Absicht geweckt worden war, warum, wußte ich nicht. Als ich noch einige Zeit in Stille dalag – es war offensichtlich zu früh, um aufzustehen –, bemerkte ich, daß die ganze Atmosphäre um mich herum in eine viel hellere Schwingung getaucht war als üblich. Die hohe Schwingung war aber nicht nur um mich herum verteilt, sondern durchströmte gleichermaßen meinen Körper, mein Gemüt und mein Bewußtsein. Ich begann mich zu fragen, wer ich eigentlich bin. Ich hatte das Gefühl, meine Identität mit einem Wesen zu teilen, das einer ganz anderen Ebene der Existenz angehört. Ich genoß die unendliche Weite und Tiefe dieser Identität mindestens eine Stunde lang, als ob sie mir mitgehörte.

Das Geheimnis begann sich zu lüften, nachdem ich plötzlich bemerkte – ich lag dabei auf dem Rücken ausgestreckt im Bett –, daß eingebettet in meinen Bauch- und Brustbereich ein langgestreckter See lag und daß zu meiner weiteren Überraschung meine Körperproportionen dem Kernbereich des Seelandes mit dem Bielersee in der Mitte entsprachen. Ich getraute mich nicht, mich zu rühren, damit das Wasser des riesigen Sees in meiner Mitte nicht ausfließen würde. Mit der Zeit gewöhnte ich mich an die unglaubliche Mischung aus realen Landschaftsformen, die gleichzeitig den Körper der Landschaftsgöttin darstellten, und meinen eigenen Körperformen, die durch mein eigenes Bewußtsein belebt waren.

Dann begann ich, Entsprechungen zwischen meinem Körper, stellvertretend für den Kraftkörper der Göttin, und dem »realen« Körper der Landschaft zu betrachten. Der linke Arm entsprach dem Flachland entlang der Südseite des Bielersees, das ursprünglich ein sumpfiges Gelände war und folglich den Yin-Arm der Göttin darstellte, der die Hand im

Bereich des Murtensees ausgebildet hatte. Der yang-polarisierte Arm der Göttin wurde von der Jura-Gebirgskette gebildet, die entlang dem nördlichen Ufer des Sees verläuft, mit der Handfläche im Bereich der Stadtlandschaft von Neuenburg (Neuchâtel). Danach bemerkte ich, daß durch die Mitte des Landes eine Reihe von strahlenden Kraftzentren verläuft, die mit der Kette meiner sieben Chakren identisch waren. Das Wurzelchakra lag im Bereich von La Tène am östlichen Rand des Neuenburger Sees. Die Chakrenlinie zog sich von dort in Richtung Osten über Jolimont, die Petersinsel mitten im Bielersee als Herzchakra, über den sakralen Felsen, auf dem die Bieler Kirche steht, bis zum Kronenchakra im Bereich des Büttenbergs oberhalb von Biel.

In der folgenden Stunde habe ich noch viele feine Details am Körper der Landschaftsgöttin wahrgenommen, die für meine weiteren Untersuchungen des Seelandes von Interesse waren. Mit beginnendem Morgengrauen zerflossen langsam die Ausdehnungen der Offenbarung. Neben den Einblicken in das Geheimnis, wie die Seele der Landschaft in der Topographie des Seelandes verteilt ist, verblieb mir noch ein tiefes Gefühl des Verbundenseins mit dem Land, das ich am zutreffendsten als eine wechselseitige Liebe bezeichnen würde.

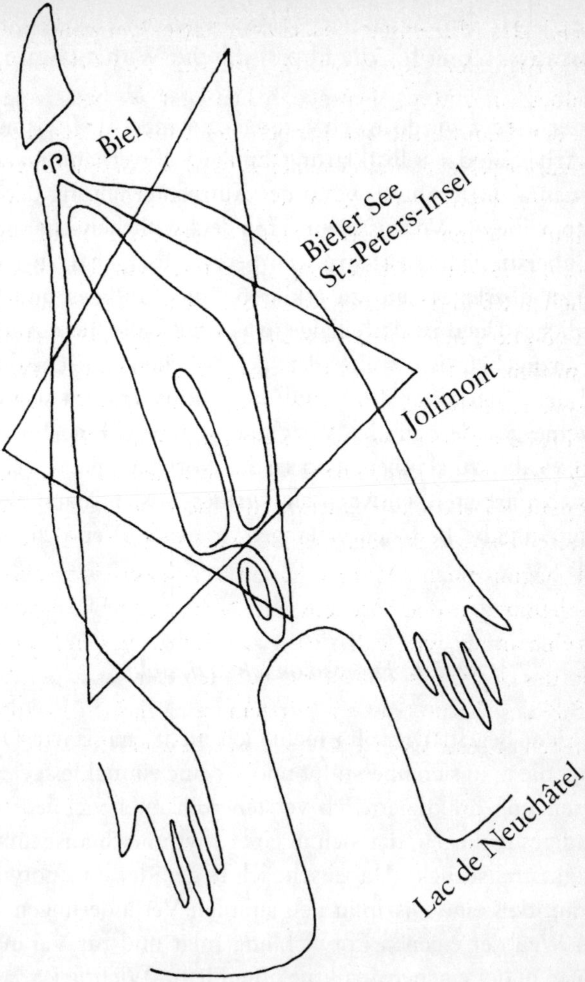

Abb. 25:
Die Göttin des Schweizerischen Seelandes in Beziehung zu den Landschaftsformen und Kräften »ihres« Landes

2.7. Die Arbeit an der eigenen Persönlichkeit als Voraussetzung für die übersinnliche Wahrnehmung

Immer wieder wurde in den vorangegangenen Ausführungen die Arbeit an der Selbstklärung, an der Selbsterkenntnis und eigenen Zentrierung bzw. an der Aufrechterhaltung der inneren Stille als Voraussetzung für den Wahrheitscharakter der übersinnlichen Erfahrungen betont. Es gibt dazu nicht viel zu überlegen und zu erklären. Ein ständiges und beharrliches Üben ist das einzige, was zählt. Wie diese Aufgabe anzugehen ist, sollte der persönlichen Entscheidung und dem Charakter des Entfaltungszyklus, in dem sich der einzelne gerade befindet, überlassen bleiben. Eine Illusion wäre es aber zu glauben, man sei der Notwendigkeit, an sich selbst zu arbeiten, entwachsen. Meiner Ansicht nach bleibt diese Aufgabe bestehen, solange wir in der Verkörperung sind.

2.7.A. Die persönliche Disziplin

Mit dem Begriff Disziplin meine ich nicht eine starre Ordnung, die man sich überstülpt und als eine einmal festgelegte Begrenzung praktiziert. Ich verstehe darunter vielmehr ein ständiges Anliegen, das sich in einer rhythmisch ausgeübten Tätigkeit ausdrückt. Dabei sehe ich es geradezu als notwendig an, daß eine Disziplin den subtilen Veränderungen auf dem Weg der eigenen Entwicklung folgt und für Veränderungen in der eigenen Struktur offenbleibt. Wichtig ist dabei nur, daß der tägliche Rhythmus nicht verlorengeht. Aus meiner eigenen Erfahrung kann ich folgende Methoden der inneren Disziplin empfehlen:

1. *Selbstbetrachtung*

Die Methode der Selbstbetrachtung setzt die Einsicht voraus, daß alles, was einem im Leben begegnet, ein Ausdruck der inneren Prozesse ist, die der Mensch auf seinem geistigen Weg durchmacht. An der Art der Probleme, mit denen wir im Leben konfrontiert sind, können wir uns folglich genau orientieren, um festzustellen, in welcher Phase des Weges wir uns gerade befinden. Dazu bedarf es allerdings einer vertieften Betrachtung dieser Probleme. Als Methoden zur Selbstbetrachtung schlage ich folgende Möglichkeiten vor: Während des ganzen Tages verbleibt ein Teil des eigenen Bewußtseins außerhalb der laufenden Ereignisse und beobachtet die gefühlsmäßige Qualität und die Logik nicht nur dessen, was uns begegnet, sondern besonders die Art und Weise, wie wir die Situation erleben und wie wir darauf reagieren. Diese stille Art der Selbstbetrachtung darf aber nicht als Selbstkontrolle aufgefaßt werden, sonst würde sie zur Unterdrückung anstatt zur Heilung der Probleme dienen. Sinnvoll ist es jedoch, die durch die Selbstbetrachtung gewonnenen Erkenntnisse in einem stillen Augenblick oder am Ende des Tages zusammenzufassen, um daraus einen Entschluß abzuleiten, was wir z.B. an unserer Art, mit Beziehungen umzugehen, ändern wollen, wie wir die Stärke oder Schwäche unseres Ego, die Qualität der inneren Stille usw. einschätzen.

Eine andere Möglichkeit wäre, sich zu Beginn einer jeden Meditationssitzung einer Übung der Selbstbetrachtung zu unterziehen. Das kann als Abschluß eines Tages geschehen oder noch besser vor der Morgenmeditation für den vorangegangenen Tag. Dazu vertiefen wir uns in die innere Stille und lassen die Ereignisse des Vortages vor dem Auge des Bewußtseins noch einmal vorbeiziehen. Dabei sollten wir in einer Haltung der Losgelöstheit in bezug auf das bleiben, was durch Erinnerung wiedererweckt wird, und statt dessen beobachten, einschätzen und Entschlüsse für künftige Veränderungen oder notwendige Aufgaben fassen.

2. *Einstellungsveränderungen erproben*
Bei dieser Übung beschließen wir, eine Qualität, die wir bei uns als mangelhaft ausgebildet erkannt haben, während des vor uns liegenden Tages bewußt zu fördern. Es kann sich zum Beispiel um Lieblosigkeit in den Routinekontakten mit Menschen handeln. In diesem Falle würden wir uns bemühen, Liebe auszudrücken, wann immer es zu Kontakten dieser Art kommt. Das Faszinierende an dieser Art von Übung besteht darin, parallel zur Bemühung die Methode der Selbstbetrachtung anzuwenden, um zu erspüren, ob beispielsweise die Liebe nicht künstlich produziert wird oder wo wir die Grenzen der Unglaubwürdigkeit überschreiten, usw. Ähnliche Übungen können über einen längeren Zeitraum in der Beziehung zu Personen oder Situationen ausgeführt werden, die uns immer wieder innere Probleme verursachen.[90]

3. *Das Führen eines Tagebuches*
Dies kann höchst hilfreich im Prozeß der Selbsterziehung und Selbsterkenntnis sein. In mein Tagebuch schreibe ich als erstes am Morgen eventuelle Träume einschließlich ihrer Entschlüsselung – soweit mir dies möglich ist –, tagsüber notiere ich darin die Ergebnisse meiner geomantischen Untersuchungen, und abends schließe ich damit ab, was sich auf dem Weg meiner persönlichen Entwicklung ereignet hat. Dabei geht es nicht nur darum, diese Informationen auszuformulieren, was schon wesentlich zur Klärung ihrer Inhalte

[90] Hilfreiche Anregungen zur Selbstdisziplin dieser Art befinden sich in dem Buch *Ein Kurs in Wundern,* Greuthof Verlag, Gutach i.Br. 1994.

beitragen kann. Es geht auch darum, nach einigen Monaten und Jahren zurückschauen zu können, um ein Gefühl für die Entwicklungen zu bekommen, die inzwischen eingetreten sind. Das Tagebuch ist ein unentbehrliches Element der Selbstdisziplin, das eine langfristige Übersicht über den eigenen Entwicklungsverlauf ermöglicht.

2.7.B. Übungen zur Erdung

Die geistige Natur der dem Menschen innewohnenden Seele ist ohne Zweifel ein großer Schatz, doch verlangt sie auch eine bewußte Erdung. Erst dadurch können die Qualitäten dieses Schatzes auch der Lebensgemeinschaft mit der Erde zuteil werden. Solange wir die Vorteile der Verkörperung genießen, ist es nicht sinnvoll, von der Erde abzuheben. Diese Erkenntnis hat auch noch einen ganz pragmatischen Aspekt, da unsere vitalenergetischen Körpersysteme eng mit den entsprechenden Systemen der Erde verkoppelt sind. Sobald es auch nur zu einem leichten Verlust der Erdung kommt, kann dies zu ernsthaften Funktionsstörungen einzelner Organe oder des ganzen Organismus führen. Die Bedeutung der Erdung für den Wahrheitsgehalt der übersinnlichen Wahrnehmung wurde schon erwähnt. Zur Erdung gebrauche ich zwei Übungen:

1. Bei dieser Übung stehe ich aufrecht entweder direkt auf dem Erdboden oder auch auf dem Fußboden eines Raumes im sechsten Stock – die Erde existiert unweigerlich irgendwo tief darunter. Nun baue ich innerlich die Vorstellung auf, ich sei identisch mit einem Baum. Aus meinen Fußsohlen heraus schlage ich Wurzeln tief in die Erde hinein. Kraft meiner Vorstellung verfolge ich das Verzweigen der

Wurzeln bis ins Unendliche. Es geht dabei nicht um den Aufbau einer Vorstellung, sondern entscheidend ist, daß ich mich gefühlsmäßig in das Bild hineinlebe. Als nächstes visualisiere und spüre ich die Krone des Baumes wachsen. Anders als der Wurzelbereich wächst sie aus dem Oberkörper heraus zur Sonne hin. Die Übung kann dadurch vertieft werden, daß wir uns in die Wechselwirkungen zwischen dem Wurzelbereich und der Krone des Baumes einspüren, die unseren Körper durchströmen.

2. Eine zweite Übung zur Erdung hat mich mein Freund, der Alte Weise aus dem Geschlecht der Erdelementarwesen gelehrt. Auch bei dieser Übung stehe ich aufrecht. Nachdem ich mich in die innere Stille versenkt habe, schenke ich der Erde unter meinen Füßen liebevolle Aufmerksamkeit. Anschließend sauge ich die Kraft der Erde durch meine Fußsohlen in den Körper hinein. Der Körper wird *von unten nach oben* wie ein leeres Gefäß mit der Erdkraft aufgefüllt. Nachdem die Kraft der Erde bis zum Scheitel hinaufgestiegen ist, bleibe ich einige Zeit in der Stille, um sie in jede Zelle des Organismus hineinzunehmen. Danach lasse ich die verbliebene Kraft durch die Sohlen zurück in die Erde fließen. Zuletzt verabschiede ich mich von der Erde mit einem Gefühl der Dankbarkeit.

2.7.C. Meditation

Die persönliche tägliche Meditation braucht nicht unbedingt hohe geistige Ziele zu verfolgen. Wichtig finde ich, daß sie Tag für Tag in einem bestimmten Rhythmus geübt wird, ohne Selbstquälerei und mit einer Offenheit für Veränderungen der ausgeübten Methode. Keine Meditationsmethode stellt ein Stück vom Gewand Gottes dar, um als sakrosankt bewahrt werden zu müssen. Alle sind nur Werkzeuge, die nach persönlichem Bedarf gebraucht werden sollten und der eigenen inneren Kreativität folgend auch umgestaltet werden dürfen. Sobald uns strikte Regeln für die persönliche Meditation angeboten werden, würde ich zur Vorsicht raten. (Vgl. dazu Kap. 1.6.A.) Auch brauchen wir uns nicht um eine Haltung im Lotossitz zu bemühen, wenn uns dies nicht entspricht. Genau so gut ist das Sitzen auf einem Stuhl, ohne die Beine zu überkreuzen. Wichtig dabei ist, daß die Wirbelsäule vollkommen aufrecht gehalten wird – nicht verkrampft, sondern nur leicht in ihrer S-Kurve gespannt, aber immer noch frei schwingend. Wir können uns die Wirbelsäule als eine Saite unseres »Instrumenten«-Körpers vorstellen, auf der die Energien ihren Tanz spielen. Folglich sollte sie ähnlich wie die Saite eines Musikinstrumentes behandelt werden.

Im folgenden schlage ich vier Meditationsübungen vor. Jede von ihnen ist für sich tiefgreifend genug, um als Meditationsmethode über längere Zeit geübt zu werden.

Andererseits können sie aber auch beliebig miteinander kombiniert werden, und, wer mag, kann sie auch nach eigener Inspiration variieren. Die Reihenfolge der Übungen deutet an, mit welcher Übung am besten begonnen werden sollte und wie dieses fortzusetzen wäre.

1. Atmen für die innere Stille

Das Erlangen der inneren Stille in jedem Moment des täglichen Lebens ist ein primäres Ziel jeder Meditationstechnik. Eine Möglichkeit, dieses Ziel zu erreichen, bietet die bewußte Beobachtung des eigenen Atemrhythmus. Dadurch kann die kosmische Stille erfahren werden, die auf dem perfekten Ausgleich zwischen Minus und Plus, Yin und Yang, Ein- und Ausatmung basiert. Durch bewußtes Atmen wird dem Menschen diese kosmische Stille früher oder später innerlich zuteil.

Die Übung verläuft so, daß ich ununterbrochen mit meiner Aufmerksamkeit im Herz-Brust-Bereich verweile und dabei unbefangen den Rhythmus des ein- und ausfließenden Atems betrachte, fühle und miterlebend begleite. Der Atem soll ganz natürlich, ohne jegliche Anstrengung fließen. Kommen Gedanken auf, die mich stören wollen, so schenke ich ihnen keine Aufmerksamkeit. Ohne sie zu verurteilen, lassen sie sich auf subtile Weise beiseite lenken. Besonders in den ersten Monaten[91] der Meditation kann der ununterbrochen schwatzende Verstand recht demoralisierend wirken. In dem Fall würde ich raten, dem Verstand beim Vorgang des Atmens einfach einen Dienst zu übertragen und ihn durch eine konstruktive Beschäftigung in die Stille zu integrieren.

Das geschieht dadurch, daß der Meditierende die Atemzüge zusätzlich zu der beschriebenen Betrachtung zählt:

Einatmung – Eins / Ausatmung – Zwei / Einatmung – Drei usw.

Für eine Meditation empfehle ich, so lange zu atmen, bis die Zahl 70 erreicht ist. Gewöhnlich tritt dann schon die wunderbare Stille ein, die man einfach genießen sollte, ohne dem Atem weitere Beachtung zu schenken.

2. Die Meditation der absoluten Mitte

Das Herzchakra liegt genau in der Mitte des menschlichen Kraftorganismus. Auf der Kraftsäule der Yang-Chakren ist es in der Mitte zwischen den drei oberen und den drei unteren Chakren angesiedelt. Bezogen auf die vier Kreise der Yin-Chakren (vgl. dazu Kap. 1. 2. C.) stellt es die Mitte des

[91] Um ein Minimum an stabiler innerer Stille zu schaffen, schlage ich vor, daß die Übung täglich sechs Monate lang gemacht wird.

Systems dar. Auf diese Weise ist das Herzchakra auch das Bindeglied zwischen den Yang-(männlichen) und Yin-(weiblichen) Aspekten des Menschenwesens. Um zu lernen, in jedem Moment des täglichen Lebens im eigenen Gleichgewichtspunkt zentriert zu bleiben, gilt es, die Zentrierung im Herzchakra zu üben.

Solange jemand noch nicht unmittelbar in die Stille eintauchen kann, sobald er sich zur Meditation hinsetzt, sollte die »Atmen-für-die-innere-Stille«-Übung als Vorübung gemacht werden. Danach folgt eine Vertiefung der Konzentration auf das Herzzentrum, das in der Mitte zwischen den Brustwarzen liegt. Es sollte nicht auf der Brustoberfläche, sondern in der Tiefe, fast an der Wirbelsäule, gesucht werden. Die Aufmerksamkeit sollte liebevoll, leicht aber beständig und ununterbrochen im Herzzentrum verweilen. Dabei wird die Wärme, das Glühen, das Strahlen, usw. des Herzzentrums beobachtet, gespürt und genossen. Nach einiger Zeit kann die Aufmerksamkeit aus dem Herzzentrum seiner Ausstrahlung folgend kreisförmig ausgedehnt werden, bis der Rand der eigenen Aura erreicht wird. An der Grenze sollte die Ausdehnung für eine gewisse Zeit zurückgehalten werden, damit das ganze eigene Wesen darin baden kann. Danach wird die vom Herzzentrum ausgehende Strahlung auch in die umgebenden Kraftfelder hinein ausgebreitet, um die heilende Schönheit der Herzkraft mit der Mitwelt zu teilen.

Um die Übung zu einem Ende zu bringen, sollte in die Herzmitte zurückgekehrt werden. Danach ist es möglich, noch geliebte Personen oder Plätze ins Herz zu nehmen, um sie in seiner Strahlung zu wärmen. Als Vorbild dafür könnte eine der mittelalterlichen Darstellungen der Mutter Maria dienen, die das Christuskind in einer Mandorla in ihrem Herzen hält. Die Übung endet mit dem Lösen der Konzentration und mit einer Danksagung.

3. Meditation zur Stärkung der Beziehung zum Kosmos

Die beiden zuerst beschriebenen Übungen sind als grundlegend für die Meditationspraxis zu verstehen. Es folgen nun drei Beispiele für Übungen, die abwechselnd als Überbau der täglichen Meditation angewandt werden können. Die erste dient zur Stärkung der inneren Beziehungen zum Höheren Selbst und zum Urraum der Ewigkeit.

Ausgangspunkt ist diesmal das Chakra des Dritten Auges. Der Kontaktpunkt mit diesem Chakra, auf den man sich konzentrieren sollte, liegt hinter den Augen, ungefähr dort, wo eine etwas schräg nach unten verlaufende Linie, von der Nasenwurzel ausgehend, die vertikale Achse der Wirbelsäule trifft, also im Schädelinneren. Der Punkt kann sofort daran erkannt werden, daß von ihm ein grellweißes Licht sternartig nach allen Seiten ausstrahlt.

Nach einiger Zeit, wenn die Aufmerksamkeit fest in diesem Punkt verankert ist, wird die Konzentration durch das Scheitelchakra vorsichtig und langsam senkrecht nach oben getragen, bis zu einer Schwelle, die sich zwei bis drei Daumenlängen über dem Scheitel befindet. An dem Punkt sollte der Meditierende einige Zeit konzentriert verweilen, um die Prozesse der Einstimmung auf die höhere Frequenz zuzulassen. Danach folgt ein »sanfter Schubs« bis zur nächsten Schwelle dieser Art, die sich gefühlsmäßig geschätzt einige Meter über dem Kopf befindet. Diese »Höhe« des Bewußtseins sollte in ihrer kosmischen Qualität ausgiebig erfahren und genossen werden. Die Übung kann, an diesem Gipfel angelangt, als erfüllt gelten. Es ist aber auch möglich, von dort aus bewußtseinsmäßig weiterzugehen, um den kosmischen Raum bzw. den Urraum der Ewigkeit in verschiedener Hinsicht zu erforschen. Dabei sind unbedingt zwei Vorbedingungen zu berücksichtigen:

- Es darf kein Druck eingesetzt werden, um im Meditationsvorgang weiterzukommen. Alles wird einem zur rechten Zeit zuteil.
- Auf demselben Weg wie man hingekommen ist, muß auch zurückgekehrt werden.[92]

Die Übung endet so, daß senkrecht nach unten bis zum Sonnengeflechtschakra zurückgekehrt wird. Da werden die erfahrenen hohen Energien auf das eigene Kraftsystem eingestimmt. Danach sollte ein Teil dieser Energien durch das Herzchakra der Mitwelt geschenkt werden.

4. Meditation zur Erfahrung des eigenen Göttinaspektes
Der »Weg nach oben« sollte unbedingt abgewechselt werden mit der meditativen Erfahrung der weiblichen Aspekte, um das patriarchale Übergewicht unserer Kultur nicht noch weiter zu fördern. Als ich, während meiner Arbeit an dem Buch *Die Landschaft der Göttin* begeistert nach eigenen weiblichen Aspekten forschte, habe ich verschiedene Meditationsübungen erfunden, von denen ich eine hier anführen möchte. Die Übung beginnt mit einer Konzentration auf das innere Herz, worauf die Aufmerksamkeit zum Kronenchakra geführt wird, das seinem Charakter und seiner weißen Strahlung nach der Qualität der Jungfraugöttin entspricht. Nachdem sie ausgiebig erfahren wurde, beginnt die übende Person, sich im Bewußtsein (nicht körperlich!) nach hinten zu beugen, wobei das Kronenchakra in einem Halbkreis nach unten getragen wird, bis es sich mit dem Wurzelchakra vereint. Zur besseren Vorstellung sei an das Verhalten einiger Säugetiere erinnert, die beim Schlafen mit der Schnauze das Ende ihres

[92] Diese Übung habe ich anhand der Vorschläge von William Bloom aus seinem Buch *Meditation in the Changing Times*, Glastonbury 1987, gestaltet.

Schwanzes berühren, um so einen Kreislauf der Kräfte zu schaffen.
In dem Moment, in dem das Kronenchakra die Wurzel der Wirbelsäule berührt und der Kreis geschlossen wird, kommt es zu einer alchemistischen Wandlung, die ich mit der Kraft der Schwarzen Göttin vergleiche. Die Kraft, die dabei entsteht, sollte einer stillen Kontemplation unterworfen werden.
Darauf folgt die dritte, die kreative Phase, bei der die Kraft, die durch das Schließen des Kreises der sieben Chakren erfahren wurde, durch die Chakrenachse nach oben gebracht wird, bis das Herzchakra erreicht ist. Von dort aus sollte sie wellenförmig nach außen ausgegossen werden, um die Mitwelt daran teilhaben zu lassen.
In diesem Zusammenhang möchte ich auf eine mögliche Verwechslung mit den Techniken zur Erweckung der Kundalinikraft aufmerksam machen. Letztere haben oft das Ziel, die weiblichen Potentiale, die im Wurzelchakra ruhen, für Zwecke der persönlichen Erleuchtung auszubeuten. Sie sind deswegen für die psychische und körperliche Gesundheit gefährlich. Im Falle der vorgeschlagenen Übung geht es genau umgekehrt darum, den Kreislauf der weiblichen Kräfte durch das Chakrensystem fließen zu lassen und auf eine sanfte Weise zu erfahren und zu ehren. Diese wunderbaren Kräfte sind gewöhnlich durch das überwiegende Interesse für den Yang-Aspekt der sieben Chakren aus unserem Bewußtsein verdrängt. In Wirklichkeit hat jedes der fünf mittleren Chakren ein Yin-Zentrum, das dem Rücken zugewandt, und einen Yang-Brennpunkt, der nach vorne ausgerichtet ist. Die Übung hat zum Ziel, diesen weiblichen Aspekt des Sieben-Chakren-Systems[93] zu erfah-

[93] Das Sieben-Chakren-System ist, wie in Kap. 1.2.C. beschrieben, das Yang-Chakren-System des menschlichen Körpers, das jedoch innerlich durch einen eigenen Yin-Aspekt im Gleichgewicht gehalten wird.

ren, und sollte mit entsprechender Sensibilität ausgeführt werden.

2.7.D. *Persönliche Ökologie und Ernährung*

Sprechen wir über die Arbeit an der eigenen Persönlichkeit als Voraussetzung für den Erfolg der übersinnlichen Wahrnehmung, so können wir nicht bei der Betrachtung der geistigen Aspekte stehenbleiben. Kein Aspekt des täglichen Lebens sollte dabei ausgeschlossen werden. Es geht um die Qualität unserer pragmatischen und emotionalen Beziehungen zur eigenen Umwelt, die ich mit dem Begriff »persönliche Ökologie« bezeichne. Dazu zählen unsere Beziehungen zu den Tieren, Pflanzen und Menschen, die zum persönlichen Umkreis gehören, der Umgang mit der eigenen Wohnung, Ernährung, Kleidung, mit Abfallprodukten, usw. Es würde den Rahmen dieses Buches sprengen, sich mit all diesen wichtigen Fragen zu beschäftigen. Was ich nicht umgehen kann, ist die Frage der Ernährung, denn was der Mensch durch die Nahrung dem eigenen Körper zuführt, ist weitgehend mitbestimmend für den Grad der persönlichen Sensibilität.

Für die vegetarische Ernährung sprechen folgende Kriterien, die nur einige unter mehreren sind:

- Es ist die natürliche Aufgabe der Pflanzenwelt, die Nahrung auf dem Planeten Erde zu produzieren. Nur die Pflanzen sind mit der Fähigkeit ausgestattet, Energie (aus Sonnenstrahlung) unmittelbar in Nahrungsstoffe umzuwandeln. Um sich auf dem Planeten Erde verkörpern zu können, sind Tiere und Menschen dazu aufgefordert, sich von Pflanzen zu ernähren.

- Die Tiere haben in Zusammenarbeit mit dem Menschen die Fähigkeit entwickelt, dem Menschen ihre Produkte als Nahrung anzubieten, wie etwa Honig, Eier und Milch. Tierkörper zu verzehren, heißt folglich, diese wundervolle Leistung des Tierreiches zu ignorieren.
- Das Bestehen auf fleischlicher Ernährung bedeutet eine grobe Verschwendung der Bodenressourcen der Erde – eine Tatsache, die seit langem durch den Vergleich der Flächengrößen bewiesen wurde, die für die Tierhaltung im Gegensatz zum Anbau von Pflanzen gebraucht werden. Der Verzehr von Tierfleisch ist bekanntermaßen auch ein Mitverursacher der Hungersnot in der Dritten Welt.
- Wenn wir erst einmal verstehen, daß die höherentwickelten Tiere ihr Bewußtsein auf der Gefühlsebene – in der Urbildlichen Dimension – angesiedelt haben, müßte das Töten von Tieren als ebenso verwerflich gelten wie das Töten von Menschen.[94]

2.7.E. Persönlicher Schutz und Reinigung

Ein trauriges Merkmal unserer Epoche ist, daß alle Lebewesen, einschließlich dem Menschen selbst, dem energetischen und gefühlsmäßigen Druck der Zerstörung ausgesetzt sind, die unsere allein auf den Menschen bezogene Zivilisation innerhalb der feinstofflichen Dimensionen angerichtet hat. Um unter diesen chaotisierten Umständen unsere körperliche und psychische Gesundheit zu bewahren, müssen wir bewußt für persönliche Kraftschutzsysteme und für die Reinigung der

[94] Bei den Pflanzen wird das Bewußtsein durch Elementarwesen getragen, die im Moment des Erntens die Pflanze auf natürliche Weise verlassen.

eigenen feinstofflichen Ausdehnungen sorgen. Das gilt in besonderem Maße für die geomantiepraktizierenden Menschen, weil es sich bei dieser Tätigkeit um eine tiefergreifende Einstimmung in die bedrohten Bereiche des Mehrdimensionalen Raumes handelt. Es ist leider eine Illusion zu glauben, daß heutzutage irgendwelche Bereiche von Bedrohungen dieser Art ausgeklammert wären.

(1) Persönlicher Schutzmantel

So wie die Haut auf der Ebene des materialisierten Körpers die inneren Organe vor Verschmutzung schützt, werden die feinstofflichen Körperkraftfelder durch eine als »Schutzmantel« bezeichnete kraftmäßige »Haut« geschützt. Die Form des Schutzmantels schmiegt sich an den äußeren Rand der Aura an und hat deswegen die Form eines Eies. Dieses »Ei« besteht aus einer siebähnlichen Kraftstruktur, die für die Schwingungen zwar durchlässig ist, aber mehr oder weniger erfolgreich zerstörte oder gestörte Schwingungsmuster abhält, weil sie gröbere und langsamere Schwingungen darstellen als die positiv aufgeladenen Muster und folglich das Sieb des Schutzmantels nicht passieren können.

Wie erfolgreich ein Schutzmantel den betreffenden Menschen kraftmäßig schützen kann, hängt von zwei Faktoren ab:

- Ob jemand an seinen noch ungelösten und verdrängten Problemen arbeitet (wenn nicht, stellen solche Problemherde im Menscheninneren eine dunkle Kraft dar, die durch Resonanz immer wieder entsprechende zerstörerische Kräfte durch den Schutzmantel hindurch anzieht, so daß letzterer wie durchlöchert erscheint.)
- Ob jemand regelmäßig an der Bewußtmachung und folglich auch an der energetischen Stärkung seines eigenen

Schutzmantels durch schöpferische Imagination arbeitet oder nicht.

Der Schutzmantel wird durch Visualisation und mit Unterstützung begleitender Gefühle aufgebaut. Die Visualisation selbst nützt nicht viel, da die mentalen Vorstellungen erst dann zu einer Kraft werden, wenn sie durch ein Einfühlen in die visualisierten Strukturen unterstützt werden. Die betreffende Person stellt sich vor, daß sie in einem Ei aus weißem Licht steht, das die Aura umschließt und nach allen Seiten hin, auch in dem Teil, der unter den Füßen noch ein Stück weit in die Erde hineinreicht, glatt abgeschlossen ist. Die Visualisation sollte von einem Gefühl der festen Überzeugung begleitet werden, daß die schützende weiße Kraftschicht um den Körper herum tatsächlich besteht und daß man sich darin ganz geborgen fühlt.
Der Schutzmantel sollte, um unter den beschriebenen Umständen erfolgreich zu sein, Tag für Tag und Jahr für Jahr rhythmisch mindestens einmal täglich erneuert werden, außerdem zusätzlich jedes Mal, bevor man sich in eine potentiell gefährliche Situation hineinbegibt – sich z.B. in ein Fahrzeug setzt –, ganz besonders aber vor Beginn der geomantischen Arbeit. Der Schutz kann notfalls durch verschiedene Übungen verstärkt werden:

- indem vor der Visualisierung die Übungen zur Erdung und Zentrierung ausgeführt werden,
- indem um die Hilfe des eigenen Schutzengels, der Engel des Ersten Strahles oder des Erzengels Michael gebeten wird,
- indem über die Grundschicht eine oder mehrere zusätzliche Farbschichten als Schutzmantel gelegt werden – dabei kann man unter einigen der Farben der sieben Chakren

wählen (vgl. dazu Kap. 1.2.B.), z. B. Weiß, Violett, Blau, Grün oder Gelb;
- indem der Schutzmantel durch ein persönliches Zeichen oder Kosmogramm versiegelt wird, das über und außerhalb des Schutzmantels visualisiert wird.

(2) Reinigung
So wie *vor* jeder geomantischen Tätigkeit der Schutzmantel visualisiert werden sollte, empfiehlt es sich, *nach* Abschluß der Tätigkeit eine Reinigung vorzunehmen, weil möglicherweise Partikel in unsere Aurafelder eingedrungen sind, die nicht dorthin gehören. Die Reinigung sollte unbedingt ausgeführt werden, wenn sich jemand nach dem Besuch eines Ortes schlecht fühlt oder plötzliche Kopfschmerzen bekommt. Für die Reinigung im allgemeinen können wir die umwandelnde Kraft des violetten Strahles zu Hilfe rufen. Der siebte der Sieben Kosmischen Strahlen wurde in Kapitel 1.2.B. unter anderem als der Strahl der Umwandlung vorgestellt, der die Fähigkeit besitzt, disharmonische Schwingungsmuster in harmonische umzubauen. Um die eigenen Kraftfelder zu reinigen, sollte man die kosmische Kraft des violetten Strahles herbeirufen und eine Zeitlang visualisierend durch die Kraftfelder zirkulieren lassen. Durch eine Danksagung wird er wieder aus dem Dienst entlassen.
Um eine noch gründlichere Reinigung auszuführen, schlägt der Erdheilungsengel Devos folgende Übung vor:
Zunächst erden und zentrieren wir uns. Dann rufen wir die reinigenden Kräfte des violetten Strahles an. Sämtliche Kraftfelder sollten mit Violett durchtränkt werden. Danach wird das persönliche Elementarwesen (vgl. Kap. 1.6.B.) gebeten, die eingedrungenen negativ bewerteten Kraftpartikel mit den Partikeln der violetten Farbe zu verbinden.
Die Erde wird gebeten, die diesen Partikeln anhaftenden

Negativitäten zusammen mit der violetten Farbe in ihren Schoß aufzunehmen, um sie einer Umwandlung zu unterziehen.
Danach sollte visualisiert werden, daß die violette Masse von oben nach unten in die Erde versickert und die Kraftfelder des Übenden vollkommen weiß zurückbleiben. Nachdem der letzte Rest ausgegossen wurde, sollte der Erde Dank gesagt werden für den gütigen Dienst der Reinigung, den sie übernommen hat.

Abschließend möchte ich betonen, daß keine der bisher vorgeschlagenen Übungen automatisch wirkt. Der Erfolg hängt weitgehend davon ab, wieviel Freude, Kreativität und Aufrichtigkeit man mit einfließen läßt.

TEIL II:

GEOMANTISCHE SYSTEME

Im zweiten Teil des Buches stelle ich die geomantischen Systeme vor, die die vier Ausdehnungen des Mehrdimensionalen Raumes beleben. Ich kann in diesem Zusammenhang kein endgültiges Wissen anbieten. Was dieses Thema angeht, so befinden wir uns in einer Phase, in der sich die Geomantie als eine Kunst und Wissenschaft erst konstituiert. Gerade in dieser Phase empfinde ich es als das Wichtigste, ein ganzheitliches Konzept aufzubauen, das allen Aspekten des Mehrdimensionalen Raumes Perspektiven zur weiteren Erforschung eröffnet. Oder anders gesagt, mein Hauptanliegen ist es, keinen der potentiellen Bereiche der Wirklichkeit in dieser Phase bereits durch ein zu enges Konzept auszuklammern.
Daß die Geomantie als eine Kunst und Wissenschaft erst im Begriff ist, sich herauszubilden, gilt zumindest für die abendländische Geomantie. Einige andere Kulturen haben ihr geomantisches Wissen besser bewahrt, wie etwa die chinesische Kunst des Feng-Shui. Am Anfang dieses Buches habe ich verschiedene Ursachen für den fast vollständigen Verlust des geomantischen Wissens in unserer Kultur benannt. Erst gegen Ende des 19. Jahrhunderts taucht der Begriff Geomantie in dem hier verwendeten Sinne wieder auf. In der Zeit, als das geomantische Wissen, das zuletzt im Mittelalter floriert hat, in Vergessenheit geraten war, wurde der Begriff der Geomantie dazu verwendet, eine Art von Erdorakel damit zu bezeichnen. Andererseits wurde einiges von dem alten geomantischen Wissen der Kathedralenerbauer vermutlich durch geheime Bruderschaften weitergetragen – doch existieren davon meines Wissens keine der Öffentlichkeit zugänglichen Aufzeichnungen.

Was sich von der alten Kunst der Geomantie im Volk erhalten hat, ist das Wünschelrutengehen wegen seiner Brauchbarkeit im täglichen Leben. Von dem ganzen Wissen über den Gebrauch der Rute bei der geomantischen Arbeit ist alles verlorengegangen, mit Ausnahme des praktischen Aspektes einer Technik, durch die unterirdische Wasservorräte gefunden werden können. Auf der Grundlage dieser zwar bodenständigen, wissensmäßig aber doch äußerst eingeschränkten Überlieferung wurde in den 30er Jahren unseres Jahrhunderts die Radiästhesie entwickelt, die *einen* Aspekt zur Neubegründung der Geomantie beitrug.
Was uns aus den alten Zeiten, als die Geomantie vermutlich noch florierte, *de facto* geblieben ist, sind Kunstwerke, die das geomantische Wissen in ihren steinernen Strukturen verschlüsselt bewahrt haben. Aus einer vertieften Betrachtung megalithischer Steinsetzungen und mittelalterlicher Kirchenbauten bzw. ihrer Plazierung in der Landschaft entwickelte sich von einer zweiten, ganz anderen Seite her ein Interesse an der Wiederentdeckung der Geomantie. Im Jahr 1925 publizierte Alfred Watkins sein Buch *The Old Straight Track*[95], in dem er Beobachtungen veröffentlichte, nach denen, großräumig gesehen, verschiedene historische Bauten sich im Verhältnis zueinander auf geraden Verbindungslinien befinden, die er »Leys« nannte. Die offenkundige Tatsache, daß der Kulturlandschaft ein klar definierbares geomantisches System zugrunde liegt, wurde seitdem mehr und mehr belegt.[96]
Ein *drittes* Motiv zur Wiederbelebung der Geomantie ent-

[95] Alfred Watkins: *The Old Straight Track*, London 1978.
[96] Vgl. dazu Nigel Pennick u. Paul Devereux: *Leys und lineare Rätsel in der Geomantie. Das Energienetzwerk der Erde. Ed. Astroterra, 1991.*

stand dadurch, daß später die Techniken zur radiästhetischen Untersuchung mit der Erforschung der historischen Denkmäler kombiniert wurden. Ein Beispiel dafür ist der englische Archäologe Guy Underwood[97]. In den 50er Jahren hat er mit seiner Rute Megalithdenkmäler, bronzezeitliche Monumente, mittelalterliche Bauten und alte Wege genau untersucht und dabei eine Vielzahl von radiästhetischen Phänomenen entdeckt, die er in zwei Hauptgruppen systematisierte. Die erste Gruppe bezieht sich auf unterirdische Wasseradern, die sogenannten »Blindquellen« und sekundäre Erscheinungen, die in Form von Kraftspiralen und parallelen Linien letztere begleiten. Die zweite Gruppe besteht aus Spurenkraftlinien, die zum Beispiel Menschen und Tiere hinterlassen, wenn sie sich durch die Landschaft bewegen, oder die durch die Wechselwirkung zwischen dem Kraftfeld eines Ortes und darin aufgestellten Steinstrukturen entstehen. Erstere bezeichnete er als *Spurlinien,* letztere als *Aquastate.*

In meinem Bestreben, ein ganzheitliches Konzept der Geomantie aufzubauen, kann ich den drei genannten Gründungsimpulsen der modernen Geomantie keinen wirklich grundlegenden Charakter zusprechen. Die Ergebnisse der Forschung in den drei beschriebenen Richtungen, die ich persönlich schätze, kann ich nur als Teilaspekte in das Kapitel über die Strukturgebende Ausdehnung des Mehrdimensionalen Raumes einschließen. Die Gründe für diese Entscheidung sind folgende:

Forschungen, die auf radiästhetischen Messungen von Schwingungsphänomenen beruhen, die ihren Ursprung in Wasseradern, geologischen Strukturen und anderen Erscheinungen der Materialisierten Welt begründet haben, bewegen sich notwendigerweise ausschließlich im Bereich der Struk-

[97] Guy Underwood: *The Patterns of the Past,* London 1974.

turgebenden Dimension. Der Mehrdimensionalität der feinstofflichen Welt wird durch das Bestehen auf nur einer von mehreren Ebenen der übersinnlichen Wahrnehmung nicht Rechnung getragen. (Vgl. dazu Kap. 2.3.D.)
Bei den Forschungen, die sich auf historische Denkmäler als Quelle des geomantischen Wissens stützen, kommt es meines Erachtens zu einem bewußtseinsmäßigen Widerspruch zwischen dem modernen, verstandesorientierten Denken und dem Hellsichtigkeitsbewußtsein, an dem die Erbauer dieser Monumente noch mehr oder weniger teilhatten. Diesen Widerspruch habe ich selbst als eine Grenze erfahren, die verhindert, die Mehrdimensionalität des dahinterliegenden geomantischen Wissens voll zu erfahren.
Um diese Art von Hürden zu umgehen, die dem Prozeß des Wiederaufbaues des geomantischen Wissens entgegenstehen, habe ich mich bemüht, neue Voraussetzungen zu schaffen, wie sie im ersten Teil dieses Buches dargestellt sind. Einerseits handelt es sich dabei um philosophische Begründungen, die die Mehrdimensionalität der Wirklichkeit ins Zentrum der Forschung stellen, andererseits um eine entsprechende Mehrschichtigkeit der vertieften Wahrnehmung, die die praktische Erfahrung des so konzipierten Kosmos ermöglichen soll. In den folgenden Kapiteln werde ich versuchen, die Grundzüge der geomantischen Systeme im Rahmen des Mehrdimensionalen Raumes aufzuzeichnen.

Kapitel 3: Phänomene der Strukturgebenden Dimension

Wie oben skizziert, ist in der ersten historisch belegbaren Phase der Neubegründung der Geomantie der Strukturgebenden Dimension am meisten Aufmerksamkeit geschenkt worden. Folglich fühle ich mich der Pflicht, hier in die Details zu gehen, weitgehend entbunden. Ich möchte der Leserin und dem Leser durch die nachstehende Betrachtung in erster Linie Hinweise geben, wie die bisherigen Untersuchungen in dieser Richtung nun in das Konzept des Mehrdimensionalen Raumes einzugliedern sind. Für alle weiteren Fragen verweise ich auf die Literatur, die zum Thema der radiästhetisch erreichbaren Raumausdehnung, die ich als die Strukturgebende Dimension bezeichnet habe, bereits vorhanden ist.[98] Mein Hauptanliegen gilt den Vitalenergetischen, Urbildlichen und Geistig-Seelischen Ausdehnungen der Wirklichkeit, die die geomantische Forschung bislang weitgehend ausgeklammert hat.

Ich habe die mir bekannten Phänomene der Strukturgebenden Dimension in drei Gruppen unterteilt. In der ersten Gruppe werden die lebensbringenden Ätherkräfte in der Landschaft als der *dynamische* Aspekt der Strukturgebenden Dimension behandelt. Unter dem *statischen* Aspekt verstehe ich dagegen die formgebenden oder morphogenetischen Felder. Spuren unterschiedlicher Art, eingeprägt in diese Felder, stellen einen Teil des üblichen Repertoires radiästhetischer Untersuchungen dar. Der dritte Bereich der Strukturgebenden Dimension, der eine Bedeutung für die Geomantie be-

[98] Vgl. dazu die Angaben im Literaturverzeichnis am Ende des Buches.

sitzt, ist der Bereich der Rückwirkungen der Materialisierten Welt auf die Strukturgebende Dimension. Es handelt sich dabei um Strahlungen unterschiedlicher Art, die im feinstofflichen Bereich auftauchen.

3.1. Die lebensbringenden Ätherkräfte

Als erstes verweise ich zurück auf Kapitel 1.4.A., wo ich die Grundlagen für das Verständnis der Strukturgebenden Dimension dargelegt habe. Über die Bedeutung dieser Dimension für das Leben wird in dem darauffolgenden Kapitel 1.4.B näher eingegangen, wo ich die Beziehung zwischen der Strukturgebenden und der Vitalenergetischen Dimension behandelt habe. Dabei wurde auch der Begriff der Lebenskraft erwähnt. Die Lebenskraft wird durch die vitalenergetischen Organe der Landschaft hervorgebracht und durch die Strömungen der Strukturgebenden Dimension durch die Landschaft verteilt. Der westlichen Tradition entsprechend wird die Lebenskraft mit den Ätherkräften identifiziert, in der chinesischen Überlieferung wird sie »Chi« genannt, die indische spricht von »Prana«. Dank der Verteilung der Ätherkräfte in der Landschaft ist das Leben auf der Erde möglich.

3.1.A. Das Kreisen der Ätherkräfte in der Landschaft

Bevor wir uns in die Theoriediskussion über die Ätherkräfte[99] vertiefen, möchte ich ein Gefühl für die kostbare Gegenwart der Ätherkräfte in der Landschaft vermitteln. Ich greife dazu

99 Der esoterische Begriff des Äthers ist nicht mit der gleichnamigen chemischen Substanz zu verwechseln!

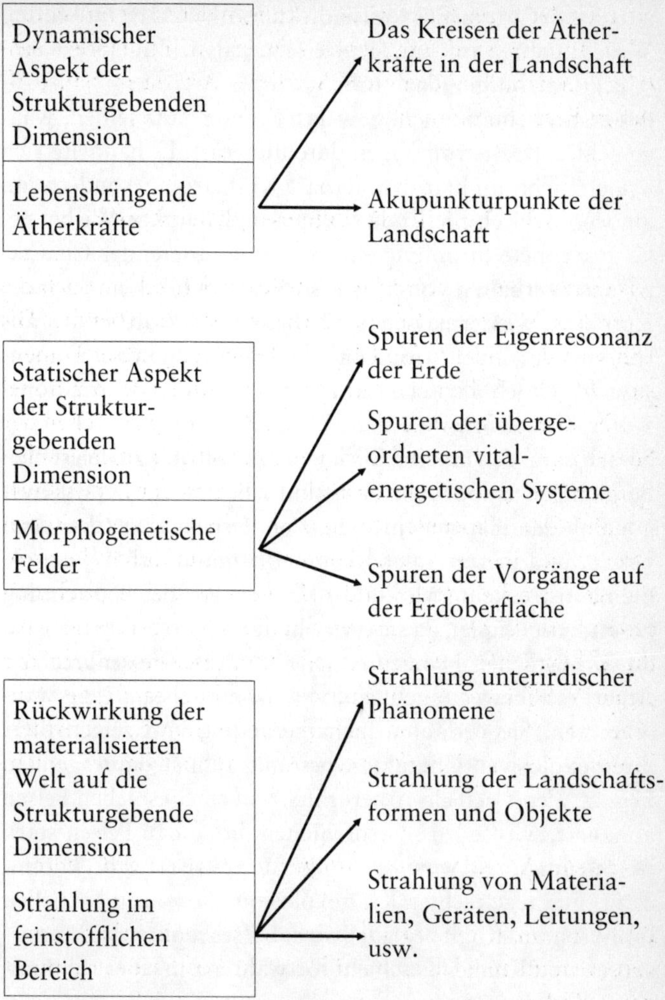

Abb. 26:
Eine Übersicht über die Geomantie der Strukturgebenden Dimension

auf eine Erfahrung des Kreislaufes der Ätherkräfte im Mölltal zurück, die ich im Juli 1994 erlebte, als ich auf der Bahnstrecke Salzburg-Villach fuhr.
Als erstes bemerkte ich, daß das Tal von ganz feinen, waagerechten Kraftströmungen durchflutet ist. Es handelte sich jedoch nicht um klar definierbare Kraftströme, sondern um amorphe, durch fließende Formen und spiralige Wirbel gekennzeichnete Strömungen, deren mäandrierender Charakter dem Verhalten von Wasserströmen im Flachland ähnelt. Statt aus Wassermassen sind diese Ätherkraftströme aus silbern funkelnden, tropfenähnlichen Einheiten zusammengesetzt, die ich als Lebenskraft – oder Lebensinformationsträger – bezeichnen würde.
Als ich dann den inneren Blick von der Talsohle zu den steilen Berghängen emporhob, bemerkte ich, daß die Kraftbewegung an den Hängen einen ganz andersgearteten Charakter bekam und in vertikaler Richtung bergauf verlief – gerade die Bahnstrecke im Mölltal ist für diese Art der Betrachtung besonders geeignet, da sie einige hundert Meter über dem Tal an den östlichen Hängen entlang verläuft. Die senkrechten Ätherkräftebewegungen sind viel dynamischer als die waagerechten. Sie verlaufen mehr geradlinig und zeigen öfter ihren explosiven Charakter, besonders an steilaufragenden Felsen. Wenn sich ein Ätherkraftstrom einem solchen Felsen annähert, wird er in seinem Gleiten durch den Felsen stark beschleunigt, und wenn er die oberste Spitze erreicht, kommt es zu einer regelrechten Kraftexplosion, die von einem hellen (unhörbaren) Knall begleitet wird. Dieses senkrechte Emporsausen und Knallen geschieht fortwährend in einer rhythmischen Abfolge.
Aus dem Beschriebenen wird das erste Kennzeichen der Ätherkraftströme ersichtlich: Sie sind Yin-Yang-polarisiert. Die horizontalen und mäanderförmigen haben einen weibli-

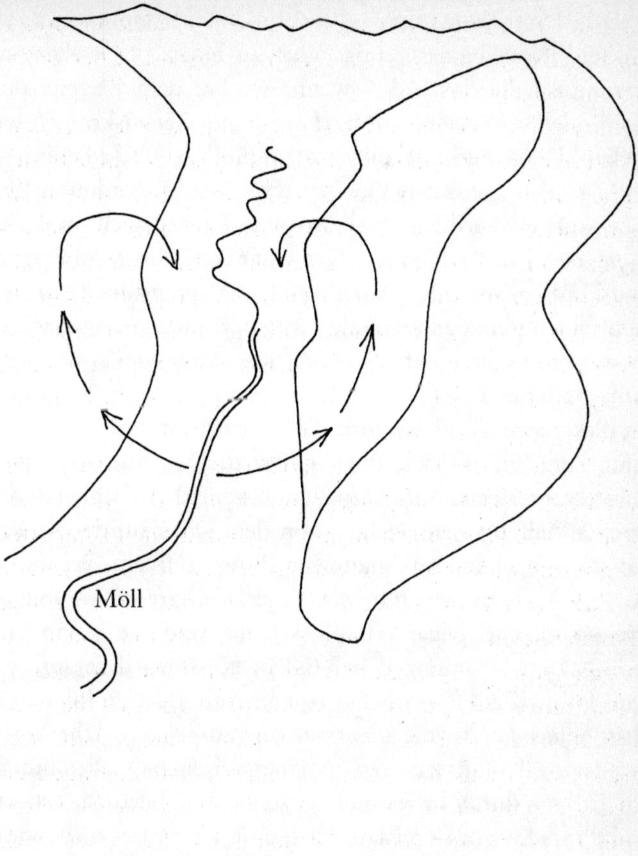

Abb. 27:
Das Kreisen der Ätherkräfte durch den Raum des Mölltales, Kärnten

chen, die vertikalen und explosiven einen männlichen Charakter. Diese Polarisierung führt zu einer ausgleichenden Dynamik, die das Tal – wenn wir bei dem Beispiel des Mölltales verweilen – in der Form eines Lebenskraftzyklus belebt. Die Ätherkraft, die aus dem Flußbett und aus sämtlichen vitalenergetischen Quellen, die sich im Talverlauf befinden, aufsteigt, wird in der ersten Phase waagerecht in Richtung des Tales verbreitet. Der Charakter der Strömungen wird radikal verändert, sobald eine von ihnen zum Bergrand getragen und in den vertikalen Aufstieg hineingezogen wird. Nun beginnt die zweite Phase des Kreislaufes der Ätherkraft innerhalb des Tales.

In dieser zweiten Phase wird die Lebenskraft durch die Fels- und Bergspitzen nach oben gezogen. Der Aufstieg führt interessanterweise nur bis zur Baumgrenze. Die kahlen Bergspitzen halten einen eigenen, von dem Kreislauf der Ätherkräfte weitgehend unabhängigen Raum aufrecht (vgl. dazu Kap. 4.3.B.). In der Höhe der Vegetationsgrenze kommt es zu den beschriebenen »Explosionen«, und die bislang in kompakten Strömungen gebundene Kraft wird zersprengt und fällt wie ein feiner Nieselregen herab. Danach folgt eine dritte Phase, in der die zerstreute und ausgeleerte Ätherkraft wieder zurückfällt zu ihren vitalenergetischen Quellen unten im Tal, um durch sie regeneriert zu werden, bevor sie erneut mit Phase Eins des Kreislaufes beginnt. Besonders stark wird die verbrauchte Ätherkraft vom Wassersystem des Flusses aufgesogen, der offensichtlich den stärksten Faktor für die Regeneration der Lebenskraft in einem Tal darstellt.

Während ich dieses Kreisen der Ätherkräfte beobachtete, habe ich auch Einzelheiten bemerkt, die für das Verhältnis zwischen der Strukturgebenden und den beiden übergeordneten Raumausdehnungen, der Vitalenergetischen und der Urbildlichen Dimension, kennzeichnend sind:

Als ich eine Kraft Leylinie bemerkte, die das Tal schräg durchquerte – ein majestätisches Licht- und Farbschauspiel für sich – wurde mir klar, daß sie eine noch zehnmal stärkere Quelle der Ätherkraft für das Tal darstellte, als der Fluß, der in der Talmitte verläuft. (Vgl. hierzu Kap. 4.1.)
Die Funktion der Berge oberhalb der Baumgrenze schien mit dem Ätherzyklus im Tal dergestalt verbunden zu sein, daß die kahlen Bergspitzen Ätherkräfte aus dem Kosmos magnetisch an sich ziehen, im Berginneren »verdauen«, sie am Fuße der Berge – dem Tal entlang – in der Form von einzelnen Ätherkraftquellen ausspeien und dadurch die Lebenskräfte des Tales miternähren. (Vgl. hierzu Kap. 4.3.)
Was die Urbildliche Raumdimension angeht, habe ich bemerkt, daß bei dem Kreisen der Ätherkräfte im Tal Elementarwesen der Elemente Wasser, Erde und Luft als den Kreislauf leitende und dirigierende Intelligenz mitbeteiligt waren. Es geht dabei um die Verteilung der Kraftpotentiale des Flusses jenseits seiner Ufer (Wasserelementarwesen), um die Polarisierung der Felsformationen, die das Aufsteigen der Ätherkräfte an den Hängen vorantreibt (Erdelementarwesen) und um die räumliche Verteilung der Ätherkräfte beim Übergang aus der zweiten in die dritte Phase (Luftelementarwesen). (Vgl. hierzu Kap. 5.3.A.)
Vögel, die durch den Raum des Tales flogen, brachten eine besondere Dynamik in die Ätherkraftmasse hinein durch Wirbelbewegungen im Gefolge ihrer Flugbahn. (Vgl. hierzu Kap. 3.2.C.)

Es ist relativ einfach zu verstehen, wie in einem aufgrund der Polarisierung durch Berge und Täler dynamisierten Raum die Ätherkraftströmungen und Zyklen zustandekommen. Wie aber kann es zu einer vergleichbaren Dynamik in einem reinen Flachland kommen? Die Antwort auf diese Frage beinhaltet zwei Aspekte:

1. Jenseits der räumlich und zeitlich fixierten Dimension der Materialisierten Welt verlieren Distanzen ihre Bedeutung; statt dessen sind nun die *Proportionen* in der Struktur des Großraumes entscheidend. Die Proportion eines ausgedehnten Flachlandes in bezug zu einer mächtigen Gebirgslandschaft, die sich mehrere hundert Kilometer entfernt vom Zentrum des Flachlandes an dessen Rand befindet, entspricht der Proportion zwischen einem engen Tal und den Gebirgszügen zu beiden Seiten des Tales. Im ersten Falle findet das oben beschriebene Kreisen der Ätherkräfte zwischen der Weite des Flachlandes und der senkrechten Kraft des angrenzenden Bergmassivs statt.
2. Da selbst in einer flachen Landschaft gewöhnlich einige Erhebungen vorkommen, wirkt sich die erwähnte Gesetzmäßigkeit der Proportionalität so aus, daß selbst ein im Verhältnis zum umliegenden Flachland relativ niedriger Hügel dieselbe Potenz der Polarisierung enthält wie ein mehrere tausend Meter hoher Berggipfel im Verhältnis zu der ihn umgebenden Gebirgslandschaft. So stellen, zum Beispiel, der Heideberg und der Stollberg mit ihren 56 bzw. 54 m Höhe im Kontext des extrem flachen Nordfrieslandes als dessen höchste Erhebungen mächtige Kraftzentren im Lande dar, die dementsprechend von den alten Kulturen als heilige Orte verehrt wurden.[100] Zusammen mit einigen anderen hügeligen Strukturen halten sie den Yang-Pol der Landschaft aufrecht.
3. Wenn wir davon ausgehen, daß die Minus-Plus-(Yin-

[100] Vgl. dazu meine Erzählung über den Naturtempelbezirk am Heideberg in meinem Buch *Elementarwesen*, S. 109.

Yang-)Polarisierung als ein Urmuster die Ätherkräfte in der Landschaft zum Kreisen bringt, so gilt es zu bedenken, daß die Polarisierung nicht nur durch das horizontal-vertikale Wechselspiel zwischen Berg- und Flachland zustande kommt, sondern ebenso durch die Polarisierung zwischen der wäßrigen Masse des Meeres (Yin) und der festen Masse des Festlandes (Yang). Der Kreislauf der Ätherkräfte entwickelt sich hier durch die Dynamik der Beziehungen zwischen dem Meeresboden und dem Festland, das in jedem Fall einen »Berg« darstellt, dessen Gefälle sich auch unterhalb der Meeresoberfläche mehr oder weniger steil zum Meeresboden hinabsenkt.

4. Neben den Ätherströmungen, die im Raum oberhalb der Erdoberfläche verlaufen und die einen luftigen Charakter haben, gibt es auch unter der Erdoberfläche jede Menge Ätherströme, die in ihrem Charakter wäßrig sind. Ihre Dynamik ist nicht von den Beziehungen zwischen Bergen und Flachland abhängig, vielmehr stehen sie in Beziehung zu den unterirdischen Wasseradern, die es wohl überall gibt. Sie sind jedoch nicht mit den Wasseradern identisch, obwohl sie deren Verlauf begleiten. Eine Wasserader ist ein Phänomen auf der stofflichen Ebene, obwohl sie durch ihre Strahlung auch auf der Erdoberfläche im feinstofflichen Bereich spürbar ist. Eine wäßrige unterirdische Strömung hat ihre Existenz in der Strukturgebenden Dimension und gehört zum Kreisen der Ätherkräfte in der Landschaft als dessen unterirdischer Aspekt.

Bezüglich der Größenordnung müßte eine ähnliche Kraftstrukturierung, wie sie für die Landschaft gilt, auch für Mikroräume gelten, wie beispielsweise für ein Zimmer oder einen Garten. Das ist meiner Erfahrung nach auch der Fall. In einem Zimmer ist, vom Grundriß her betrachtet, die

Ätherkraft in der Form je eines unregelmäßig gestalteten Yin-, Yang- und Neutralfeldes angeordnet. Diese Anordnung ist von Fall zu Fall anders gestaltet. Allgemein gesehen, stellen das Minus- und das Plusfeld die zwei Hauptfelder dar. Das Neutralfeld ist relativ klein irgendwo zwischen den beiden angesiedelt und stellt den Gleichgewichtspunkt dar, in dem die beiden polaren Felder ihren Ausgleich finden. Die Form, Intensität und Verteilung der Kraftfelder kann durch Gestaltung, Nutzung und durch im Raum aufgestellte Gegenstände oder Pflanzen beeinflußt werden. Auch die Verteilung der drei Kraftfelder in einem Garten weist meiner Erfahrung nach eine ähnliche Komposition auf.
Wie in Kapitel 1.4.B. dargestellt, würde beim menschlichen Körper das System der Akupunkturmeridiane der beschriebenen Dynamik der Ätherkräfte in der Landschaft entsprechen. Auch die Akupunkturmeridiane sind Yin- und Yang-polarisiert, und es gibt unter ihnen auch einige, die in das Polaritätsmuster nicht hineinpassen und als das neutrale Glied im System verstanden werden können. Einen wesentlichen Unterschied zum Ätherkraftsystem der Landschaft sehe ich darin, daß die Ätherströmungen in der Landschaft bezüglich ihrer Form und Bahnen nicht so festgelegt vorkommen, wie es für die Akupunkturmeridiane gilt. Um die Frage nach den Unterschieden in der Beziehung Mensch – Landschaft hinsichtlich der Strukturgebenden Dimension zu klären, habe ich den Erdheilungsengel Devos um Hilfe gebeten. Seine Antwort, die Ana am 8. Januar 1995 erfuhr, lautet:
»Wir könnten die Akupunkturmeridiane beim Menschen auf der physischen Ebene mit dem System der Blutgefäße vergleichen, das jede Zelle des menschlichen Körpers mit Blut versorgt und damit sein Funktionieren und Leben auf der physischen Ebene ermöglicht. Auf der kraftmäßigen Ebene entsprechen dem Blutgefäßsystem die Akupunkturmeridia-

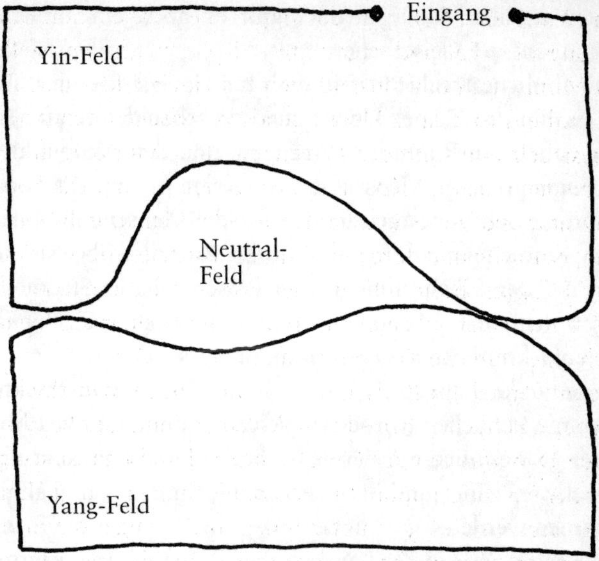

Abb. 28:
Ein Beispiel, wie die Ätherkraft
in einem Zimmer verteilt wird.

ne, die eine ähnliche Rolle bezogen auf diese spezifische Ebene erfüllen. Übergeordnet gibt es noch ein ähnliches System auf der Geistebene.
Eine ähnliche Struktur trifft auch für die Systeme im Raum zu. Es gibt dabei einen Unterschied zwischen den Kraftsystemen, die einen Raum durchtränken, und den Akupunkturmeridianen beim Menschen. Die Kraftsysteme im Raum kommen nicht so festgelegt vor wie beim Menschen, sondern »schwimmen« mehr frei durch den Raum, wobei sie den Formen der Flüsse ähneln. Die Präsenz dieser Ströme ist durch den ganzen Raum verteilt, es gibt aber auch Punkte, die eine konzentrierende, zusammenfassende oder verbindende Funktion haben, die wir mit den Akupunkturpunkten beim menschlichen Körper vergleichen können. Etwas Ähnliches gibt es auch auf der Geistebene. Die Kräfte sind dort jedoch viel feiner und können nur auf ihrer Ebene wahrgenommen werden.
Die Kraftströme in der Landschaft, die den Akupunkturmeridianen beim Menschen entsprechen, kann man sich kaum als Kraftlinien vorstellen, weil sie viel weitgehender im Raum untergliedert sind, so wie zum Beispiel das Blutgefäßsystem beim Menschen. Sie werden an manchen Stellen regelrecht in den Raum hinein zerfasert, um auf diese Weise den ganzen Raum auszufüllen, was wiederum auf die Unterschiede zwischen dem menschlichen Körper und dem Landschaftsraum hinweist.
Allgemein gesehen, stellen diese Kraftströmungen die Grundlage der kraftmäßigen Raumstruktur dar. Auf dieser Grundlage stehen dann alle anderen Energiestrukturen, Systeme, usw.«
Abschließend sei noch angemerkt, daß die Ätherkräfte der Landschaft nach dem Urmuster der Vier Elemente geordnet sind. Die Strömungen des *luftigen Äthers,* die den Raum

ausfüllen, wurden eingehend behandelt. Die Strömungen des *wäßrigen Äthers* folgen den Wasserströmen und -massen auf der Erdoberfläche und in der Erdtiefe. Die Strömungen *des feurigen Äthers* steigen aus Verwerfungen in den geologischen Schichten der Erdkruste auf. Der *irdische Äther* umspannt die Erdoberfläche in Gestalt der formgebenden Kraftfelder. (Vgl. dazu Kap. 3.2.A.)

3.1.B. Akupunkturpunkte der Landschaft

Wie wir wissen, können die Akupunkturmeridiane des menschlichen Körpers bei einer Behandlung am besten an den Stellen erreicht werden, die Akupunkturpunkte genannt werden. An solchen Stellen gibt es eine unmittelbare Verbindung zwischen der materialisierten Ebene des Körpers und dem Fluß der Akupunkturmeridiane, der auf der übergeordneten Ebene des Mehrdimensionalen Raumes an der betreffenden Stelle pulsiert. Wenn solche Stellen bei der Akupunktur, Akupressur oder bei der Massage auf der physischen Ebene berührt werden, kommt es durch Resonanz zu einer Einwirkung auf die korrespondierende Ätherströmung.

Ähnliches trifft auch für die Landschaft zu, nur daß es bei den Akupunkturpunkten der Landschaft nicht so sehr um einen Zugang zu den Ätherströmungen geht, die – wie am Ende des vorangegangenen Kapitels erläutert – einen relativ ungeformten Charakter haben, sondern vielmehr um eine Berührung mit den vitalenergetischen Systemen. Ich denke dabei an die Kraft- und Verbindungs-Leylinien und andere »Organe« der Landschaft.

Wie beim menschlichen Körper gibt es auch bei der Landschaft zwei Möglichkeiten, um die Organe durch Akupunkturpunkte zu erreichen. Entweder an den entsprechenden

Punkten, die entlang einer Kraftströmung liegen – wie oben beschrieben – oder durch Ersatzakupunkturpunkte. Beim menschlichen Körper gibt es Ersatzakupunkturpunkte und Ersatzzonen für alle Teile und Organe des Körpers an den abschließenden Bereichen, wie z.B. an den Füßen, den Händen, den Ohren und an der Zunge. Bei der Landschaft finden sich auch spezielle Bereiche, in denen die Akupunkturpunkte für die verschiedenen Kraftorgane des betreffenden Ortes angesiedelt sind. Außerdem gibt es in jedem Landschaftsraum einen generellen Akupunkturpunkt, durch den alle vitalen Funktionen in dem Raum erreicht werden können. Beide Phänomene sind von herausragender Bedeutung für die Raumheilung.

Nach Auskunft des Erdheilungsengels Devos gibt es zwei Aspekte, durch die die Akupunkturpunkte auf die feinstoffliche Ebene einwirken können:

1. Zum einen gibt es an allen Akupunkturpunkten in der Landschaft eine Art Kraftwirbel, der senkrecht in das Erdinnere eindringt und die Informationen über die Charakteristik der feinstofflichen Ausdehnungen des Platzes in sich konzentriert. Diese Kraftwirbel sind unterirdisch im Rahmen eines gegebenen Landschaftsraumes miteinander verbunden und ermöglichen dadurch, daß im Raum »zerstreute« Systeme von jedem Akupunkturpunkt aus erreicht werden können. Devos vergleicht diesen Aspekt scherzhaft mit einer Telefonzentrale, die von Menschen auf ähnliche Weise konzipiert wurde.
2. Der zweite Aspekt beruht auf dem Prinzip korrespondierender Wellenlängen, d.h. er wirkt durch Resonanz. Die Schwingung eines Akupunkturpunktes entspricht also genau der Schwingung des zugehörigen Organs der Landschaft. Auf diesem Weg überträgt sich eine Veränderung,

die an dem Akupunkturpunkt eingeleitet wird, auf das entsprechende Landschaftsorgan.

Die Akupunkturpunkte im Landschaftsraum haben eine dreifache Funktion:

- Sie dienen der Einbindung der verschiedenen Kraftphänomene des Landschaftsraumes in die Ganzheit.
- Sie stärken die mit ihnen in Verbindung stehenden Teile der Landschaft.
- Sie ermöglichen Prozesse der Landschaftsheilung.

3.2. Spuren in den formgebenden Kraftfeldern

Im vorangegangenen Kapitel haben wir diejenigen unter den strukturgebenden Kräften im Raum betrachtet, die lebensfördernd wirken. Eine andere Art von strukturgebenden Kräften erfüllt die Funktion, der Manifestierten Welt die Qualität der Form zu verleihen. Im Gegensatz zu den lebensbringenden Kräften, die sich in zyklischen Strömen bewegen, nehmen die formgebenden Kräfte die Gestalt statischer Kraftfelder an, die im Raum ausgedehnt sind. Diese formgebenden Kraftfelder[101] sind in Schichten um und durch die Erdkugel verteilt. Sie wirken nicht durch eine kreisende Bewegung wie die lebensgebenden (Äther-)Kräfte, sondern durch die rhythmische Aufeinanderfolge von Verdichtung und Entspannung, eine Art »statische« oder interne Bewe-

101 Auch »morphogenetische Felder« genannt, ein Ausdruck, den der Physiker Rupert Sheldrake in die Überlegungen über die Natur der feinstofflichen Wirklichkeit eingeführt hat.

gung innerhalb des Kraftfeldes. Ein Ergebnis solcher Verdichtungsvorgänge in den formgebenden Kraftfeldern sind die Formen der Manifestierten Welt, die als sichtbare, hörbare, greifbare Formen zustande kommen und durch den anschließenden Prozeß der Entspannung im Kraftfeld in die Zerfallsprozesse münden.
Es gibt aber auch Verdichtungs- und Entspannungsprozesse, die so fein sind, daß sie als Formen gar nicht im sichtbaren Bereich der Wirklichkeit auftreten, sondern als unsichtbare Spuren im feinstofflichen Bereich verbleiben und als solche eventuelle Einwirkungen auf die Welt der Formen ausüben. Das klassische Wünschelrutengehen und die moderne Radiästhesie beschäftigen sich fast ausschließlich mit der Untersuchung solcher Spuren in den formgestaltenden Kraftfeldern.

3.2.A. Spuren der Eigenresonanz der Erde (Gitternetze)

Formgebende Kraftfelder sind an sich radiästhetisch nicht lokalisierbar, da sie einfach den ganzen Bereich der Wirklichkeit auf eine kompakte Art und Weise ausfüllen. Sie wurden durch regelmäßige Spuren entdeckt, die sie durchziehen und die gewöhnlich als Gitternetze bezeichnet werden. Die bekanntesten Gitternetze – das »erste« und das »zweite« – werden nach ihren Entdeckern auch als »Hartmann-« bzw. »Curry-Gitternetz« bezeichnet. Grundeinheit des ersten Gitters wäre ein Rechteck von ca. 2 x 2,5 m. Das zweite Gitter liegt genau diagonal dazu.
Meiner Einsicht nach handelt es sich dabei um Spuren der Eigenresonanz des Erdkörpers, die sich als regelmäßig im formgebenden Kraftfeld verteilte Spuren äußert. Wir können

uns vorstellen, daß die verschiedenen Frequenzen des Erdkörpers ununterbrochen schwingen und dementsprechend den formgebenden Kraftfeldern der Erde ihre Spuren einprägen.

Diese Spuren haben, den radiästhetischen Befunden zufolge, eine sich regelmäßig wiederholende geometrische Form, sollten aber nicht als so starr gedacht werden, wie es die Radiästhesie-Handbücher nahelegen, wo sie mit dem Lineal gezeichnet werden und sich in ein wissenschaftlich orientiertes Weltbild einfügen müssen.[102] Es handelt sich um ein sensibles Spurennetzwerk, an dem sogar Probleme in einem Raum abgelesen werden können. Als Beispiel möchte ich von einer Reinigungsarbeit in einem Schloßgebäude berichten, das sich in der Nähe von Fribourg, Schweiz, befindet.

Die Atmosphäre in dem Gebäude war stark belastet, und mein mitarbeitender Freund, der sich in der Radiästhesie gut auskannte, hatte vorgeschlagen, die Ausgangssituation dadurch festzuhalten, daß wir die Lage des Hartmann-Gitternetzes aufzeichnen. Wir nahmen lange Holzlatten und begannen, sie anhand der radiästhetischen Messungen entlang den Spuren des Hartmann-Gitternetzes auszulegen. Es stellte sich dabei heraus, daß sich in der Haupthalle des Gebäudes ein Riß durch die Gitternetzstruktur zog, der eine Verschiebung der Gitterstruktur an der Rißstelle um einige Dezimeter verursachte.

Nun begannen wir mit der Reinigungsarbeit. Es handelte sich um ein Problem, das Lebensräume auf der Gefühlsebene besonders stark belasten kann – ich nenne es das Problem

102 Vgl. dazu das Foto eines kymatischen Klangbildes, abgebildet in Jörg Purner: *Radiästhesie – Ein Weg zum Licht?* Zürich/Chur 1988, S. 35: In einer durch einen Ton in Schwingung versetzten Flüssigkeitsschicht entstehen gitterförmige Netzsysteme, die den radiästhetisch nachweisbaren Gitterstrukturen gleichen.

»gefangener Seelen«. In Wirklichkeit geht es dabei um die feinstofflichen Hüllen des inkarnierten Menschen, die in der Urbildlichen Ausdehnung des Mehrdimensionalen Raumes gefangen bleiben, wenn sich die Seele des Menschen bei seinem Tode nicht vollständig aus seinem Körper herausziehen konnte. Zu einem solchen unvollendeten Sterbevorgang kann es kommen, wenn ein Mensch unter psychologisch extrem unharmonischen Umständen stirbt und seine Anhaftung an die Welt der Materie nicht in Ruhe lösen kann. So bleiben feinstoffliche Körperreste zurück, die wie eine Art Parasiten in dem betreffenden Raum existieren und die »Nahrung« für ihre außerhalb der Raumordnung stehende Existenz aus ihrer Umgebung herausziehen. Folglich werden Räume, die ein Cluster solcher Seelenhüllen beherbergen, als stark belastet und kraftmäßig ausgelaugt erlebt, was für uns letztlich an dem Bruch im Gitternetzmuster sichtbar wurde.

Nachdem wir den ganzen Vorgang der Erlösung und Reinigung des Gebäudes abgeschlossen hatten (vgl. dazu Kapitel 5.1.D.), haben wir erneut das Gitternetz ausgemessen. Es stellte sich heraus, daß die Linien des Netzes nun bruchfrei und wieder ordnungsgemäß ausgerichtet durch die Halle verliefen. Das Gitternetz spiegelte die eingetretene Harmonisierung des Raumes wider.

3.2.B. Spuren der übergeordneten vitalenergetischen Systeme

Es sollte inzwischen klargeworden sein, daß die Spurenformationen, die sich innerhalb der formgebenden Kraftfelder finden lassen, keine Kraftphänomene an sich darstellen und folglich auch keinen unmittelbaren Einfluß auf die Lebensvorgänge im Raum nehmen können.[103] Sie können eine Bedeutung für die geomantische Untersuchung dadurch gewinnen, daß wir anhand dieser Spuren Schlüsse ziehen können, welche vitalenergetischen Systeme sich in einem Raum befinden oder wie ihr Verlauf in der Beziehung zum Landschaftsrelief ist. Dabei muß ich jedoch betonen, daß es sich bei dem Lesen von Spuren in den formgebenden Feldern um eine Ersatzmethode handelt, die immer mit Hilfe von Radiästhesiewerkzeugen ausgeführt wird und unbedingt durch die in Kapitel 2 dargestellten Methoden der übersinnlichen Wahrnehmung überbaut werden muß, um sicherzustellen, ob eine Spur, die auf diese Weise entdeckt wurde, tatsächlich die Spur einer vitalenergetischen Erscheinung ist oder nur die Spur einer menschlichen Vorstellung. Vergleichende Untersuchungen in Radiästhesie haben nämlich gezeigt, daß es für das menschliche Denksystem relativ leicht ist, durch mentale Konzentration beliebige Formen in die formgebenden Kraftfelder einzuprägen, da es sich dabei um ungeheuer sensible Kraftfelder handelt, die leicht beeinflußbar sind. Schließlich besteht ihre Funktion ja genau darin, Informationen aus den übergeordneten Systemen in die manifestierte Realität zu übertragen. Diese Rolle ist der Grund dafür, warum sie so extrem aufnahmefähig sind für Spuren und Informationen. In den Radiästhesieberichten kommen Begriffe wie »Medialzonen« (1), »Wachstumszonen« (2) oder »rechtsdrehende Wasserzonen« (3) vor, die ich als Spuren bezeichnen würde, und zwar Spuren der realen, räumlichen Existenz einer Leylinie (1), einer Kraftlinie der Elementarwesen (2) bzw. einer

103 Was öfter als Einfluß der Kreuzungspunkte der Gitternetze auf einen Schlafplatz dokumentiert wird, ist meiner Meinung nach ein sekundäres Phänomen insofern, als die Verdichtungsstellen im Kraftfeld mehr Negativitäten an sich ziehen als die »leeren« Zwischenfelder.

Kraftlinie, die zum sakralen System der Berge gehört (3) (vgl. dazu Kap. 4). Die genannten vitalenergetischen Phänomene existieren, bildlich gesprochen, auf einer nächsthöheren Daseinsebene und prägen der darunterliegenden Ebene die Spuren ihrer Anwesenheit ein.

Eine Anhäufung von Kreuzungspunkten an einer Stelle im Raum kann als die Spur eines Kraftzentrums verstanden werden, das an dem Punkt pulsiert und seine Spur auf diese Weise in die formgebenden Kraftfelder einprägt. Um ein Beispiel dafür zu geben, möchte ich von Untersuchungen berichten, die ich gemeinsam mit meinem Kunstkollegen und erfahrenen Radiästhesisten Peter Strauss in Hermannsdorf[104] im Jahr 1993 ausgeführt habe.[105] So habe ich, zum Beispiel, im Hof der Anlage das sternförmige Kraftzentrum des Ortes lokalisiert (vgl. dazu Kap. 4.2.), aus dem sechs Verbindungs-Leylinien entspringen, die das Zentrum mit sechs verwandten Orten in Bayern verbinden. Mein Kollege hat durch Muten mit einer Lecher-Antenne unabhängig davon herausgefunden, daß sich in demselben Punkt vier Gitternetze kreuzen, was eine Seltenheit darstellt, die man nur dadurch erklären kann, daß an dem Punkt – auf der übergeordneten Ebene – ein reales Kraftzentrum pulsiert. Dessen Spur in der Strukturgebenden Dimension äußert sich in der Form einer vierfachen Kreuzung der Gitternetze, die die Form eines Malteserkreuzes hat.

Aus diesem Beispiel geht auch klar die Notwendigkeit hervor, die radiästhetischen Mutungen durch zusätzliche Methoden der übersinnlichen Wahrnehmung zu überbauen. Sonst kann die Geomantin oder der Geomant zwar ein Zentrum im

104 Die Hermannsdorfer Werkstätten sind ein Zentrum für naturgemäße Landwirtschaft und Kunst, das südlich von München liegt und durch die Schweisfurth-Stiftung gefördert wird.

105 Mehr darüber in meinem Buch *Elementarwesen*, S. 209–211.

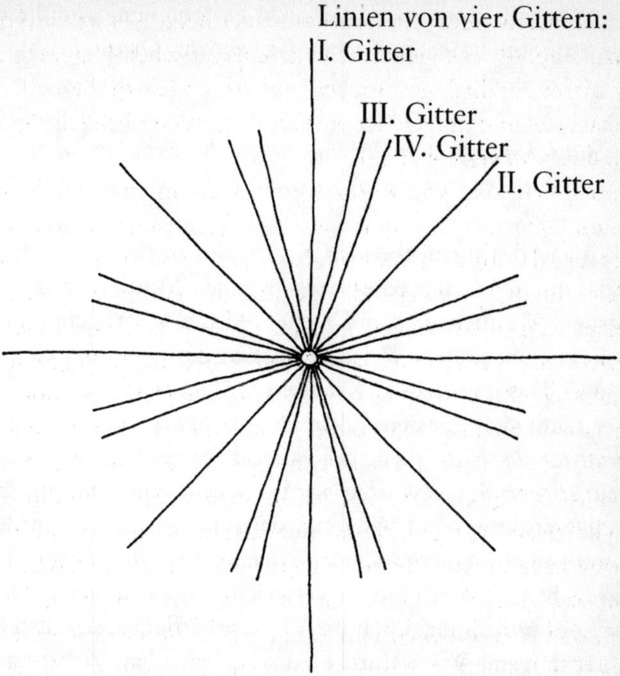

Abb. 29:
Die Spur des Kraftzentrums von Hermannsdorf, gemutet durch Peter Strauss.

Raum lokalisieren, weiß aber nicht, welche Funktion dieses Zentrum im vitalenergetischen Gewebe des Ortes ausübt.

3.2.C. Spuren von Vorgängen auf der Erdoberfläche (Aquastate)

Die Lage des formgebenden Kraftfeldes in der Landschaft kann mit der Lage eines Sees in einer Mulde verglichen werden. Wenn kein Wind weht und die Oberfläche auch nicht auf eine andere Weise berührt wird, ist sie glatt wie ein Spiegel. Das regelmäßige Kräuseln der Oberfläche durch den Wind läßt sich mit dem Entstehen der *Spuren von Eigenresonanzen der Erde* in einem Kraftfeld vergleichen. Wenn ein Stein in den See geworfen wird, entsteht eine ringförmige Wellenstruktur – ein Vorgang, der mit dem Entstehen der *Spuren der übergeordneten vitalenergetischen Systeme* im formgebenden Kraftfeld zu vergleichen wäre. Zieht jedoch ein Boot seine Spur durch die Wasseroberfläche, so entsteht hinter ihm eine Wasserfurche samt begleitenden Wirbel- und Wellenerscheinungen. Eine solche Furche würde ich mit der *Spur im formgebenden Kraftfeld* gleichsetzen, die *ein Tier oder ein Mensch hinter sich läßt,* wenn es/er sich durch die Landschaft bewegt.
Die Spuren der letztgenannten Art hat der zu Beginn des Kapitels erwähnte englische Forscher Guy Underwood entdeckt und als »Spurlinien« (engl. *tracklines)* bzw. »Aquastate« bezeichnet. Ihm fiel auch auf, daß die Spurlinien dieser Art häufig deckungsgleich sind mit uralten Wegen. Das führte ihn zu der Überlegung, daß eine »Furche«, die hinter einem Tier oder einem Menschen entsteht, relativ schnell wieder verschwindet. Wenn aber Jahrhunderte hindurch auf bestimmten Wegen gegangen, geritten und mit Tiergespan-

nen gefahren wurde, so verbleibt die tausendfach wiederholte Furche als ein dauerhafter Kraftabdruck in der Landschaft bestehen. Auch nachdem – wie Guy Underwood belegt hat – jahrhundertelang ein solcher Weg nicht mehr regelmäßig begangen wurde, ist es möglich, radiästhetisch den Aquastat wiederzufinden, der sich während des intensiven Gebrauchs des Weges in dessen Mitte manifestiert hat. Wegen dieser Qualität, die Erinnerungen eines Ortes zu speichern, können sich die Aquastate bei der Untersuchung eines Ortes als nützlich erweisen. Mir sind verschiedene Arten von Aquastaten begegnet:

1. Die oben beschriebenen Aquastate verlaufen in der Wegmitte.[106] Sie laufen oft in spiralige Formen aus, wo Menschen dem Weg entlang regelmäßig Rast gemacht oder Rituale gefeiert haben. Auch wenn Wege in späterer Zeit im Zuge moderner Verkehrsführungen verlegt wurden, folgt der Aquastat noch immer der alten Wegtrasse.
2. Aquastate mit einem Yin-Yang-polarisierten Band bezeichnen Wege mit sakraler Funktion, wie Pilgerwege oder regelmäßige Zeremonialwege an einem heiligen Ort. Sie haben einen polarisierten Minus-Plus-Rhythmus eingeprägt, so daß beim Gehen ein Schritt als Yin- und der nächste als Yang-polarisiert erlebt wird. Sie sind dadurch entstanden, daß Menschen, die die sakralen Wege abgeschritten haben, dabei gebetet, meditiert oder heilige Handlungen vorgenommen haben. Solche Aquastate können einem viel über die ursprüngliche Gestalt eines heiligen Ortes sagen.

106 Es handelt sich nur um Wege, die regelmäßig von Menschen und/oder Tieren begangen werden oder wurden, und nicht um Fahrzeugwege.

3. Aquastate, die entlang des Grundrisses eines Gebäudes oder eines von Menschen aufgestellten Steines entstehen, dort, wo die Masse des Gebäudes oder des Steines die Erdoberfläche berührt. An der Nahtstelle kommt es zu einer dauerhaften Interferenz zwischen dem vom Menschen künstlich aufgestellten Objekt und dem umgebenden Kraftfeld. Wenn die Interferenzwellen Jahrhunderte hindurch verursacht werden, schlagen sie sich langsam nieder in der Form eines Aquastats, der das Objekt umrandet und folglich im Raum vorhanden ist, auch wenn das Objekt schon längst nicht mehr existiert.

3.3. Strahlung im feinstofflichen Bereich

In den beiden vorangegangenen Unterkapiteln haben wir diejenigen Erscheinungen der Strukturgebenden Dimension betrachtet, die Auswirkungen auf die Vorgänge der manifestierten Wirklichkeit ausüben. Wir haben uns mit den formgebenden Kraftfeldern beschäftigt, die das Entstehen der sinnlich erfahrbaren Formen ermöglichen, und mit den lebensbringenden Ätherkräften, die den Landschaftsraum und seine Lebensbereiche mit Vitalkraft versorgen. Im dritten Unterkapitel kommen wir nun zu den Rückwirkungen der Manifestierten und Materialisierten Welt auf die feinstofflichen Bereiche des Mehrdimensionalen Raumes. Diese verlaufen zwischen den beiden benachbarten Raumdimensionen, der Manifestierten und der Strukturgebenden Dimension, und äußern sich in den verschiedensten Arten von Strahlungen. Dabei soll hier nur von solchen Strahlungen gesprochen werden, die im feinstofflichen Bereich wahrnehmbar sind.
Die Behandlung von Strahlungsphänomenen dieser Art stellt das ursprüngliche Betätigungsfeld der modernen Radiästhe-

sie dar und ist daher reichlich ausgearbeitet und dokumentiert worden, was mich der Notwendigkeit enthebt, mich an dieser Stelle umfangreich damit zu befassen. Ich möchte nur einige Aspekte davon erwähnen, um auch dieses Gebiet in das ganzheitlich konzipierte Geomantiegebäude einzugliedern.

3.3.A. Strahlung unterirdischer Phänomene (Wasseradern und Verwerfungen)

Strahlungsphänomene, verursacht durch unterirdische Wasseradern, sogenannte Blinde Quellen und Verwerfungen in der Erdkruste sind das klassische Thema des Rutengehens, und es scheint völlig überflüssig zu sein, über dieses allseitig erforschte Thema viel Worte zu verlieren. Ich würde es auch dabei belassen, wenn nicht während meiner Beschäftigung mit der Radiästhesie der Eindruck bei mir entstanden wäre, daß mit diesen unterirdischen Phänomenen regelmäßig eine negative Wertung verbunden ist, eine unterschwellige Angst bis hin zu Gefühlen von extremer Feindseligkeit. Es wird von »Störzonen« gesprochen, und es wird Menschen dringend empfohlen, diese verfluchten Zonen zu meiden oder sie möglichst zu unterdrücken und aus der menschlichen Lebenswelt hinauszudrängen. Einige Radiästhesiekundige haben allerlei mehr oder weniger magisch funktionierende Entstörungsgeräte erfunden, um Menschen vor dieser schwarzen Kraft der Erde zu schützen.
Die Schwarz-Weiß-Ideologie dieser entfremdeten Beziehung zum Erdorganismus war mir schon immer ein Dorn im Auge. Als ich aber zu Beginn der 90er Jahre mein Herz für den weiblichen Aspekt des Göttlichen öffnete und die Erde nicht nur als einen Himmelskörper, sondern auch als einen realen

Körper der Göttin verstand – sie wird Gaia oder Gea genannt –, wurde mir diese Art der Negativierung noch verdächtiger. Ich empfinde sie als eine unbewußte, tiefgreifende Furcht vor der weiblichen Natur der Erde, der Landschaft und letztlich auch deren Lebensreichen. Die Unsicherheit in der Beziehung zum eigenen Körper überträgt sich auf die Unsicherheit des patriarchalisierten Bewußtseins angesichts der Lebensfülle, die aus der Erdtiefe ausstrahlt. Die intime Ausstrahlung aus der Erdtiefe wirkt dabei besonders furchterregend.

Das war aber nicht immer so. Guy Underwood, zum Beispiel, hat festgestellt, daß sämtliche megalithischen Kultplätze in Verbindung stehen mit Blinden Quellen. Bei einer solchen unsichtbaren Quelle steigt die Wassermasse vermutlich in gasiger Form aus der Erdtiefe empor, wird auf einer bestimmten Höhe flüssig und bildet dadurch eine sogenannte Wasserkuppel, aus der eine Reihe von Wasseradern sternförmig in verschiedene Richtungen ausfließen. Obwohl das Wasser in solchen Fällen gar nicht an die Erdoberfläche gelangt, ist der Platz durch starke Wasserstrahlung und durch spiralförmige Spuren im Kraftfeld des Ortes erkennbar. Ein solcher Platz wurde von den Alten Kulturen als ein Ort der Verbindung zum Körper der Erde oft als heilig verehrt und entsprechend gestaltet. Guy Underwood hat sogar belegt, daß Säugetiere am liebsten über einer Blinden Quelle gebären.

Andererseits will ich nicht leugnen, daß die Ausstrahlung unterirdischer Wasseradern und Verwerfungen für den menschlichen Organismus schädlich oder sogar unerträglich ist – jedoch nicht, weil sie an sich schlecht wäre, sondern weil das menschliche Wesen zu empfindsam ist, um die wundervolle Kraft der Erde über eine längere Zeitspanne zu ertragen. Solange man sich auf einem durch eine Wasserader bestrahlten Platz dauernd bewegt, kann man die unheimlich tiefen, bassähnlichen Schwingungen aus der Erdtiefe leicht verarbeiten. Liegt aber ein Mensch einige Stunden fast regungslos über einem solchen Platz, so staut sich die dynamische Strahlung unverarbeitet in seinem Körper, was letztlich zu Erkrankungen führen kann.

Ich sehe es als einen wichtigen Aspekt des geomantischen Bewußtseins an, anzuerkennen, daß es Bereiche auf der Erdkugel gibt, die eine tiefe kraftmäßige und geistige Bedeutung für das Wesen des Planeten haben und für seine Ökologie von grundlegender Bedeutung sind, obwohl sie den Menschen bedrohen. Folglich sind wir aufgefordert, diese Plätze als Wohnräume zu meiden und sie der Erde und der Natur zurückzugeben. Die Geomantie sollte in dieser Hinsicht klare, von negativen Gefühlen unbelastete Strategien erarbeiten.

3.3.B. Strahlung der Landschaftsformen und Objekte

In dem Kapitel über das Kreisen der Ätherströme in der Landschaft (Kap. 3.1.A.) habe ich erwähnt, daß unterschiedliche Landschaftsformen durch ihre polarisierte Strahlung wie ein »Motor« wirken, der die zyklischen Bewegungen der Lebenskräfte vorantreibt. Dabei wirkt, zum Beispiel, die Wasserfläche eines Flusses oder eines Sees durch ihre Yin-Strahlung, die senkrechte Natur der Felsformationen hingegen als komplementärer Yang-Pol. Schauen wir uns unter diesem Blickwinkel den Salzburger Raum an, so werden wir schon aufgrund der Formgestaltung seiner Stadtlandschaft erahnen können, wie die Strahlung der Landschaftsformen dort wirkt.

Grundsätzlich handelt es sich dabei um eine intensive Begegnung zwischen der Yin-polarisierten Strahlung des Flusses

Salzach, die auf eine Yang-strahlende Felsformation trifft. Dabei kommt es zu einer Differenzierung in der Felsformation selbst. Der Kapuziner Berg, der aus kompaktem Kalkgestein besteht, hält dem Ansturm des Flusses stand und verkörpert dadurch das Yang-Prinzip der Felsformation. Der Mönchsberg hingegen besteht aus weicherem Kalkkonglomerat und wurde folglich vom Fluß, der den Kapuziner Berg meidet, in einem Yin-förmigen Bogen abgetragen, was ihn als weibliches Komplement zum pyramidenförmigen Kapuziner Berg charakterisiert. So kommt es zu einer Plus-Minus-Polarisierung innerhalb der beiden Felselemente, obwohl sie in der Beziehung zum Yin des Flusses beide den Yang-Aspekt darstellen. Im Wirkungsfeld dieser zweifach polarisierten Strahlung kommt es zu einem extrem dynamisierten Kreisen der Ätherkräfte, was sich die Stadt jahrhundertelang zunutze gemacht hat, um darin zu einer einmaligen kulturellen und wirtschaftlichen Blüte zu gelangen.

Wie dieses Beispiel zeigt, ist die *Bewertung* der Strahlung in einem Raum bezeichnend für das Verständnis ihrer spezifischen Lebensqualität und folglich auch für die geomantische Entscheidung, was die Plazierung von Objekten und deren Gestaltung in diesem Raum angeht. Es bedarf nicht viel mehr als einer vertieften und durch Fühlen untermauerten Beobachtung, um die Strahlungsverhältnisse in einem Raum zu entschlüsseln. Allerdings sollte dies nur die erste Stufe sein, auf der die ganzheitliche Raumerkenntnis basieren sollte.

Was im Größeren in der Landschaft zu finden ist, kann auch in den Mikroräumen gefunden werden. Auch ein Stein, zum Beispiel, der im Garten aufgestellt wird, hat seine charakteristischen Strahlungsprofile, die durch ihre polarisierten Strahlungsqualitäten den umliegenden Raum bezüglich der angeregten Ätherkraftströmungen verändern bzw. prägen. An den scharfen Kanten entsteht eine gezielte und scharfe

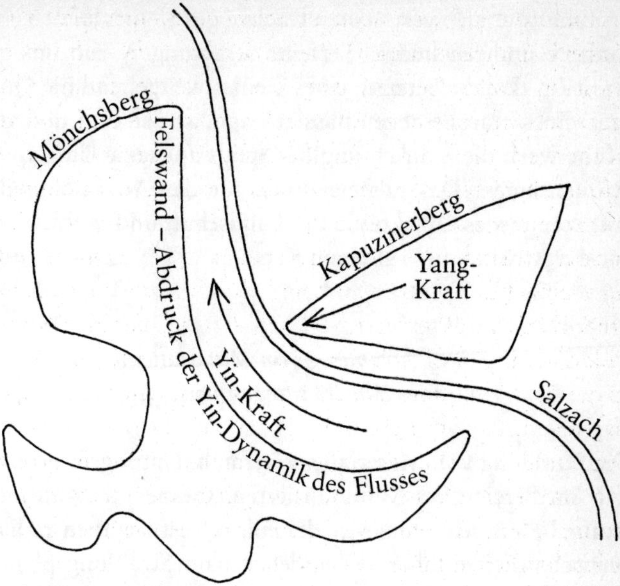

Abb. 30:
Strahlung der Felsformationen, die die Stadtlandschaft von Salzburg prägen.

Strahlung, an den gerundeten Flächen des Steines jedoch eine sanftere und regelmäßig verteilte Strahlung. Wenn uns bewußt ist, daß die Setzung eines Steines weitgehend die Qualität eines Raumes beeinflussen kann, so ist es schon der Mühe wert, die Ausrichtung des Steins auf seine Umgebung einzustimmen. Das gilt eigentlich für das Aufstellen oder Aufbauen jedes Objektes in der Landschaft und mithin auch für die Architektur (vgl. dazu Kap. 7).

3.3.C. Strahlung von Materialien, Geräten, Leitungen usw.

Die Strahlung von Materialien, Geräten, Leitungen, usw. ist teils im Bereich des Materialisierten Raumes, teils im feinstofflichen Bereich angesiedelt. Folglich ist sie auch radiästhetisch wahrnehmbar. Es handelt sich um Strahlungsphänomene, die besonders für das gesunde Wohnen und Leben wichtig sind. Darüber gibt es genügend Fachliteratur.[107]

[107] Vgl. das Literaturverzeichnis am Ende des Buches.

Kapitcl 4: Die vitalenergetischen Systeme der Landschaft

In Kapitel 1.4.B. wurde schon ein erster Vergleich zwischen den vitalenergetischen Systemen der Landschaft und den inneren Organen des menschlichen Körpers angestellt. Das Herz mit dem Blutkreislaufsystem, das Gehirn mit dem Nervensystem, das System der Drüsen sowie Lungen, Nieren, Milz und aller anderen Organe, deren Funktion für das Leben eines Menschen unentbehrlich ist, finden erstaunlich vergleichbare Entsprechungen in den vitalenergetischen Systemen der Landschaft. Man könnte sogar sagen, daß ja auch die inneren Organe beim Menschen nicht sichtbar sind, die Lebendigkeit des Körpers jedoch absolut von ihrer Tätigkeit abhängt. Auch die vitalenergetischen Systeme in der Landschaft sind nicht sichtbar, und doch hängt die Lebensqualität eines Landes davon ab, ob diese »Organe« funktionieren oder nicht. Ein solcher Vergleich kann vorstellungsmäßig hilfreich sein, obwohl es sich dabei um zwei verschiedene Ebenen der Wirklichkeit handelt. Um die rein bildhafte Vergleichsebene zu transzendieren und so der wahren Struktur der Wirklichkeit gerecht zu werden, müßten wir die feinstoffliche Qualität der vitalenergetischen Systeme mit ihrer feinstofflichen Entsprechung im Bereich des Menschenwesens vergleichen. Auch dieser, der Dimension der Wirklichkeit viel angemessenere Vergleich, wurde schon erwähnt. Es handelt sich um die Entsprechung der vitalenergetischen Systeme der Erde zum Chakrensystem des menschlichen Organismus.

In Kapitel 2.4.D. habe ich die Erläuterungen des Engels Christopher Tragius vorgestellt in bezug auf die drei Ebe-

nen – die energetische, gefühlsmäßige und geistige Ebene –, auf denen die Chakren[108] wirken. Bezogen auf die vitalenergetischen Systeme der Erde handelt es sich um die energetische Funktion, die der Engel auf folgende Weise erklärt:
»Die sieben Chakren tragen auf der energetischen Ebene die Verantwortung für die sieben Grundfarben (bzw. die sieben Frequenzen der Kraftfelder), die die Aura des Menschen zusammensetzen. Wenn diese Farben in einem vollkommenen Gleichgewicht zueinander stehen, ist die Aura durchsichtig bzw. farblos. Es wird zwar gesagt, daß beispielsweise das Sonnengeflechtschakra gelb aussähe. In Wirklichkeit ist es aber nur für die gelbe Frequenz in der Aura zuständig. Das Chakra selbst beinhaltet jedoch das ganze Spektrum der sieben Frequenzen.
Die Chakren sehen auf der energetischen Ebene wie Zentren von Mini-Explosionen aus – sie pulsieren in einem untereinander abgestimmten Rhythmus, durch den die Aurafelder zustande kommen.[109] Die Chakren wirken dabei ähnlich wie Herzorgane. Sie haben einen eigenen Rhythmus von Kontraktion und Expansion. Bei jeder Pulsation, die dadurch zustande kommt, drücken sie ihre eigene Frequenz in die Aura hinein (beim Sonnengeflechtschakra z.B. die Frequenz Gelb), und im nächsten Schritt schlürfen sie dieselbe Farbe in sich hinein, um sie zu reinigen und sie wieder an die Aura abzugeben. Aus diesem Grund stellt die Aura kein statisches Feld dar, sondern sie ist aus ständigen, aufeinanderfolgenden und untereinander abgestimmten »Mini-Explosionen« der Chakren zusammengesetzt.
Die Kräfte in der Aura sind einem regelmäßigen Kreisen

108 Hier ist die Rede von den sieben Chakren des Yang-Systems (vgl. dazu Kap. 1.2.B. und 1.2.C.).

109 Die Aurafelder beim Menschen vergleiche ich mit den in Kap. 3.2. beschriebenen formgebenden Kraftfeldern der Landschaft.

unterworfen, ähnlich wie das Blut. Wenn die Chakren untereinander im Gleichgewicht schwingen und richtig funktionieren, ist auch die Aura gesund. Wenn Beschädigungen an einem oder mehreren Chakren auftreten, spiegelt sich das in der ganzen Aura wider. Dazu muß erwähnt werden, daß die beschriebene Tätigkeit der Chakren im Zusammenhang mit den Aurafeldern nur einen von zwei Aspekten der Tätigkeit der Chakren auf der energetischen Ebene darstellt. Der zweite Aspekt betrifft die Einwirkung der Chakren auf die entsprechenden Teile des physischen Organismus …«

Es würde jedoch nicht die Wirklichkeit treffen, wollten wir die Tätigkeit der Chakren im menschlichen Organismus unmittelbar auf die vitalenergetischen Organe der Landschaft übertragen. Ein erster Unterschied liegt darin, daß die Landschaft kein abgerundetes Subjekt ist wie ein Mensch, sondern aus verschiedenen Einheiten zusammengesetzt ist, die relativ selbständig sind, sich teilweise gegenseitig überlappen und zusammen größere Einheiten bilden. Ein Garten, der in einem Tal liegt, ist, zum Beispiel, eine Einheit für sich mit eigenen vitalenergetischen Zentren. Zusätzlich existieren ähnliche Zentren für das ganze Tal, die den relativ winzigen Organen der einzelnen Gärten übergeordnet sind. Auch das Tal kann man nicht als eine vollkommen in sich geschlossene Einheit behandeln, da es wiederum Teil der umfangreicheren Landschaftsbereiche des Landes darstellt. Folglich kann eine exakte Reihenfolge innerhalb der vitalenergetischen Zentren eines konkreten Landschaftsraumes kaum festgestellt werden, was beim Menschen sehr wohl möglich ist.

Der zweite wesentliche Unterschied liegt darin, daß die Chakren beim Menschen nur eine, und zwar zentralisierte Form haben, die entsprechenden Organe der Landschaft kommen jedoch entweder in einer ähnlich *zentralisierten* Form oder auch in Form von *Linien* vor. Vitalenergetische Systeme in zentralisierter Form sind, zum Beispiel, Kraftquellen, Kraftausgießungspunkte von Bergen, Ausatmungspunkte, usw. Linienform haben, zum Beispiel, Kraft-Leylinien und Verbindungs-Leylinien. Die beiden letzteren haben die Funktion, die Erde als eine planetare Einheit zusammenzuhalten. Eine solche Rolle könnte kein in einem Punkt zentralisiertes System erfüllen. Beim Menschen hat das Kraftsystem, das entlang der Wirbelsäule verläuft und die sieben Yang-Chakren miteinander verbindet, eine ähnliche Funktion.

Der dritte Unterschied liegt darin, daß die sieben Chakren beim Menschen eine objektiv definierbare Charakteristik besitzen (vgl. dazu die Tabelle 4 in Kap. 1.2.B.), bei der Landschaft ist jedoch die Zahl der »Chakren« in einer Raumeinheit keineswegs auf sieben beschränkt. Sowohl die Anzahl, wie auch die Schwingungsqualität der den Chakren vergleichbaren Systeme in der Landschaft kann sehr unterschiedlich sein. Diese Variabilität ist von großer Bedeutung für die Gestaltung der einzigartigen Identität und Schwingungsqualität eines Ortes oder einer Landschaft und trägt wesentlich zu ihrer einzigartigen, gefühlsmäßig empfundenen »Atmosphäre« bei.

Letztlich gibt es noch einen vierten Unterschied zwischen den vitalenergetischen Systemen der Landschaft und dem Chakrensystem beim menschlichen Organismus. Der Mensch besitzt einen freien Willen und kann durch Meditation und ähnliche Übungen selbst für die Harmonisierung, Reinigung und für den Schutz seines Chakrensystems sorgen. Der Landschaftsraum ist den Schwierigkeiten, die unsere Zivilisation mit ihren zerstörerischen Tendenzen ihm auflastet, vollkommen ausgesetzt, ohne die Möglichkeit zu haben, von sich aus etwas daran zu ändern. In der Kunst der Geomantie und dem damit verbundenen Bewußtsein, das von der Mitverantwor-

tung des Menschen für die Qualität der Mitwelt ausgeht, sehe ich eine Hoffnung, daß in dieser Hinsicht eine Wende eintreten wird.
Aus der Betrachtung der Unterschiede zwischen den vitalenergetischen Organen der Landschaft und denen des Menschen gehen einige charakteristische Merkmale der vitalenergetischen Systeme in der Landschaft hervor.

1. Die Systeme können auf der lokalen, regionalen oder planetaren Potenzebene angesiedelt sein.
2. Sie können eine zentralisierte Form aufweisen und dadurch punktuell in der Landschaft lokalisierbar sein, oder sie sind in Form von Linien durch die Landschaft verteilt.
3. In bezug auf verschiedene Landschaften können Systeme derselben Art eine andere Schwingungsqualität oder ein unterschiedliches Farbspektrum aufweisen.

Aus dem Gesagten geht auch hervor, daß ich bei der inneren Betrachtung einer Landschaft keine Chakren suche. Die vitalenergetischen Kraftsysteme *sind* die Chakren der Landschaft.

4.1. Das System der Kraft-Leylinien

Im folgenden werden wir zwei linienförmige vitalenergetische Systeme der Erde behandeln:

1. das System der Kraft-Leylinien und
2. das System der Verbindungs-Leylinien.

Auf der Ebene des materialisierten Körpers eines Menschen würde das System der Kraft-Leylinien dem Blutkreislaufsystem entsprechen, das System der Verbindungs-Leylinien jedoch dem Nervensystem. Aus dieser Aussage geht schon hervor, welche zentrale Bedeutung diesen zwei Systemen in der Landschaft zukommt, abgesehen davon, daß sie durch ihre Verzweigungen die ganze Oberfläche des Planeten Erde in ihrer Gesamtheit zusammenhalten. Dabei spielt auch das System der Berge mit ihren Kraftquellen eine Rolle, das jedoch etwas anders gestaltet ist, da es das *System der Linien* mit dem *System der zentralisierten Kraftquellen* verbindet. Auch das System der Berge umfaßt die Erdkugel als Ganzes und würde dem System der Drüsen beim menschlichen Körper entsprechen.

Das System der Berge werden wir wegen seiner Besonderheit noch einen Augenblick beiseite lassen und als erstes unsere Aufmerksamkeit auf den Namen »Leylinien« lenken, den ich für die beiden erstgenannten Systeme mehr oder weniger zutreffend finde.

In der Einleitung zum zweiten Teil dieses Buches habe ich die Entdeckung der linearen Zusammenhänge zwischen Orten innerhalb einer Kulturlandschaft erwähnt, die erstmals im Jahr 1925 durch Alfred Watkins veröffentlicht wurde. Diese Linienführungen bezeichnete er als »Leys«[110]. Inzwischen hat sich dieser Name fest eingebürgert, und ich habe ihn übernommen, allerdings nicht in dem ursprünglichen, sondern in einem erneuerten Sinne, den ich durch Hinzufügen der qualifizierenden Begriffe »Kraft-« bzw. »Verbindungs-« angedeutet habe.

Folgt man den Ausführungen von Nigel Pennick und Paul Devereux in ihrem Buch *Leys und lineare Rätsel in der*

110 Das Wort kommt von einem alten englischen Ausdruck für Waldweg, »*laia*«, französisch »*laie*«. Im geomantischen Sinne würde es sich um einen »Kraftweg« handeln.

Systeme des menschlichen Körpers	*Vitalenergetische Systeme der Erde*
Blutkreislaufsystem	System der Kraft-Leylinien
Nervensystem	System der Verbindungs-Leylinien
Drüsensystem	System der Berge mit ihren Kraftquellen
Ebene des Manifestierten Raumes	Ebene des Mehrdimensionalen Raumes

Abb. 31:
Ein Vergleich zwischen den allumfassenden Systemen des menschlichen Körpers und den Systemen der Landschaft

Geomantie, dann dürfte der Ausdruck »Leylinie« nur für lineare Bezüge innerhalb der Landschaft gebraucht werden, da es, ihrer Ansicht nach, keine wissenschaftlichen Beweise dafür gibt, daß auf Leylinien auch ein Kraftstrom fließt. Einen solchen Beweis kann es auch gar nicht geben, da die herkömmliche Wissenschaft noch darum ringt, einen Zugang zu der Strukturgebenden Dimension zu finden und sicherlich keine Aussagen über die übergeordnete Vitalenergetische Ausdehnung des Mehrdimensionalen Raumes machen kann. Meine Erfahrung zeigt jedoch eindeutig, daß auf der übergeordneten Ebene eine Leylinie Kraft oder Informationen transportiert. Diese übergeordnete Ebene einer Leylinie ist für ihre Rolle in der Landschaft ausschlaggebend,

weshalb ich sie durch den Zusatz »Kraft-« bzw. »Verbindungs-« betone.
Die Verbindungs-Leylinien werden im nächsten Abschnitt behandelt. Als erstes möchte ich mich den Kraft-Leylinien zuwenden. In dem mit William Bloom gemeinam herausgegebenen Buch *Leylines and Ecology* haben wir die Kraft-Leylinien[111] folgendermaßen charakterisiert:

- Sie variieren in ihrer Länge von acht bis hin zu mehreren tausend Kilometern. Die kürzeren nenne ich heute »lokale«, die längeren »planetare« Kraft-Leylinien.
- Sie verlaufen geradlinig durch die Landschaft und folgen dabei deren Relief, allerdings nicht strikt geradlinig, da sie leicht ondulieren und auch minimale Kursveränderungen vornehmen können.
- Sie verlaufen teils oberhalb, teils unterhalb der Erdoberfläche und variieren in ihrer Breite zwischen vier und acht Metern.
- Sie sind aus vielen kettenartig miteinander verbundenen Kraftwirbeln zusammengesetzt. Diese haben einerseits die Funktion, die Leylinie im geologischen Boden ihrer Route entlang zu verankern, und zweitens, die Ätherkraft, deren Träger sie sind, in den umgebenden Raum zu schleudern und damit zu verteilen.

Aus der Erfahrung der Jahre, die der Publikation des erwähnten Buches folgten, möchte ich hinzufügen, daß der Grundriß einer Kraft-Leylinie in der Mitte einen ca. 80 cm breiten Streifen kosmischer Kraft aufweist, der auf beiden Seiten von den erwähnten Kraftwirbeln umgeben ist. Diese sind in zwei

111 Die Verbindungs-Leylinien kannten wir 1985, als das Buch erschien, noch nicht.

oder mehreren Reihen entlang dem zentralen Streifen angeordnet und sind zueinander Yin-Yang-polarisiert. Die Funktion der *zentralen Ader* besteht darin, die kosmische Kraft bzw. Information durch die Landschaft zu tragen, die am Ort der Quelle der Leylinie aus der übergeordneten Urbildlichen Raumdimension entspringt. Die Funktion der *Wirbelketten* besteht nicht nur darin, diese »frische« Kraft in die Landschaft zu schleudern, sondern auch die durch Gebrauch verarmten Ätherkräfte einzusaugen, um sie innerhalb der eigenen Wirbelstruktur zu erneuern.

Um die Beziehung zwischen der zentralen Ader und den Wirbelketten zu verstehen, ist es hilfreich, erneut den Vergleich mit den Chakren des menschlichen Körpers heranzuziehen. In Kapitel 1.2.B. habe ich schon angedeutet, daß die Chakren nicht nur auf der vitalenergetischen Ebene wirken, sondern auch auf der geistig-seelischen. Auf der geistig-seelischen Ebene konzentrieren sie die Kräfte der Sieben Strahlen, die für die Qualitäten des Urraumes der Ewigkeit stehen. Dieselbe Funktion hat bei der Kraft-Leylinie die obengenannte zentrale Ader, die spezifische Qualitäten der Sieben Strahlen in sich konzentriert und durch die Landschaft trägt. Die Wirbelketten der Leylinie hingegen entsprechen der vitalenergetischen Funktion der Chakren, indem diese durch ihre pulsierende Tätigkeit die Aurafelder mit Lebenskraft durchfluten und reinigen. In ähnlicher Weise sorgen die Wirbelketten dafür, daß die Strukturgebende Dimension der Landschaft von der herausgeschleuderten Ätherkraft durchflutet und verbrauchte Ätherkraft zwecks Reinigung angesaugt wird. Die Kraft-Leylinien wirken sowohl ernährend als auch reinigend. Insofern stellen sie, verglichen mit den Systemen des menschlichen Körpers, eine Kombination aus Blutkreislauf- und Lymphsystemen dar.

Was die zentrale Ader einer Kraft-Leylinie betrifft, sollten wir uns vorstellen, daß sie eine spezifische Zusammensetzung der Farben aus dem Spektrum der Sieben Kosmischen Strahlen enthält. Die jeweilige Kombination dieser Farben ist für die Identität einer Leylinie dieser Art ausschlaggebend. Sie ist für jede der planetaren Kraft-Leylinien einmalig, was es uns ermöglicht, eine Kraft-Leylinie an jedem beliebigen Ort entlang ihres Verlaufes durch übersinnliche Wahrnehmung zu identifizieren.

Wie uns der Erdheilungsengel Devos gelehrt hat, wird das individuelle Muster der sieben Farben einer Kraft-Leylinie durch den Ort geprägt, an dem sie ihren Ausgang nimmt. Quellen dieser Art sind also als mächtige Kraftbrennpunkte in der Landschaft vorstellbar, an denen sich die Kraft-Leylinie aus einer tieferen Schicht der räumlichen Wirklichkeit – genauer gesagt, aus dem Bereich der Urbildlichen Dimension – auf der vitalenergetischen Ebene manifestiert. Dabei erhält sie auch ihr individuelles Farbmuster. Die Geburt einer planetaren Kraft-Leylinie kann bildlich mit der Geburt der Göttin Athene, wie sie in der griechischen Mythologie beschrieben wird, verglichen werden. Sie entsprang unmittelbar dem Haupt des Zeus, der höchsten Gottheit. Dabei trug sie schon ihre charakteristische Rüstung, die ihre Identität offenbart.

Ein anderes, für eine Kraft-Leylinie zutreffendes Bild aus der europäischen Mythologie ist das Bild eines feurigen Drachens, der sich durch die Landschaft windet. Das Bild vermittelt genau die Mächtigkeit der Erscheinung einer Kraft-Leylinie, der ein Hellseher in der Landschaft gegenübersteht. Der ausgespiehene Feueratem des Drachens ist mit den Kraftwirbelketten der Leylinie zu vergleichen und die lanzenförmige »giftige« Zunge in der Mitte mit der zentralen Ader – wobei die Zunge als das Organ zu verstehen ist, das die Identität vermittelt. Aufgrund dieses weltweit bekannten

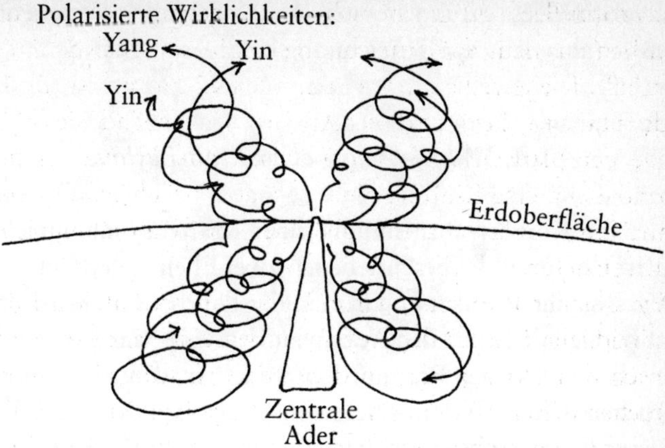

Abb. 32:
Imaginärer Querschnitt durch
eine Kraft-Leylinie.

Drachenbildes gebrauche ich den Ausdruck »Drachenlinie«[112] alternativ zur Bezeichnung einer Kraft-Leylinie.

4.1.A. Wahrnehmung einer Kraft-Leylinie

Was die Körperwahrnehmung einer Kraft-Leylinie angeht, so ist sie durch die beschriebenen zwei Ebenen geprägt, auf denen sie ihre Chakrafunktion in der Landschaft ausübt:
Im Bereich der zentralen Ader pendelt meine Hand in einem feierlich langsamen Rhythmus hin und her, den ich auch als den Herzschlagrhythmus bezeichnet habe (vgl. Kap. 2.3.A.). Dieser steht im Zusammenhang mit dem Einfluß der Sonnenkraft. Dieser Einfluß ist so zu verstehen, daß die zentrale durch eine Kraft-Leylinie getragene Schwingung ihren Ursprung im Ätherfeld der Sonne hat. Der Herzschlagrhythmus bezieht sich auf den kosmischen Ursprung der Leylinie.
Im Bereich der Kraftwirbelketten seitlich des zentralen Streifens kreist meine Hand entweder links- oder rechtswendig. Die Richtung hängt davon ab, ob ich gerade in der Yang- oder Yin-polarisierten Wirbelkette stehe. Dazu möchte ich anmerken, daß die Schwingungsintensität der Wirbelketten so stark überwiegt, daß beim Durchqueren eines Geländes, das eine Kraft-Leylinie durchzieht, zuerst nur die Wirbelketten spürbar werden. Erst wenn man sich – nachdem man die Breite und dadurch auch die Mitte der Linie bestimmt hat – mit dem Körper unmittelbar in diese Mitte hineinstellt, wird man die »leise« Kraft des zentralen Streifens zu spüren bekommen.

112 Eine »Drachenlinie« bedeutet im chinesischen Feng-Shui-System etwas anderes, nämlich den Yang-Aspekt der Ätherkraftströmung in der Landschaft als komplementär zur »Tigerlinie«, die den Yin-Aspekt darstellt.

Im Sommer 1994 habe ich mit einem Landschaftsheilungsprojekt begonnen, das sich vermutlich über mehrere Jahre erstrecken wird. Es geht um das Soča-Tal (Isonzo) im Westen Sloweniens, in dem während des Ersten Weltkrieges die schlimmsten Kämpfe wüteten. In dem Projekt geht es um das Reinigen und Harmonisieren dieses wunderschönen Tales, das damals bis in seine tiefsten Schichten erschüttert wurde.
Als ich im oberen Soča-Tal die Untersuchungen zur Vorbereitung des Projektes durchführte, habe ich im engen, beiderseits durch hohe Klippen begrenzten Tal eine Stelle entdeckt, an der eine Kraft-Leylinie das Tal durchquert.
Ich habe schon an früherer Stelle erwähnt, daß sich die Leylinien bei ihrem Verlauf durch die Landschaft den Formen der Hügel, Täler und Berge anpassen. Sie »klettern« dabei meiner Erfahrung nach nie über die Baumgrenze hinaus. Wenn sie mit einem höheren Berg konfrontiert werden, sieht es so aus, als würden sie in einem Tunnel verschwinden und auf der anderen Seite des Berges auf derselben Höhe wieder auftauchen. Ihr Verlauf durch die Landschaft ist offensichtlich mit den Lebensreichen der Erde verbunden. Die hohen, kahlen Berggipfel stellen demgegenüber ein eigenes Kraftsystem dar (vgl. Kap. 4.3.).
Nun, an dem erwähnten Platz im oberen Soča-Tal, genannt Trenta-Tal, tritt eine Kraft-Leylinie aus der Felswand der Ostseite der Schlucht heraus und verschwindet wieder in der steilen Wand der gegenüberliegenden Seite. Der Ort trägt den Namen »Felssturz bei Plajer«, weil durch die starke Resonanz dort immer wieder zu beiden Seiten des Tales Felsen hinabstürzen, was erst vor ein paar Jahren wieder geschah.
Als ich im Strom der durch die Resonanz der beiden Felswände sehr deutlich spürbaren Kraft der Leylinie stand, konnte ich ihre inneren Qualitätsunterschiede genau erspüren: Wenn ich im Bereich der seitlichen Wirbelketten stehe, stellt sich

das Gefühl einer unbeschreiblichen Dynamik ein, so als würden mir wirbelnde Wassermassen entgegenströmen. Die Strömung reicht über meinen Kopf hinweg, so daß ich mit dem ganzen Körper hineingerissen bin. Stelle ich mich jedoch auf den zentralen Streifen, so läßt das brausende Gefühl schlagartig nach: Es ist, als stünde ich in einem vollkommen stillen Raum. Dieser Raum erscheint keineswegs leer, sondern erfüllt von einer schwingenden Stille mit dem Beigeschmack des Urraumes der Ewigkeit.

4.1.B. Planetare und lokale Kraft-Leylinien

Wie schon erwähnt, variieren die einzelnen Kraft-Leylinien in ihrer Länge zwischen acht und mehreren tausend Kilometern. Genauer gesagt, sind die Variationen nicht so beliebig, wie es klingen mag, sondern es handelt sich um zwei Arten von Kraft-Leylinien, die sich nicht nur ihrer Länge, sondern auch ihrem Inhalt nach wesentlich unterscheiden. Es gibt einerseits ein planetares und andererseits ein lokales Kraft-Leyliniennetz.

Um als erstes den räumlichen Unterschied anzusprechen, möchte ich als Beispiel der Verteilung von *planetaren Kraft-Leylinien* in einer Landschaft auf das Schweizerische Seeland hinweisen. Im Frühjahr 1994 habe ich gemeinsam mit dem Landschaftsarchitekten Kurt Rohner das vitalenergetische System des Seelandes untersucht. Wir haben uns dabei besonders bemüht, die Kraft-Leylinien genau zu trassieren, und sind tagelang durch die Landschaft um den Bielersee gefahren, um sie an unterschiedlichen Plätzen zu orten und die Ergebnisse in die Karten zu übertragen. Dabei hat sich herausgestellt, daß drei Kraft-Leylinien den breiteren Raum des Bielersees mit ca. 30 km im Durchmesser streifen. Eine davon

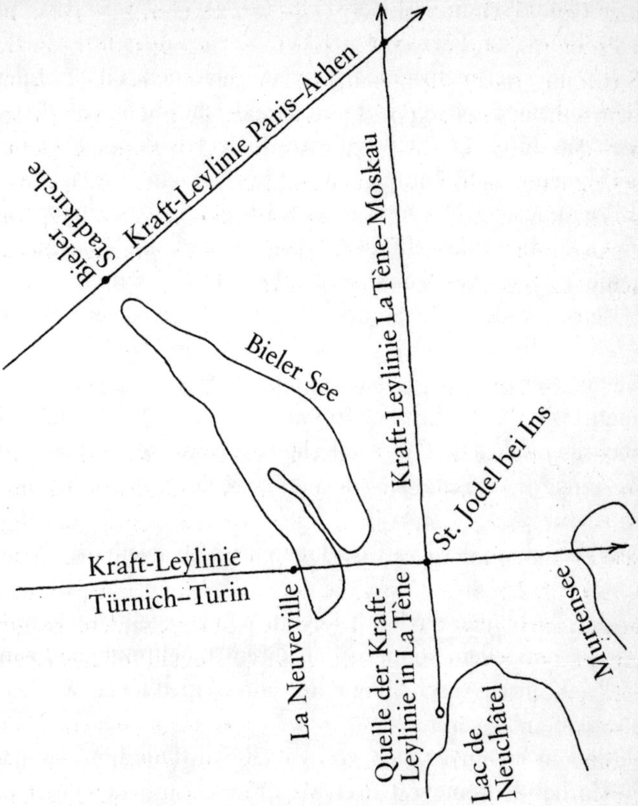

Abb. 33:
System der Kraft-Leylinien im Schweizerischen Seeland

kannte ich schon aus der Zeit meiner Heilungsarbeit im Schloßpark zu Türnich bei Köln. Sie hat dort ihre Quelle zwischen zwei mehrhundertjährigen Platanen am zentralen Schloßweiher und verläuft von da in Richtung Süden. Dabei läuft sie durch La Neuveville am Bielersee, durch Fribourg und weiter in Richtung Turin. Eine zweite hat uns der Erdheilungsengel Devos auf der Karte gezeigt, worauf wir sie im Gelände wiedergefunden haben: Sie verläuft, großräumig gesehen, zwischen Paris und Athen. Dabei streift sie den Felsen, auf dem die Stadtkirche in Biel steht. Eine dritte Kraft-Leylinie nimmt ihre Quelle im Seeland selbst, am östlichen Ufer des Lac de Neuchâtel bei La Tène und verläuft nach Osten in Richtung Moskau. An ihrer Quelle muß ein wichtiger sakraler Ort der Kelten gewesen sein, nach dem die jüngere keltische Kultur als »La-Tène-Kultur« benannt wurde.
Die Verteilung der Kraft-Leylinien zeigt beispielhaft:

- daß die planetaren Kraft-Leylinien kein regelmäßiges Muster darstellen, sondern von ihrem Quellpunkt bis zum Punkt ihrer Ausgießung unter unterschiedlichen Winkeln zueinander verlaufen;
- daß in einem Bereich von ca. 30 km Durchmesser das Vorhandensein von drei planetaren Kraft-Leylinien zu erwarten ist. Es gibt wohl Landschaften, in denen eine größere Dichte vorkommt. Ich würde jedoch zu Wachsamkeit raten, wenn sich die Dichte verdoppelt. Es könnte sich um eine Verwechslung zwischen planetaren und lokalen Kraft-Leylinien handeln.

Die *lokalen Kraft-Leylinien* sind ungleich kürzer als die planetaren, dafür sind sie viel zahlreicher und auf einen konkreten Landschaftsraum bezogen. Im Vergleich zum vitalenergetischen System des menschlichen Körpers würde ich sie mit den Yin-Chakren vergleichen, von denen es nach Aussagen einiger Hellseher Hunderte gibt.[114] Es handelt sich aber nicht nur um quantitative Unterschiede, sondern auch um inhaltliche. Letztere sehe ich darin, daß die planetaren Kraft-Leylinien – wie die Yang-Chakren beim Menschen – in ihrer Mitte die Impulse und Farben der Sieben Kosmischen Strahlen tragen, die lokalen Leyliniensysteme hingegen nehmen Bezug auf das Urmuster der Vier Elemente und tragen die Kraft je eines der Vier Elemente in ihrer Mitte.

Dementsprechend ist es möglich, durch Resonanz am eigenen Körper die beiden Arten von Kraft-Leylinien zu unterscheiden. Die Resonanz der planetaren Linien ist am Kehlkopfchakra zu spüren. Wenn ich mit der untersuchenden linken Hand in der Landschaft auf einen Impuls stoße, der mir die Präsenz einer Leylinie anzeigt, berühre ich mit der rechten Hand den Bereich des Kehlkopfes. Wenn ich in dieser Position den Impuls weiterhin unbeeinträchtigt feststellen kann, dann ist es wahrscheinlich, daß ich auf eine planetare Kraft-Leylinie gestoßen bin. Verschwindet jedoch der Impuls, dann würde ich noch die mögliche Resonanz mit den vier Kreisen der Yin-Chakren überprüfen, wie ich es in Kap. 2.3.B. beschrieben habe. Je nachdem, bei welchem der vier Chakrenkreise die Resonanz auftritt, kann ich feststellen, welches der Vier Elemente eine konkrete lokale Kraft-Leylinie beherbergt.

114 Ich habe in Kap. 1.2.C. nur ein Hauptsystem der Yin-Chakren beschrieben.

4.2. Das System der Verbindungs-Leylinien und Zentren

Aus dem Vergleich der Kraft-Leylinien mit der ernährenden Funktion des Blutkreislaufsystems beim menschlichen Körper und der Verbindungs-Leylinien mit dem Nervensystem geht hervor, daß beide Systeme eine höchst unterschiedliche Rolle in der Landschaft erfüllen, obwohl beide als geradlinige Systeme vorkommen. Diese Geradlinigkeit ist jedoch relativ, nicht nur weil die Erdoberfläche gekrümmt ist, sondern auch, weil beide Linienarten dem Relief der geologischen Landschaft folgen und deswegen in der Senkrechten mehr oder weniger ondulieren. Dazu kommt ein leichtes ständiges Ondulieren in der Waagerechten, das allem Anschein nach dem Tag-/Nachtrhythmus folgt.
Wenden wir uns nun den Unterschieden zwischen den beiden wichtigsten linienförmigen Kraftsystemen in der Landschaft zu, so ergibt sich folgendes Bild:

1. Die *Kraft-Leylinien* sind wichtig für die Ernährung und Reinigung des Landschaftsraumes, durch den sie verlaufen, die *Verbindungs-Leylinien* jedoch für den Ort, an dem sie ihre Quelle haben und von dem aus sie sternförmig in verschiedene Richtungen verlaufen. Durch ihr Vorhandensein in der Landschaft verbinden sie den Ort ihrer Quelle mit anderen verwandten Orten.
2. Die *Kraft-Leylinien* haben einen elektrisch-pulsierenden Charakter, die *Verbindungs-Leylinien* hingegen einen magnetisch-statischen. Erstere dienen dem Austausch der Kräfte in der Landschaft, durch die sie fließen, letztere dagegen der Kommunikation, Verbindung und Verankerung des zentralen Punktes eines Ortes oder einer Landschaft mit seiner Umgebung.

3. Bei den *Kraft Leylinien* ist das Strömen durch die Landschaft ausschlaggebend, für die *Verbindungs-Leylinien* hingegen das Zentrum, von dem sie ausgehen. Dieses Zentrum stellt die vitalenergetische Mitte des betreffenden Ortes oder der Landschaft dar.

4.2.A. Sternförmige Zentren

Die Kraftzentren, von denen sternförmig Verbindungs-Leylinien ausgehen, stellen die vitalenergetischen Zentren der Orte, der Landschaften oder anderer Raumeinheiten dar. Sie verdienen tatsächlich die Bezeichnung »Nabel« (gr. *omphalos*), wie wir ihn aus der Mythologie kennen. Das trifft auch insofern zu, als die sternförmigen Zentren samt den Verbindungs-Leylinien mit dem Sonnengeflecht am menschlichen Körper in Resonanz stehen.
Solche Zentren kommen in der Landschaft an Punkten zustande, wo die sich aus der urbildlichen Ebene niederlassende Kraft auf die aufsteigenden Kräfte der Erde trifft. Gewöhnlich handelt es sich um zwei Kraftspiralen, eine sich niederlassende und eine aufsteigende, die um die zentrale senkrechte Kraftsäule tanzen. Da, wo die kosmische Kraft auf ihr irdisches Komplement trifft – gewöhnlich leicht oberhalb der Erdoberfläche – kommt es zu einer lichtartigen Explosion, die das eigentliche Zentrum bezeichnet. Aus dem Zentrum dieser Lichtexplosion treten kugel- oder sternförmig drei Kraftphänomene hervor:

1. Die solare Ätherkraft, die strahlenförmig nach allen Seiten in den Raum des Ortes geschleudert wird,
2. ein sternförmiger Kranz von Kraftlinien, die das Zentrum in der umgebenden Landschaft verankern. Solche Linien

laufen bei einem lokalen Zentrum nicht weiter als 10–100 Meter, bei einem übergeordneten Zentrum können sie bis zu 10 km weit laufen.

3. Ein sternförmiger Kranz von Verbindungs-Leylinien, die das Zentrum mit anderen vitalenergetisch verwandten Orten verbinden. Gewöhnlich gibt es zwischen sieben und neun Verbindungs-Leylinien, die von einem Zentrum ausgehen. Der Umfang des Systems variiert, ähnlich wie bei den Kraft-Leylinien, zwischen acht und einigen hundert Kilometern.

Die sternförmigen Zentren stellen die vitalenergetischen Zentren der Orte dar. Sie sind in ihrer Funktion nicht mit den Zentren der menschlichen Siedlungen zu verwechseln, obwohl die menschlichen Kulturen sie oft als Zentren für ihre Ansiedlungen auserwählt haben. Das Zentrum von Kiel, zum Beispiel, befindet sich auf dem Platz vor der zentralgelegenen Kirche des hl. Nikolai. Das sternförmige Zentrum von Bern hingegen befindet sich nicht auf der Halbinsel in der Schleife der Aare, wo die alte Stadt steht, sondern vor der ehemaligen Reithalle, wo die Schleife der Aare ausläuft.

4.2.B. Verbindungs-Leylinien

Die sternförmigen Zentren stellen die Mitte eines Ortes oder einer Landschaft dar. Die beschriebene vertikale Säule, die sie als Zentrum bezeichnet, hat die Funktion einer Zentralachse, um die herum die mehrdimensionale Struktur der Landschaft angeordnet ist. Diese an ein Mandala erinnernde Ordnung der Landschaft ist auf der materialisierten Ebene nicht erkennbar. Sie ist einzig im mehrdimensionalen Bereich vorstellbar, wo die Länge-Breite-Höhe-Beziehungen nicht

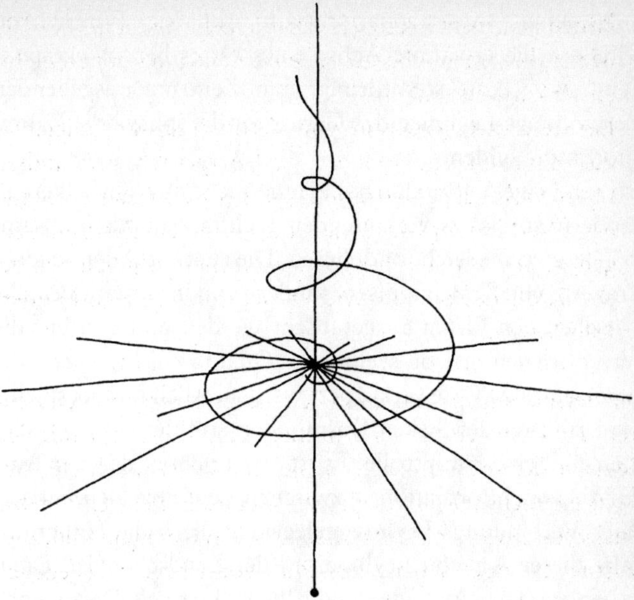

Abb. 34:
Beispiel eines sternförmigen Zentrums.
Die Kraft läßt sich von oben entlang einer Achse hinab, die in der Erdtiefe verankert ist. Das Zentrum, von dem die Linien ausgehen, befindet sich an der Erdoberfläche.

mehr gelten. Dieser sphärische Charakter der Wirklichkeit wird um die erwähnte Achse eines Ortes herum »gesponnen«, wobei die sternförmig vom Zentrum ausgehenden Verbindungs-Leylinien das Gerüst für die sphärische Raumanordnung bilden.

Ich sehe eine Verbindungs-Leylinie nicht aus Wirbelketten, sondern aus längs verlaufenden Lichtfaserbündeln zusammengesetzt, die leicht ondulieren. Die zentrale Ader ist nicht Trägerin von Kraftimpulsen, sondern von Informationen, die zwischen den Orten ausgetauscht werden und sich auf die verschiedenen geistig-seelischen Qualitäten beziehen, die durch einzelne Orte verkörpert werden. Auch hierbei spielen die Urmuster der Sieben Kosmischen Strahlen und der Vier Elemente eine Hauptrolle. Es ist zwar richtig, daß der Austausch von Informationen zwischen den einzelnen entlang einer Verbindungs-Leylinie gelegenen Orten die Hauptaufgabe dieser Art von Leylinien in der Landschaft ist. Doch haben sie nach Aussage des Erdheilungsengels Devos auch noch eine sekundäre Funktion, die zur Stabilisierung des Landschaftsraumes beiträgt. Indem die Verbindungs-Leylinien von unzähligen Orten aus sternförmig in verschiedene Richtungen verlaufen und sich dabei untereinander kreuzen, bilden sie ein dichtes Netzwerk, das die ganze Erde umspannt und entscheidend zum Gleichgewicht in der Landschaft beiträgt.

Um ein Gefühl für die Ausdehnung dieses Netzwerkes zu vermitteln, möchte ich die wichtigsten Orte erwähnen, mit denen die sternförmigen Zentren von acht Städten im deutschsprachigen Raum durch Verbindungs-Leylinien verknüpft sind. Es handelt sich um acht Stadtlandschaften, in denen ich in den Jahren 1993–94 Gruppenarbeit im Sinne von Landschaftsheilung geleitet habe. Die Ziele der Verbindungs-Leylinien wurden meiner Tochter Ana während der

Seminarvorbereitung durch den Erdheilungsengel Devos mitgeteilt. Als erstes ist jeweils der Platz genannt, an dem sich innerhalb der Stadtlandschaft das Zentrum befindet, anschließend das Datum, an dem ich mit der Gruppe an der Reinigung, Harmonisierung oder Wiederbelebung des Zentrums und dessen Verbindungs-Leylinien gearbeitet habe. Danach werden einige der wichtigsten Verbindungen aufgezählt:

- **Graz**; auf dem Schloßberg (7.3.1993)
  Wien, Villach, Salzburg, Linz, Ljubljana, Ptuj, Murska Sobota ...
- **Wustrow** (Wendland); am Friedhof (12.4.1993)
  Hannover, Lübeck, Erfurt, Ulm, Koblenz, Wittenberg ...
- **Kiel**; vor der Nikolaikirche (25.4.1993)
  Odense, Groningen, Wiesbaden, München, Berlin ...
- **Konstanz**; an der Kathedrale (6.6.1993)
  München, Erfurt, Köln, Metz, Zürich ...
- **Salzburg**; Nonnberg (22.10.1993)
  Wien, Linz, Bozen, Klagenfurt, Kopfenberg ...
- **Flensburg**; an der Idritshalle (17.5.1994)
  Berlin, Norden, Tønder, Hannover, Rendsburg ...
- **Innsbruck**; an der Petrus-Canisius-Kirche (30.9.1994)
  München, Bregenz, Wörgl, Villach, Salzburg, Tösens ...
- **Bern**; vor der ehemaligen Reithalle (29.10.1994)
  Basel, Ascona, Montpellier, Dijon ...

Um ganz klarzustellen, wie das Netzwerk der sternförmigen Zentren und Linien miteinander verwoben ist, möchte ich hinzufügen, daß eine Verbindungs-Leylinie nicht vom Zentrum eines Ortes einfach zum Zentrum eines verbundenen Ortes verläuft. Sie hat ihre Quelle zwar, wie erwähnt, im sternförmigen Zentrum. Sie endet aber an einem bestimmten

Verankerungspunkt innerhalb des verbundenen Ortes und nicht in dessen Zentrum.

4.3. Das System der Berge und ihrer Kraftquellen

Verglichen mit dem Chakrensystem des menschlichen Körpers würde ich das Kraft-Leyliniensystem mit dem Kehlkopfchakra in Verbindung bringen und das Netz der Verbindungs-Leylinien mit dem Sonnengeflecht. In diesem Zusammenhang wäre das System der Berge mit dem Herzchakra zu vergleichen. Mit anderen Worten, diesem, dem Bewußtsein des modernen Menschen fast vollkommen entfallenen Kraftsystem käme analog zur Bedeutung des Herzzentrums, des Herzens und der Herzenskraft beim Menschen eine Bedeutung für die Erde, die Landschaft und das Leben überhaupt zu, deren Tragweite wir kaum ermessen können. Gibt es denn wirklich im Kulturbewußtsein des Abendlandes keine Erinnerung an die »Heiligen Berge«?

An einer Stelle habe ich das System der Berge bereits mit dem System der innersekretorischen Drüsen beim menschlichen Körper verglichen. Auch den sieben Hauptdrüsen, die im Körpergewebe in der Nähe der sieben Yang-Chakren angesiedelt sind, fällt eine Schlüsselrolle im menschlichen Organismus zu, da sie für die *Steuerung der Lebensprozesse* im Organismus verantwortlich sind. Eine ähnliche Rolle übt das System der Berge und ihrer Quellen in der Landschaft aus.

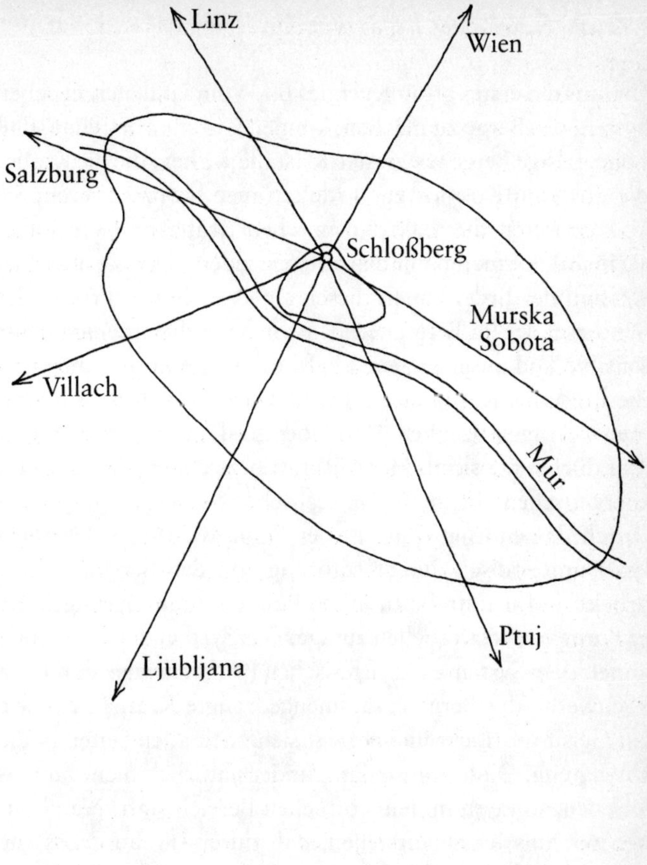

Abb. 35:
Die Stadtlandschaft von Graz mit den wichtigsten Verbindungs-Leylinien, die vom Zentrum auf dem Schloßberg ausgehen.

4.3.A. Der Bezug zum Gralsberg-Mythos

Um uns ein erstes grundlegendes Bild vom vitalenergetischen System der Berge zu machen, können wir uns vorstellen, daß hohe, felsige Berge wie riesige Kristalle wirken, die die Kräfte, die aus dem Kosmos zur Erde strömen, konzentrieren. Sie konzentrieren die makrokosmischen Kräfte und verbinden sie in ihrem Inneren mit den aufsteigenden mikrokosmischen Kräften der Erde. Durch diesen alchemistischen Prozeß der Synthese, der im Berginnern stattfindet, entsteht eine höchst sensible und ausgewogene Kraft, in der die kosmischen und die irdischen Komponenten zu gleichen Teilen in vollkommener Ausgewogenheit vorhanden sind. Wegen dieser Qualität dürfen wir sie als Herzenskraft bezeichnen, und zwar im energetischen wie im geistig-seelischen Sinne.
Durch das enorme Gewicht der Berge wird diese Herzenskraft unterirdisch und sternförmig von den Bergen weggedrückt und tritt an bestimmten Punkten in ihrer Umgebung in Form von Kraftquellen zutage. Das System der Verteilung ähnelt dem System eines artesischen Brunnens: Die durch die »Schwere« der Berge zusammengedrängte Kraft bricht wie ein Geisir ans Licht und ergießt sich nach allen Seiten in die Umgebung. Diese Ausgießung findet natürlich nicht im materiellen, sondern im feinstofflichen Bereich statt. Nun können wir uns leicht vorstellen, daß durch die ausgegossene Herzenskraft die Lebensprozesse in der betreffenden Landschaft angefacht, unterstützt und gesteuert werden.
Auf das System der Berge stieß ich zum erstenmal, als ich im Herbst 1993 zur Vorbereitung meines Erdheilungsseminars am Großglockner die Wallfahrtskirche Heiligenblut am Fuße dieses mit 3798 m höchsten Berges Österreichs besuchte. In meinem Buch *Elementarwesen* habe ich beschrieben, wie ich in der Kirche auf die Symbolik des Fußes stieß und wie ich

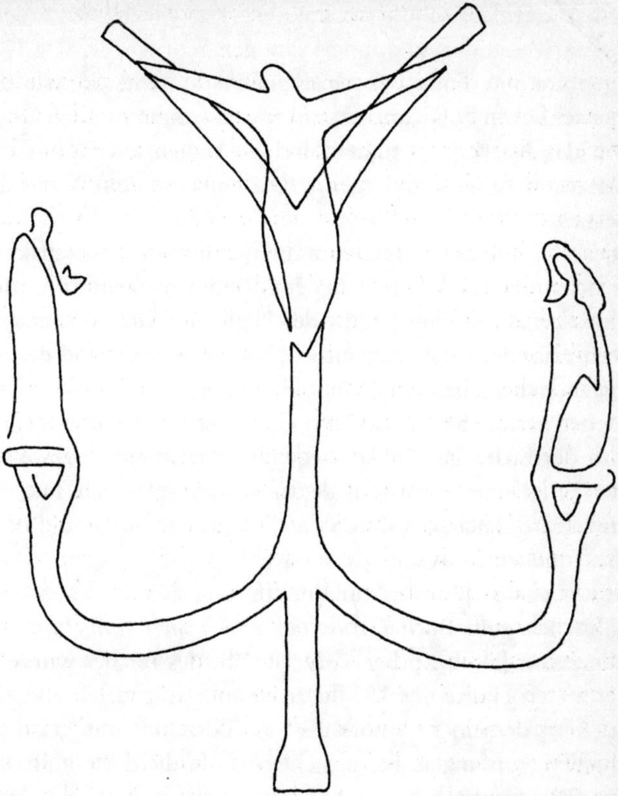

Abb. 36:
Eine verschlüsselte Darstellung des Gralsberges; Holzskulptur 1380–1420, Basilika St. Ursula, Köln. Christus steht für die Herzenskraft als einer Synthese aus kosmischen und irdischen Kräften. Die hl. Maria und Johannes bezeichnen zwei Quellen dieser Kraft.

durch einen Alten Weisen aus dem Geschlecht der Erdelementarwesen darauf aufmerksam gemacht wurde, daß Heiligenblut am Fuße des Großglockners steht. So wie am menschlichen Fuß Kontaktpunkte und -zonen zu allen Organen des Körpers zu finden sind, so stehen auch sämtliche Plätze am Fuße eines Berges in Resonanz mit dem Wesen des Berges.

Dieses Wesen trägt wiederum die Qualität der Herzenskraft in sich und wird deswegen in der Gründungslegende über den hl. Briccius mit dem Begriff des Heiligen Blutes verbunden. Dabei handelt es sich eigentlich, so habe ich anhand der die Legende begleitenden Symbolik entdeckt, um das heilige Menstruationsblut der Göttin Gaia, der Erde. Dieses heilige Blut der Erde, das für das Gedeihen der Lebensprozesse auf der Erde eine Schlüsselbedeutung hat, setze ich mit der Herzkraft gleich, die durch das System der Berge und ihrer Kraftquellen fließt.

Den nächsten Hinweis zur Entzifferung dieses Systems entnahm ich dem Buch *Großglockner – Ein Evangelium der Berge* von Jakob Lorber[115]. Der Inhalt des Buches wurde in der ersten Hälfte des 19. Jh. zusammen mit vielen anderen Büchern desselben Autors als eine Botschaft aus geistigen Quellen empfangen. Es ist nicht einfach, die darin enthaltenen Erläuterungen zu den feinstofflichen, energetischen, elementaren und geistigen Ebenen des Berges mit dem heutigen Bewußtsein zu verstehen. Sie sind natürlich gefärbt durch den vom Zeitgeist des frühen 19. Jh. geprägten Bewußtseinsfilter des Empfängers des »Evangeliums der Berge«. (Vgl. dazu Kap. 2.6.B.) Die für mein Verständnis des vitalenergetischen Systems der Berge entscheidende Aussage findet sich schon

115 Jakob Lorber: *Großglockner – Ein Evangelium der Berge,* Bietigheim 1923.

im dritten Absatz des ersten Kapitels, wo gesagt wird, daß sich der Fuß des Großglockners bis zum Schloßberg von Graz und noch weiter bis zu den letzten Ausläufern der Windischen Büchel (Slovenske Gorice) im Osten Sloweniens erstreckt.

Da ich seit 1993 ein Seminar zur Heilung der Stadtlandschaft von Graz leite, hatte ich Gelegenheit, den Platz unter der Felswand des Grazer Schloßberges – Am Schloßbergplatz –, wo die erwähnte Kraftquelle des Großglockners »sprudelt«, zu erspüren und zu untersuchen. Zusätzlich hatte ich Gelegenheit, die Angabe Jakob Lorbers und meine Wahrnehmungen durch meine Tochter Ajra Miška, die am Seminar teilnahm, überprüfen zu lassen. Sie erhielt dazu folgende Botschaft von ihrem Engelmeister Christopher Tragius am 14.4.1994:

»Dieser riesige Berg gleicht einer Antenne, einem Sender, der kosmische Impulse weit über das Land sendet. Nicht weniger wichtig sind die irdischen Impulse, die spiegelsymmetrisch vom Berg aus auf unterirdischem Wege in alle Richtungen getragen werden und die überall im Land als Kraftquellen hervortreten. Eine solche Quelle befindet sich auch hier in Graz auf dem Platz unterhalb des Schloßberges.[116]

Solche Kraftquellen oder Punkte können auch Herzpunkte genannt werden, weil sie ähnlich dem Herzschlag rhythmisch pulsieren. Die Kraft, die durch dieses Pulsieren in den umgebenden Raum geschickt wird, beinhaltet alle Dimensionen im Spektrum zwischen den Vitalenergetischen und Geistigen bzw. Göttlichen Ausdehnungen.«

Beflügelt durch diese Bestätigungen habe ich mich ans Werk gemacht, um als Musterbeispiel das System der heiligen

[116] Die Kraftquelle befindet sich zwischen dem Brunnen mit den drei Krähen und dem Treppenaufgang, der auf den Schloßberg führt.

Kraftquellen für zwei kapitale Berge in den östlichen Alpen auszuarbeiten, für den Großglockner in den Hohen Tauern und für den Triglav (2863 m) in den Julischen Alpen. Dabei stellte sich heraus, daß der »Fuß« des Großglockners den Bereich Mitteleuropas zwischen München, Wien, Ljubljana und Venedig einschließt. In diesem ganzen Bereich müßte es Quellen der Kraft vom Großglockner geben. Der Einflußbereich des Triglav dehnt sich *innerhalb* des übergeordneten Bereichs des Großglockners im westlichen bis mittleren Teil Sloweniens aus. Wir können es uns so vorstellen, daß es innerhalb der Ausdehnung der Systeme jener Berge, die als Heilige Berge einen planetaren Charakter haben – wie der Großglockner –, »kleinere« Riesen gibt, die wiederum einen Teil des Bereiches der »Großen« abdecken. So ist das System der Berge in einem Landschaftsraum auf mehreren Potenzebenen ineinander verschachtelt.
In Verbindung zum Triglav, dem höchsten Berg Sloweniens, gibt es eine Sage, die einen weiteren Einblick in das Geheimnis der Berge gewährt. Es ist die Sage von einem Gemsbock mit goldenen Hörnern namens Zlatorog. Diese Sage wurde durch das Epos »Zlatorog« (1877) des deutschen Dichters Rudolf Baumbach in den deutschsprachigen Ländern verbreitet, so daß das Wort »Zlatorog« (zu Deutsch: »Der Goldhörnige«) vermutlich als einziges slowenisches Wort in die deutsche Sprache eingegangen ist.[117]
Der weiße Gemsbock mit den goldenen Hörnern, der die unvorstellbaren Schätze im Berginnern des Triglavs überwacht, ist ein Symbol der kosmischen Kräfte, die im Inneren des Berges konzentriert werden. Goldene Hörner stehen für die Kräfte der Sonne, das weiße Fell für die Mondkräfte.

[117] Vgl. dazu: Leander Petzoldt: *Kleines Lexikon der Dämonen und Elementargeister*, München 1990.

Würde die Kugel eines Jägers den Zlatorog treffen, so heißt es in der Sage, so würde aus dem Tropfen seines Blutes, der zu Boden fällt, auf der Stelle eine Triglavrose wachsen, die der Bock auffrißt – und schon wäre er wieder heil.
Den Blutstropfen, der zur Erde fällt, können wir als ein Symbol der Herzkraft verstehen, die, hervorgebracht durch das System der Heiligen Berge, die Erde durchdringt, und die wundersame Rose als die Quelle dieser Kraft, die wie ein artesischer Brunnen ans Licht des Tages hervorbricht und das Land fruchtbar macht. Der Kreislauf der Lebenskräfte zwischen Kosmos und Erde, der in der Sage dadurch geschlossen wird, daß der Blutstropfen des Zlatorog zur Erde fällt und als Antwort darauf die Erde die Triglavrose hervorbringt, symbolisiert das Wesen des aus dem Bewußtsein des Menschen verschwundenen vitalenergetischen Systems der Berge und deren lebensfördernder Kraftquellen. Drei weitere Parallelen dazu sind:

- Der wundersame Rosengarten des Zwergenkönigs Laurin, der sich inmitten der kahlen Bergspitzen der Dolomiten befindet.[118]
- Blutstropfen aus der Seite Jesu, die aus der durch die Lanze des Longinus verursachten Wunde auf die Erde tropften als eine Quelle der Erlösung für das Leben auf der Erde.
- Der Gralsberg mit der Heiligen Lanze und dem Heiligen Gral, von dem die Fruchtbarkeit und Lebensfülle des umliegenden Landes abhängig ist.

Ohne Zweifel besitzt der Gralsmythos eine sehr komplexe, mehrschichtige Struktur. Abgesehen von historischen Überformungen der Symbolik bin ich der Ansicht, daß dieser

118 Ebenda. Stichwort »Laurin«.

zentrale europäische Mythos auf mehreren Ebenen Inhalte anspricht, die durch unsere Kultur geheimgehalten oder unterdrückt wurden. Zum einen handelt es sich um das Geheimnis der aus der patriarchalisierten Welt verbannten Gestalt der Göttin, die in der vorchristlichen Tradition die Gebieterin des Grals war. Es war der »Heilige Kessel der Göttin«, aus dem unbegrenzte Lebensfülle, Inspiration und Weisheit strömte.[119] Außerdem gibt es meiner Überzeugung nach eine Schicht der Gralsbotschaft, die sich auf das vergessene vitalenergetische System der Heiligen Berge und ihrer Kraftquellen bezieht, das jenseits jeder Symbolik in der unmittelbaren Wirklichkeit gründet als die Quelle der Fruchtbarkeit und der heilenden Kräfte für das Land und das den landschaftlichen Aspekt des Heiligen Grals darstellt.

Als Parcival, der Gralsheld, zum erstenmal im Gralsschloß verweilte, wurden seitens der Hüterinnen des Geheimnisses die Heilige Lanze und der Heilige Gral an ihm vorbeigetragen. Er stellte jedoch nicht (bewußt!) die Frage, wozu diese »Werkzeuge« dienen. Folglich wurde er von der Burg verwiesen und mußte einen neuen Zyklus der Suche nach dem verlorenen Wissen antreten. Er sollte solange suchen, bis er die verschollenen Geheimnisse über die wahre Natur des Lebens auf dem Planeten in sein Wachbewußtsein reintegriert hätte. Die Aufgabe, die offensichtlich der nach der Quelle der Lebensfülle, der Inspiration und der Weisheit suchenden Menschheit unserer Epoche gestellt ist, heißt, das Geheimnis des Lebens *mit dem Bewußtsein* zu begreifen und dementsprechend zu ehren und zu schützen.

Was die vitalenergetische Schicht in der Symbolik des Grals angeht, würde der Gralsberg das Kraftsystem der Berge

119 Vgl. dazu Heide Göttner-Abendroth: *Die Göttin und ihr Heros*, München 1980, S. 173 ff. (»Die Herrin und ihr Held«.)

darstellen, das ich mit dem Herzchakra und dem Drüsensystem beim Menschen verglichen habe. Die Heilige Lanze und der Heilige Gral würden dementsprechend die beiden Grundcharakteristika des Systems symbolisieren, die Einstrahlung der kosmischen Kräfte, die durch die Berge konzentriert wird – die Lanze – und die Ausgießung der Herzkraft aus den Kraftquellen – der Gral –, die unterirdisch durch dieselben Berge genährt werden.

4.3.B. Wie das Kraftsystem der Berge wirkt

Nach den Aussagen des Erdheilungsengels handelt es sich bei dem System der Berge um ein System, das die ganze Erdkugel umspannt und das er als ein Atmungssystem beschreibt, bei dem es in erster Linie um den Austausch zwischen der Erde und ihrer kosmischen Umgebung geht. Ähnlich wie bei einer Einatmung treten die aus dem Kosmos stammenden Energien durch die Bergspitzen in das Erdinnere ein, werden im Berginnern verarbeitet und dann unterirdisch durch das Land verteilt, wobei sie an verschiedenen Stellen quellenartig ausgeatmet werden.
Wie schon erwähnt, ist das Kraftsystem der Berge auf verschiedenen Potenzebenen ineinander verschachtelt, und zwar sowohl was die Ein- wie die Ausatmungsfunktion betrifft. Als Haupteinatmungspunkt des Systems für die Erde gilt meiner Intuition nach der Kontinent der Antarktis (erste Potenzebene). Von dort werden die Heiligen Berge des Planeten (zweite Potenzebene) gespeist, zu denen der erwähnte Großglockner, der Mt. Blanc, Mt. Everest, Fujiyama, Mt. Shasta, usw. gehören. Zur dritten Potenzebene zählen die Heiligen Berge einzelner Regionen. Was Mitteleuropa betrifft, so zähle ich dazu unter anderem den Monte Amiata in

den Apenninen, den Olymp, Triglav, Traunstein[120] im österreichischen Waldviertel oder die Schneekoppe im Riesengebirge. Auf der vierten Potenzebene würde ich die lokalen Heiligen Berge ansiedeln.

Als ein Beispiel für die vierte Potenzebene möchte ich Innsbruck erwähnen, wo ich mich während eines Erdheilungsseminars im Herbst 1994 auch mit dem dortigen Kraftsystem der Berge vertraut gemacht habe. Innsbruck liegt wie in einem Kessel, umgeben von prächtigen Bergmassiven. Die heute durch die Stadtstrukturen leider weitgehend unterdrückte gewaltige Kraft des Ortes am Zusammenfluß von Inn und Sill ist auf die Konzentration der Kraftquellen der umliegenden Berge zurückzuführen, von denen ich sieben als »Gralsberge« identifiziert habe: Glungetzer, Patscher Kofel, Serles, Saile, Großer Solstein, Hafelekar Spitze und Bettelwurf. Alle diese Berge haben ihre Kraftquellen auch im Stadtbereich von Innsbruck konzentriert.

Die durch die Einatmung konzentrierte Kraft wird aus dem »Herzen« der Berge unterirdisch durch Kraftadern zu den Quellpunkten transportiert in einer Weise, die ich mit dem Prinzip des artesischen Brunnens verglichen habe. Die Kraftadern können durch ihre Abstrahlung an der Erdoberfläche radiästhetisch wahrgenommen werden. Sie werden in der Radiästhesiepraxis als »rechtsdrehende«[121] oder »sakrale« Wasseradern bezeichnet. Es handelt sich aber keineswegs um

120 In Traunstein ist ein aus riesigen Blöcken zusammengesetztes »Herz« eines mehrere tausend Meter hohen Berges aus der Urzeit erhalten, das meiner Erfahrung nach noch immer wirkt, obwohl der ganze Berg durch Erosion inzwischen abgetragen wurde.

121 Das gewöhnliche Wasser wird dagegen als linksdrehend bezeichnet, weil bei einem normal polarisierten Menschen das Pendel sich im Gegenuhrzeigersinn dreht, wenn man es über gewöhnliches Wasser hält.

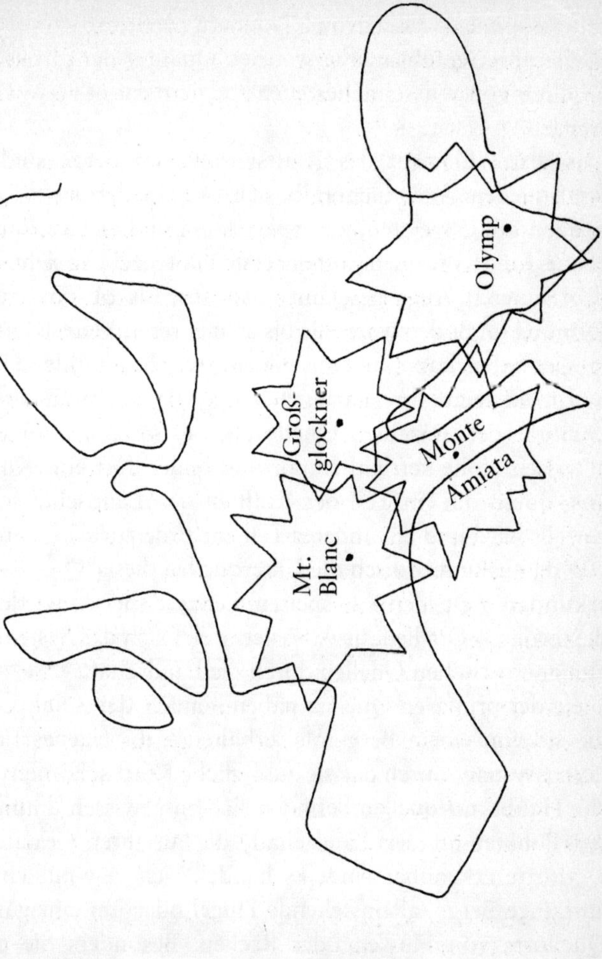

Abb. 37:
Einige der Heiligen Berge Europas mit ihren jeweiligen Einflußbereichen, in denen ihre Kraftquellen zu finden sind.

unterirdische Wasserströme, sondern um Kraftströme, die wegen ihrer gefühlsmäßig weichen Qualität der physischen Qualität von Wasser nahestehen und gern damit verwechselt werden.
Das dritte Element des Kraftsystems der Berge sind die Kraftquellen. Auch hier ergibt sich eine Gliederung in Kraftquellen auf der ersten, zweiten, dritten und vierten Potenzebene. Eine Kraftquelle auf der ersten Potenzebene sieht – mit dem inneren Auge geschaut – so aus, als ob eine runde Öffnung im Boden wäre, die bis zu mehreren Metern Durchmesser haben kann, und aus der eine weiche, strahlend klare Kraft aufsteigt. Ihre Färbung hängt von der individuellen Qualität der einzelnen Quelle ab. Sie steigt bis zu einer gewissen Höhe vertikal empor und bildet dort eine Kuppel aus, durch die ein Teil der Kraft in den Landschaftsraum verteilt wird und ein anderer Teil zur Erde zurückfließt, um von da aus unterirdisch die Unterquellen dieser Quelle – die sekundären Quellen – zu speisen. Letztere speisen wiederum die tertiären Quellen, usw. So verzweigt sich das System der vitalenergetischen Quellen durch die Landschaft.
Viele der primären Quellen haben – außer der »Nahrung«, die sie von einem Berggipfel erhalten – ihr eigenes Einatmungssystem, durch das sie zusätzliche Kraft schöpfen. Solche Hauptkraftquellen befinden sich an gewissen dominanten Punkten in der Landschaft, die an ihrer Gestalt als Kraftorte erkennbar sind. Es handelt sich gewöhnlich um auffällige Berge, alleinstehende Hügel oder um einzigartige Quellorte von Flüssen oder Bächen. Besonders die alten Kulturen haben viele solcher Orte als sakrale Plätze erkannt. Heute sind sie oft durch Wallfahrtskirchen bezeichnet. Auch wenn ein Fluß oder ein Bach an einem Platz entspringt, wo sich im feinstofflichen Bereich die Kraftquelle eines Berges befindet, wird das Wasser aus der sichtbaren Quelle mit der

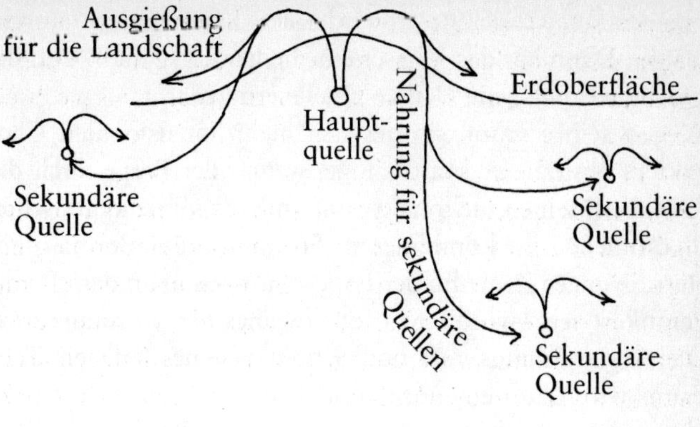

Abb. 38:
Das Kraftsystem der Berge –
Hauptquelle und sekundäre Quellen

Herzkraft aus deren unsichtbarem Komplement durchtränkt. Dann hat das Wasser eine heilende Qualität, und die Quelle wird als eine Heilige Quelle erfahrbar.
Wegen seines schon gepriesenen mehrdimensionalen Charakters besitzt das kraftmäßige System der Berge auch die Fähigkeit, seine Quellpunkte mit anderen vitalenergetischen Phänomenen zu kombinieren. So kann, zum Beispiel, ein sternförmiges Zentrum der Landschaft genau an dem Punkt verankert sein, wo die Kraftquelle eines Berges zutage tritt. Die Ausstrahlungskraft und Schönheit eines solchen Zentrums wird dadurch enorm gesteigert.
Nun, was die Wahrnehmung im Bereich der Kraftsysteme der Berge betrifft, so lassen sich in diesem Fall keine befriedigenden Ergebnisse aufgrund von Körperwahrnehmungen und Resonanz am Körper erzielen. Das System der Berge ist dazu zu komplex. Es müssen hier unbedingt auch die dargestellten Formen der übersinnlichen Wahrnehmung einbezogen werden, um eine wirklichkeitsgetreue Identifizierung dieses Systems im Gelände vorzunehmen. Sonst kann es sehr leicht zu Verwechslungen, beispielsweise mit den sogenannten »Blinden Quellen« kommen (vgl. dazu 3.3.A).
Zum Abschluß möchte ich, was das Kraftsystem der Berge im weitesten Sinne betrifft, noch auf eine zweite Funktion dieses Systems verweisen, und zwar auf seine Rolle bei der Reinigung des Raumes. Es handelt sich um eine zweite Ein- und Ausatmungsfunktion sehr hoher Berge, die nicht unterirdisch, sondern in der Atmosphäre stattfindet. Die Bergspitzen saugen enorme Mengen von Ätherkraft aus den irdischen Kraftfeldern ein und atmen sie gereinigt wieder aus. Vom Erdheilungsengel Devos, der uns auf diese zusätzliche Funktion der Berge aufmerksam gemacht hat, wurden sie als eine riesige Reinigungsanlage gepriesen. Die Berge reinigen und erneuern die Lebenskraft der Erde.

4.3.C. Einstrahlungs- und Ausgießungspunkte

Es dürfte nicht schwerfallen, sich vorzustellen, daß nicht nur die hohen, kahlen Berggipfel als Kristalle wirken, die kosmische Kräfte konzentrieren, sondern daß die ganze Erde mit ihren Gesteins-, Erz- und kristallinen Schichten auf eine ähnliche Weise wirkt. Folglich gibt es ein zweites System in der Landschaft, das auf dem Prinzip der Einstrahlung und Ausgießung gründet. Dabei handelt es sich aber nicht um ein abgerundetes System, das jeweils in einem Berg zentriert wäre, sondern um ein System einzelner, verstreut vorkommender Einstrahlungspunkte, die in ihrer unmittelbaren Umgebung eine »Familie« von Ausgießungspunkten unterhalten. Makrokosmische Kräfte treten strahlenförmig durch einen Einstrahlungspunkt in das Erdinnere ein. Durch die Eigenkräfte der Erde verarbeitete kosmische Kraft tritt dann an entsprechenden Punkten als lebensfördernde Kraft in der Form einer Kraftquelle aus und ergießt sich in die Umgebung. Das Einstrahlungs- und Ausgießungssystem hat einen strikt lokalen Charakter und wirkt unabhängig vom geologischen Relief. Das heißt, seine Bedeutung ist besonders groß im Flachland, wo es weit und breit keine Berge gibt. Auch für die vitalenergetische Qualität kleiner Flächen, wie Gärten oder Parks, sind die dort vorhandenen Einstrahlungs- und Ausgießungspunkte von herausragender Bedeutung.

Wahrnehmungsmäßig unterscheiden sich die Einstrahlungs- von den Ausgießungspunkten dadurch, daß sie einen scharfen und strikt senkrechten Charakter haben. Letztere hingegen weisen einen weichen, sich waagerecht nach allen Seiten ausdehnenden Charakter auf. Auch kann die Einstrahlungssäule dadurch erspürt werden, daß die Handfläche zum Himmel gerichtet wird, ein Ausgießungspunkt, indem die Handfläche zur Erde hin zeigt.

4.4. Bipolare Systeme

In den Abschnitten 4.4 bis 4.6 möchte ich einige vitalenergetische Systeme darstellen, die in einer Landschaft als selbständige Systeme vorkommen und keine planetaren Netzwerke bilden. Sie sind wichtig für das Wesen einzelner Orte oder Landschaften. Dadurch daß sie regelmäßig über die Erdoberfläche verteilt sind, kommt ihnen letztlich auch eine planetare Bedeutung zu.
Zu einigen dieser Systeme habe ich, ehrlich gesagt, noch keinen eigenen Zugang erarbeitet. Sie wurden mir dank der Vermittlung von Ana durch den Erdheilungsengel gezeigt und bei verschiedenen Gelegenheiten erklärt, wenn wir im Verlauf von Erdheilungsprojekten auf sie gestoßen sind. Ich möchte sie trotzdem kurz erwähnen, um zum einen der ungeheueren Komplexität der vitalenergetischen Ausdehnungen der Orte und Landschaften gerecht zu werden, zum zweiten möchte ich dadurch zu weiterer geomantischer Erforschung anregen.

4.4.A. Yin-Yang-Systeme der Orte und Landschaften

Auf der Ebene eines Ortes besteht regelmäßig eine Quelle der Yin- und, separat davon, eine Quelle der Yang-polarisierten Kräfte. Die aus diesen zwei Quellen oder Zentren zufließenden Yin- bzw. Yang-Kräfte strömen auf einen in ihrer Mitte gelegenen Gleichgewichtspunkt zu, von dem aus sie durch den Raum des Ortes verteilt werden. Gewöhnlich liegen das Yin-Zentrum, der Gleichgewichtspunkt und das Yang-Zentrum auf einer geraden Achse und in gleichmäßigen Abständen zueinander.

In der Stadtlandschaft von Graz, zum Beispiel, befindet sich das Yin-Zentrum im Bereich der modernen Erweiterung des Elisabeth-Krankenhauses und das Yang-Zentrum im Stadtpark auf der anderen Seite der Mur. Der Gleichgewichts- und Ausgießungspunkt pulsiert dicht am rechten Ufer der Mur, genau in der Mitte zwischen den beiden polarisierten Zentren. In anderen Fällen ist das Yin-Yang-System komplizierter ausgebaut, wie zum Beispiel bei der Stadtlandschaft von Salzburg – um im österreichischen Raum zu bleiben.

Dort befindet sich die Yin-Quelle in der Erdtiefe, unterhalb des schon erwähnten sternförmigen Kraftzentrums Salzburgs[122] am Nonnberg. Die quellende Kraft wird wirbelartig nach oben in die Atmosphäre getragen bis zu einer Höhe von ca. 10 m. Ein Teil davon wird in den Raum zerstreut, der wesentliche Teil fließt jedoch in Form einer Strömung durch den Luftraum der Stadt in Richtung des Klausen Tores am nördlichen Rand der Altstadt. Dort gibt es am Ufer der Salzach den Vereinigungspunkt mit der Strömung aus der Yang-Quelle, die sich in der Atmosphäre ca. 8 m über dem Kapuziner Berg befindet. Die Kraft läßt sich in Form eines pyramidenförmigen Kegels auf die Erdoberfläche herab, wo ein Teil davon in den Raum zersprüht wird, während ein anderer Teil unterirdisch zum Vereinigungspunkt am Klausen Tor fließt. An dem Punkt, wo sich die beiden polarisierten Kräfte vereinigen, entspringt eine aus den Yin- und Yang-Strömen verdrillte Kraftströmung, die von dort aus in gerader Linie zum Lehener Park verläuft, bis zu einem Punkt am Rande des Spielplatzes, wo sich das Gleichgewichts- und Ausgießungszentrum des Systems befin-

122 Es handelt sich hier wieder um eine Kombination von zwei vitalenergetischen Systemen, die an ein und derselben Stelle im Raum zentriert sind (vgl. dazu Kap. 4.3.B.).

det.[123] An dem Punkt entsteht ein starker Kraftwirbel, der die ausgewogenen Yin-Yang-Kräfte in unterirdischen Linien nach allen Seiten verteilt und auf diese Weise die ganze Landschaft von unten her kraftmäßig versorgt. Die größeren Kraftadern laufen in kleinere aus, bis das ganze Fundament des Stadtraumes durchtränkt wird. Letztlich wird die zerstreute Kraft wieder durch die Yin- bzw. Yang-Quelle angezogen, um dort regeneriert und aufs neue in das Yin-Yang-System geschickt zu werden. Eigentlich geht es bei dem Yin-Yang-System der Orte und Landschaften um ein ständiges Kreisen der polarisierten Kräfte durch den ober- und unterirdischen Raum.

Soviel über die Yin-Yang-Systeme von Orten und Landschaften. Aber auch Länder oder Makrolandschaften haben ihre Yin-Yang-Systeme, allerdings nicht in der Form von Zentren, sondern in der Form von drei Kraftdreiecken mit einer Seitenlänge von 10 Kilometern oder mehr. Die Kraft, die der Charakteristik eines der drei Dreiecke entspricht (minus, plus oder neutral) hat ihre Quellen in den drei Eckpunkten und fließt entlang den Seiten »ihres« Dreiecks sowie durch Linien, die die Eckpunkte mit dem Zentrum des Dreiecks verbinden, wo die Hauptquelle liegt. Aus der Quelle ergießt sich entweder Yin- oder Yang-polarisierte oder neutral-ausgewogene Kraft in den Raum des Landes. Dies geschieht sowohl unter- wie oberirdisch.

Als Beispiel mag hier das Yin-Yang-System des hannoverschen Wendlands dienen, an dessen Reinigung und Regenerierung ich im Rahmen dreier Erdheilungsseminare, organi-

123 Dieses Zentrum fungiert gleichzeitig als das Herzzentrum Salzburgs, weil das eigentliche »Herz« der Stadt, das sich im Zentrum des alten Domes befand, durch den Bau des barocken Domes schwer gestört wurde.

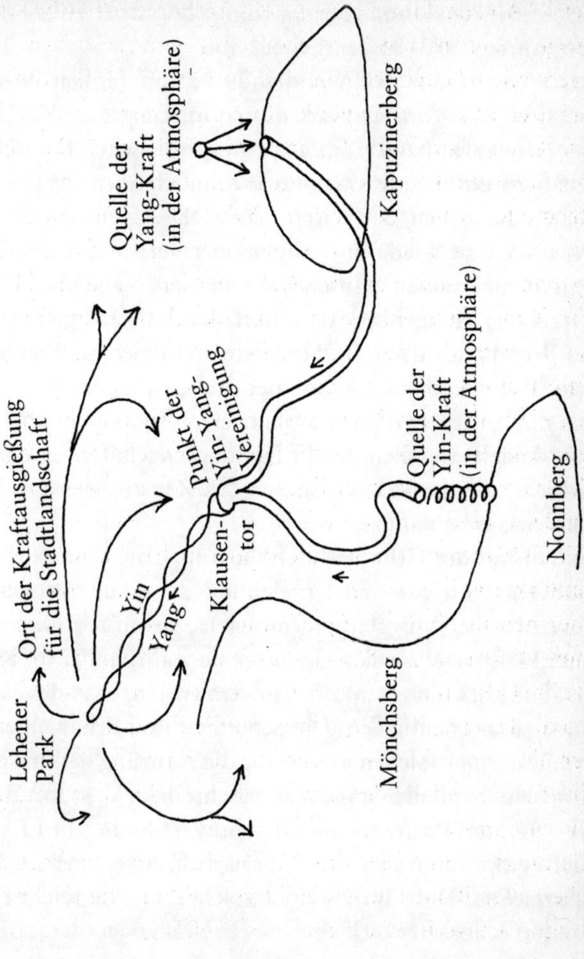

Abb. 39:
Das Yin-Yang-System der Stadtlandschaft von Salzburg

siert durch das Tagungshaus Königshorst bei Wustrow, in den Jahren 1993–95 gearbeitet habe.
Das Yin-Dreieck des Wendlands ist am Hohen Mechtin zentriert, das Yang-Dreieck mitten im Gartower Wald und das neutrale bzw. Yin/Yang-ausgeglichene Dreieck in Wustrow unter einer alten, ungewöhnlich hochgewachsenen Eiche, die neben der Kirche steht. Die Zentren der drei Dreiecke sind wiederum miteinander verbunden und in einem gemeinsamen Mittelpunkt in der Nähe des Flusses Jeetzel (bei Müggenburg) zentriert, der das wäßrige Rückgrat des Wendlands darstellt. So entsteht ein viertes, übergeordnetes Dreieck, das die Kräfte der drei Grunddreiecke vereint und ihre geballte Potenz konzentriert. Sein Zentrum befindet sich – nach Angaben des Erdheilungsengels Devos – in der Erdtiefe, wo die Kraftlinien aus den Zentren der drei Dreiecke zusammenlaufen.
Als ich mit der Gruppe durch Gesang, Tanz und Farbenvisualisation an der Wiederbelebung dieses übergeordneten Zentrums bei Müggenburg arbeitete, nahm ich die riesige, einer Halbkugel ähnliche Lichtschale wahr, in der die Kräfte des Yin-, des Yang- und des neutralen Dreiecks des Wendlands zusammenfließen. Die Schönheit und Erhabenheit des Anblicks einer solchen Schale, die die Nahrung für eine ganze Landschaft enthält, ist nicht zu beschreiben. Von dort fließen die vereinten Kräfte in einer mächtigen Spirale zur Erdoberfläche empor, um sich letztlich eruptionsartig über das Land zu ergießen. Der Einfluß einer solchen Quelle reicht einige hundert Kilometer weit.

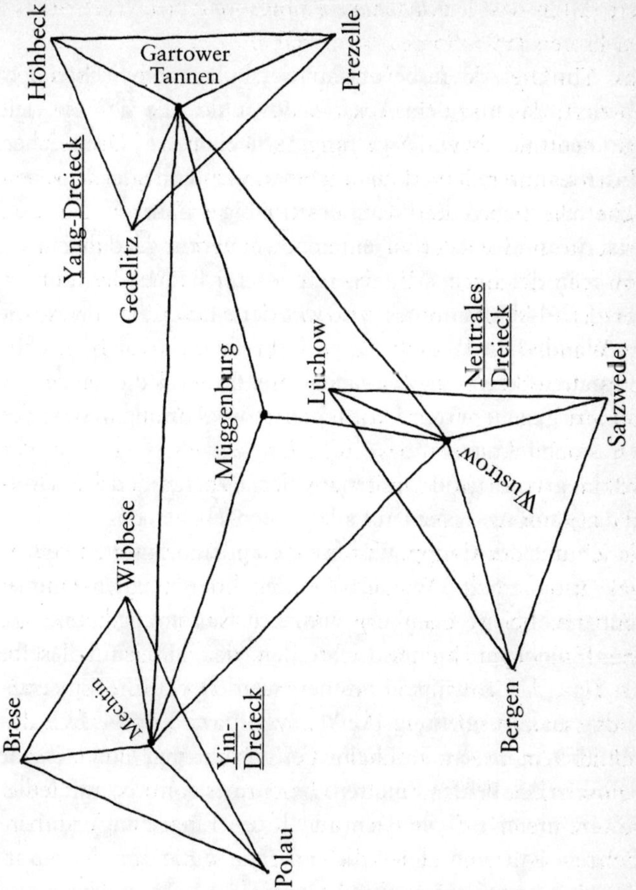

Abb. 40:
Das Yin-Yang-System des
hannoverschen Wendlands

4.4.B. Das Atmungssystem

Das Atmungssystem beruht auf der Polarität zwischen dem Einatmungs- und dem Ausatmungspunkt, die sich oft viele Kilometer voneinander getrennt, wie eine Art Nasenlöcher, in der Landschaft befinden. Mittels der Kraft der Ein- und Ausatmung wird der Raum kraftmäßig ernährt.

Das Atmungssystem ist einfacher gebaut und daher auch besser in der Lage, sich gegen menschliche Mißhandlungen des Landschaftsraumes zu wehren. Besonders was die Stadtlandschaften betrifft, sind oft alle vitalenergetischen »Organe« bereits so weitgehend gestört, daß die ganze Zufuhr der regenerierten Lebenskraft vom Atmungssystem des Ortes abhängt.

Als das grundlegende vitalenergetische »Organ« des Raumes ist das Atmungssystem auf allen Potenzebenen des gegliederten Raumes zu finden, was für die anderen Systeme keineswegs zutrifft. Sogar in jedem Gärtlein oder in jedem Zimmer oder Hohlraum kann ein winziger Einatmungs- und ein Ausatmungspunkt gefunden werden. Sie können auf dieselbe Art und Weise wahrgenommen werden wie die Einstrahlungs- und Ausgießungspunkte (vgl. dazu Kap. 4.3.C.). Es gibt aber in diesem Fall keine gefühlsmäßigen Unterschiede zwischen den beiden Punkten. Der Kraftstrom verläuft lediglich im einen Fall in Richtung Erde (Einatmung) und im anderen Fall von der Erdoberfläche aufsteigend (Ausatmung), wie ein sanfter Wind.

Es gibt aber auch Kraftpunkte, durch die in rhythmischer Abfolge sowohl die Ein- wie auch die Ausatmung erfolgt. Sie sind eigentlich keine richtigen Atmungspunkte. Ihrer Funktion nach nenne ich sie lieber vitalenergetische »Lüftungspunkte« der Erde.

4.5. Systeme zur Einbindung von Orten und Landschaften in größere Zusammenhänge

Alles, was ist, stellt im Kosmos einen Teil einer allumfassenden und mehrschichtigen Ganzheit dar. Auch die planetare Welt, die wir bewohnen, unterliegt dieser Gesetzmäßigkeit. Als Folge gibt es auf allen Ebenen des Raumes Systeme, die der Einbindung seiner einzelnen Elemente in die größeren Zusammenhänge dienen. Wir haben schon ausführlich über die Leyliniensysteme und über das System der Berge mit ihren Kraftquellen gesprochen, die alle auch dem Zusammenschluß der Erdoberfläche zu einem einheitlichen vitalenergetischen Organismus dienen. Sie existieren als verbindende Systeme weitgehend unabhängig von dem, was die menschlichen Kulturen auf der Erde betreiben. Wir wollen uns nun einigen vitalenergetischen Systemen widmen, die sekundär, durch die Einwirkung der menschlichen Kultur auf das Gewebe des Mehrdimensionalen Raumes entstanden sind und teilweise auch heute noch entstehen. Die feinstoffliche Wirklichkeit besitzt eine fast unvorstellbare Fähigkeit, auf Veränderungen im Raum mit höchster Genauigkeit zu reagieren und, wenn nötig, neue Ordnungen oder Kraftsysteme zu bauen oder sie auch wieder aufzulösen. Diese Genauigkeit wird vorstellbar, wenn wir uns vergegenwärtigen, daß die Intelligenzen des Urraumes der Ewigkeit – sprich Engel – dabei als »Architekten« tätig sind. Hinzu kommt, daß besonders im Neolithikum und auch später noch Menschen bewußt mit den Engeln im Prozeß der Entstehung sekundärer Kraftstrukturen in der Landschaft zusammengewirkt haben. Oft haben sie solche Strukturen – besonders was die Landschaftstempelstrukturen angeht – Jahrtausende hindurch mit Hilfe von Ritualen und Wallfahrten aufrechterhalten und gestärkt. So können dieselben Kraftstrukturen noch heute in der Landschaft geomantisch vorgefunden werden. Obwohl sie sekundär entstanden sind, wirken sie immer noch als reale Kraftstrukturen der Landschaft und üben – soweit wir Menschen es ihnen erlauben – ihre Rolle aus, die Landschaft für die menschliche Ansiedlung funktionsfähig zu erhalten.

4.5.A. Systeme zur Einbindung eines Ortes in die umgebende Landschaft

Nehmen wir als Beispiel die Gründung einer Siedlung in vorantiker Zeit. Zum einen waren die Menschen noch so weit hellsichtig oder hatten Hellsichtige unter sich, daß sie für ihre Siedlungen Plätze ausgesucht haben, wo die vitalenergetischen Voraussetzungen besonders günstig waren. Zum zweiten waren sie kundig genug, um durch Gründungsrituale zusätzliche kraftmäßige Verbindungen zu schaffen, so daß ein regelrechtes vitalenergetisches Nest entstehen konnte, das für die Besiedlung optimale Lebens- und Entwicklungsbedingungen bot. Im frühen Mittelalter wurden häufig an denselben Plätzen die ersten Städte gegründet, die wiederum den Kern unserer heutigen modernen Großstädte bilden. Auf diese Weise sind die sekundär erschaffenen Systeme zur Einbindung der Orte in die größeren Zusammenhänge auch weiterhin in Funktion geblieben. Obwohl sie heute fast ausnahmslos ignoriert werden, stellen sie noch immer die kraftmäßigen Grundstrukturen dar, an denen die oft gespenstisch aufgeblasenen Stadtagglomerationen »hängen«. Inwieweit sie noch fähig sind, das chaotische Übergewicht einer modernen Stadt zu tragen, hängt davon ab, inwieweit sie energetisch ungestört die Jahrtausende überdauern konnten. Das ist leider nicht oft der Fall, weil die vitalenergetischen »Organe« dieser Art häufig durch die Kulturen, die die Orte nacheinander in Besitz genommen haben, absichtlich gestört wurden, um ihre Oberherrschaft über das auf diese Weise geschwächte Land zu sichern.

Systeme zur Einbindung eines Ortes in seine Heimatlandschaft gehen von gewissen starken, natürlicherweise vorhandenen vitalenergetischen Kraftbrennpunkten des Umlandes aus, die durch sekundär erschaffene Kraftlinien zusammengebunden werden. Als Ausgangspunkte solcher Systeme können, zum Beispiel, die sternförmigen Kraftzentren dienen, besonders starke Einstrahlungspunkte, Kraftquellen verschiedener Art, usw. Die ausgewählten Punkte wurden in ein Liniensystem eingebunden, das der Verankerung des Stadtorganismus in die Struktur der Landschaft dient. Solche Einbindungssysteme wirken sich auch schützend und stabilisierend auf eine Stadtlandschaft aus.

Die Formen, die solche Einbindungssysteme angenommen haben, können sehr unterschiedlich sein und hängen von den Eigenschaften des betreffenden Landes ab. Sie sind gewöhnlich auf dem Prinzip der Dreiheit aufgebaut, weil die Dreiheit eine höchst stabile Struktur darstellt. Die Dreizahl der Stützpunkte kann in einer Dreiecksform zusammengeschlossen sein. Wenn ein vierter Kraftpunkt in der Mitte ins Spiel eingewoben wird, kann sich die Dreiecksform zu einer Pyramidenstruktur erweitern. Es kann sich aber auch um zwei über die Landschaft ausgedehnte Dreiecke handeln, die zueinander polarisiert sind. Oft sind solche Systeme auch so gebaut, daß es außerhalb der Stadt Kraftpunkte gibt, die eingestimmt auf das Wesen der in ihrer Mitte liegenden Stadtlandschaft schwingen. Diese Punkte werden dann durch Linien mit einem Punkt in der Stadtmitte verbunden, der ihre Kräfte in der Stadtlandschaft verankert hält.

Um ein Beispiel für solche sekundären vitalenergetischen Systeme anzuführen, habe ich die Stadtlandschaft von Kiel ausgewählt, die zwei solche Systeme besitzt. Beide wurden durch Erdheilungsarbeit in den Jahren 1993–94 wiederbelebt und werden weiter gepflegt.[124]

1. Das Verankerungssystem für Kiel ist aus drei Kraftzentren zusammengesetzt, die meinen Untersuchungen nach alle einmal als sakrale Orte gepflegt worden sind. Sie sind nicht untereinander verbunden, sondern einzeln mit einem bestimmten Punkt im heutigen Gaarden Volkspark. Die drei Punkte – in Klausdorf, Heikendorf und am Heischberg – dienen als Verankerungspunkte für den Stadtorganismus in der Weise, daß sie ihre Kräfte durch den Punkt im Volkspark tief in den unterirdischen Raum der Stadt hineinfließen lassen und dadurch der Stabilität und Erdung der Stadtlandschaft dienen.
2. Das System der Einbindung der Stadt in die umgebende Landschaft ist aus zwei Kraftdreiecken zusammengesetzt, die jeweils eine Seitenlänge von ca. 20 km haben. Die beiden Dreiecke haben einen gemeinsamen Eckpunkt, der sich mitten in der Stadt, im Schützenpark, befindet. Die übrigen vier Eckpunkte befinden sich an ehemals sakralen Punkten der Landschaft, die die Kieler Förde umschließt. Sie sind jeweils einem der Vier Elemente gewidmet. So sind jedem der beiden Dreiecke zwei Elemente zugehörig, die zueinander polarisiert sind:
(A) Feuer (plus) und Wasser (minus)
(B) Luft (plus) und Erde (minus).

Die Wirkung der beiden Dreiecke ist dadurch aufeinander abgestimmt. An den Quellpunkten der Vier Elemente in den

124 Vgl. dazu die Broschüre *Heilung der Erde in Kiel mit Marko Pogačnik,* hrsg. durch Quelle des Friedens e.V.

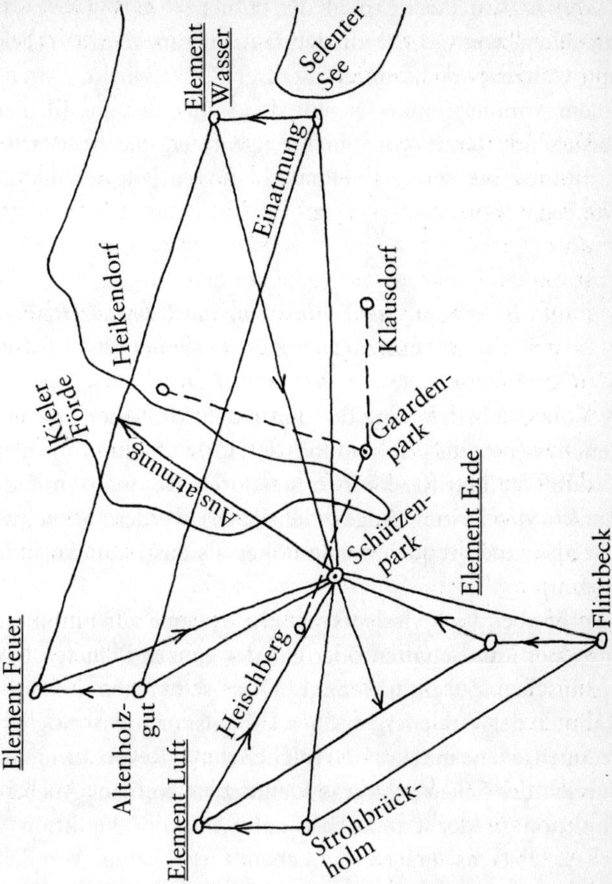

Abb. 41:
Das System der Verankerung von Kiel (gestrichelte Linien) und das System der Einbindung der Stadt in die Landschaft

Ecken schießt die Kraft in die Höhe, so daß hohe Säulen entstehen, von wo sich die Kraft dann zum zentralen Punkt im Schützenpark hinunterläßt. Der Punkt wird dadurch zu einem Atmungspunkt. Die von den Säulen der Vier Elemente zufließende Kraft wird hier eingeatmet, die ausgeatmete Kraft fließt aus demselben Punkt heraus entlang den schrägen Flächen der beiden Dreiecke.

4.5.B. Systeme zur Einbindung der Landschaften in die kosmischen Zusammenhänge

Was die Wahrnehmung der durch den Menschen erschaffenen Systeme zur Einbindung der Orte in die umliegende Landschaft betrifft, können sie durch Resonanz mit dem Chakra des Dritten Auges identifiziert werden. Sie schwingen also eine Frequenzebene höher als das Kraft-Leyliniensystem.

Es gibt aber auch vitalenergetische Systeme zur Einbindung einzelner Landschaften oder gar des ganzen Planeten in die kosmischen Zusammenhänge. Diese schwingen auf der im Rahmen der Vitalenergetischen Dimension höchstmöglichen Frequenzebene und können folglich durch Resonanz mit dem Bereich des Scheitelchakras identifiziert werden. Auch ihre Funktion in der Landschaft kann mit der Funktion des Scheitelchakras im menschlichen Organismus verglichen werden. Es handelt sich also um Kraftsysteme, die, symbolisch gesprochen, die Erde mit dem Himmel verbinden und dadurch Bindeglieder zwischen dem Mehrdimensionalen Raum und dem Urraum der Ewigkeit darstellen. Sie sind sehr selten zu finden.

Ein Beispiel für dieses System der kosmisch-irdischen Verbindung hat mir der Erdheilungsengel Devos während der Vor-

bereitungen für das erwähnte Untersuchungsprojekt im Schweizerischen Seeland gezeigt, und ich habe es dann zusammen mit Kurt Rohner im Gelände erforscht. Das System besteht aus zwei Kraftpyramiden, von denen eine in Richtung Erdmitte, die andere in Richtung Himmel weist. So entsteht eine Doppelpyramide, deren dreieckige Grundflächen so gegeneinander verschoben sind, laß sie die Form eines Davidsterns in der Landschaft bilden. Die Grundfläche der sich in die Erdtiefe hinunterlassenden Pyramide stellt das irdische Dreieck dar, während die Grundfläche der zum Himmel weisenden Pyramide das kosmische Dreieck repräsentiert. Die beiden Dreiecke sind durch ca. 8 m breite lineare Kraftstreifen in die Landschaft eingeprägt. Die Seiten der Dreiecke haben eine Länge von ca. 20 km.
Das Dreieck, durch das die *irdischen* Kräfte verankert sind, verläuft zwischen Biel (Stadtkirche), Kerzers und der Jura-Gebirgskette (Le Chuffort). Das kosmische Dreieck verläuft zwischen Lyss, Gampelen und der Jura-Gebirgskette (La Neuve). Die beiden Kraftdreiecke haben ein gemeinsames Zentrum, das sich auf der Petersinsel im Bielersee befindet. Dieses Zentrum stellt eigentlich den Fokus einer vertikalen Kraftachse dar, durch die die Verbindung zwischen den Spitzen der himmlischen und der irdischen Pyramide verläuft. In der mythischen Überlieferung verschiedener Kulturen ist eine solche Achse als »Weltenachse« (lat. *axis mundi)* bekannt. An dem Platz in der Mitte der Petersinsel, wo die Weltenachse die Erdoberfläche durchstößt, ist es möglich, innerlich den Zusammenklang der beiden Welten zu erleben, durch den die Einheit unseres irdisch-himmlischen Kosmos zum Ausdruck gebracht wird. So befindet sich dort ein kostbarer Mittelpunkt, dem die Petersinsel ihre kontinuierliche sakrale Bedeutung in der Geschichte des Landes verdankt.

Wie uns der Erdheilungsengel erklärte, sind neben dem Zentrum auf der Petersinsel auch die Spitzen der beiden Pyramiden von grundlegender Bedeutung. Die Spitze der oberen Pyramide empfängt die Kraft aus den kosmischen Quellen und sendet sie der Achse entlang in die entgegengesetzte Pyramide, deren Spitze ihrerseits die irdischen Kräfte einsaugt, die sie in umgekehrter Richtung durch die Achse zur oberen Pyramidenspitze schickt, wo sie ausgeschleudert werden. Auf diese Weise verläuft entlang der Achse ein ständiger Atmungsprozeß, der die irdischen und die kosmischen Ebenen miteinander verbindet.
Auch die hinunterströmenden und von der unteren Spitze empfangenen kosmischen Kräfte werden ausgeschleudert. Sie verlieren sich aber nicht in der Erdtiefe, sondern steigen in Spiralen um die Erdpyramide auf, bis sie in der Form eines Kreises die Erdoberfläche erreichen. Dieser Kreis läuft als ein mehrere Kilometer breites Band um die Komposition des »Davidsterns« herum. Der Durchmesser des Kreises beträgt ca. 50 km und schließt auch die Stadtlandschaft von Bern in sein Band ein. Stellen wir uns noch vor, daß aus dem Mittelpunkt auf der Petersinsel sternfömig nach allen Seiten Kraftlinien ausgehen, die bis zum Rande des 50-km-Bandes reichen und der Kraftausgießung aus dem Zentrum dienen, so entsteht vor unseren Augen ein gigantisches Erdchakra, das für diesen Teil von Europa einzigartig ist.
Es gibt aber auch – wenn auch selten – einzelne Plätze in der Landschaft, die der unmittelbaren Verbindung zwischen den irdischen und den kosmischen Dimensionen dienen. In einem solchen Fall ist die Verbindungsfunktion durch eine Lichtsäule wahrnehmbar, die sich aus dem Kosmos hinabläßt und gleichzeitig aus der Erdtiefe aufsteigt.

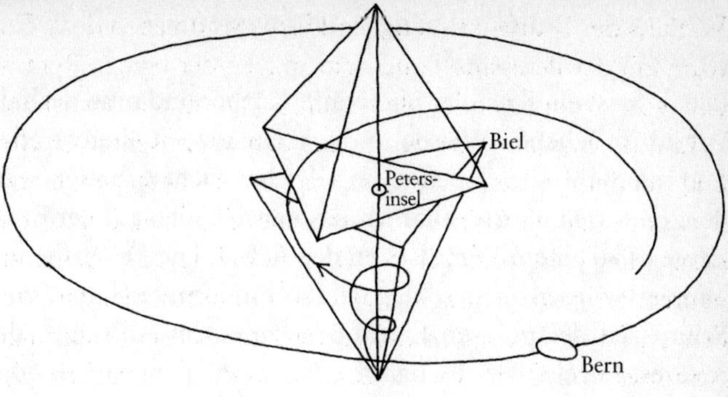

Abb. 42:
Die Grundzüge des Systems der kosmisch-irdischen Verbindung im Schweizerischen Seeland

4.6. Gleichgewichtssysteme

Die Erde ist ein sensibler planetarer Körper und muß deshalb auf alle möglichen Weisen in die Weltganzheit eingebunden und auch auf allen Ebenen im Gleichgewicht gehalten werden. Es wäre unvorstellbar für das ganze Leben auf der Erde, käme es zu einem Verrutschen der Achse! Die Lebensbedingungen würden sich schlagartig verändern, es käme zum Schmelzen der polaren Eiskappen, zu einem Ansteigen des Meeresspiegels usw. Es handelt sich aber nicht nur um das Gleichgewicht auf der materialisierten Ebene, sondern auch um die Gleichgewichte in den feinstofflichen und geistigen Bereichen, wo die vitalenergetischen Gleichgewichtssysteme tätig sind. Angesichts der Tatsache, daß die Menschheit in der heutigen Zeit so destruktiv mit der Erde umgeht, daß sie tatsächlich deren grundlegendes Gleichgewicht gefährdet, wächst die Bedeutung der Gleichgewichtssysteme dementsprechend. Die besondere Dramatik der zukünftigen Entwicklung liegt darin, daß gerade die Gleichgewichtssysteme selbst oft schwer gestört sind, weil sie häufig in Landschaften angesiedelt sind, in denen sich die menschliche Ignoranz gegenüber der unsichtbaren Wirklichkeit besonders zerstörerisch ausgewirkt hat.

Die vitalenergetischen Gleichgewichtssysteme als Organe der Erde entsprechen dem Gleichgewichtsorgan beim Menschen. Schauen wir uns als erstes das Gleichgewichtssystem der Erde als Ganzes an und im Anschluß daran die Gleichgewichtssysteme einzelner Landschaften und Orte. Alles Wissen über die Gleichgewichtssysteme verdanken wir dem Erdheilungsengel Devos. Im Rahmen meiner Erdheilungsprojekte habe ich es allerdings schon mehrfach in der Praxis anwenden können.

4.6.A. Das planetare Gleichgewichtssystem

Das planetare Gleichgewichtssystem besteht aus Kraftbündeln bzw. Kraftachsen, die von der Erdmitte ausgehen, weit über die Erdoberfläche hinausreichen und die Erde – genauer gesagt, ihren feinstofflichen Körper – im Kosmos verankert halten. Diese Gleichgewichtsbündel haben einen Durchmesser zwischen 10 und 200 m und sind in ihrem Kraftpotential entweder Yin- oder Yang-polarisiert oder neutral. Einige der Gleichgewichtsbündel bilden an dem Punkt, wo sie die Erdoberfläche berühren, eine Lichtkugel aus mit einem Durchmesser von 30 bis 70 km. Die eine Hälfte der Lichtkugel wölbt sich über die Erdoberfläche, die andere unterhalb. Von der Erdmitte aus gesehen, können wir uns vorstellen, daß diese an den Kraftbündeln – Kraftachsen – angebrachten Lichtkugeln die Erdoberfläche von allen Seiten des Erdkörpers her in der Mitte verankert halten und dadurch das Gleichgewicht bewahren.

Würden wir eine solche Lichtkugel als ein Organ der Landschaft betrachten, so würden wir sehen, daß sowohl die Achse – das Kraftbündel – als auch die Kugel selbst durch zwei Kraftdreiecke in der Landschaft verankert sind. Eines davon erstreckt sich in der Landschaft innerhalb des Umfanges der Kugel, während das andere über den Kugelumfang hinausgeht. Das innere Dreieck hat einen pyramidenförmigen Überbau, durch den die Achse, bezogen auf die umliegende Landschaft, an ihrem Platz gehalten wird. Durch das äußere Dreieck wird die Lichtkugel in die Landschaft eingespannt. Die beiden Dreiecke sind komplementär Yin-Yang-polarisiert.

Bisher habe ich mit Hilfe von Seminargruppen an drei derartigen Gleichgewichtsorganen in Europa im Sinne einer Auflösung ihrer durch Menschen verursachten Blockierungen und einer entsprechenden Revitalisierung gearbeitet. Eines befindet sich im Bereich des Bodensees, ein weiteres in Morayshire im Norden Schottlands und das dritte im Bereich der Stadt Villach in Kärnten. Als Beispiel füge ich eine Zeichnung des planetaren Gleichgewichtsorgans bei, das sich im Bereich von Villach befindet.

4.6.B. Gleichgewichts-Leylinien

Wie der Planet als Ganzes, besitzen auch Landschaften und Orte eigene Gleichgewichtssysteme. Bei den Landschaften handelt es sich um Gleichgewichts-Leylinien. Sie ähneln in ihrer Beschaffenheit den anderen beiden Arten von Leylinien. Allerdings tragen sie keine Kraft durch die Landschaft – wie die Kraft-Leylinien – und auch keine Informationen – wie die Verbindungs-Leylinien –, sondern sie sichern das Gleichgewicht durch das Prinzip der Ausgewogenheit der Gegenpole. Es gibt gewöhnlich in einem Land zwei Leylinien dieser Art, die das Gleichgewicht in den Landschaftsräumen, durch die sie verlaufen, dadurch aufrechterhalten, daß sie zueinander polarisiert sind. Sie kreuzen sich an einer Stelle, um die Qualität der Ausgewogenheit noch zu potenzieren.
Es kommt auch vor, daß es in einem Land nur eine einzige Gleichgewichts-Leylinie gibt, die sich durch das Land schlängelt, dafür aber in sich selbst polar strukturiert ist. Das heißt, der Streifen auf der einen Seite der zentralen Ader der Leylinie ist Yin- und der auf der anderen Seite Yang-polarisiert.
Als Beispiel für ein Land mit zwei zueinander polarisierten Gleichgewichtslinien bietet sich Schleswig-Holstein an. Die beiden Linien kreuzen sich im Zentrum von Kiel an der Holmerbrücke. Die Yang-Linie verläuft in Richtung Alter Botanischer Garten – Barkauer Kreuz, die Yin-Linie jedoch

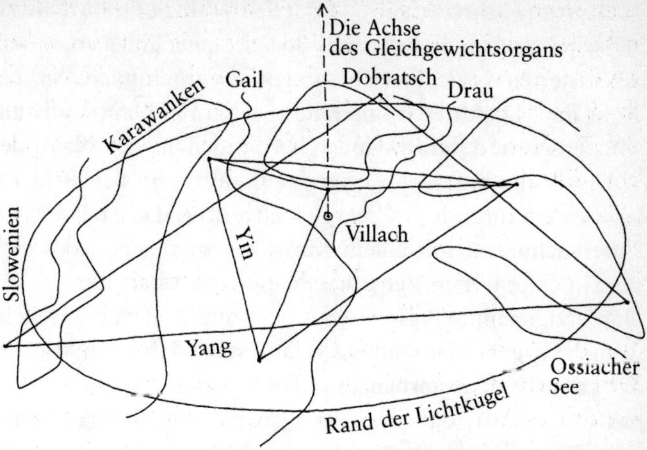

Abb. 43:
Ein Gleichgewichtsorgan der Erde im Bereich Villach (perspektivisch gesehen)

in Richtung Schrever Park – Gaarden Volkspark. Im Schweizerischen Seeland habe ich das Beispiel einer einzigen, in sich polarisierten Gleichgewichts-Leylinie vorgefunden. Sie beginnt ihr Mäandrieren durch das Seeland in Haut-Vully am Murtensee und verschwindet bei Studen in der Nähe des Nidau-Büren-Kanals an einer Stelle mitten in den Feldern, wo sich ein furchtbares Energieloch auftut, das nach meinen Untersuchungen mit einem Massaker zu tun hat, das sich dort in einer fernen Vergangenheit ereignet haben muß.
Das letztgenannte Beispiel zeigt, wie empfindlich die Gleichgewichtsorgane sind und wie relativ schnell ihre Funktion in der Landschaft absterben kann. Der Erdheilungsengel Devos hat uns erklärt, daß die Gleichgewichtslinien wegen ihrer hohen Sensibilität heute entweder verschwunden oder nur noch in einzelnen Teilabschnitten erhalten sind. Sie verhalten sich wie Flüsse, die plötzlich in der Erde versickern an Plätzen, die kraftmäßig gestört sind.

4.6.C. Gleichgewichtskreuze

Gleichgewichtskreuze habe ich in der Stadtlandschaft von Ljubljana entdeckt, als ich die »Vitalen Strukturen der Stadtlandschaft von Ljubljana« im Auftrag des Urbanistischen Instituts Sloweniens sehr genau untersuchte. Dabei habe ich im Bereich der Stadt und ihrer Umgebung elf Zentren entdeckt, von denen kreuzförmig vier 3–4 m breite Linien ausgehen. Die Linien haben eine Länge von 1000 bis 2600 m. Sie verlaufen teilweise oberhalb, teilweise unterhalb der Erdoberfläche. Jeder der vier Schenkel eines solchen Kreuzes weist die charakteristische Schwingung eines der Vier Elemente auf.
In diesem Zusammenhang habe ich meine Tochter Ana

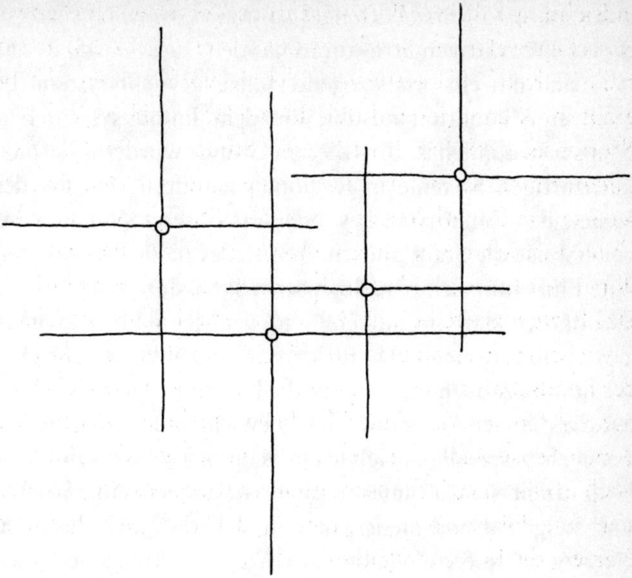

Abb. 44:
Muster der Gleichgewichtskreuze
(von oben gesehen)

gebeten, den Erdheilungsengel zu fragen, worum es sich bei diesen kreuzartigen Strukturen handelt. Er erklärte, es handele sich um ein ortsbezogenes Gleichgewichtssystem, das auch eine Funktion ausübt, die dem Immunsystem beim Menschen ähnlich ist. Aus diesem Grunde würden sich solche kreuzartigen Systeme in Regionen manifestieren, die dem Druck der Zerstörung besonders ausgesetzt sind, wie beispielsweise die Stadtlandschaften. Jedes dieser Kreuze stelle eine Einheit in sich dar, doch seien sie dadurch miteinander verbunden, daß sie auf ein und derselben Ebene wirken. Devos machte uns auch auf den Mittelpunkt der Gleichgewichtskreuze aufmerksam, wo die Kräfte der Vier Elemente – für die die vier Arme des Gleichgewichtskreuzes stehen – in Form eines spiraligen Gebildes zusammenfließen. Dieses Gebilde dreht sich ununterbrochen, verändert seine Struktur und steigt auf und nieder, bewegt sich aber nicht höher als etwa zwei Meter. Wenn die Gleichgewichtskreuze sehr dicht gesät sind, so ist das ein Zeichen dafür, daß der Ort sich in Schwierigkeiten befindet.

4.6.D. Kraftquellen mit einer Lichtkugel

Das System der Kraftquellen mit einer Lichtkugel habe ich während eines Erdheilungsseminars in meiner Heimatstadt Nova Gorica entdeckt. Eine Reihe meiner Seminare fanden dort im Rahmen des Projektes »Städte Heilen« – ein Projekt der WHO (World Health Organisation) – statt. Während der Vorbereitungen für das erste Seminar entdeckte ich einen kleinen Kiefernhain am Rande einer Kreuzung, wo gerade intensive Bauarbeiten zur Einrichtung eines Parkplatzes im Gange waren. Ich spürte, daß der kleine Hain eine besondere Bedeutung für den Ort hatte, sich aber in einem Schockzu-

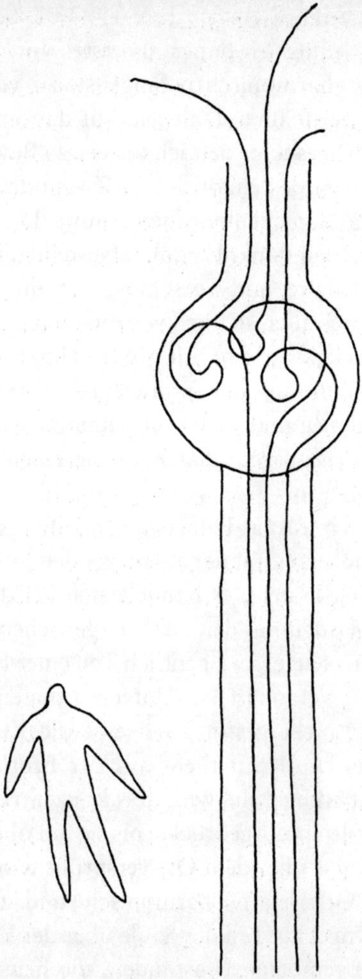

Abb. 45:
Kraftquelle mit einer Lichtkugel –
im Größenvergleich zur Menschengestalt

stand befand. Als ich am 17. Juni 1993 die Seminargruppe vor Ort traf, schlug ich daher als erstes vor, mit Hilfe der Methode des »harmonischen Singens« zu versuchen, den Schock im Kiefernhain aufzulösen. Für das Singen hatte ich einen Punkt ausgesucht, den ich als etwas Besonderes empfand, aber wegen des chaotisierten Zustandes, in dem sich der Raum befand, nicht einordnen konnte. Die Gruppe hatte sich gerade um den Punkt herum aufgestellt, als ich plötzlich eine Intuition hatte und vorschlug, extrem polarisiert zu singen, d.h. die Frauen so hoch wie möglich und die Männer im tiefsten Bass. Als wir so mit großer Hingabe sangen, sah ich plötzlich, wie aus der Erdtiefe in unserer Mitte eine Lichtkugel aufstieg und schwebend über uns stehenblieb. In irdischen Maßen ausgedrückt hatte sie einen Durchmesser von einigen Metern.

Später habe ich mit Anas Hilfe den Erdheilungsengel gefragt, welche Bewandtnis es mit der aufsteigenden Lichtkugel habe. Seine Erklärung lautete, es handele sich bei der Lichtkugel um das sensibelste unter den vitalenergetischen Organen der Landschaft. Die Kugel sei eigentlich Teil einer Lichtsäule, die in der Erdtiefe verankert ist. Unter normalen Umständen, wenn der Ort nicht gestört ist, steht die Kugel über der Erdoberfläche. Die Kraft fließt aus der Erdtiefe durch die Säule in die Lichtkugel ein, wird dort konzentriert und weiter durch eine Säule emporgedrückt, bis sie am oberen Ende der Säule austritt und über dem Ort versprüht wird.

Solange ein Ort relativ harmonisch und ungestört ist, schwebt die Kugel als Teil der Säule über der Erdoberfläche. Unter den entfremdeten Umständen, die heutzutage in der Landschaft walten, sinkt die Kugel entlang der Säule unter die Erde, und die Quelle funktioniert nicht mehr. Durch den Gesang der Gruppe in Nova Gorica wurde der Raum gereinigt und die Voraussetzung geschaffen, daß die dort vorhan-

dene Quelle mit ihrer Lichtkugel ihre einstige Funktion wieder aufnehmen konnte. Durch das stark polarisierte Singen wurde auch die nötige Anziehungskraft aufgebracht, um die Kugel aus der Erdtiefe »hervorzulocken«.
Die an der Lichtsäule schwebende Kugel wirkt als ein zusätzliches Gleichgewichtsorgan des Ortes. Sie funktioniert ähnlich wie ein Bimsstein, der auf der Wasseroberfläche schwimmt. Die Kugel »schwimmt« auf der Lichtsäule in der Atmosphäre des Ortes. Wird die Atmosphäre verschmutzt, so sinkt sie hinunter und verschwindet unter der Erdoberfläche. Nach Aussage des Erdheilungsengels gibt es heutzutage in der Landschaft kaum noch funktionierende Quellen dieser Art.

4.7. Leyliniensysteme der Elementarwesen

Mit dem letzten Abschnitt aus dem Bereich der Vitalenergetischen Dimension berühren wir schon die nächsttiefere Ausdehnung des Mehrdimensionalen Raumes, die Urbildliche Dimension, aus der heraus die Elementarwesen wirken. Da sie sich in ihrem Wirken aber auch bestimmter eigener Leyliniensysteme bedienen, gehört dieser Aspekt unbedingt in den Zusammenhang der bereits vorgestellten Leyliniensysteme. Auf Leylinien, die dem Wirkungsbereich der Elementarwesen zuzuordnen sind, stieß ich im März 1994 im Schweizerischen Seeland, als ich dort sogenannte »Schalensteine« untersuchte. Es handelt sich um größere oder kleinere Felsbrocken, die die Gletscher gewöhnlich an Berghängen oder gelegentlich auch in der Mitte eines Tales abgelegt haben. Viele dieser Steine weisen faustgroße eingemeißelte Schalen auf, die nach meiner Erfahrung als von Menschen erschaffene

Brennpunkte für die Elementarwesen des Ortes dienten.[125] Sehr wahrscheinlich haben die vorchristlichen Kulturen auf diese Weise einen rituellen Kontakt zu der Welt der Elementarwesen aufrechterhalten.

Als ich einen solchen Schalenstein untersuchte, der am Hang des Jura Gebirges über Landeron liegt, bemerkte ich, daß von ihm aus eine Kraftlinie in gerader Richtung nach Südosten verläuft. Ich konnte sie trotz einer formalen Ähnlichkeit nicht mit einer Kraft- oder Verbindungs-Leylinie gleichsetzen. Sie hatte viel zu tiefe Schwingungen. Später habe ich auch bei einigen anderen Schalensteinen im Land solche Linien vorgefunden. Einige verliefen so, daß sie verschiedene Schalensteine miteinander verbinden, so daß ein landesweites Netz gesponnen wird.

Während eines Lithopunkturprojektes im Stadtpark von Murska Sobota im Osten Sloweniens, das ich mit meiner Frau Marika in den Jahren 1993–94 ausgeführt habe, konnte ich mich sehr genau mit der Untersuchung der verschiedenen Kraftliniensysteme im Park und in seiner Umgebung beschäftigen. Dabei habe ich auch die Leyliniensysteme der Elementarwesen studiert. Es stellte sich heraus, daß eine Deva, eine Nymphe und ein Pan als hochentwickelte Wesenheiten der Elemente Luft, Wasser und Erde die drei leitenden Intelligenzen des Parkes waren. Sie hatten ihren jeweiligen Fokus in drei verschiedenen Teilen des Parks an ganz besonderen Punkten. Von diesen Punkten gehen kreuzartig je vier Leylinien aus. Sie führen genau bis zur Grenze des Parkgebietes und keinen Schritt darüber hinaus. Es ist offensichtlich, daß sie den drei Wesenheiten zur Verfügung stehen, damit sie als leitende Intelligenzzentren des Parks mit ihrer Hilfe ihre Aufgaben ausführen können.

125 Über die Bedeutung der Brennpunkte von Elementarwesen vgl. Kap. 5.3.

<table>
<tr><th>Resonanzebene am menschlichen Körper</th><th colspan="2">Art des entsprechenden Kraftliniensystems</th></tr>
<tr><td>Scheitelchakra</td><td colspan="2">Systeme zur Einbindung der Landschaften in die kosmischen Zusammenhänge</td></tr>
<tr><td>Chakra des Dritten Auges</td><td colspan="2">Systeme zur Einbindung eines Ortes in die umgebende Landschaft</td></tr>
<tr><td>Kehlkopfchakra</td><td colspan="2">System der Kraft-Leylinien</td></tr>
<tr><td>Herzchakra</td><td colspan="2">System der Berge und ihrer Kraftquellen</td></tr>
<tr><td>Sonnengeflechts-chakra</td><td colspan="2">System der Verbindungs-Leylinien</td></tr>
<tr><td>Sexualchakra</td><td rowspan="2">Vitalenergetische Systeme der Elementarwesen</td><td>Luft
Wasser</td></tr>
<tr><td>Wurzelchakra</td><td>Feuer
Erde</td></tr>
</table>

Abb. 46:
Liniensysteme im vitalenergetischen Bereich und ihre Resonanzebene am menschlichen Körper

Meine genauere Untersuchung der Leylinien der Elementarwesen ergab, daß die Leylinien der Erdelementarwesen auf der Ebene des Wurzelchakras schwingen, die Leylinien der Luft- und Wasserelementarwesen hingegen auf der Ebene des Sexualchakras.
Das abschließende Schema zeigt, in welchem Bezug die einzelnen Liniensysteme im vitalenergetischen Bereich zu den verschiedenen Chakren des menschlichen Körpers stehen.

Kapitel 5: Die Urbildliche Raumdimension

Die Urbildliche Raumdimension im allgemeinen war bereits Gegenstand von Kapitel 1.4.C. und dürfte dort so weit abgehandelt worden sein, daß wir uns nun unmittelbar der vertieften Behandlung des Themas zuwenden können. Dabei stellt sich die Frage, wie ich den Leserinnen und Lesern am besten ein Gefühl für die Realität der Urbildlichen Raumdimension vermitteln kann.

Als ich mich mit dem Alten Weisen aus dem Geschlecht der Erdelementarwesen darüber beriet – er hat seinen Platz im Wald unweit unseres Hauses –, antwortete er mir mit einem Bild: Als erstes sah ich eine Dorflandschaft unter einer dicken Schneedecke. Dann bemerkte ich, daß es auch schneite. Als nächstes fiel mir auf, daß Schnee überall in der Landschaft verteilt war, auf dem Boden, auf den Bäumen, den Gebäuden, ja sogar in der Luft. Ich fragte mich, welche Bewandtnis dieses Bild bezüglich meiner Frage haben könnte. Erst dann fiel mir auf, daß dieser weiße Schnee aus Myriaden winziger Kristalle zusammengesetzt ist, ja mehr noch, daß jeder einzelne Kristall einem Kosmogramm gleicht und sich von allen anderen Kristallen unterscheidet. Außerdem waren die Schneeflocken gar nicht weiß, sondern sie leuchteten in allen möglichen Farben.

Das Bild zeigt, wie die Wirklichkeit als Ganzes, aber auch jedes einzelne Element in ihr – sei es ein Baum, ein Haus oder ein Grashalm – mit Bewußtsein beseelt ist. Dieses Bewußtsein ist nun nicht als ein abstrakter Geist zu denken, der im Raum schwebt, sondern es bildet einen aus unzähligen Kristallen zusammengesetzten Organismus, der eine unbegrenzte Fülle

von Informationen im Raum speichern kann. Dieser kristalline Bewußtseinsorganismus stellt die Grundstruktur der Urbildlichen Dimension dar.
Ausgehend von der oben beschriebenen Vision möchte ich unsere Beschäftigung mit der Urbildlichen Dimension in vier Themenbereiche gliedern:

- (1) *Abdrücke im Astral*[126], die dadurch entstehen, daß die Vorgänge im Raum ihre Spur in die kristalline Astralschicht einprägen;
- (2) *Formen im Astral,* die einen schöpferischen Charakter haben, indem sie lenkend Einfluß auf die Kraftebene nehmen – ich nenne solche Formen *Kosmogramme;*
- (3) *Wesenheiten,* die den Schwerpunkt ihres Seins in der Urbildlichen Dimension verankert haben – solche Wesenheiten werden *Elementarwesen* genannt.
- (4) Die Urbildliche Dimension als die Gefühlsebene des Raumes ist auch das Medium, durch das die Schwingungen der *universellen göttlichen Liebe* in den Raum – sei es ein Landschafts- oder ein Stadtraum – hineingetragen werden.

5.1. Abdrücke im Astral

Um die Potenz an Information zu verdeutlichen, die in der Urbildlichen Dimension gespeichert ist, greife ich auf eine Erfahrung zurück, die ich im Kunstmuseum in Bern am 28.10.1994 machte. Beim Betrachten verschiedener Gemälde

[126] Wie in Kapitel 1.4.C. begründet, gebrauche ich die Begriffe »Astrale Ebene« und »Gefühlsebene« als Alternativen zum Begriff der »Urbildlichen Dimension«.

moderner Meister vertiefte ich mich jeweils einen Augenblick und schaute das betreffende Bild mit dem inneren Blick. Dabei nahm ich plötzlich hinter der sichtbaren Oberfläche dessen Urbildliche Dimension wahr. Ich führe hier nur einige Beispiele berühmter Meister an, von deren Werken sich jeder – auch ohne Abbildung – leicht eine Vorstellung machen kann.

Ich nenne jeweils zuerst den Künstler, dann den Titel des Kunstwerks und zuletzt das Ergebnis meiner inneren Beobachtung.

1. *Wassily Kandinsky, Rückblick, 1924*
   Ich sehe eine Menge dynamisierter Lichttöne, die wie eine Fontäne aus dem Gemälde quellen. Die Lichttöne sind gleichzeitig Klangtöne.
2. *Wassily Kandinsky, Gespannt im Winkel, 1930*
   Ich höre einen tiefen Klangton, begleitet von einer feierlichen Bewegung durch den Raum.
3. *Piet Mondrian, Komposition mit Grau und Schwarz, 1925*
   Dem Gemälde entströmt eine raumerschaffende Kraft, so daß ich den Eindruck bekomme, in einem frisch gestalteten Raum zu stehen.
4. *Franz Marc, Waldinneres mit Vogel, 1912*
   Ich sehe dünne, leicht gefärbte Schleier in Bewegung.
5. *Paul Klee, Scheidung Abends, 1922*
   Ich sehe einen Raum, der aus dem Gefühl einer mütterlichen Umarmung entsteht.
6. *Paul Klee, La Belle Jardinière, 1939*
   Ich sehe einen Raum erfüllt von klarem Wasser, das nach oben offen ist.
7. *Claude Monet, Eisgang, 1882*
   Es erscheint ein fächerartig angeordnetes Lichtspektrum,

das sich nach oben öffnet und aus allen möglichen Farben besteht.

8. *Paul Cézanne, Schloß Marines, 1888–1890*
Spiralig im Raum angeordnete Lichtfenster unterschiedlicher Licht- und Farbqualität.
9. *Vincent van Gogh, Sonnenblumen, 1887*
Ich sehe einen unangenehmen, dunkelbraunen Strom, der an Jauche erinnert, die nach links in unbekannte Tiefen abfließt.
10. *Vincent van Gogh, Café Nachts, 1888*
Ein Treppenhaus führt spiralig nach unten und verliert sich in der dunklen, gespenstischen Tiefe.

Die beiden letzten Beispiele sind aufschlußreich dafür, wie es zu den »Abdrücken« kommt, die ich in der Urbildlichen (astralen) Dimension der Gemälde gespeichert wahrnehmen konnte. Die Themen der beiden Gemälde Van Goghs sind, auf den ersten Blick, unproblematisch angelegt. Auf der astralen Ebene spiegeln sie jedoch einen dramatischen psychischen Druck wider, der formal gesehen in keiner Beziehung zu den gemalten Motiven steht. Er wurde offensichtlich im Prozeß des Malens unbewußt auf die sensitive Astralschicht der Gemälde übertragen. Aus der Biografie Vincent van Goghs können wir rückschließen, daß er zu jener Zeit wohl schon unter starken Depressionen gelitten haben muß, die ihn zwei Jahre später in den Selbstmord trieben.

5.1.A. Erinnerungen eines Ortes (Akasha-Chronik)

Das Beispiel aus dem Kunstmuseum in Bern läßt erahnen, wie wertvoll die auf der urbildlichen Ebene gespeicherte Information auch für das Gewinnen geomantischer Erkenntnisse über einen Ort sein kann. Jeder Raum ist angefüllt mit Abdrücken, die in Schichten gespeichert liegen und die durch übersinnliche Wahrnehmung, vor allem durch das Innere Schauen, zu jeder Zeit herausgegriffen und analysiert werden können (vgl. dazu Kap. 2.4.). Ein Baum, zum Beispiel, der gefällt wurde, hinterläßt den Abdruck seiner Existenz in den Astralschichten seines Standortes. Alle historischen Ereignisse, die sich an einem Ort abgespielt haben, hinterlassen ihre Geschichte in allen Einzelheiten eingeprägt in die feine Schicht des Astrals. In der esoterischen Literatur wird für diese Art von Erinnerungen, die im Raum gespeichert sind, auch der Ausdruck »Akasha-Chronik« gebraucht.
Die Menschen haben erst vor wenigen Jahrhunderten die Buchform erfunden, um auf ähnliche Weise Informationen zu speichern, und in neuester Zeit ist die Computertechnik hinzugekommen, deren Kapazität, Informationen zu speichern, noch mehr dem Prinzip ähnelt, nach dem die Erinnerungen eines Ortes in der Akasha-Chronik aufgezeichnet werden. Die Speicherungstechnik der Akasha-Chronik ist jedoch noch vollkommener, weil die Ereignisse sowohl in ihrer bildhaften Plastizität gespeichert sind, als auch in ihrer Essenz zusammengefaßt und in entsprechenden Symbolen codiert in die Erinnerung des Ortes aufgenommen werden. Bei der übersinnlichen Wahrnehmung wird folglich die Information in zwei unterschiedlichen Formen erlangt:

1. Es ist möglich, die Ereignisse, die ihren Abdruck an einem Ort hinterlassen haben, in ihrer »realen« Gestalt zu be-

trachten, d.h. in einer fast identischen Qualität, wie sie das reale Leben aufweist. In diesem Falle geht es gewöhnlich um die Wahrnehmung einzelner Bruchstücke, die der Wahrnehmende selber auf ihren Inhalt hin prüfen und einordnen muß.

2. Andererseits ist es möglich, die zusammenfassenden Symbole wahrzunehmen, in denen eine mehrschichtige Information codiert ist. Es kann sich dabei um Bildsymbole handeln oder um Farbkompositionen, Klangmuster usw. Zu den Erinnerungen eines Ortes befragt, kommentierte der Engelmeister Christopher Tragius: »Abdrücke dieser Art sind passive Gebilde, die eine energetisch-gefühlsmäßige Qualität besitzen. Ich nenne sie passiv, weil sie keine Entwicklung kennen und auch keine Kreativität von ihnen ausgehen kann. Sie sind wie eine Maske auf dem Gesicht, die keine Bedeutung mehr hat, sobald sie abgelegt wird.

   Die Abdrücke gehören natürlicherweise zur Struktur des Raumes und können an sich nicht störend wirken, sie werden aber dann problematisch, wenn sie auf Wesenheiten projiziert werden, die die Urbildliche Dimension als ihren Stammbereich bewohnen – gewöhnlich sind das die Elementarwesen des betreffenden Raumes. In dem Fall entsteht häufig die Notwendigkeit, eine Raumheilung vorzunehmen. Im Prozeß der Heilung eines Raumes kann es also im Wesentlichen darum gehen, den betreffenden Raum von den passiven Abdrücken zu befreien, die für eine als erstickend empfundene Atmosphäre verantwortlich sind.«

5.1.B. *»Gefühlsabfälle«*

In seinem oben zitierten Kommentar zu den Erinnerungen eines Ortes hat sich Christopher Tragius auch zu einem problematischen Aspekt der Astralen Raumdimension, dem sogenannten »niederen Astral«, geäußert. Mit diesem Ausdruck, der selbst nicht ganz unproblematisch ist, soll nicht etwa der Eindruck erweckt werden, die Urbildliche Dimension sei von Natur aus in einen »guten« und einen »schlechten« Aspekt aufgeteilt. Das ist keineswegs der Fall. Es geht nur darum zu verstehen, daß die Urbildliche Dimension als die Gefühlsebene des Raumes hochsensibel ist, unter anderem auch für die Emotionen, die von der riesigen Menge verkörperter Menschen ausgehen. Und gerade diese Emotionen sind bekanntlich oft negativ und zerstörerisch aufgeladen.

So wird jede Sekunde auf dem Planeten eine enorme Masse disharmonischer Abdrücke in die Astralschichten des Raumes eingeprägt, die Christopher Tragius »Gefühlsabfälle« nennt. Sie können vorübergehender oder auch langfristiger Natur sein. Kommen wir beispielsweise in einen Raum, in dem gerade gestritten wurde, so können wir die Disharmonie leicht wahrnehmen, die noch einige Zeit danach »in der Luft liegt«. Wenn ein solches Ereignis einmaligen Charakter besitzt, wird sich die negative Ladung relativ schnell auflösen, und zurück bleibt ein neutraler Abdruck in der Akasha-Chronik des Raumes. Die Ursache der Störung hat nicht lange genug auf dem Raum gelastet, um die sensiblen Astralschichten dauerhaft zu beeinflussen. Wird dasselbe destruktive Muster aber im selben Raum häufig wiederholt, dann entsteht in den Astralschichten des Raumes oder des Ortes eine Art Wunde, die langfristig »schmerzt«, das heißt, sie wird dieselbe negative Kraft, durch die sie verursacht wurde, so lange in den Raum zurückstrahlen, bis sie bewußt durch menschlichen Einsatz geheilt bzw. durch göttliche Gnade erlöst wird. Zu einer dauerhaften Wunde dieser Art kommt es auch durch eine einmalige gewalttätige »Explosion« negativer Emotionen, wenn etwa bei einem Mord geballte Haß- und Leidgefühle aufwallen.

Wir können uns kaum vorstellen, unter welcher Unmenge abscheulicher Gefühlsabfälle der moderne Mensch lebt. Aus Fernsehberichten sind wir es gewohnt, uns darüber zu wundern, unter welchen Haufen *physischer* Abfälle die Armen in der Dritten Welt leben können. Leider muß ich sagen, daß es gewöhnlich um nichts besser aussieht, wenn der Wohnplatz eines modernen, zivilisierten Menschen durch das innere Auge betrachtet wird. Wir wohnen mitten auf den Müllhalden der Gefühlsabfälle, die wir unbewußt und massenhaft produzieren.

Die einzige Abhilfe für diese Zustände besteht in einer beharrlichen Arbeit an der eigenen Persönlichkeit und an der Klärung der eigenen, psychischen Probleme (vgl. dazu Kap. 2.7.). Es gilt, Toleranz und liebevollen Umgang mit den Mitmenschen einzuüben. Im übrigen wäre es dringend nötig, die Kunst der Geomantie auch in die Richtung der Raumheilung und -reinigung weiterzuentwickeln.

5.1.C. Astrale Projektionen und aktive Blockaden

Es ist mir bewußt, daß ich mit der »dunklen« Seite des Kapitels über die Abdrücke im Astral schon auf den Inhalt meines nächsten Buchprojektes vorgreife, das den Methoden der Erd- und Raumheilung gewidmet sein wird. Ich muß sie aber wenigstens erwähnen. Die Gefühlsebene stellt nämlich genau jene Raumdimension dar, deren Rolle unter anderem darin besteht, die Vorgänge im Raum ihrer Qualität entsprechend getreu widerzuspiegeln. So kommt es dazu, daß sie eine stark ausgeprägte Schattenseite beinhaltet – nicht weil ein solcher Dualismus in der Natur der Astralen Dimension begründet wäre, sondern weil die Menschheit, die diese Dimension bewußt oder unbewußt für den »Transport« ihrer Gefühle benutzt, so viel Negatives in sie hineinleitet. Der Geomantiepraktizierende sollte zumindest um diese Schattenseiten der Urbildlichen Dimension wissen, sonst wird er immer wieder mit Raumphänomenen konfrontiert, die er nicht einordnen kann. Das Produzieren von Gefühlsabfällen kommt meist unbewußt zustande und kann nicht als gezielt verbrecherisches Handeln bezeichnet werden, obwohl es eine gigantische Last für das Leben der Erde, der Natur und der Landschaft, einschließlich der darin wohnenden Menschen, darstellt. Wenn aber negative Emotionen und magische Handlungen bewußt und in böser Absicht in den Gefühlsraum projiziert werden, dann handelt es sich um ein eindeutiges Verbrechen, das gewöhnlich als »schwarze Magie« bezeichnet wird.

Der Mensch ist zwar ein Wesen mit freiem Willen – vgl. dazu Kapitel 1.6. –, und niemandem kann das Recht abgesprochen werden, sich mit schwarzer Magie zu beschäftigen. Es ist aber wichtig zu wissen, daß eine solche Beschäftigung für den betreffenden Menschen schwerste karmische Folgen nach sich zieht, er also wissen muß, daß dadurch seine künftigen Leben belastet werden können.

Astrale Projektionen können einen vorübergehenden Charakter haben oder eine langfristige Wirkung. Ein Beispiel für den ersten Fall ist der sogenannte »böse Blick«, durch den einem Menschen ein potenzierter Schmerz zugefügt wird, gewöhnlich im Bereich des Sonnengeflechts, wo wir kraftmäßig einatmen und deswegen besonders verwundbar sind.

Im zweiten Falle geht es um eine dauerhafte, gezielt herbeigeführte Beschädigung im astralen Bereich. Hierbei lassen sich wiederum unbewußt oder bewußt herbeigeführte Verletzungen unterscheiden.
»Gezielt unbewußte« Verstümmelungen der astralen Strukturen eines Raumes kommen, zum Beispiel, dadurch zustande, daß eine Person, die in diesem Raum lebt, ein tiefsitzendes Trauma im Unterbewußtsein mit sich herumträgt und nicht zuläßt, daß das Problem in einem Klärungsprozeß ins Bewußtsein aufsteigen kann. Statt dessen projiziert diese Person unbewußt das Problem, das einem negativierten Kraftmuster gleicht, in die Astralschichten ihres Wohnraums – gewöhnlich des Schlafzimmers –, um das Problem loszuwerden. Dabei wird die astrale Raumstruktur durch die andauernde Projektion verwundet. Die Wunde kann radiästhetisch als ein stark negativierter Punkt oder eine negativ strahlende Zone wahrgenommen werden. Zu oft wird leider das negativierende psychische Muster, das dahinter steckt, nicht erkannt und die giftige Wirkung den oft unverstandenen Phänomenen der Erdtiefe – Wasseradern oder Verwerfungen – zugeschrieben.[127]
Diese Art astraler Projektionen können noch mehr Zerstörung im Raum anstiften, wenn sie unbewußt oder bewußt auf die Elementarwesen projiziert werden, die den betreffenden Raum bewohnen und für gefühlsmäßige Verletzungen besonders empfindsam sind, weil sie ihr Bewußtsein auf der Astralebene angesiedelt haben. Durch das ständige Projizieren eines negativierten Musters in einen Raum, für dessen Funktionieren ein bestimmtes Elementarwesen zuständig ist,

127 Es ist allerdings so, daß sich astrale Projektionen dieser Art häufig an die Strahlungszonen von Wasseradern und Verwerfungen anklammern, weil der relativ negative Charakter dieser Phänomene dem Unbewußten als passend dafür erscheint.

wird das Bewußtsein des Elementarwesens zunächst verschattet, dann negativiert und verdreht.[128] Als Folge davon verliert das Elementarwesen nicht nur die Kontrolle über die Prozesse im Raum, sondern beginnt auch, recht destruktiv zu wirken, indem es die negativen Muster, zehnfach verstärkt, in den Raum und auf die darin wohnenden Menschen zurückprojiziert. Es kann dann zu einem Kampf auf Leben und Tod kommen, in dem der Mensch als der Schwächere im Raum – der der Natur gehört – unterliegt.
In diesem Falle handelt es sich nicht nur um eine Projektion im Astral, sondern um aktiv zerstörerische Vorgänge im Raum, die dessen normales »Atmen« blockieren. Wenn eine solche Situation im Organismus des Menschen vorkommt, spricht Christopher Tragius von einer »aktiven Blockade«[129]. Ich möchte den Ausdruck für die oben beschriebene Situation im Raum übernehmen. Radiästhetisch wird eine aktive Blockade als eine chaotische Negativierung im Raum wahrgenommen. Charakteristisch dafür ist, daß, nachdem ein Problem in der Raumkraftstruktur geomantisch gelöst worden ist, kurz darauf Probleme anderer Art auftauchen, die es vorher nicht gab. Diese Probleme werden durch das verdrehte Elementarwesen am laufenden Band produziert und werden erst dann ein Ende finden, wenn auch das Elementarwesen aus seinem negativierten Zustand erlöst wird.
Schweren Herzens muß ich einräumen, daß es noch einen weiteren Vorgang gibt, durch den Menschen die Elementarwesen mittels astraler Projektion verdrehen können. Es handelt sich um das kaltblütige Projizieren eines Befehls in den Bewußtseinsfokus eines Elementarwesens, durch den es ge-

128 Genaueres über die Wechselwirkungen zwischen Elementarwesen und Menschen siehe mein Buch *Elementarwesen.*

129 Vgl. dazu *Elementarwesen*, S. 230 u. 268.

zwungen wird, eine bestimmte Handlung auszuführen, die in seinem göttlichen Plan nicht vorgesehen ist. Ein solcher Befehl kann mittels eines entsprechenden Codes schwarzmagisch in das Bewußtsein des Elementarwesens eingeprägt werden. Es handelt sich dabei um ein Verbrechen an einem Lebewesen, das keinen selbständigen Willen besitzt und sich folglich nicht gegen eine solche Versklavung wehren kann.[130]

5.1.D. Astrale Geschöpfe und »unerlöste Seelen«

Wir brauchen nur mit einem kritischen Blick auf alle die destruktiven Prozesse um uns herum zu schauen, und schon bekommen wir eine Ahnung von dem, was auf der Gefühlsebene des Raumes vor sich geht. Die nächste Erscheinung auf der Unglücksliste sind die sogenannten »astralen Geschöpfe« – künstlich erzeugte Wesenheiten, die nur im Rahmen der egoistisch-menschlichen Begierden, Interessen und Illusionen existieren können. Oft werden sie durch magische Handlungen und mit Hilfe astraler Projektionen künstlich erzeugt mit dem Ziel, einen bestimmten Schaden anzurichten. Für den inneren Blick haben sie oft die Gestalt eines riesigen Insekts. Sie werden, zum Beispiel, schwarzmagisch angewendet, um, nach dem Vorbild des Trojanischen Pferdes, unheilvolle Schwingungen in geistig-energetisch geschützte Räume und Bereiche einzuschleusen.

Noch gefährlichere astrale Geschöpfe werden dadurch ins Dasein gebracht, daß gewisse Wesenheiten, die einer vergangenen und somit überholten Epoche angehören, künstlich erweckt und mit einer aktiven Rolle ausgestattet werden. Sie

[130] Mehr über dieses Thema in meinem nächsten Buch *Methoden der Erdheilung*.

können in einem Raum höchst destruktiv wirken, weil ihre Kräfte in keinem realen Verhältnis zu unserer heutigen Raumstruktur stehen. Es kann sich dabei zum Beispiel um Elementarwesen aus der Atlantischen Epoche der Evolution handeln, die in ihrer Entfaltung zurückgeblieben sind und nun, in einen astralen Schlaf versenkt, auf eine zukünftige Möglichkeit ihrer Weiterentfaltung warten müssen.[131]
Ihre Erweckung kann auf verschiedene Weisen zustande kommen:

- Durch eine bewußte schwarzmagische Handlung,
- durch die Zerstörung einer Landschaft, von der bestimmte geistig-energetisch bedeutsame Hügel oder Berge betroffen sind, die den Ruheplatz solcher Wesenheiten darstellen;
- durch spiritistische Praktiken;
- durch Unwissen von Suchenden auf dem geistigen Weg, die auf eigene Faust im Bereich der Kommunikation mit geistigen Wesenheiten herumexperimentieren.

Eine dritte Art von astralen Geschöpfen stellen die sogenannten »unerlösten Seelen« dar. Wie schon an früherer Stelle erwähnt, handelt es sich dabei gar nicht – wie häufig angenommen – um Menschenseelen, die nach dem Tode in erdnahen Schichten »hängengeblieben« sind, sondern um die *Krafthüllen* von Verstorbenen. Normalerweise werden diese Krafthüllen nach dem Tod beim Übergang der Seele aus der Welt der Materie in den Urraum der Ewigkeit mitgenommen. Dabei werden sie ordnungsgemäß umgewandelt und an ihren Stammplatz im Kosmos zurückgegeben. Wenn aber Men-

131 Vgl. dazu das Kapitel über die Atlantischen Geister in meinem Buch *Elementarwesen*, S. 190 ff.

schen unter stark entfremdeten oder disharmonischen Umständen sterben – zum Beispiel gewaltsam durch Mord oder Krieg –, dann sind sie nicht fähig, sämtliche feinstofflichen Hüllen in den Umwandlungsprozeß mitzunehmen. Der Kern der Seele ist wohl in der Lage, sich aus der depressiven Situation herauszuziehen, aber es bleiben dabei ganze Teile des ätherischen und astralen Körpers in den Klauen der Manifestierten Welt hängen. Diese Hüllen sind dafür verantwortlich, daß bisweilen noch Jahrhunderte nach dem Tod eines Menschen die Erfahrung seiner unsichtbaren Gegenwart möglich ist. Dann sprechen wir von »unerlösten Seelen«.

Die Tragik dieses Phänomens liegt darin, daß das Weiterbestehen der Seelenhüllen verstorbener Menschen im feinstofflichen Bereich eine Aufforderung an das persönliche Elementarwesen des betreffenden Verstorbenen[132] darstellt, weiterhin seinen Dienst zur Aufrechterhaltung des Körpers auszuführen. Da es sich dabei aber um eine Existenz außerhalb des göttlichen Planes handelt, wird die Kraft dazu auf eine parasitäre Weise aus den vitalenergetischen Systemen des umgebenden Raumes geschöpft. Geomantisch drückt sich das in einer permanenten Schwächung des betreffenden Raumes aus. Es sollte unbedingt dafür gesorgt werden, daß die solchermaßen »gefangenen Seelen« erlöst werden.[133]

[132] Vgl. dazu *Elementarwesen,* S. 254ff.

[133] Meine Methode dazu habe ich in meinem Buch *Die Erde heilen,* S. 85ff. beschrieben.

5.2. Kosmosgramme

Es ist nun an der Zeit, die Schattenseite der Urbildlichen Raumdimension zu verlassen und uns einem zweiten Aspekt dieser Ausdehnung des Mehrdimensionalen Raumes zu widmen: dem Bereich der Steuerungsorgane, über deren Funktion der Erdheilungsengel Devos in Kap. 1.4.C. gesprochen hat. Die Funktion dieser Steuerungsorgane läßt sich mit der Funktion der einzelnen Zentren im menschlichen Gehirn vergleichen. Die entsprechenden Steuerungszentren im Raum möchte ich als »Kosmogramme« bezeichnen. Dieser Begriff verbindet das Wort »Kosmos«, das die Ganzheit des Alls darstellt, mit dem Begriff »Gramma« (gr.), was (Schrift)Zeichen bedeutet. Der Name deutet also darauf hin, daß es sich bei den Kosmogrammen um Zeichen oder Zentren handelt, die kosmische Impulse in die untergeordneten – Vitalenergetischen und Strukturgebenden – Raumdimensionen lenken. Dabei haben wir uns die Funktion der Kosmogramme als eine dreifache vorzustellen:

- Sie lenken gezielt Kräfte (Informationen) in ganz bestimmte Richtungen.
- Sie bestimmen die Qualität der durchströmenden Kraft, so daß das Schwingungsmuster des Kraftstromes, nachdem dieser durch das Kosmogramm hindurchgeflossen ist, genau der Funktion entspricht, für die dieser Strom bestimmt ist.
- Sie halten ein bestimmtes Intensitätsniveau bei einem Kraftstrom aufrecht.

Der grundlegenden Bedeutung der Kosmogramme für die Qualität der Lebensprozesse im Raum bin ich Mitte der 70er Jahre auf die Spur gekommen. Zu jener Zeit unterhielten meine Frau und ich in Verbindung mit einer ständig wechselnden Gruppe von Mitwirkenden eine biologisch ausgerichtete, landwirtschaftliche Gemeinschaft[134] in Šempas (Slowenien). Damals versuchten wir unter anderem, die Lebenszyklen der Pflanzen, der Tiere und des Menschen wieder in Einklang zu bringen. Nun wurden Mitte der 70er Jahre Einladungen an uns herangetragen, unser Werk auf Kunstausstellungen zu zeigen.[135] Als ich für diesen Zweck versuchte, die miteinander verwobenen Prozesse von Getreidewachstum, täglichem Brot und Kompost im Rahmen eines Jahreszyklus' zu zeichnen, ist unerwartet ein Geflechtmuster entstanden, das auffallend den Geflechtmustern glich, die keltische Künstler entwickelt haben. Dazu entdeckte ich dann auch noch einen serbischen Volkstanz, der im Kreis getanzt wird und bei dem die Beine der Tänzerinnen und Tänzer einem ähnlichen Muster folgen.

Diese Erfahrung hat mich dazu gebracht, die verborgene Rolle der Urbilder zu erkennen, die nicht nur die charakteristische Ordnung der Natur erschaffen, sondern auch seit eh und je einen wesentlichen Einfluß auf die menschliche Kultur ausgeübt haben. Die alten Kulturen haben entweder instinktiv oder intuitiv bzw. hellsichtig diese Urmuster erkannt. Um mit ihrer Wirkung im Einklang zu bleiben, haben sie sie in der Form der Kosmogramme in ihre schöpferische Tätigkeit eingewoben. So fanden sie Eingang in die musikalischen Klangstrukturen, in Tanzschritte, die immer wieder getanzt wurden, in Symbole, die sie an ihren Häusern anbrachten, in die Stoffmuster und in die Dekors, die sie auf ihre Bekleidung stickten, usw. Aus dem

134 Sie wurde im April 1971 durch die bereits erwähnte Künstlergruppe OHO gegründet.

135 So haben wir unter anderem 1977 auf der »Trigon« in Graz und 1978 auf der Biennale in Venedig ausgestellt.

Gesagten dürfte schon deutlich geworden sein, daß es nicht nur um ein passives Sich-Einstimmen, sondern auch um eine mitschöpferische Tätigkeit ging, die eine Vervielfältigung und Verstärkung der betreffenden Kosmogramme in Landschaftsräumen zum Ziel hatte, in denen unterschiedliche Kulturen ansässig waren.

In den folgenden Jahren habe ich mich damit beschäftigt, Methoden zu erlernen, wie Kosmogrammzeichen heute gestaltet werden können. Ich bin der Bedeutung der verschiedenen Spiralformen und Geflechtmuster nachgegangen und habe mich in der Kunst der sakralen Geometrie geübt. Schließlich habe ich Mitte der 80er Jahre angefangen, Kosmogramme als einen Bestandteil von Erdheilungsprozessen anzuwenden, indem ich begann, sie bei dem Verfahren der Erdakupunktur auf Steinsäulen zu meißeln. Ich hatte nämlich entdeckt, daß ein Kosmogramm, das die innere Identität eines Ortes widerspiegelt, heilend auf den Ort wirkt, wenn es so angebracht wird, daß es ständig seine Impulse in den Raum senden kann.

Ein weiterer Schritt ereignete sich Ende der 80er Jahre, als wir bei der geomantischen Untersuchung des Geländes um Schloß Türnich Kraftstrukturen im Boden fanden, die ihrer geometrischen Form nach an die Kosmogramme erinnerten, die ich während der Heilungsarbeit im dortigen Park gestaltet und auf die Lithopunktursäulen gemeißelt hatte. Bei den Untersuchungen handelte es sich um ein ca. 25 ha großes Gelände, das damals noch vollkommen leer und durch eine moderne, industriell betriebene Landwirtschaft verwüstet war. Wir konnten also ungehindert Schritt für Schritt das ganze Gelände abtasten – um uns gegenseitig zu stützen, arbeiteten wir zu dritt. Die Kosmogrammformen, die wir dabei teils durch Körperwahrnehmung, teils radiästhetisch unter anderem fanden, maßen 5–12 Meter im Durchmesser

und waren überraschend symmetrisch aufgebaut. Sie wurden später durch eine entsprechende Bepflanzung sichtbar gemacht und sind in den heutigen bio-dynamischen Obstpark[136] integriert.
Als ich im Jahr 1992 mit meiner Familie in England weilte, suchten wir auch einige der berühmten Zeichen in den Kornfeldern auf, um sie zu erfahren. Ich war verblüfft von der Ähnlichkeit dieser Zeichen mit denjenigen, die wir – unsichtbar – auf den Feldern um Türnich herum gefunden hatten. Am Fuße des Silbury Hill haben wir, zum Beispiel, einen Kornkreis besichtigt, der vollkommen identisch war mit einem in Türnich vorgefundenen Zeichen. Es handelte sich dabei um einen kreuzartig geteilten Kreis, bei dem die vier Segmente komplementär polarisiert sind.
Da meine Tochter Ana später von seiten der Zeitschrift »Aura«, einem Magazin für Grenzwissenschaften in Ljubljana, angefragt wurde, einen Artikel über unseren Besuch bei den englischen Kornkreisen zu schreiben, hat sie seinerzeit den Erdheilungsengel Devos gebeten, sich zu diesem Thema zu äußern. Im folgenden gebe ich die wesentlichen Punkte seines Kommentars wieder:

- Es handelt sich um Kraftstrukturen, die schon seit eh und je im Boden eingeprägt waren und die nun durch einen Mutationsvorgang sichtbar gemacht werden. (Die Halme werden von einer Kraft ergriffen, die sie dazu bringt, sich der Form des Kosmogramms entsprechend zu biegen.)
- Diese Zeichen sind Leiter reiner Energien. Sie helfen auch, das Gleichgewicht im Landschaftsraum herzustellen.
- Sie stellen eine Möglichkeit dar, durch die die Wesenhei-

136 Informationen über den Obstpark gibt das Umweltzentrum Schloß Türnich, 50169 Kerpen-Türnich, heraus.

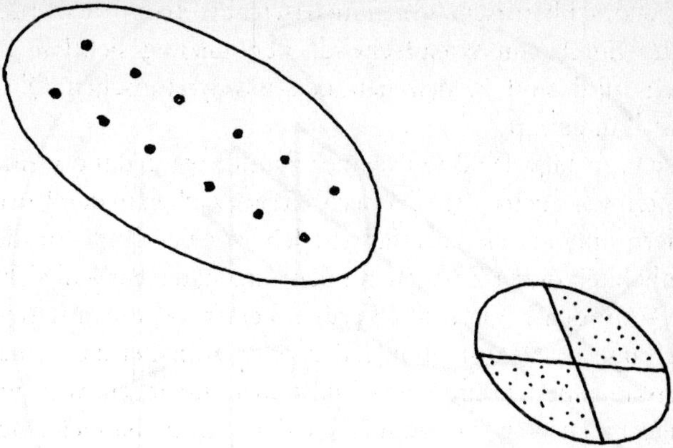

Abb. 47:
Eine Komposition von zwei Erdkosmogrammen, die bei der Untersuchung des vorgesehenen Obstparkgeländes in Türnich erspürt wurden.

Abb. 48:
Ein von mir gestaltetes Kosmogramm für das gefühlsmäßige Zentrum in St. Magdalen; Projekt »Lithopunktur Villach« (1995).

ten der unsichtbaren Wirklichkeit sich den Menschen offenbaren können.

Bei einer anderen Gelegenheit erfuhren wir durch Devos, daß ein Kosmogramm nach dem »Sieb-Prinzip« wirkt: Es läßt die Kräfte in einer bestimmten Anordnung bzw. Form durchfließen. Beim Durchfließen durch das Schwingungsmuster des Kosmogramms entsteht ein Kraftwirbel, der auf die Kraftstrukturen des betreffenden Raumes einwirkt. Die Form oder Struktur des Wirbels hängt ganz vom Muster und der Schwingung der Kosmogrammzeichnung ab. Diese kann die Form eines graphischen Musters oder einer symbolhaften Zeichnung haben oder auch die Form einer spezifischen Steinkomposition, eines Tanzmusters, einer Klangkomposition usw. Die Voraussetzung dafür, daß ein Zeichen als Kosmogramm wirken kann, ist folgende: Die Zeichnung bzw. das Muster muß in einer klaren Beziehung zu dem Urbild stehen, in dem die Identität des Ortes oder der betreffenden Raumfunktion codiert ist.
Eine weitere Bedingung ist, daß das Zeichen so tief mit dem betreffenden Urbild verbunden wird, daß ein Kommunikationskanal entsteht, durch den die Wesenheiten aus dem Urraum der Ewigkeit, die das entsprechende Urbild hüten, ihr Wirken ausdehnen können. Hier liegt, nach Devos, der entscheidende Unterschied zwischen einem einfachen Zeichen oder Symbol und einem Kosmogramm. Ein Kosmogramm ist nicht nur Kanal für eine schwingungsmäßige, mentale oder emotionale Kraft, sondern auch für eine Wesenheit aus der Engelwelt oder aus der Welt der Elementarwesen. »Oft sind Kosmogramme, die von Menschen gestaltet werden, tot und wirken nicht, weil ihre Gestalter nicht fähig sind, diesen Kommunikationskanal zu öffnen. Als Folge davon ist ein solches ›Kosmogramm‹ nicht richtig in den Raum, in die

Kraftstrukturen, die Umgebung eingespannt. Deswegen ist es wichtig, daß ein Kosmogramm (durch Inspiration und Intuition) aus dem Herzen heraus und in der inneren Verbindung mit den geistigen Welten entsteht. Nur auf diese Weise wird es rein genug und folglich auch kraftvoll genug sein, um den betreffenden Prozeß im Raum zu entfesseln. Kosmogramme wirken ähnlich wie lebendige Wesenheiten, besser gesagt, wie Organe oder Organismen.«

5.2.A. Das Kosmogramm eines Ortes

Die Identität eines Ortes kann sich durch verschiedene Medien offenbaren, die potentielle Kosmogramme des betreffenden Ortes darstellen. Es seien hier einige dieser Formen genannt, durch die Kosmogramme von Orten gefunden werden können:

- Sie sind oft in Gründungsmythen oder den Ort betreffenden Sagen verschlüsselt.
- Sie können im Wappen oder im Namen des Ortes vorkommen.
- Eine wichtige Quelle sind scheinbar »zufällige« Zeichen, die am Ort gefunden werden und die eine magische Anziehung ausüben, weil sie von einem besonderen Gefühl begleitet werden.
- Eine weitere Quelle können persönliche mystische Erfahrungen oder Träume am Ort sein.
- Auch charakteristische Landschaftsformen oder Kraftphänomene des Ortes können als Quelle des Kosmogrammurbildes dienen.
- Es kommt vor, daß das Kosmogramm des Ortes durch Elementarwesen, zum Beispiel in der Form einer unge-

Abb. 49:
Ein von mir gestaltetes Kosmogramm für das Zentrum der Gleichgewichtsachse in Marxrain; Projekt »Lithopunktur Villach« (1995)

Abb. 50:
Ein von mir gestaltetes Kosmogramm für den Generalakupunkturpunkt in der Nähe der Heiligen-Kreuz-Kirche; Projekt »Lithopunktur Villach« (1995)

wöhnlichen Baumgestaltung[137], zum Ausdruck gebracht wird.

– Das Kosmogramm des Ortes kann durch Unregelmäßigkeiten innerhalb einer sonst regelmäßigen Struktur gefunden werden, wenn, zum Beispiel, ein bekanntes Symbol auf ungewöhnliche Weise gebraucht oder umgestaltet wurde.

Als Beispiel dafür, wie ein Kosmogramm des Orts gefunden werden kann, möchte ich Triest, die nördlichste Stadt an der Adria, anführen. Innerhalb der dreigliedrigen Struktur des Landschaftstempels »Slowenischer Karst (Kras)«[138] bildet Triest den Brennpunkt der *Ganzheit* bzw. der *Jungfraugöttin*[139]. Die weiße Lilie im Stadtwappen ist eine Erinnerung daran, daß Triest die Verantwortung für die Bewahrung und Pflege der jungfräulichen Kräfte für das ganze Gebiet zukommt. Später habe ich, während eines Erdheilungsseminars in Triest, noch eine ältere Form des Wappens entdeckt, bei der die weiße Lilie auf einer Kugel steht. So werden in diesem Symbol die beiden erwähnten Aspekte veranschaulicht, die für die Identität der Stadt auf der geistig-seelischen Ebene bezeichnend sind: Die Kugel steht als Symbol für die Ganzheit, die weiße Lilie für die Jungfraugöttin. Auch enthüllten sich während des Seminars noch weitere Elemente des Urbil-

137 Von einem solchen Beispiel erzähle ich im dritten Kapitel meines Buches *Elementarwesen* im Zusammenhang mit dem Heideberg in Nordfriesland.

138 Eine genauere Beschreibung dieses Landschaftstempels findet sich in meinem Buch *Die Landschaft der Göttin, S.* 149. Zur Struktur von Landschaftstempeln allgemein vgl. Kap. 6.1.A. des vorliegenden Buches.

139 Dabei spielt es keine Rolle, daß Triest heute, politisch gesehen, jenseits der Grenze, im Bereich von Italien, liegt.

des des Ortes, die sich auf die kraftmäßige Bedeutung des Hügels von San Giusto beziehen, auf dem der alte Stadtkern von Triest mit der Kathedrale des hl. Justus steht: Als erstes bemerkte ich damals an der Innenwand der Kathedrale zwei sonderbare Kreuze, die durch ihre Form die kraftmäßige Identität des Hügels genau wiedergeben. Der Hügel erhält eine starke Beziehung zwischen Kosmos und Erde aufrecht. Der vertikale Kraftaustausch war in seiner ursprünglichen Intensität so lange möglich, als der Hügel noch bis zu drei Viertel seines Umfanges von Meereswasser umgeben war, das die feurige Kraft des Hügels auszugleichen vermochte. Die Form des Malteserkreuzes, die die beiden Kreuze aufwiesen, versinnbildlicht das Einströmen und Ausgießen der Kräfte. Die Kreuzform läuft an jedem Balken in zwei Spiralen aus, die die ausgleichende Kraft der den Hügel umgebenden Meeresfläche symbolisieren.

Ein zweites Objekt in der Kathedrale, das mich mit einer ähnlichen Schwingung wie die beiden Kreuze anzog, war ein Gemälde, das die Legende vom Märtyrertod des hl. Justus zeigt, dem der Hügel und die Kathedrale geweiht sind. Die Art, wie der Heilige, mit einem Stein um den Hals gebunden, in die Meerestiefen gestürzt wurde, spiegelt genau die latente Gefahr wider, der der Hügel von San Giusto tatsächlich zum Opfer fallen sollte: Im 18. Jahrhundert wurde am Fuße des Hügels für die Bedürfnisse der Österreichischen Monarchie eine ausgedehnte Hafenstadt angelegt. Dabei wurden die wäßrigen Bereiche am Fuße des San Giusto, die einst den unbedingt notwendigen Ausgleich zu der feurigen Kraft des Hügels darstellten, trockengelegt. Die Trockenlegung wurde sozusagen zum »Stein« am Halse des San Giusto, der seither dessen wunderbare Kraft blockiert.

Die Lilie im Wappen, die »zufälligen« Spiralkreuze in der Kathedrale und die Legende des hl. Justus stellen die Symbole

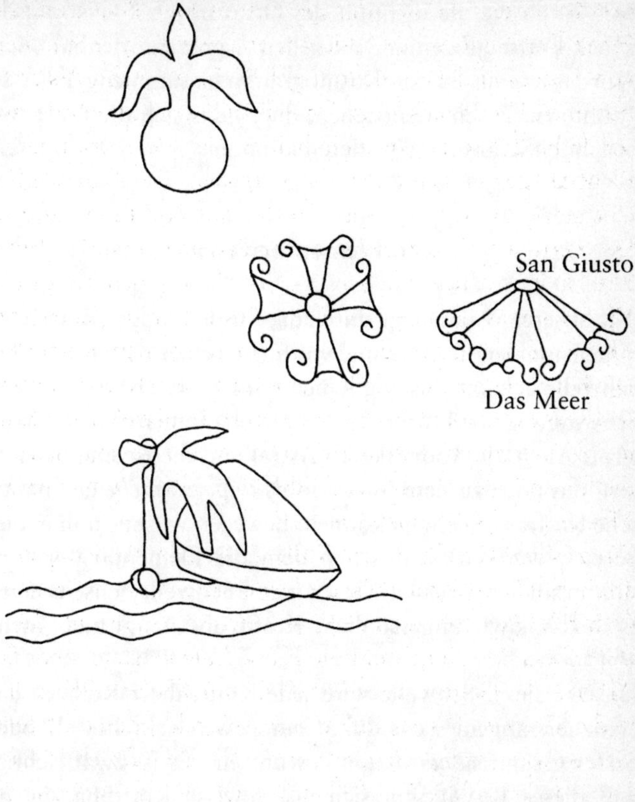

Abb. 51:
Kosmogramme von Triest: Die Lilie auf der Kugel (oben), das Spiralkreuz aus der Kathedrale (Mitte); unten die Legende vom Märtyrertod des hl. Justus

dar, durch die die Identität des Ortes in ihren geistig-seelischen, kraftmäßigen und aktuellen Aspekten offenbar wird. Würden sie in einem Kosmogramm zusammengefaßt, so könnte ein Zeichen entstehen, durch das sich die für Triest heilenden Kräfte manifestieren könnten.

5.3. Elementarwesen

Auf unserer Wanderung durch die Ausdehnungen des Mehrdimensionalen Raumes sind wir nun zu einer entscheidenden Schwelle gelangt. Bislang haben wir eine reiche Anzahl von Schwingungsstrukturen und Kraftphänomenen kennengelernt. Auch die Abdrücke im Astral und die Kosmogramme gehören noch zu dem, was wir als *unpersönliche* geomantische Kräfte bezeichnen können. Bewegen wir uns nun in den Bereich der Wirklichkeit, in dem die Elementarwesen zu spüren sind, so überschreiten wir eine Schwelle, jenseits derer es so etwas wie unpersönliche Kräfte überhaupt nicht mehr gibt.

Jenseits dieser Schwelle wird jede Kraft, ihrer Rolle in der Ganzheit angemessen, durch ein Bewußtsein beseelt oder besser gesagt: sie *wird* zum Bewußtsein. Es ist zwar richtig, daß dieses Bewußtsein sich auf gewisse Kraftphänomene stützt, wie etwa die Elementarwesen, die über einen vitalenergetischen Körper verfügen. Trotzdem können wir ihre Identität weder radiästhetisch noch körperlich in ihrer Ganzheit wahrnehmen. Dazu bedarf es unbedingt der in Kapitel 2.4. beschriebenen Methoden der übersinnlichen Wahrnehmung, wenn wir die Integrität dieser Welt nicht verletzen wollen. Jedes weitere Bestehen auf einer ausschließlich radiästhetisch-körperlichen Form der Wahrnehmung hieße, von Bewußtsein durchdrungende Aspekte der Wirklichkeit, d.h.

beseelte Wesen, auf ihre tragende Struktur zu reduzieren und dadurch zu erniedrigen.
Leider geschieht das heutzutage in gewissen Radiästhesieschulen, wo die Lehre von den sogenannten »Elementalen« verbreitet wird. Es graut mich, wenn ich dieses Wort höre, weil ich darin die Ignoranz in bezug auf die Bewußtseinsqualität der Elementarwesen spüre, gepaart mit einem völligen Mißverständnis, was den göttlichen Sinn ihrer Evolution angeht. Es handelt sich um einen Versuch, selbstbewußte Wesenheiten auf die Ebene frei manipulierbarer Kräfte zu verengen und ihnen obendrein noch negative Bewertungen überzustülpen. Elementale werden gewöhnlich als böse Kräfte dargestellt, die der Mensch mit allen Mitteln bekämpfen darf.
Der Fehler mag dadurch zustande gekommen sein, daß die in Kapitel 5.1. dargestellten Schwingungsphänomene des Astrals nicht von den Wesenheiten unterschieden werden, die ihr Bewußtsein und ihre Kreativität im Bereich derselben Raumdimension angesiedelt haben. Es trifft zwar zu, daß die Urbildliche Dimension in ihrer Eigenschaft als Gefühlsebene der Erde, der Natur und der Landschaft durch die Menschen auf vielerlei Weisen beschädigt und daß die Wesenheiten, die den Schwerpunkt ihres Seins auf dieser Ebene verankert haben, oft dämonisiert werden (vgl. Kap. 5.1 B–D.). Diese tragischen, von Menschen verursachten Umstände rufen jedoch nach Selbstbesinnung und Heilung und nicht nach weiteren Verdrehungen und Negativierungen, wie sie durch die Vorstellungen über sogenannte »feindliche Elementale« entfesselt werden.
Die Feindseligkeit gegenüber der elementaren Welt ist umso bitterer, weil ich spüre, daß dahinter eine verkrampfte Einstellung bis hin zu unbewußter Feindseligkeit gegenüber dem eigenen *Elementaren Ich* steckt, dessen Existenz wir Men-

schen grundsätzlich verleugnen. Im siebten Kapitel meines Buches *Elementarwesen* erzähle ich unter der Überschrift »Elementarwesen bei Tier und Mensch« davon, daß die Welt der Elementarwesen der Seele eines Menschen nicht nur den Mehrdimensionalen Körper anbietet, durch den diese die Wirklichkeit und die Schönheit des Lebens erfahren darf, mehr noch: Jeder Mensch wird mit einem persönlichen Elementarwesen beschenkt, das bereits für den Prozeß der Zeugung des Menschenkeimes sorgt, dann für den Aufbau des Embryos Sorge trägt und schließlich das harmonische Zusammenspiel all der unzähligen Körperfunktionen lenkt ebenso wie die Verwesungsprozesse nach dem Tode. Diese aktive Unterstützung durch die Elementarwesen ist umso unentbehrlicher, als der Mensch ursprünglich – wie in den Kapiteln 1.3 und 1.6 dargestellt – nicht zur Evolution der Erde gehört. Er ist also, um die Erfahrungen auf dem »blauen Planeten« machen zu können, vollkommen auf die Hilfe der Elementarwesen angewiesen, denn sie sind die einzigen, die als Ausdruck des Selbstbewußtseins der Erde die planetaren Bedingungen meistern können.

In Kapitel 3 habe ich auf die Entsprechungen zwischen den Akupunkturmeridianen des menschlichen Körpers und den Ätherströmungen der Landschaft hingewiesen und in Kapitel 4 auf die Entsprechungen zwischen unseren Chakrensystemen und den vitalenergetischen Organen der Landschaft. Was die Verwandtschaft in der Beziehung Mensch-Landschaft in der Urbildlichen Dimension betrifft, sollten wir zwei Korrespondenzebenen berücksichtigen:

1. Die in den Kapiteln 5.1. und 5.2. beschriebenen Phänomene der Astralebene beziehen sich auf die Gefühlswelt des Menschen bzw. auf den sogenannten Astralkörper, in dem die Gefühlskräfte des Menschen organisiert sind.

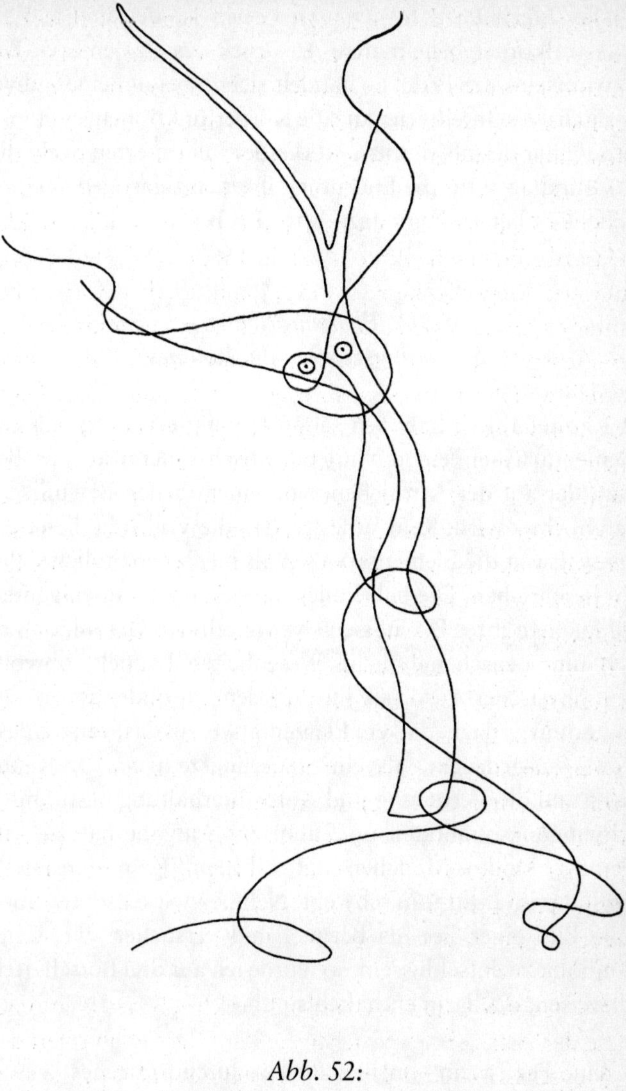

Abb. 52:
Der Faun einer jungen Eiche

2. Das *Elementare Ich* des Menschen ist der in unserem Astralkörper beheimatete Ausdruck des elementaren Bewußtseins der Erde. Es handelt sich dabei um eine individualisierte Intelligenz, die die Körperfunktionen leitet und aufeinander abstimmt und die der inkarnierten Seele die Grundlagen für die Entfaltung ihrer einzigartigen Persönlichkeit liefert. (Vgl. dazu Kap. 1.6.B.)

5.3.A. Elementarwesen – Steuerungszentren des Raumes

In Kapitel 1.4.C. habe ich schon flüchtig erwähnt, daß ein Elementarwesen einen vitalenergetischen Kraftkörper besitzt, der auf der Astralebene von einem hellen Bewußtsein durchlichtet wird. Kein Wunder, daß die Volksüberlieferungen weltweit die Elementarwesen als menschenähnliche Wesen beschreiben. Die liebevolle Wärme und die intelligenten Fähigkeiten ihres Bewußtseins vermitteln ein Gefühl, daß es sich um menschenähnliche Wesenheiten handelt, obwohl kein physischer Ausdruck ihrer Präsenz zu finden ist.
So kommt es dazu, daß ein Elementarwesen, das, verstandesmäßig ausgedrückt, als ein Steuerungszentrum im Raum dient und die Verteilung und Aufrechterhaltung bestimmter Schwingungsqualitäten im Raum zur Aufgabe hat, als ein kleines blondes Mädchen mit Libellenflügeln dargestellt wird, das im Luftraum schwebt. Nehmen wir dieses traditionelle Bild einer Fee als Beispiel und versuchen wir, seine Symbolik zu entschlüsseln, so würde ich auf drei Botschaften verweisen, die darin enthalten sind:

- Eine Fee ist ein von Bewußtsein durchdrungenes Wesen und ist in dieser Eigenschaft einem Menschenwesen ähn-

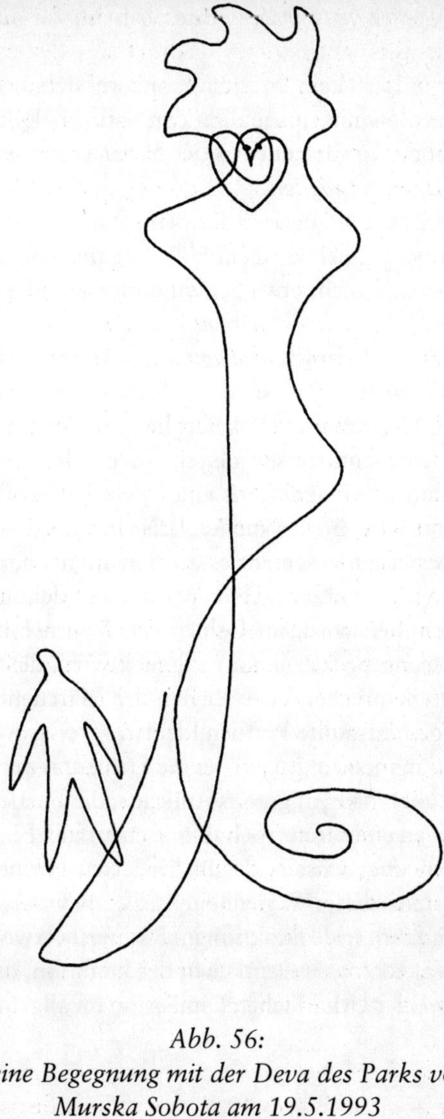

Abb. 56:
Meine Begegnung mit der Deva des Parks von Murska Sobota am 19.5.1993

lich. Folglich wird der Fee eine *menschliche Gestalt* zugeordnet.

- Sie ist jedoch kein Mensch, sondern steht für eine bestimmte Bewußtseinsqualität der Natur. Folglich wird die Fee mit einem Element aus der Naturwelt versehen – den Flügeln einer *Libelle*.
- Eine Fee ist ein Wesen oder Bewußtseinsfokus des Luftelements. Folglich wird ein *Flügelorgan* zu ihrem Attribut gewählt und nicht etwa Schwimmflossen oder ähnliches.

Anhand dieses Beispiels können wir verstehen, wie die Bildersprache entstanden ist, die Jahrtausende hindurch den Menschen Vorstellungen geliefert hat, mit deren Hilfe sie die Welt der Elementarwesen als eine Welt der Feen, Nixen, Zwerge und Salamander, als einen geheimnisvollen Aspekt der Wirklichkeit in das menschliche Bewußtsein integriert haben. Deswegen geschieht es auch heute noch, daß, wann immer ein Elementarwesen von einer hellsichtigen Person wahrgenommen wird, im Gehirn der Wahrnehmenden ein Identifizierungsprozeß in Gang gesetzt wird, der die Wahrnehmung entsprechend den Regeln der Märchenbildersprache in ganz bestimmte Formen kleidet.
Wie schon in meinem Buch über die Elementarwesen erklärt, ist es mir auch hier ein großes Anliegen, die Elementarwesen von dieser zu einer leeren Schablone erstarrten Bildersprache zu befreien und, jenseits der überlieferten Formen, auf die reale Existenz dieser Wesenheiten bzw. Bewußtseinsbrennpunkte und ihre reale Funktion im Raum zu verweisen. Diese Funktion gleicht im wesentlichen der Funktion, die die Kosmogramme der Urbildlichen Dimension im allgemeinen ausüben:

- Sie lenken Kräfte;
- sie bestimmen die Qualität der durchströmenden Kraft;
- sie halten ein bestimmtes Intensitätsniveau dieser Kräfte aufrecht;
- sie koordinieren verschiedene Kraftimpulse oder Prozesse im Raum usw.

Diesen Funktionen entsprechend, nenne ich Elementarwesen »lebendige Kosmogramme«. Sie tun ihren Dienst im Raum nicht als abstrakte Muster im Astral, sondern als Lebewesen, die ihrer ätherisch-astralen Struktur nach gleichzeitig auch Kosmogramme sind. Ihre Kosmogrammform besteht aus bestimmten, sich dauernd wiederholenden Kraftbewegungen, Spiralen und Wirbeln. Diese ätherische Form wird zusätzlich vom astralen Bewußtsein durchdrungen, das sich jeweils durch eine spezifische Komposition von Farben, Formen und Schwingungen äußert.
Jede Art von Elementarwesen übernimmt eine andere Aufgabe im Gefühlsgewebe der Erde, der Natur und der Landschaft. Folglich ist auch ihre Kosmogrammform anders gestaltet, damit sie entsprechend auf den durchfließenden Kraftstrom einwirken kann. So kommt es, daß die Welt der Elementarwesen aus einem bunten Spektrum von Gestalten zusammengesetzt ist, dessen Ordnung auf der Wechselbeziehung zwischen den Zahlen Vier und Drei aufgebaut ist:

- Jedes Elementarwesen gehört in die Sphäre eines der Vier Elemente;
- jedes Elementarwesen, sei es Erd-, Wasser-, Luft- oder Feuerelementarwesen, gehört auch zu einer der drei bzw. vier Entfaltungsebenen, die ein Elementarwesen im Verlauf seiner Evolution zu durchlaufen hat:

Element	*Vorstufe*	*Erste Entfaltungsebene*
Feuer	Geister der Erdmitte	Geister der Reifung und Wandlung
Luft		Sylphen Feen
Wasser		Nixen Undinen Wassermänner Geister des Gleichgewichts
Erde		Faune Elementarwesen bei Tier und Mensch Heinzelmännchen Kobolde Elfen, Zwerge Gnome

Abb. 54: Die Ordnung der Elementarwesen nach Arten,
ben habe. Die Bezeichnungen wurden aus unter-

1. Auf der ersten Entfaltungsebene übernimmt das Elementarwesen als ein einfaches Kraftsteuerungszentrum eine einfache Aufgabe, zum Beispiel die Leitung der Wachstumsprozesse einer einzelnen Pflanze.
2. Auf der zweiten Entfaltungsebene stehen höherentwickelte Elementarwesen, die für die Steuerung komplexer Vor-

Zweite Entfaltungsebene	*Dritte Entfaltungsebene*
Lichtgeister	Musen
Raumfeen Pflanzendeva Waldfee	Deva-Meisterin Deva des Ortes Ritualdeva
Nymphen: Quellnymphe Auennymphe usw.	Landschaftsnymphe Nymphenkönigin
Die Liebende Alte Der Alte Weise	Pan

wie ich sie in meinem Buch »Elementarwesen« beschrie-
schiedlichen Überlieferungen übernommen.

gänge verantwortlich sind, zum Beispiel für das Steuern der Zyklen der Natur.

3. Der dritten Entfaltungsebene gehören hoch- bzw. engelähnlich entwickelte Elementarwesen an, die eine größere Einheit innerhalb der Natur oder der Landschaft mit ihrem göttlichen Sinn durchwalten. Solche Wesenheiten

sind, zum Beispiel, für die Gesamtheit eines Ortes oder einer Landschaft verantwortlich.

Das dreistufige Entfaltungsschema gilt nicht für die Feuerelementarwesen, da diese noch eine vierte Ebene kennen, die man als eine Vorstufe bezeichnen könnte. Der Grund dafür liegt darin, daß es sich dabei um die ältesten Elementarwesen des Planeten handelt, die ich »Geister der feurigen Erdmitte« nenne. So kommt es zu folgendem numerischen Muster:

$$(3 \times 3) + 4 = 13$$

Dieses Zahlenmuster bezeichnet die Gesamtordnung der Elementarwesen.

5.3.B. Naturtempelbezirke

Stellen wir uns vor, daß jeder Grashalm von einem Elementarwesen – einem winzigen lebendigen Kosmogramm – betreut wird, dann gewinnen wir ein Bild von der regelmäßigen Verteilung der Elementarwesen durch die ganze Landschaft. Sie durchdringen die Urbildliche Dimension des Raumes, ähnlich wie die astrale Schicht der »Kristalle«, die die Erinnerungen der Akasha-Chronik bewahren. Der Unterschied liegt darin, daß es sich im Falle der Elementarwesen um eine dynamische und kreative Schicht handelt.
Das Prinzip der regelmäßigen Verteilung gilt jedoch nicht für die Elementarwesen der beiden höheren Entfaltungsebenen. Sie sind vereinzelt zu finden, und jedes von ihnen stellt einen individualisierten Kraftbrennpunkt dar, der an einem bestimmten Punkt in der betreffenden Landschaft verankert ist. Aus diesem Brennpunkt heraus wirkt das Elementarwesen

geistig und kraftmäßig, indem es das ganze Gebiet, für das es zuständig ist, durchdringt. Dabei bedient es sich auch der besonderen, den Elementarwesen vorbehaltenen vitalenergetischen Systeme, die ich in Kapitel 4.7. beschrieben habe.

Ein Feenwesen der ersten Entfaltungsebene, zum Beispiel, ist ein winziger Bewußtseinsfokus, der seine Tätigkeit im Umfeld einer Blüte ausübt. Wenn eine Fee in ihrer Evolution die zweite Entfaltungsebene erreicht hat, erscheint sie nicht mehr in einer insektenähnlichen, sondern engelähnlichen Kraftgestalt. Als Teil einer Raumfeenschar, zum Beispiel, ist sie nun im Bereich der Steuerung der Lebenszyklen in der Landschaft tätig, wobei sich ihr Tätigkeitsfeld, bezogen auf die geologische Landschaft, durchaus über mehrere Kilometer im Durchmesser erstrecken kann. Wenn auf der dritten Entfaltungsebene eine Raumfee zu einer Landschaftsdeva wird, ist ihre Kraftgestalt nicht mehr mit der Gestalt eines Menschen zu vergleichen, sondern eher mit der Erhabenheit eines Berges; ihr Einflußbereich umfaßt die gesamte Landschaft.

Die individualisierten Brennpunkte der höherentwickelten Elementarwesen sind wiederum nicht beliebig in der Landschaft verstreut, sondern tendieren nach meiner Erfahrung dazu, sich an ausgewählten Plätzen in der Landschaft zu gruppieren, die ich »Naturtempelbezirke« genannt habe. Innerhalb eines solchen Bezirks sind die einzelnen Brennpunkte der Elementarwesen der zweiten Entfaltungsebene um den Fokus eines höchstentwickelten Elementarwesens, beispielsweise eines Pan[140] oder einer Landschaftsdeva gruppiert. Dadurch entsteht eine Art Steuerungszentrum für die

140 Als »Pan« bezeichne ich die höchstentwickelte Intelligenz des Erdelementes, die die Gesamtheit der Wachstumsprozesse in einem Landschaftsraum repräsentiert. Vgl. dazu mein Buch *Elementarwesen.*

betreffende Landschaft, das von größter Bedeutung für das Leben und Weben dieses Gebietes ist. Ein solcher Naturtempelbezirk ist gewöhnlich im Bereich eincs vitalenergetischen Kraftortes angesiedelt, so daß seine lenkenden und steuernden Impulse die von den vitalenergetischen Organen ausgehenden Impulse komplementieren.

Fast in jedem Naturtempelbezirk haben neben dem Pan oder der Landschaftsdeva folgende Wesenheiten der zweiten Entfaltungsebene ihre Brennpunkte:

- der Alte Weise,
- die Liebende Alte als weibliches Pendant zum Alten Weisen,
- die oben erwähnten Raumfeen,
- die Waldfee, die für die Lebenswege der Tiere zuständig ist,
- die Geister des Gleichgewichts, die in der Erdtiefe walten,
- eine Nymphe, die in Beziehung zu einem wäßrigen Phänomen des Ortes steht, usw.

Wenn wir uns vorstellen, daß sich die Einflußbereiche der einzelnen Naturtempelbezirke in einer Landschaft gegenseitig berühren, wird deutlich, daß letztlich die gesamte Erdoberfläche durch den segensreichen Einfluß der höherentwickelten Elementarwesen abgedeckt wird. Schwierigkeiten entstehen immer dort, wo die oft gefühllosen Strukturen der Großstädte sich in diese sensible Anordnung der Hauptsteuerungszentren der Natur hineingedrängt und das Netzwerk zerrissen haben. Dadurch werden viele solcher Zentren zerstört oder verkrüppelt. Andere genießen das Glück, zufällig durch eine Parkanlage geschützt und gepflegt zu werden. In der bewußten Fürsorge für die Naturtempelbezirke der Land-

Abb. 55:
Die »Liebende Alte«, ein höherentwickeltes Erdelementarwesen aus dem Park von Murska Sobota, Slowenien

schaft sehe ich eine der wichtigsten Aufgaben des zukünftigen Umweltschutzes.
Als Beispiel für diese Zusammenhänge mögen die Naturtempelbezirke der Stadtlandschaft von Innsbruck dienen, wie ich sie im Verlauf einer Untersuchung identifiziert habe. Gleichzeitig beschreibe ich den Zustand, in dem sie sich heute befinden, weil dieser für unsere Zeit charakteristisch ist:

1. Der Naturtempelbezirk im Hofgarten ist wunderbar erhalten und genießt den Schutz des alten Parks.
2. Der Naturtempelbezirk, der sich auf einer ganz schmalen Landzunge am Zusammenfluß des Sill-Kanals und des Sill-Flusses befindet, liegt in einem frei gestalteten Privatgarten und ist dadurch offensichtlich gut geschützt. Er kann von der parallel dazu verlaufenden Drei-Heiligen-Straße erspürt werden.
3. Der ehemalige Naturtempelbezirk am nördlichen Ende der Kaiser-Josef-Straße ist teilweise durch die die Straße einfassende Allee sowie die anliegenden Privatgärten erhalten geblieben, größtenteils jedoch durch die Straßenkreuzung unterdrückt.
4. Am Adolf-Pichler-Platz ist durch die Bepflanzung rechts vom Pichler-Denkmal der Fokus der Landschaftsdeva erhalten worden.
5. Der ehemalige Naturtempelbezirk am sternförmigen Zentrum von Innsbruck (vgl. Kap. 4.2.A.), der sich zwischen der Petrus-Canisius-Kirche und dem Flußbett des Inn befand, ist, zusammen mit dem Zentrum, in der Vergangenheit absichtlich zerstört worden.

5.3.C. Elementarwesen – ihr sakraler Aspekt

Bislang haben wir zwei geomantische Aspekte der Elementarwesen berührt:

1. Als ein lebendiges Kosmogramm leistet ein Elementarwesen einen bestimmten Dienst für die Landschaft. Um diesen Dienst ausführen zu können, wird das Elementarwesen an einem bestimmten Punkt in der Landschaft verankert. Dieser Ankerpunkt ist als ein Kraftbrennpunkt in der Landschaft wahrnehmbar. Was für die Landschaft als Makroraum gilt, gilt auch für Mikroräume, wie zum Beispiel Gärten, nur daß es sich in diesem Falle gewöhnlich um einfachere Elementarwesen handelt.
2. Höherentwickelte Elementarwesen, die gewisse zentrale Funktionen für eine Landschaft ausüben, gruppieren sich in den meisten Fällen um den Brennpunkt einer der leitenden Intelligenzen der Landschaft. So entsteht eine Art Landschafts-Steuerungszentrum, eine Art Kraftort, den ich als Naturtempelbezirk bezeichne. Diese beiden Formen der Präsenz der Elementarwesen in der Landschaft stehen in bezug zu den untergeordneten vitalenergetischen Systemen der Landschaft, die durch die Elementarwesen gelenkt und koordiniert werden.

Es gibt aber auch Beziehungen der Elementarwesen zu den übergeordneten, geistig-seelischen Bereichen der Wirklichkeit. Dabei handelt es sich zum einen um die Rolle der Elementarwesen bei der Aufrechterhaltung der Landschaftstempelstrukturen[141]. Zum zweiten geht es um die Heiligen Haine, d.h. um die sakralen Orte in der Landschaft, welche

141 Vgl. *Elementarwesen*, Kap. III.

die Elementarwesen mit Hilfe der einst dort ansässigen Kulturen entwickelt haben.
Ein Heiliger Hain stellt eine Weiterentwicklung eines vorhandenen Naturtempelbezirks dar. Er entsteht dadurch, daß Menschen ihn regelmäßig durch Rituale geehrt und geheiligt haben. Gewisse Elementarwesen sind dabei in eine sakrale Funktion hineingewachsen, indem sie bei entsprechenden Ritualen, zum Beispiel bei der Einweihung von Menschen in die Geheimnisse der Natur, tätig wurden. Auch wenn die Heiligen Haine als sakrale Orte heute weitgehend vergessen sind, sind doch die Ritual-Elementarwesen an diesen Orten noch immer zu finden. Im Unterschied zu den »gewöhnlichen« Elementarwesen sind sie nicht durch die Standard-Codes zu identifizieren, wie ich sie in Kap. 2.3.A. erwähnt habe, sondern sie weisen einen je individuellen Code auf.
Aufschlußreich für mein Verständnis der sakralen Funktion der Elementarwesen war mein Gespräch mit einem Alten Weisen aus dem Geschlecht der Erdelementarwesen. Ich begegnete ihm im Herbst 1994 auf La Cima, einem ehemals heiligen Ort der Etrusker über dem Trasimeno-See in Mittelitalien. Er erklärte mir, bei den alten Göttinnen und Göttern der Etrusker habe es sich nicht um abstrakte Wesenheiten gehandelt, wie wir heute gern meinen würden, vielmehr seien sie recht individuell beseelt gewesen. Sie wurden entweder durch Engelwesen »verkörpert« – soweit es sich um kosmische Gottheiten handelte – oder sie offenbarten sich durch höherentwickelte Elementarwesen, wobei sie die sogenannten chthonischen[142] Gottheiten darstellten. Voltumna, zum

142 Wie bei den alten Kulturen üblich, war auch der Pantheon der etruskischen Gottheiten in die himmlischen (kosmischen) und die chthonischen (irdischen) Gottheiten unterteilt.

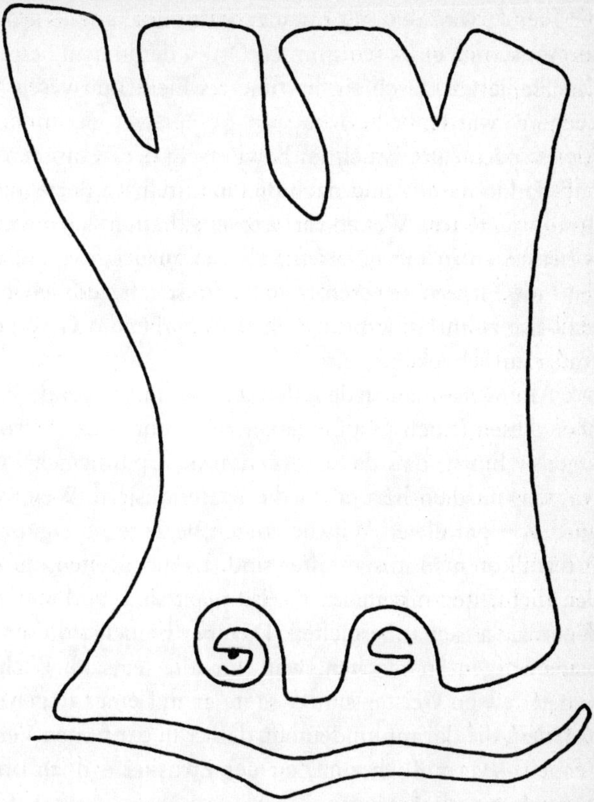

Abb. 56:
Der »Alte Weise«, ein höherentwickeltes Erdelementarwesen, wie ich ihn eingeflochten in die Wurzel einer alten Eiche auf La Cima wahrgenommen habe.

Beispiel[143], war kein allgemeiner Voltumna, sondern immer der Voltumna eines bestimmten Ortes, der in dem betreffenden Heiligtum durch ein bestimmtes Elementarwesen »verkörpert« wurde.

Als es später zum Bruch im Bewußtsein der Menschen kam und dadurch nach und nach die unmittelbare Beziehung zu den unsichtbaren Welten verlorenging, hätten sich die Engelwesenheiten in die höheren Sphären zurückgezogen, während die Elementarwesen in der Landschaft verblieben und teilweise zu ihren ursprünglichen Aufgaben im Gewebe der Natur zurückgekehrt seien.

Der Alte Weise mag an dem Punkt meine aufsteigende Trauer über diesen Bruch gespürt haben. Wie um mich zu trösten, fügte er hinzu, daß das Universum mehrphasig sei: »Alles, was du um dich herum als die Materialisierte Welt siehst, wird von parallelen Wirklichkeiten begleitet, die ganz und gar vollkommen ausgestaltet sind. Es gibt Zeiten, da diese Wirklichkeiten miteinander verkoppelt sind, und andere, in denen sie auseinandergleiten. Darüber brauchst du dir aber keine Sorgen zu machen, weil wir alle (einschließlich mir selbst!) ewige Geister sind«, sagte er mit einer ungeheuren Klarheit, die darauf hindeutete, daß er in der fernen Vergangenheit – vermutlich zur Zeit der Etrusker – noch oft mit Menschen verkehrt hatte.

Und, als wolle er mich danach leicht tadeln, fügte er hinzu, ich neige dazu, die Erhabenheit und den tiefgreifenden Wert der elementaren Evolution zu unterschätzen. »Wir sind die Meister der irdischen Schöpfung«, waren die abschließenden Worte seiner mir telepathisch übermittelten Rede.

143 Voltumna ist eine führende chthonische Gottheit, zu deren Ehren einmal im Jahr die zwölf etruskischen Staaten im zentralen Heiligtum am Bolsena-See ein gemeinsames Fest abhielten unter dem Namen »Fanum Voltumnae«.

Eine ergänzende Botschaft hatte ich schon im Frühjahr desselben Jahres in Türnich vom Pan des Hirschparks erhalten. In diesem »Gespräch« ging es um die religiöse Bedeutung der Elementarwesen, die innerhalb der christlichen Kultur fast vollständig verdunkelt wurde. Der Pan zeigte mir eine Lichtbrücke, die ihn mit der grünen Kugel verband, die der thronende Christus in der Türnicher Schloßkapelle mit seinem Fuß berührt. Die Botschaft lautete eindeutig: »Die grüne Kugel, auf der Christus steht, bin ich.«
Von der grünen Kugel, die der im Apsisgewölbe thronende Christus Pantokrator mit seinem linken Fuß berührt[144], hatte ich immer angenommen, sie würde die Erdkugel darstellen. Dem Bild, das der Pan in mein Bewußtsein einprägte, entnahm ich jedoch, daß jeder Partikel des grünen Pigmentes, das die Oberfläche der Kugel bedeckt, einer der Heiligen Haine der Natur sei, deren Brennpunkt der Pan ist. In ihrer Gesamtheit stellen sie die grüne Sphäre des Lebens dar, die das Wirken Christi auf Erden ermöglicht – ein Umstand, der durch die Geste der Fußberührung symbolisiert wurde.

5.4. Das Gefühlszentrum des Raumes

Bezogen auf den Raum, stellt die Gefühlsebene den Übergang von den Schwingungs- und Kraftebenen zu den geistig-seelischen Ebenen dar. Dieser Übergang äußert sich zum einen darin, daß eine Schwelle von der unpersönlichen Ebene zu einer – durch die Elementarwesen beseelten – Ebene überschritten wird, wie im vorangegangenen Abschnitt ausführ-

144 Dieses Bild ist ein Teil der Komposition in der Kapelle, die mir zur Entwicklung des in Kap. 1.4. beschriebenen Modells des Mehrdimensionalen Raumes diente.

lich dargestellt. Zum anderen haben wir es mit einem zweiten Aspekt der Gefühlsebene zu tun, der eine geistig-seelische Qualität aufweist: das gefühlsmäßige Zentrum eines Raumes.
Der Engelmeister Christopher Tragius erklärte uns dieses Phänomen, nachdem wir während eines Seminars mit der Stadtlandschaft von Graz im Frühjahr 1994 ein Zentrum dieser Art im Burggarten entdeckt hatten, in folgenden Worten: »Ich möchte euch einen neuen Aspekt der Stadtlandschaft enthüllen, der nicht mit der Welt der Elementarwesen verbunden ist, obwohl es sich um einen gefühlsmäßigen Aspekt handelt. Es geht um einen Aspekt, durch den Orte und Städte gesegnet und geistig angenommen sind, unabhängig davon, daß sie eine Quelle der Unordnung und Zerstörung in den unsichtbaren Ebenen des Raumes darstellen. Ein solches Zentrum kann man sich als einen Brennpunkt einer äußerst zarten und liebevollen Schwingung vorstellen, die normalerweise eine rosa Farbe aufweist und die vom Zentrum aus in der Form eines leichten ›Sprühregens‹ über der betreffenden Stadt, einem Dorf oder Ort ausgestreut wird. Es ist die göttliche bzw. universelle Liebe, die der menschlichen Schöpfung zuteil wird. Es ist wichtig zu wissen, daß die universelle Liebe die Grundlage für alle anderen gefühlsmäßigen Strukturen eines Ortes darstellt. Wird sie an einem Ort beschädigt oder zunichte gemacht, dann wird die grundlegende Lebensbestimmung des Ortes verstümmelt.«
Störungen des gefühlsmäßigen Zentrums eines Ortes entstehen selten durch bewußte Umpolung oder Negativierung. Gewöhnlich geht es um die Überlagerung durch Gefühlsabfälle, die sich in solchen Zentren – angezogen durch ihre magnetische Kraft – besonders reichlich anhäufen können und dadurch die segensreiche Wirkung ihrer Quelle zu ersticken drohen.

Kapitel 6: Geomantische Systeme der Geistig-Seelischen Dimension

Während wir die geomantischen Systeme der Strukturgebenden, Vitalenergetischen und Urbildlichen Dimension der Erde durchwandert und staunend vor dem Reichtum dieser unsichtbaren Welten gestanden haben, sind uns lauter mehr oder weniger feststehende Systeme begegnet. Sie gehören zur ursprünglichen Gestalt der Erde und der Landschaft. Zumindest waren sie in ihren Hauptzügen schon im irdischen Raum vorhanden, bevor die Evolution der Menschenseelen begann, sich in den Landschaftsräumen der Erde anzusiedeln. Natürlich hat die lebhafte Interaktion mit den geomantischen Systemen der Form-, Kraft- und Gefühlsebenen der Erde, die durch die Entwicklung der Zivilisation zustande kam, diese Systeme zur Weiterentfaltung angeregt. Oder, um wahrhaftiger zu sein, wurden manche von ihnen leider durch menschliche Mißhandlung gestört oder sogar zerstört. Doch bleibt festzuhalten, daß es sich in all diesen Fällen menschlicher Einwirkung – seien sie positiv oder negativ – grundsätzlich um eine Interaktion mit schon bestehenden Systemen des Planeten handelt.

Die geistig-seelischen Systeme der Landschaft sind demgegenüber ganz anders beschaffen. Sie haben nicht im vorhinein existiert, sondern wurden durch das geistig-energetische Wirken einzelner Kulturen erschaffen, die, geschichtlich aufeinander folgend, einen Landschaftsraum besiedelt haben. Diese Wirkungen sind jedoch nicht mit den Abdrücken zu verwechseln, die jede Kultur als Spur ihrer Entwicklung im Astral hinterlassen hat. Im Unterschied zu den Abdrücken im Astral, die unwillkürlich, einer objektiven Chronik vergleichbar, zustande kommen, sind die geistig-seelischen Systeme Ausdruck des bewußten Bemühens einer Kultur, die sakrale Qualität ihrer Umwelt zu erkennen und durch rituelle und künstlerische Aktivitäten zu bezeichnen. Dadurch daß an einem bestimmten Platz Steine aufgestellt oder andersgeartete Tempelstrukturen errichtet und heilige Riten oder Messen gefeiert wurden, sind Plätze dieser Art zu den Quellorten gewisser geistiger Qualitäten in der Landschaft geworden. Schließlich wurden solche, zunächst vereinzelten Plätze durch ständig sich wiederholende Pilgerprozessionen in geistig-energetischen Systemen zusammengeschlossen, die wir gewöhnlich als Landschaftstempel bezeichnen.

Es wäre aber falsch, sich vorzustellen, daß die Plätze, die zu den geistig-seelischen Brennpunkten der Landschaft erhoben wurden, willkürlich ausgesucht worden seien. Mein Berater, der Alte Weise aus dem Geschlecht der Erdelementarwesen, der im benachbarten Wäldchen seinen Sitz hat, antwortete mir einmal auf die Frage, wie die geistig-seelischen Systeme der Landschaft zu finden seien: »In der Urvergangenheit, als die Erde zu einem Ausdruck der göttlichen Kräfte gestaltet und durch unzählige Transformationen (ihres geologischen Körpers) geführt wurde, habt ihr Menschen selbst als Engel dabei mitgeholfen. Erst viel später habt ihr angefangen, euch auf derselben Erde in Menschengestalt zu inkarnieren. Die Lektion, die ihr dabei zu lernen habt, besteht darin, unter den Bedingungen der Materie das wiederzuerkennen, was ihr einst als Engel in die Landschaft hineingelegt habt.«

Ungewöhnlich gestaltete Landschaftsformen, Berge oder Felsen, eine ungewöhnlich große Zahl von Einstrahlungspunkten der Planeten an einem Ort oder eine außerordentliche Dichte von Kraft-Leylinien-Kreuzungen in einem Landschaftsraum können ein Hinweis darauf sein, daß an dem betreffenden Platz eines der geistig-seelischen Systeme seinen

Brennpunkt hat. Das bedeutet konkret, daß eine vergangene Kultur an dieser Stelle die verborgenen Potentiale des Ortes erkannt und sich schöpferisch wirkend dafür eingesetzt hat, diese Potentiale durch eine Verankerung der entsprechenden geistig-seelischen Kräfte zu aktivieren. Die dazu benötigten Kräfte wurden einerseits auf geistig-religiösem Wege und mit Hilfe der Engelwelt aus dem Urraum der Ewigkeit herbeigerufen und andererseits aus dem Herzen der Erde – der mikrokosmischen Göttin – an die Erdoberfläche gezogen. Auf diese Weise ist ein sensibler Kraftorganismus entstanden, der fortan die geistig-seelische Qualität des Ortes verkörpert und ausstrahlt.

Nun wäre es allerdings vermessen, sich vorzustellen, daß jede Kultur, die einen Landschaftsraum neu besiedelte, die dort vorhandenen geistig-seelischen Brennpunkte und Verbindungen hätte umpolen oder umfunktionieren können. Vielmehr handelt es sich um einen kontinuierlich verlaufenden Prozeß, bei dem die aufeinanderfolgenden Kulturen an denselben Landschaftstempelstrukturen unterschiedliche Erfahrungen zu machen hatten. Die neolithische Kultur war die erste, die sich auf der Geistebene in die Landschaft eingebracht und damit die grundlegenden geistig-seelischen Systeme erschaffen hat. Wie der Engelmeister Christopher Tragius während unserer Lithopunkturtätigkeit in Irland[145] ausdrücklich betonte – und er sagte dies im Hinblick auf ganz Europa –, war die neolithische Kultur bzw. die Kultur der Göttin die bislang einzige, die die geistig-seelischen Strukturen der Landschaft in ihrer Gesamtheit und vollkommenen

145 Im Auftrag der Stadt Derry (Londonderry) wurden in einem jeweils 20 km breiten Streifen zu beiden Seiten der Grenze zwischen der Republik Irland und Nordirland Lithopunktursteine gesetzt. Einen ausführlichen Bericht darüber enthält mein Buch *Die Landschaft der Göttin*, S. 104 ff.

Ausgewogenheit erkannt hatte. Einerseits besaßen die Menschen in jener Zeit noch die dazu benötigte Hellsichtigkeit und eine klare Verbindung zur Engelwelt. Andererscits ermöglichte es die Religion der Göttin, durch Anerkennung der Ganzheit und Allverbundenheit aller Lebensvorgänge – zwei der Qualitäten, die die Jungfraugöttin verkörpert –, daß diese Kultur allen Aspekten eines Landschaftstempels in ausgewogener Weise Beachtung schenkte. In den Jahrtausenden, in denen die neolithische Kultur die Landschaften Europas unter ihrer Obhut hatte (in Irland, zum Beispiel, zwischen dem 5. und dem 1. Jahrtausend vor Christus), wurden die Brennpunkte der geistig-seelischen Systeme verankert und durch Steinsetzungen, Erdwerke, Wassertümpel und Pilgerwege bezeichnet.

Die Landschaftstempelstrukturen, die die neolithische bzw. megalithische Kultur in ganz Europa, vielleicht sogar weltweit, stufenweise ausgebaut hat, fügen sich sowohl in die lokalen Landschaftsräume wie in großräumige Bczüge ein, die Tausende von Quadratkilometer überspannen. Wenn wir die betreffenden geomantischen Strukturen in ihrer feinen Geometrie auf unsere modernen Karten übertragen, stellt sich voller Bewunderung die Frage, wie sie auf ihrer Stufe der Technologie den dafür notwendigen großräumigen Überblick gewinnen konnten. Die Antwort darauf lautet ganz einfach, daß das ganze Werk »von oben« durch Engelarchitekten und Landschaftsdevas geführt wurde. Als ich 1991/92 mit meiner Tochter Ajra Miška damit beschäftigt war, den großräumigen Landschaftstempel von Ulster (Nordirland) zu rekonstruieren, hat Christopher Tragius jedes Mal, wenn ich ihn zum Beispiel nach der Bedeutung eines Steines im Rahmen des Landschaftstempels fragte, den zuständigen Engel oder das Elementarwesen hinzugezogen, der bzw. das als Leiter bei der Errichtung der betreffenden Struktur gedient hatte und über sämtliche diesbezüglichen Informationen verfügt.

Die patriarchalen Kulturen, wie zum Beispiel die keltische, die in dem Zeitraum zwischen 4500 und 1000 v. Chr. die Kultur der Göttin besiegt und durch eine mehr oder weniger einseitige religiöse Beziehung zur Landschaft ersetzt haben, hatten eine zwiespältige Beziehung zu dem geistig-seelischen Erbe der neolithischen Epoche. Wie Christopher Tragius uns am Beispiel des Bocan-Steinkreises erläuterte[146], haben die Kelten einerseits die megalithischen Heiligtümer weiterhin gebraucht, um ihr Land auf dem höchstmöglichen geistig-energetischen Niveau zu halten. Andererseits haben sie viele der heiligen Stätten so umgebaut, daß sie fortan als Leiter von Kräften fungierten, die ihren Interessen, d.h. ihren Machtbestrebungen, dienten. Auf diese Weise sind die alten Anlagen aus dem Gleichgewicht geraten.

Die darauffolgende christliche Kultur hat nun ihrerseits zwei Kriterien in die geistig-seelischen Systeme hineingetragen, die mit dem Wesen der Landschaft unvereinbar sind. Im Gegensatz zum Prinzip der Dreigliederung, das für die Landschaftstempelstruktur von grundlegendem Charakter ist, ist die christliche Kultur aufgrund des monotheistischen Prinzips dazu übergegangen, nur jeweils einen der drei Hauptbrennpunkte eines Landschaftstempels hervorzuheben und durch die Errichtung einer Kirche zu markieren. Zweitens hat sie in ihrer einseitigen Ausrichtung auf den himmlischen Gott die Beziehungen zu den irdischen Quellen des Geistigen vernachlässigt oder gar verteufelt. So sind an den Brennpunkten der Landschaftstempel oft Kirchenbauten, Klöster oder Burgen entstanden, die einseitig gegenüber den himmlisch-

[146] Die genaue Botschaft ist in meinem Buch *Die Landschaft der Göttin,* S. 113, zitiert.

geistigen Welten geöffnet sind und dadurch die geistig-seelische Funktion des Ortes hemmen. Eine tröstliche Seite der christlichen Epoche in der Beziehung zu den geistig-seelischen Systemen der Landschaft sehe ich darin, daß sie in gewisser Hinsicht einen Spielraum offenließ. Ich spreche von – meist durch Erscheinungen der Muttergottes geoffenbarte – Visionen und Botschaften, die dazu führten, daß an einer genau bezeichneten Stelle eine Kirche oder Kapelle errichtet wurde. Auf diese Weise wurden durch das Eingreifen der Engel und Landschaftsdevas, die in Wirklichkeit solche Inspirationen verursachten, viele Orte, die für das weitere Funktionieren der Landschaftstempel wichtig sind, unbewußt wiederentdeckt und in einem, wenn auch verengten Sinne, in ihrer Rolle neu belebt.

Unsere heutige Zeit ist einerseits durch eine erbarmungslose Ignoranz, was die Geistig-Seelischen Dimensionen angeht, gekennzeichnet, andererseits aber auch durch die hoffnungerweckende Fähigkeit des modernen Menschen, die sensible Natur der Landschaftstempelstrukturen zu verstehen und verstandesmäßig den beschriebenen Transformationen dieser Strukturen zu folgen. Unser Bewußtsein hat die Fähigkeit erlangt, durch geologische, archäologische und kunsthistorische Befunde die Rolle eines Ortes in den geistig-seelischen Systemen der Landschaft zu verstehen und nachzuvollziehen. Ich sehe darin die Möglichkeit, daß sich stufenweise eine Art von vertieftem oder vergeistigtem Tourismus entwickeln könnte, der sein Selbstverständnis daraus bezieht, die Landschaftstempel bewußt wieder aufzusuchen und innerlich zu erleben. Es würde sich dabei um eine Synthese aus traditionellem Pilgertum und neuzeitlichem Tourismus handeln, die die heutige Beweglichkeit und Neugierde der Menschen berücksichtigt.

Im Vergleich zu dem inneren Aufbau des Menschen würde

die Geistig-Seelische Dimension der Landschaft der Seele des Menschen, verbunden mit der mentalen Ebene des Ichs, entsprechen. Beim Menschen handelt es sich dabei um zwei selbständige Ebenen. Die Seele[147] hat ihre Heimat im Urraum der Ewigkeit und gehört, im weitesten Sinne des Wortes, als die vierte Entfaltungsstufe zur Evolution der Engel (vgl. dazu Kap. 1.3.). Das Ich hingegen ist ein Ausdruck der menschlichen Selbständigkeit, ausgestattet mit der Qualität des Selbstbewußtseins und des Instrumentariums zur Verwirklichung des freien Willens, der eine göttliche Gabe an die Evolution der Menschenseelen darstellt (vgl. dazu Kap. 1.6.A.).
Im Unterschied dazu ist die Erde in ihren sämtlichen Lebensbereichen ein unmittelbarer Ausdruck des göttlichen Willens und kennt folglich die mentale Ebene des selbständigen Ichs nicht. Ihre göttliche Identität drückt sich durch die Geistig-Seelische Dimension der Landschaft in einer ähnlichen Weise aus, wie die geistige Identität des Menschen durch seine Seele ausgedrückt wird. Der Engelmeister Christopher Tragius beschreibt die Seele des Menschen in ihrer Konstitution als ein Kraftsystem auf der geistigen Ebene, das aus unzähligen Kraftknoten, -spiralen und -schleifen zusammengesetzt ist.[148] Dieses System wirkt unabhängig von den Inkarnationszyklen und den Körperebenen. Angeschlossen an die Zeitdimension der Ewigkeit, hält das Kraftsystem der Seele permanent einen eigenen Kern aufrecht, der offen ist für die Weiterentwicklung. Im Einklang mit dem primären Muster ihrer Identität wirkt die Seele auf mehreren Ebenen des verkörperten Men-

147 In der europäischen Tradition wird die Seele oft in einem gefühlsmäßigen Sinne als Psyche verstanden. Ich gebrauche das Wort strikt im Sinne der geistigen Identität des Menschen (in der indischen Tradition als »Buddhi« bezeichnet).

148 In der theosophischen Tradition wird dieser »Körper« der Seele als Kausalkörper des Menschen bezeichnet.

schen gleichzeitig: auf der Ebene des Bewußtseins, der Ebene des Ichs, des Unterbewußtseins, der Gefühlsebene, der Ebene des Erinnerungsvermögens, der Ausübung des freien Willens, der Intelligenz usw. Auf der anderen Seite stellt die Seele die Vorstufe zum Göttlichen dar. Auf der geistigen Ebene sind Seelen selbständige Wirklichkeiten, in ihrer Beziehung zur göttlichen Ebene tauchen sie jedoch in die universelle Ganzheit des Alls ein.

Auf ähnliche Weise können wir auch die Gestalt und Funktion der geistig-seelischen Systeme der Landschaft verstehen. Auch sie setzen sich aus feinen, geistig-energetischen Strukturen zusammen, einer Komposition aus geistigen Kraftlinien, Zentren und Brennpunkten. Solche Strukturen bilden den Körper der Landschaftsseele. Diesen geistig-seelischen Körper eines Landes bezeichne ich als *Landschaftstempel.* Durch die Strukturen des Landschaftstempels fließen geistige Impulse und Kräfte, die die Gesamtheit des mehrdimensionalen Landschaftslebens koordinieren, lenken und geistig ernähren. Durch die jeweils unterschiedliche Qualität einzelner Landschaftstempel wird die Identität der betreffenden Landschaft aufrechterhalten und ihrer inneren Ordnung entsprechend ausdifferenziert. Auf diese Weise wird jeder Bruchteil der Landschaft auf die ihm angemessene Weise in die kosmische Ganzheit des Erdorganismus eingebettet. Hier wirken die Landschaftstempelstrukturen als Bindeglieder zwischen der irdischen und der göttlichen Ebene. Die solchermaßen mit der Geometrie der Landschaftstempel durchzogene Landschaft wird zu einer »Landschaft der Göttin«.

Obwohl ein Landschaftstempel die sublimste Form der Wirklichkeit in der Landschaft darstellt, sollten seine Strukturen nicht als rein geistig abgehandelt werden. Sie besitzen auch eine kraftmäßige Qualität, die wahrgenommen werden kann, allerdings nicht radiästhetisch oder körperlich. Und selbst die Wahrnehmung im übersinnlichen Bereich kann zwar hilfreiche Einblicke in das Weben und Atmen der einzelnen Elemente eines Landschaftstempels gewähren, um aber ihre Ganzheit und die Qualität einzelner Brennpunkte wahrzunehmen, müssen wir uns der Erkenntnisse aus den geistig-seelischen Quellen bedienen (vgl. dazu Kap. 2.6.). Der Weg der Intuition, das Lauschen auf die Botschaften aus geistigen Quellen oder das Geschenk einer Offenbarung sind angemessene Methoden, um einen Landschaftstempel als eine reale Dimension der Landschaft kennenzulernen.

6.1. Landschaftstempel

Das unbeschreiblich reich verzweigte Gewebe der Landschaftstempel dient dazu, die Landschaft mit dem Spektrum der geistig-seelischen Qualitäten zu durchdringen. Da die Formen der Landschaftstempel, wie erwähnt, durch die energetische und geologische Landschaft nicht festgelegt sind, gibt es unzählige Möglichkeiten dafür, wie die geistig-seelische Struktur der Landschaft durch eine Kultur gestaltet wird. Noch das Mittelalter scheint mit der Kunst der Landschaftstempelgestaltung vertraut gewesen zu sein, wie es die Standorte der Klöster und Kirchen bezeugen, die oft nach einem bestimmten geometrischen Muster zueinander errichtet worden sind. So sollen beispielsweise die Marienkathedralen Frankreichs in ihrer Gesamtkomposition das Sternbild der Jungfrau bilden. Auch in solchen Fällen handelt es sich um eine Art geistig-seelischer Strukturen in der Landschaft.

Ich möchte jedoch im Rahmen dieses Buches eine ganz bestimmte Form des Landschaftstempels darstellen, die nach meiner Auffassung prägend für die europäische Landschaft im allgemeinen ist. Sie wurde, wie schon erwähnt, von der megalithischen Kultur entdeckt und in der Landschaft verwirklicht.

Der Grund, warum ich gerade diese Form des Landschaftstempels für vital und zukunftsweisend für die Entwicklung der Geistig-Seelischen Dimension der Erde halte, liegt darin, daß sie in einer ausgewogenen Weise sowohl das Wesen einer Landschaft, als auch die geistigen Impulse einschließt. Bei anderen Formen von Landschaftstempeln wird die *geistige* Komponente oft so stark überbetont, daß die Beziehung zum *elementaren* Leben der Landschaft verlorengeht. Dieses Ungleichgewicht tritt besonders schmerzlich bei den religiösen Bauwerken des Mittelalters in Erscheinung. Bei der Landschaftstempelstruktur, die ich darstellen möchte, handelt es sich um eine geometrisch gestaltete Komposition, die in ihrer Gesamtheit drei Komponenten vereinigt:

- die rhythmische Komponente (1)
- die zyklische Komponente (2)
- die lineare Komponente (3).

Dabei ist es ganz gleich, ob sich eine solche Komposition über ein ganzes Land erstreckt oder einen lokalen Bereich umfaßt.[149]:

1. Die rhythmische Komponente ist im Urmuster der Polarität begründet und drückt sich im Atemrhythmus eines Landschaftstempels aus. Der Punkt der Einatmung der geistig-seelischen Kräfte stellt den symbolischen »Eingang« dar, der Punkt der Ausatmung den »Ausgang«. Die

[149] Das Grundmuster eines Landschaftstempels wurde meiner Tochter Ajra Miška im Jahr 1992 durch den Engelmeister Christopher Tragius offenbart. Vgl. dazu mein Buch *Die Landschaft der Göttin.*

Kräfte, die im Prozeß des Einatmens in die Landschaft aufgenommen wurden, werden durch die zyklische und die lineare Komponente des Landschaftstempels nach einer bestimmten Ordnung in der Landschaft verteilt und dem Austausch mit den entsprechenden Dimensionen des Landes zugeführt. Durch den Sog der Ausatmung werden diese Kräfte schließlich am zentralen Ausatmungspunkt zusammengeführt und, angereichert durch die Erfahrungen der Interaktion mit der Landschaft, in den Kosmos zurückgeleitet. Durch den rhythmischen Strom der Ein- und Ausatmung wird der Landschaft der göttliche Lebensimpuls zuteil.

2. Die zyklische Komponente gründet im Prinzip der göttlichen Dreiphasigkeit: Die dem Einatmungszentrum zuströmenden Kräfte werden in drei Kraftachsen verteilt, die die Landschaft durchziehen: die Achse der Ganzheit bzw. der »Jungfraugöttin«, die Achse der Kreativität bzw. der »Göttin der Lebensfülle« und die Achse der Wandlung bzw. der »Göttin der Wandlung«. Die drei Achsen stellen die Gegenwart der Göttin, des weiblichen Aspekts des Göttlichen, in der Landschaft dar.
3. Die lineare Komponente des Landschaftstempels ist hingegen ein Ausdruck des Gottes, des männlichen Aspektes der Gottheit. Sie wird als Impuls im Zentrum der Ganzheit, wo die Kraftachse der Jungfraugöttin mündet, geboren. Von dort aus wird der Impuls in einer Linienbewegung zum kreativen Zentrum geleitet, wo die »Vermählung« des weiblichen und des männlichen Aspekts des Göttlichen als eine Vorbedingung für die Ausgießung der schöpferischen Kräfte stattfindet. Durch die Weiterführung des linearen Impulses zum Wandlungszentrum kehrt dieser schließlich in die Ganzheit der Jungfraugöttin zurück.

Die zunehmende Vernachlässigung der Pflege und letztlich das vollständige Vergessen der Landschaftstempel führte dazu, daß die Landschaft, die Erde und die Natur im Bewußtsein des Menschen entheiligt und nicht mehr als ein integraler Bestandteil des Göttlichen wahrgenommen wurden. Das Land ist damit profan und beliebig manipulierbar geworden. Solange diese sakrale Dimension nicht wiedererkannt wird, kann es nicht zu einer wirklichen Umkehr im Sinne der Heilung und des Schutzes der Landschaft kommen. Dazu der Engelmeister Christopher Tragius: »Die Lage, in der ihr euch derzeit befindet, ist dadurch gekennzeichnet, daß die Göttlichkeit der Natur geleugnet wurde. Dadurch ist die Natur etwas Äußerliches geworden, etwas, auf dem ihr herumlauft und das zwar schön ist, nicht aber als heilig, als göttlich und als Teil des Lebendigen mit einer eigenen Intelligenz erkannt wird. Es ist höchst gefährlich, irgendeinen Teil des Göttlichen auszustoßen, weil bedingt durch das entsprechend verengte Spektrum eurer Anschauung die Ganzheit immer mehr zerfällt. Wenn sich nun der Mensch plötzlich nur noch auf einem extremen Bruchteil der zerfallenden Ganzheit wiederfindet, kann er nicht mehr wissen, woher er gekommen ist und wohin sein Schicksal ihn führt. Er fühlt sich verloren, und sein Weg zur Ganzheit ist verdunkelt. Er wird ihn erst dann wiedererkennen können, wenn er sich aus seiner verengten Wahrnehmung befreit und eine andere Ebene des Seins entdeckt, auf der die Ganzheit ungebrochen weiterexistiert.«

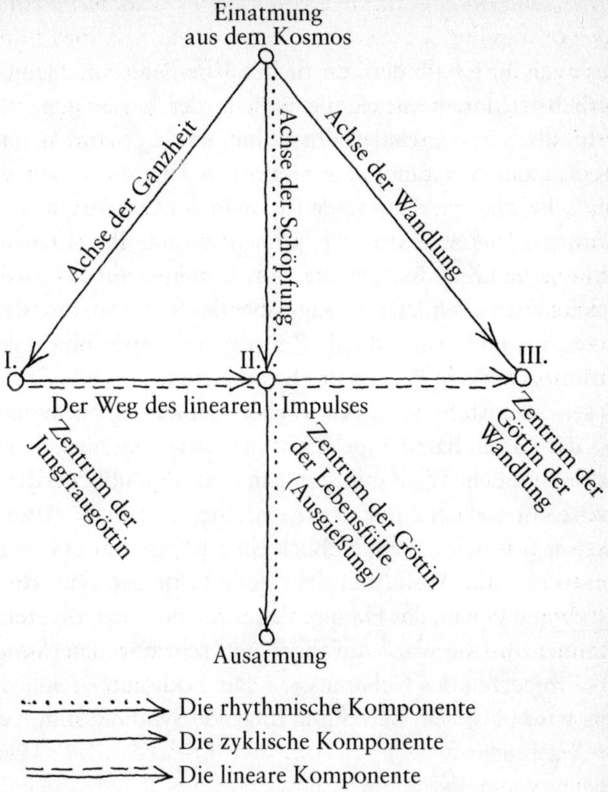

Abb. 57:
Grundstruktur eines Landschaftstempels

Wenn ich innerhalb der christlichen Überlieferung nach der göttlichen Matrix suche, die jenseits der einseitigen, monotheistisch-patriarchalen Vorstellungen die geistige Grundlage für das Verständnis der sakralen Dreigliederung der Landschaft liefert, dann finde ich sie in der Offenbarung des Johannes. Dieser Text, oft fälschlich für eine Prophezeiung zukünftiger Ereignisse gehalten, stellt meiner Einsicht nach eine recht ganzheitliche Aussage über das Schicksal des Menschen dar, und zwar für die Zeit der Verkoppelung seiner Evolution mit den Welten des Erdplaneten.[150]
Ich sehe den Archetyp des Göttlichen, der die geistige Grundlage der Landschaftstempelstruktur bildet, in der bekannten Vision von dem Weib mit dem Kind versinnbildlicht, die in das 12. Kapitel der Apokalypse einführt. Ich zitiere: »Und es zeigte sich dem schauenden Blick ein erhaben großes Bild im Geistgebiet: Ein Weib, mit der Sonne bekleidet, den Mond unter ihren Füßen, das Haupt mit der Krone der zwölf Sterne gekrönt. Und sie war schwanger und schrie in den Wehen und Schmerzen des Gebärens.«[151] Die zyklische Dreigliederung wird in diesem Bild durch folgende Symbole zum Ausdruck gebracht:

- Der Kranz der zwölf Sterne (Gestirne des Tierkreises) symbolisiert das *Prinzip der kosmischen Ganzheit* und steht folglich für die Phase der Jungfraugöttin (Farbe Weiß).

[150] Vgl. dazu auch die zwölf Vorträge über die Apokalypse, die Rudolf Steiner 1908 in Nürnberg hielt, hrsg. unter dem Titel *Die Apokalypse des Johannes,* Rudolf Steiner Verlag, Dornach 1990.
[151] Offenbarung des Johannes 12/1–2 in der Übersetzung von Emil Bock: *Das Neue Testament,* Verlag Urachhaus, Stuttgart 1985.

- Die Sonne als Bekleidung des Weibes symbolisiert das *kreative Prinzip der Gottheit,* da die Sonne als eine Quelle des Lebens gilt. Es handelt sich um die Phase, die durch die Göttin der Lebensfülle personifiziert wird (Farbe Rot).
- Der Mond mit seinen Phasen ist ein Symbol des *göttlichen Prinzips der Wandlung,* das durch die Gestalt der Schwarzen Göttin der Wandlung verkörpert wird (Farbe Schwarz).

Das Urbild der Geistig-Seelischen Dimension der Erde, der Natur und der Landschaft wird vervollständigt in den Versen 5 und 6, wo der zyklisch-weibliche Aspekt des Göttlichen durch den linear-männlichen komplementiert wird: »Und das Weib gebar ihr Kind: einen Sohn. Er sollte der Hirte aller Völker sein mit dem ehernen Stabe. Und das Kind des Weibes wurde entrückt zu Gott und an seinen Thron.« Die *lineare* Dreigliederung, die den männlich-göttlichen Aspekt eines Landschaftstempels darstellt (vgl. Kap. 6.1.), wird durch folgende Symbole versinnbildlicht:

- Die Geburt des männlichen Gott-Prinzips aus dem Zentrum (Schoß) der Jungfraugöttin (die erste Stufe der *linearen* Dreigliederung).
- Die Aussage »Er sollte der Hirte (...) sein mit dem ehernen Stabe« verweist auf die zweite Stufe, die kreative Rolle der männlichen Komponente, die zur »Vermählung« des weiblichen und des männlichen Prinzips im kreativen Zentrum des Landes führt und dadurch die Ausgießung der schöpferischen Kräfte ermöglicht.
- Die »Entrückung zu Gott und an seinen Thron« symbolisiert die dritte Stufe, die Rückführung des Gott-Impulses in die Ganzheit, die im Zeichen der Wandlung vollzogen wird.

Es könnte hier der Einwand gemacht werden, diese Bilder der Apokalypse symbolisierten nicht die göttlichen Ausdehnungen der Erdenwelt, sondern die Geburt Christi. Dagegen ist einzuwenden, daß die Erscheinung Christi in der Apokalypse ausdrücklich durch die Nennung seines Namens gekennzeichnet wird. In Kapitel 12 hingegen werden die durch die Vision dargestellten göttlichen Prinzipien als »das Weib und ihr Sohn« bezeichnet. Hinzu kommt, daß in den Versen 3 bis 5 die Rolle der Widersacherkräfte versinnbildlicht wird, die ja eine entscheidende Rolle in der Erdenwelt und in der gegenwärtigen Phase der Menschwerdung spielen, insofern, als die Menschen lernen, im Zeichen der inneren Freiheit ihren Weg zu suchen. Dabei werden, wie in Kap. 1.6.A. dargestellt, die destruktiven, gegen das Leben gerichteten Entscheidungen des Menschen durch Widersacherkräfte verkörpert und – in ihrer Wirkung verstärkt – als lebenzerstörend zurückgespiegelt. Durch das schmerzhafte Erleiden der Folgen eigener Fehlentscheidungen, Illusionen, Machtbestrebungen usw. wird es dem Menschen ermöglicht, die falschen Wege der Anwendung des freien Willens zu erkennen und dadurch diese einmalige göttliche Gabe in das eigene Geistwesen als den Grundstein der menschlichen Identität zu integrieren.
Durch die kostbaren Einblicke in das göttliche Wesen der Erdenwelt, die die Offenbarung des Johannes im 12. Kapitel gewährt, werden uns auch die verheerenden Folgen der menschlichen Mißhandlung der Erde, der Natur und der Landschaft vor Augen geführt, die im Zuge der Patriarchalisierung der Kultur und durch den mehrtausendjährigen Prozeß der Verdrängung des weiblichen Pols des Göttlichen entstanden sind: Die Schilderung dieser Vorgänge beginnt mit Vers 13: »Und als der Drache sah, daß er auf die Erde gestürzt worden war, fing er an, das Weib, das den Sohn

geboren hatte, zu verfolgen.« Es werden zwei Formen der Aggression beschrieben, die die Geistig-Seelische Dimension der Landschaft zu erleiden hatte. Zum einen wird die Verbannung des Weibes – der Göttin – in die Wüste geschildert, »wo ihr Leben dreieinhalb Zeiten gefristet werden sollte.« (Vers 14) Die Wüste als ein Symbol der Abwesenheit der Lebenskräfte deutet darauf hin, daß der Versuch unternommen wurde, die Landschaftstempelstrukturen auf der Lebenskraftebene durch ein Zerstören der Gleichgewichte zu gefährden. Hierüber habe ich im Zusammenhang mit der keltischen Kultur und ihren Nachfolgekulturen gesprochen. (Vgl. die Einleitung zu Kapitel 6.) Zum zweiten wird berichtet: »Und die Schlange ließ aus ihrem Rachen hinter dem Weibe her einen Wasserstrom hervorfluten, um es zu vernichten.« (Vers 15) Da Wasser symbolisch für die Gefühls- bzw. Astralebene steht, können wir daraus eine zweite bedrohliche Folge des menschlichen Verhaltens auf der Erde und in der Landschaft ableiten: den Versuch, die Erinnerung[152] an die Existenz der Göttin und die Rolle des weiblich-göttlichen Prinzips auf der Erde auszulöschen, der seine schlimmsten Auswüchse in den sogenannten »Hexenprozessen« erfuhr. In den Worten des Apokalyptikers wird diese Aggression auf folgende Weise dargestellt: »Und der Drache entbrannte vor Zorn gegen das Weib. Er stürmte dahin, um gegen die zu streiten, die von dem Samen des Weibes übriggeblieben waren.« (Vers 17)

Dazu möchte ich, um die »Übersetzung des 12. Kapitels der Apokalypse« in die Sprache der Logik abzurunden, noch den 16. Vers erwähnen, in dem ein Hinweis darauf gegeben wird, daß die Landschaftstempelstrukturen der Erde durch das

152 Über die Rolle der Astralebene als Speicher der Erinnerung vgl. Kap. 5.1.A

Werk der Elementarwesen vor dem völligen Auslöschen gerettet worden sind. Symbolisch wird dieser Umstand in der Offenbarung so beschrieben, daß die Erde ihren Mund öffnete und das Wasser austrank, das der Drache gegen das Weib »aus seinem Munde hervorstieß«.[153] Eingewoben in die Komposition des 12. Kapitels – das ich übrigens zusammen mit dem 13. Kapitel[154] als für grundlegend für das Verständnis der Apokalypse als Spiegel der Gegenwart empfinde – finden wir noch den Bericht über die Herkunft der luziferischen Widersacherkräfte aus dem Urraum der Ewigkeit (Verse 7 bis 12), wovon ich bereits am Ende von Kap. 1.6.A. gesprochen habe.

6.1.B. Gaia-Sophia als ein Symbol der Dreigliederung

Bei der Dreigliederung eines Landschaftstempels geht es um eine objektiv-subjektive Wirklichkeit. In ihrem objektiven Aspekt kann sie als ein dreigliedriger Ausdruck bestimmter geistiger Kräfte in der Landschaft verstanden werden, in ihrem subjektiven Aspekt kann dieselbe Dreigliederung als ein Ausdruck der dreigestaltigen Göttin wahrgenommen werden. Dieser personifizierte subjektive Aspekt wird in der Apokalypse mit dem vorsichtig verhüllenden Begriff »das

153 Mehr über das segensreiche Wirken der Elementarwesen zur Bannung dieser Gefahr erzähle ich im dritten Kapitel meines Buches *Elementarwesen.* Die dort geschilderten Einsichten verdanke ich einem Alten Weisen vom Heideberg in Nordfriesland.

154 Im 13. Kapitel der Apokalypse wird das Wirken der in Kap. 1.6.A beschriebenen luziferischen und ahrimanischen Kräfte in der menschlichen Gesellschaft dargestellt.

Weib mit ihrem Sohn« benannt. Ihm wollen wir uns zuerst widmen.
Bleiben wir auf unserer Spurensuche weiterhin im Bereich der christlichen Überlieferung – als der Grundlage der modernen abendländischen Kultur –, so werden wir zur Gestalt der heiligen Sophia geführt. Ihr Name bedeutet »Weisheit«, genauer, die göttliche Weisheit aus dem Urbeginn. In dem zitierten einführenden Bild des 12. Kapitels der Apokalypse wird sie in *ihrer jungfräulichen Phase* dargestellt. Der Begriff »jungfräulich« bezieht sich auf den Urzustand des Alls, in dem alle Aspekte des Seins, die in der »späteren« Phase des Universums individualisiert und verselbständigt werden, noch in der Ganzheit des Kosmos zusammengehalten werden. Daß »das Weib mit ihrem Sohn« die zwölf Gestirne, Sonne und Mond innerhalb ihres Wesens vereint, deutet auf die grundlegende Qualität der Jungfraugöttin hin, die in jedem Moment des Seins die drei Phasen des Universums in einer übereinstimmenden und harmonischen Einheit zusammenhält. Die männlich-göttlichen Kräfte können nur aus dieser Ganzheit heraus geboren werden. Hieraus folgt eine zweite Rolle der Jungfraugöttin: Sie ist die Gottgebärerin oder Gottesmutter.
In ihrer *kreativen Phase* wird Sophia als Braut Christi dargestellt bzw. als der weibliche Aspekt Christi. Die esoterische Überlieferung spricht davon, daß sie sich gleichzeitig mit Jesus Christus verkörpern sollte, um den Impuls, den Christus durch seine Verkörperung für die Weiterentwicklung der Menschheit gegeben hat, durch den weiblichen Aspekt zu vervollständigen.[155] In der kreativen Phase vollzieht sich der gleichgewichtige Austausch zwischen den weiblichen und

155 Vgl. dazu Ken Carey: *The Starseed Transmissions*, Starseed Publishing Company, Edinburgh 1986.

den männlichen Kräften, aus dem die ganze Vielfalt der Formen der Schöpfung hervorgeht.

Das Wissen über den Ausdruck Sophias in der *Phase der Wandlung* wird durch einen gnostischen Mythos aus der frühchristlichen Epoche bewahrt. Darin wird über die Verbannung der Sophia in die materielle Sphäre berichtet und über das Leiden, das sie dabei ertragen mußte, bevor sie durch Umkehr und Erlösung wieder in die höheren Sphären des Seins zurückkehren durfte.[156] In einem in Nag Hammadi gefundenen frühchristlichen Text unter der Überschrift »Der Donner: Der vollkommene Verstand« wird die Wandlungsphase der Sophia durch eine Reihe von Paradoxa gekennzeichnet, durch die sie sich offenbart als »die Erste und die Letzte, die Geehrte und die Verachtete, die Hure und die Heilige, Eheweib und Jungfrau, unfruchtbar und fruchtbar«. Was ihre Beziehung zur Erde und zur Landschaft angeht, führe ich die Genealogie der Sophia zurück auf die antike Gaia oder Gea, die bei Homer noch als »die Mutter der Götter, die himmlische Braut und die Ernährerin des Alls« angesprochen wurde.[157] Die Linie ihrer Herkunft führt noch tiefer, zum Neolithikum in die Frühzeit unserer Kultur, als die Göttin durch ein ganzes Universum von Symbolen dargestellt wurde.[158] Ein Beispiel für die neolithische Dreigestaltige Göttin ist uns durch die irisch-keltische Mythologie erhalten geblieben. Dort ist die Rede von der dreigestaltigen Göttin des Volkes Tuatha dé Danann, des Volkes der Göt-

156 Vgl. dazu Benjamin Walker: *Gnosis*, Eugen Diederichs Verlag, München 1992.

157 Die Homerische Hymne an Gaia, in: Anne Baring und Jules Cashford: *The Myth of the Goddess*, Viking, Penguin Books, London 1991.

158 Vgl. dazu Marija Gimbutas: *Die Sprache der Göttin*, Verlag Zweitausendeins 1995

tin Danu, das Irland zwischen 5000 und 1000 v. Chr. bevölkerte:

- die Weiße Göttin als Jungfraugöttin Áine
- die Rote Göttin als Muttergöttin Danu
- die Schwarze Göttin als Wandlungsgöttin Morrígan.[159]

Nach der Unterdrückung des gnostischen Christentums im 4. Jahrhundert geriet die heilige Sophia als ein Symbol der dreigestaltigen Göttin nach und nach in Vergessenheit, bis sie im frühen Mittelalter in der Gestalt der heiligen Maria wiederauftauchte, wo ihr eine unbeschreibliche Verehrung und Zuwendung zuteil wurde, die bis in die Gegenwart hineinwirkt. Dabei erfuhr die Mutter Jesu eine Transformation, in deren Verlauf sie aus der Rolle einer »Randfigur« – zur Zeit des frühen Christentums – schließlich zum Symbol des dreigliedrigen weiblichen Aspektes der Gottheit emporgehoben wurde. Die drei Gestalten der Maria-Sophia sind bekannt als:

- die Jungfrau Maria bzw. die Gottesgebärerin
- Maria als Himmelskönigin
- die Schwarze Madonna, die den Durchgang vom Tod zur Auferstehung symbolisiert.[160]

159 Vgl. dazu das 6. Kapitel in meinem Buch *Die Landschaft der Göttin.*

160 Mehr darüber in *Die Landschaft der Göttin,* S. 71–74.

6.1.C. *Die Dreigliederung der weiblich-göttlichen Kräfte*

Der Aspekt der Dreigliederung, dem wir in der Landschaft begegnen, kommt gewöhnlich – ausgenommen in Momenten von Offenbarung – nicht personifiziert vor, sondern stellt ein durch die Präsenz der göttlichen Kräfte objektiviertes Phänomen dar. »Die Göttin« bedeutet in diesem Sinne eine in ihrem Qualitätsspektrum genau bestimmbare Kraft, und dasselbe gilt für »den Gott«. Beide stellen bestimmte geistig-seelische Systeme in der Landschaft dar, die durch Engelwesen und durch die Mitwirkung der menschlichen Kultur aufrechterhalten und gesteuert werden. Beide symbolisieren entsprechende kosmische Kräfte, die Göttin diejenigen mit *zyklischem* Charakter und der Gott diejenigen mit *linearem* Charakter.

1. Die Kräfte der Jungfraugöttin stellen, objektiv bewertet, die Kräfte der Ganzheit dar. Ihre Rolle in der Landschaft besteht darin, die allumfassende Ganzheit zu manifestieren. Durch die Plätze mit dieser Qualität in der Landschaft wird der Urzustand des Universums bewahrt, in dem, wie in einem Ei, alles existiert, was ist. Deswegen tendieren die Plätze, die die Qualität der göttlichen Ganzheit in der Landschaft repräsentieren, zu einer Geschlossenheit ihrer eigenen Kraftstrukturen, wodurch sie fast so etwas wie ein eigenes Universum bilden. Ein zweites Merkmal ist die ausgewogene Anwesenheit sowohl der kosmischen als auch der irdischen Energien. Die dritte Besonderheit der Orte der Jungfraugöttin liegt darin, daß aus ihrer Mitte der männliche Impuls geboren wird.
   Es läßt sich kaum ein geeigneteres Beispiel für einen Brennpunkt der Jungfraugöttin finden als Bled, der berühmte

Wallfahrts- und Kurort in Slowenien. Der See von Bled (deutsch: Weldes) am Fuße der Julischen Alpen, stellt eine in sich geschlossene wäßrige Einheit dar mit einem minimalen Zu- und Abfluß. Im Zentrum des Sees liegt eine kleine felsige Insel, auf der eine uralte Wallfahrtskirche der Muttergottes steht. Die Insel stellt einen starken Brennpunkt der vitalenergetischen Systeme dar mit einer Kraftquelle des Triglav-Berges am höchsten Punkt, der sich zwischen der Kirche und dem Glockenturm befindet, und einem sternförmigen Zentrum von Verbindungs-Leylinien, das über der Triglav-Quelle zentriert ist.[161] Zusätzlich wird die Insel von zwei Kraft-Leylinien gestreift, die dort ihre Kreuzung haben. Dieser Reichtum an vitalenergetischen Organen auf der Insel, die dem Raum eine starke kosmische Qualität verleihen, wird im Gleichgewicht gehalten durch nicht minder starke Quellen irdischer Strahlung, die durch geologische Verwerfungen an die Erdoberfläche aufsteigen.[162] Hunderte von Linden, die im größeren Bereich um den See herum stehen, werden durch die für sie giftige Strahlung angegriffen – Linden sind Bäume des Ausgleichs und vertragen eine derartig einseitige Bestrahlung aus der Erdtiefe nicht gut. Sie bilden krebsartige Wülste und Verdickungen aus, eine Reaktion, die bei den Linden von Bled geradezu phantastische Formen annimmt.

Das »Ei« von Bled in seiner kraftvollen irdisch-kosmischen Polarisierung wird letztlich personifiziert durch die

161 Darüber gibt es noch den Fokus der Raumfeen für die betreffende Landschaft – siehe dazu mein Buch *Elementarwesen*, S. 174–178.

162 Bohrungen am Seeufer haben gezeigt, daß unter dem See ein Thermalwasserspeicher liegt – vermutlich steigt von dort aus die starke Strahlung an die Erdoberfläche.

heilige Maria, die auf dem Hochaltar der Wallfahrtskirche thront. Sie hält den göttlichen Sohn im Schoß als ein Symbol der männlich-göttlichen Kräfte, die aus dem Zentrum des Jungfrau-Brennpunktes heraus geboren werden.

2. Die Kräfte der Göttin der Lebensfülle stellen – objektiv gesehen – die kreativen Kräfte in der Landschaft dar. Ihre Rolle läßt sich durch zwei Merkmale beschreiben:

– Sie sind in der Yin-Yang-Polarität differenziert. Die weiblichen und die männlichen Kräfte treten selbständig an verschiedenen Brennpunkten des Ortes auf und verkehren miteinander im Sinne der »Heiligen Hochzeit«.
– Die Zentren der kreativen Kräfte stellen den Punkt der Ausgießung der geistig-seelischen Kräfte für die betreffende Landschaft dar. Im Unterschied zu den Orten der Ganzheit, die in sich relativ geschlossen sind[163], ist für die kreativen Zentren ihre Offenheit und ihre Interaktion mit der Landschaft bezeichnend.

Ein bemerkenswertes Beispiel für ein kreatives Zentrum gehört zum Landschaftstempel von Salzburg. Es liegt auf dem Burgberg – mitten in der pompösen Festung. Der Landschaftstempel hat seinen Einatmungspunkt an der Humboldt-Terasse am steilen Hang des Mönchsbergs. Von dort läuft die Achse der Ganzheit zum Bürgelstein am Fuße des Kapuzinerberges (am Franz-Josef-Park) und die Achse der Wandlung zum unzugänglichen Felsen des

163 Relativ deshalb, weil sie im Rahmen einer eigenen Unterdreigliederung auch ein kreatives Zentrum haben. Zur Dreigliederung von Bled siehe *Die Landschaft der Göttin*, S. 146.

Rainberges. Die kreative Achse verläuft zwischen diesen beiden in Richtung Burgberg. Wie uns der Engel Christopher Tragius bestätigte, befand sich an dem Platz, an dem heutzutage die mächtige Festung steht, in vorchristlicher Zeit ein Muttergöttin-Heiligtum. Neugierig sind wir während eines Erdheilungsseminars im Oktober 1993[164] auf die Festung gestiegen, um zu sehen, ob der kreative Fokus dort auf irgendeine Weise noch atmet

Wir fanden ihn in der Mitte des Hofes, wo zwei alte Linden wachsen. Zu unserer Überraschung stellten wir fest, daß die beiden Linden unwahrscheinlich stark zueinander polarisiert sind, obwohl sie der gleichen Art anzugehören scheinen. Bei der rechten – gesehen von der Kirche des hl. Georg am Rande des Hofes – wurden wir gefühlsmäßig in Richtung Erdtiefe gezogen (Yin-Pol), bei der linken jedoch zum Himmel empor (Yang-Pol). Da meine Tochter Ajra dabei war, konnten wir Christopher Tragius um eine Erklärung bitten. Sie lautete: »Die Festung hat einen sehr starken Punkt besetzt, der auf der Geistebene den Muttergöttin-Brennpunkt für Salzburg trägt. Die einzigen zwei Wesenheiten, die noch wissen, wie der geistigen Struktur des Ortes zu helfen ist, sind die Faune der beiden Linden. Die Linden erfreuen sich auch der Hilfe der Raumfeen, so daß sie die Yin-Yang-Polarität und auch die vertikale Verbindung Kosmos-Erde aufrechterhalten können. Die beiden Linden brauchen Hilfe, funktionieren jedoch tadellos. Die Festung, die auf dem Burgberg steht, wirkt wie ein undurchlässiger Deckel, der allerdings durch die Kraft der beiden Linden ein wenig gesprengt wurde, so daß die Natur durch diese Spalte wieder zum Atmen kommen konnte.«

164 Vgl. den Bericht darüber von Heide Hage unter dem Titel »Eine Stadt wird geheilt« in: esotera 1/94.

Eines der am schönsten gestalteten geistig-seelischen Zentren der schöpferischen Kräfte habe ich im Norden Schottlands, in Cluny Hill, Morayshire, entdeckt. Es handelt sich um den kreativen Brennpunkt des Landschaftstempels von Findhorn, der sich, ausgehend von Burghead als Einatmungspunkt, zwischen Pluscarden Abbey (Ganzheit), Cluny Hill (Schöpfung) und den Dünen, in denen die Findhorn-Gemeinschaft[165] angesiedelt ist (Wandlung), ausbreitet. Der Punkt der Ausatmung befindet sich am Ufer des Findhorn Rivers bei Slue.

Cluny Hill bei Forres ist eine Komposition aus sieben waldbedeckten Hügeln mit einem tiefen kesselförmigen Tal in der Mitte, dem »Hell's Hole« (Höllenloch).[166] Ausgerechnet dieses verteufelte Loch stellt den Brennpunkt der Göttin der Lebensfülle bzw. der kreativen Kräfte dar. Ich brauche kaum zu erwähnen, daß der Platz während meines Erdheilungsseminars im Sommer 1993 umfangreicher Reinigungs- und Erlösungsarbeit bedurfte. Am Rande des Tales befindet sich ein von der Natur und den Elementarwesen gestaltetes Kosmogramm, das den Platz als den Fokus der schöpferischen Kräfte und somit auch der »Heiligen Hochzeit« zwischen dem weiblichen und dem männlichen Aspekt der Gottheit bezeichnet: Der Faun einer riesigen Eiche, die an einer Seite des Weges steht und den männlichen Pol darstellt, hat einen langen Ast ausgebildet und ihn in die Mitte einer uralten Eibe hinein-

165 Die Gemeinschaft von Findhorn, heute »Findhorn Foundation«, wurde im Jahr 1962 von Eileen und Peter Caddy zusammen mit Dorothy Maclean gegründet. Ihre geistige Grundlage stellte die Zusammenarbeit zwischen der Engelwelt, der Menschenwelt und der Welt der Elementarwesen dar.

166 Bei genauerer Betrachtung findet sich darin eine Erinnerung an die germanische Göttin Hel, die später als Frau Holle in die Märchen einging.

wachsen lassen, die mit einer kesselähnlich gestalteten Krone auf der anderen Seite wächst. Das Hell's-Hole-Tal als kreativer Aspekt wird ergänzt durch den Ort von Cluny College, wo die Findhorn Foundation ihre Ausbildungsstätte hat – als Fokus der Jungfraugöttin – und den Ort von Drumduan House, wo die Morayshire-Waldorfschule ihren Sitz hat – als Brennpunkt der Wandlung. Durch die drei Plätze, die durch eine schöne Zypressenallee miteinander verbunden sind, äußert sich der Göttin-Aspekt des (übergeordneten) kreativen Zentrums.
Der Gott-Aspekt ist durch die sieben Hügel von Cluny Hill manifestiert, die das kesselförmige Tal umschließen und von denen jeder auf seinem Gipfel den Brennpunkt eines der sieben klassischen Planeten aufweist. Die kosmische Beziehung des »Venus-Hügels« ist bekannt, seitdem die Findhorn-Gemeinschaft für den Hügel, der sich unmittelbar über dem Cluny College befindet, sorgt. Dabei wurde auch der spiralförmige Pfad freigelegt, der zum Fokus der Venus führt. Aber auch die übrigen Hügel, die die Brennpunkte von Sonne, Mond, Jupiter, Mars, Merkur und Saturn beherbergen, waren einmal durch spiralförmig angelegte Zeremonialpfade zu erreichen. Sie lassen sich noch durch die in die Ätherschicht eingeprägten Aquastate mit dem typischen Yin-Yang-Band erspüren. Dazu kommt noch ein achter Hügel, der etwas abseits steht und den Einatmungspunkt dieses wunderbaren Landschaftstempels der göttlichen Schöpfungskräfte darstellt.
Die Art, wie die Brennpunkte der sieben Planeten den männlichen Pol der »Heiligen Hochzeit« im Bereich des kreativen Zentrums vertreten, hat der Engelmeister auf folgende Weise beschrieben: »Jeder der sieben Planeten hat eigene Schwingungen, die maßgebend auf die irdischen Zyklen einwirken. Es sind jedoch die kreativen Zentren

bzw. die Landschaftstempel der Göttin der Lebensfülle, die diese Zyklen auf dem Erdplaneten in Gang bringen. Der Impuls, der in einem bestimmten Moment von einem der sieben Planeten im Kosmos ausgelöst und zum Gipfel des entsprechenden Hügels geführt wird, folgt dem spiralförmigen Pfad in Richtung auf das weibliche Zentrum – hier: zum ›Hell's-Hole-Tal‹ –, aber nicht als eine Strömung, sondern als Impuls. Jeder dieser Impulse wird durch den Yang-Impuls des Gott-Prinzips aufgefangen, der aus der Richtung des Jungfrauzentrums herbeiströmt. Gemeinsam bringen sie den weiblichen Zyklus im kreativen Zentrum des Landschaftstempels in Gang. Dabei ist das System des Auffangens der Impulse der verschiedenen Planeten nicht mit der Funktion der Einatmung zu verwechseln. Im Falle des kreativen Zentrums handelt es sich nicht um den Vorgang der Einatmung, sondern um ein System, das dem Empfang der ›männlichen‹ Planetenimpulse als Regulatoren der ›weiblichen‹ Zyklen dient.«

3. Die Kräfte der Göttin der Wandlung (Schwarze Göttin) regen – objektiv gesehen – sowohl die Prozesse der Zersetzung wie auch die Prozesse der Regeneration an, die zur Wiedergeburt führen. Sie machen es möglich, daß ein Entwicklungskreislauf, der seinen Höhepunkt und damit auch schon die Grenze seiner Kapazität erreicht hat, durch die Wandlungsphase des Todes und der Wiedergeburt auf eine neue Ebene gelangen kann, die neue Perspektiven der Entwicklung ermöglicht.
   Während der Erdheilungsarbeiten im österreichischen Waldviertel, das im Rahmen des Landschaftstempels für ganz Österreich den Bereich der Wandlung darstellt, hat Christopher Tragius folgende Erklärungen zum Begriff der Schwarzen Göttin und ihrer Kräfte gegeben: »Die

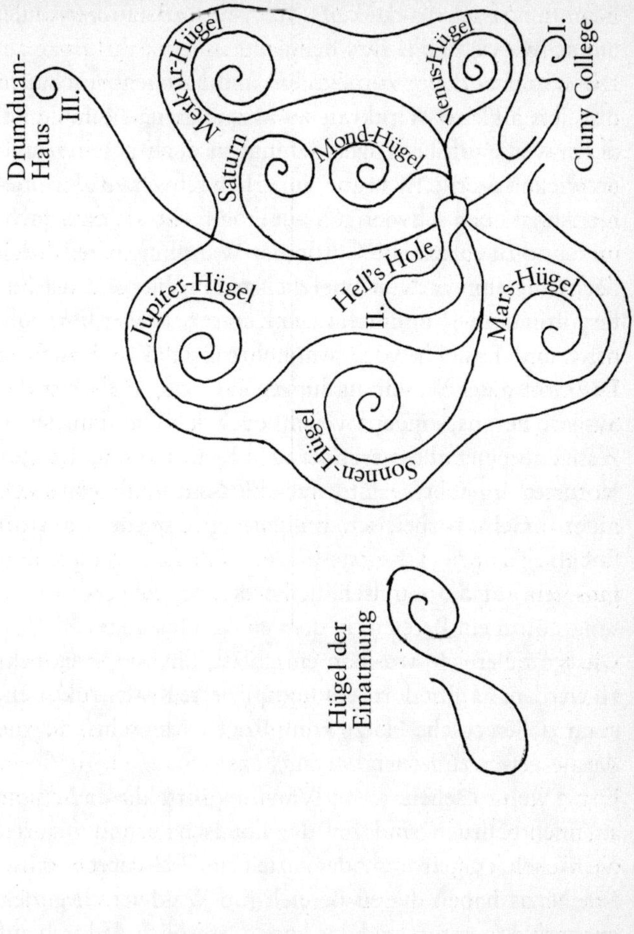

Abb. 58:
Der Landschaftstempel von Cluny Hill mit den drei Göttinaspekten (I.–III.) und den sieben Hügeln, die den Gott-Aspekt manifestieren.

Wandlung ist derjenige Teil, den in euch zu würdigen euch am schwersten fällt. Das heißt, ihr erkennt ihn zwar an, schreckt aber davor zurück, ihm in die Augen zu schauen und ihn als eine Wirkkraft zu akzeptieren, die fähig ist, aktiv weiterzuführen, was einmal in euch geboren und entwickelt wurde. Was aber innerlich schwer zu akzeptieren ist, ist noch schwieriger, außerhalb von sich anzunehmen und zu ehren. Die Göttin der Wandlung bereitet den Menschen immer die schmerzlichsten Probleme. Die Muttergöttin ist, wie ihre kreativen Zentren, immer liebevoll, offen und dessen bewußt, wann ihre Orte Hilfe brauchen. Die Göttin der Wandlung hingegen erscheint euch (nicht aus sich heraus, sondern weil ihr euch den Wandlungsprozessen als einer alles verändernden Kraft mit unbewußten Vorurteilen nähert) relativ verschlossen, so als würde sie sagen: ›Geht vorbei, ich brauche euch nicht, ihr stört mich!‹

Bezogen auf die Landschaft, ist der Bereich der Wandlungsgöttin ein Bereich, in dem ein Zyklus abgeschlossen wird, ein Bereich, wo man einschläft, um wiedererweckt zu werden. Es gibt dort sehr komplizierte Kraftstrukturen, auch ziehen solche Plätze komplizierte Menschen an, die daraus etwas zu lernen haben.

Es tut weh zu sehen, wenn Wandlungsorte dieser Art, die so unentbehrlich sind für die Landschaft und für den Menschen, eingefroren oder gezielt eingeschläfert werden. Die Nazis haben diesen Bereich (im Waldviertel) gezielt energetisch zerstört und das Land Österreich dadurch auf eine bestimmte Weise den eigenen Interessen unterworfen. Sie haben dem Land seinen Wandlungsbereich und damit langfristig auch die Lebensfähigkeit genommen. Wird nämlich ein Wandlungsbereich zerstört, so wird eine Art Tod ohne Wiederkehr bzw. ein ewiger Schlafzustand herbeigeführt, bei dem das Leben auf ein und derselben Ebene gefangen bleibt.«

Der Hinweis, wie verheerend die Zerstörung des Wandlungsaspektes eines Landes sein kann, bezog sich auf den Bereich Dürnhof-Allensteig im österreichischen Waldviertel. Durch eine Entscheidung Adolf Hitlers wurde dieser Bereich, einschließlich einer Anzahl von Städten und Dörfern, im Jahr 1938 in einen 160 qkm großen Truppenübungsplatz verwandelt. Als solcher besteht er noch heute.

Einer der vollkommensten Plätze der Schwarzen Göttin, den ich je erfahren habe, befindet sich in Nordfriesland. Er gehört zu einem riesigen Landschaftstempel, den ich den »Kelch des Nordens« nenne. Sein Einatmungszentrum liegt im Bereich Kiel, das hannoversche Wendland stellt seinen Jungfrauaspekt dar, der Bereich Hamburg den kreativen und Nordfriesland den Wandlungsaspekt. Der »Kelch des Nordens« schöpft seine geistig-seelischen Kräfte im Norden und gießt sie südwärts über Deutschland aus.

Sein Wandlungstempel hat den Bereich Flensburg als Einatmungszentrum eingegliedert sowie drei alte sakrale Orte im Westen: den Heideberg als ganzheitliches, Stollberg als kreatives und die Söbenberge als Wandlungszentrum. Bei den Söbenbergen handelt es sich um eine komplexe Anlage eines Landschaftstempels der Wandlung, dessen »sieben Berge« – in einem Flachland künstlich errichtete zeremonielle Hügel – besonders auffällig sind.

Während der Vorbereitungen zu einem Seminar in Bohmstedt im Mai 1993 erhielt ich innerlich die Erlaubnis, einen dieser Hügel in seiner ursprünglichen Funktion zu erfahren. Am Fuße des betreffenden »Berges« fand ich einen unsichtbaren Eingang. Als ich im Geiste sein Inneres betreten wollte, wurde ich von einer strengen Kraft zurückgehalten. Schon glaubte ich enttäuscht, die Erlaubnis sei mir wieder genommen worden. Ich verharrte aber doch noch eine Weile und entdeckte schließlich, daß ich jeweils einen Schritt in Richtung Berginneres gehen konnte, wenn ich gleichzeitig einen Schritt näher zu meinem Herzen ging. Auf diese zweispurige Weise bin ich immer mehr in ein golden und rubinrotes Licht eingetaucht. Ich wurde mir bewußt, daß der neolithische Hügel den Tempel des Abschieds von der Welt der Materie darstellte. Den Tod erleben bzw. Abschied nehmen von dieser Welt heißt gleichzeitig, (wieder) näher an das eigene Selbst in seinem Ewigkeitsaspekt zu kommen. Der Weg der Wandlung ist auch ein Weg der Selbsterkenntnis.

6.1.D. Die männlich-göttlichen Kräfte in der Landschaft

In den vorangegangenen Abschnitten wurde schon Wesentliches über die Rolle der männlichen Kräfte innerhalb eines Landschaftstempels gesagt. Wie schon deutlich geworden sein dürfte, ist diese Rolle nicht von der ihres weiblichen Gegenübers zu trennen. Im folgenden möchte ich noch auf einige Punkte eingehen, die einer weiteren Klärung bedürfen.

1. Aufmerksamen Leserinnen und Lesern dürfte aufgefallen sein, daß es gewisse Parallelen zu geben scheint zwischen der Funktion der Gott-Kräfte in der Landschaft und der Rolle des sogenannten Ein-Jahres-Königs in den vorpatriarchalen Kulturen. Der Ein-Jahres-König wurde im *Frühjahr* von der Königin oder Hohenpriesterin zum (Priester)König erwählt, indem sie ihm als Vollmachtssymbol der Göttin den Apfel überreichte. Im *Sommer* war er ihr Geliebter beim Fest der Heiligen Hochzeit, und im *Spätherbst* wurde er geopfert, um einen neuen Zyklus zu

ermöglichen. Ohne Zweifel entsprechen die drei Phasen im Leben des Ein-Jahres-Königs den drei Sequenzen der linearen (männlichen) Komponente des Landschaftstempels, wie sie in Kap. 6.1. dargestellt wurden. Daraus wird ersichtlich, daß die alten Kulturen das einjährige Amt des (Priester)Königs in Analogie zum Modell des linearen Gott-Impulses erschufen, mit dem sie durch ihre Beschäftigung mit den Landschaftstempelstrukturen vertraut waren.

Diese Art der Gottvorstellung wurde abgelöst durch ein neues, zukunftsweisendes Modell, demonstriert durch die Verkörperung Christi. Genauer gesagt, Gott hat in Christus selbst einen Körper angenommen, um den Menschen einen Weg aus den alten Opfer- und Pflichtvorstellungen gegenüber dem Göttlichen zu weisen. Zwar wurde auch er als Sohn einer Jungfrau geboren, entfaltete seinen schöpferischen Dienst in seiner Reifezeit und starb einen Opfertod, wie es der linearen Dreigliederung der Gott-Kräfte entspricht. Durch seine Lehre, seine Werke der Liebe und letztlich durch seine Auferstehung hat er jedoch aufzuzeigen versucht, daß es sich dabei um geistig-seelische Prozesse im Menscheninneren handelt und nicht um äußere Vorgänge, denen die Menschheit schicksalhaft ausgeliefert wäre.

Bezogen auf die Landschaft geht es darum, die weiblichsowohl wie die männlich-göttlichen Kräfte nicht als konkurrierend oder gar antagonistisch im Verhältnis zueinander zu begreifen, sondern als ein höchst geordnetes und harmonisches Zusammenwirken der der Landschaft eigenen geistig-seelischen Kräfte.

2. Nach den Worten des Engelmeisters Christopher Tragius ließe sich die Rolle der männlichen Kräfte in der Land-

schaft als die eines Impulsgebers verstehen. Sie wirken in der Form eines Strahls, der einen bestimmten Prozeß in Gang bringt und diese Aufgabe in einem bestimmten Zeitrhythmus erfüllt. Dieser Strahl verbindet den Brennpunkt der weiblich-göttlichen Ganzheit mit dem der kreativen Kräfte. In seiner initiierenden Rolle kann er mit der männlichen Rolle bei der Zeugung eines Kindes verglichen werden.

Dabei betont der Engelmeister, daß der zeitliche Rhythmus dieser Initiierung sich nicht automatisch entfaltet, sondern durch eine bewußte, im kreativen Zentrum der Landschaft vollzogene rituelle Handlung aus dem Zentrum der Jungfraugöttin herbeigerufen werden muß. Deswegen bestand das Hauptritual, das in den Muttergöttin-Zentren vollzogen wurde, im Anrufen des männlichen Impulses. Wörtlich fügte Christopher Tragius hinzu: »Da die rituellen Handlungen in den schöpferischen Zentren der Landschaft heute nicht mehr praktiziert werden, versuchen wir (Engel) zu helfen, indem wir uns bemühen, die initiierenden Impulse hervorzurufen, weil nur dadurch die geistig-seelische Funktion dieser Orte, durch die eine ganze Landschaft mit entsprechenden Energien gespeist wird, aufrecht erhalten werden kann. Es gibt aber viele Landschaftstempel, deren Funktion von den Menschen falsch oder nicht verstanden wurde und dadurch blockiert ist; dort können auch wir nicht helfen.«

3. Die dritte Sequenz des linearen (männlichen) Impulses in der Landschaft hat einen passiven Charakter insofern, als der Yang-Impuls, nachdem er seine aktive Rolle im kreativen Zentrum beendet hat, zum Zentrum der Wandlung gezogen wird, um dort abgebaut und wieder in die Ganzheit integriert zu werden. Christopher Tragius zufolge

verläuft die Bahn zwischen dem kreativen Zentrum und dem Wandlungszentrum bogenförmig durch den atmosphärischen Raum bzw. durch die Erdtiefe. Dieser zweifache Bogen verleiht der Landschaftstempelstruktur einerseits eine Beziehung zum Kosmos, die im Zeichen des Saturn steht, und andererseits die Qualität der Erdung.

4. Kraftmäßig wird die Tätigkeit der linearen (Yang) Komponente des Landschaftstempels durch die Einstrahlungspunkte der Planeten ermöglicht. Am Beispiel von Cluny Hill habe ich die Wirkung der sieben klassischen Planeten erwähnt, die im Bereich des kreativen Zentrums ihren Einfluß ausüben. Auch für die jeweilige Funktion des Brennpunktes der Ganzheit bzw. der Wandlung ist die Präsenz eines Planeten bezeichnend, im ersteren Fall die der Venus, im letzteren die des Saturn. Im kreativen Zentrum repräsentieren die sieben Planeten die *geistige* Ebene der linearen Initiierung. Maßgebend auf der *vitalenergetischen* Ebene ist hingegen die Präsenz der polarisierten Sonne- und Mond-Kräfte. Diese Gesetzmäßigkeit macht es möglich, die Rolle verschiedener Orte innerhalb eines Landschaftstempels zu bestimmen:
   - Ganzheitliches Zentrum: Präsenz der Venuskräfte
   - Kreatives Zentrum: Präsenz der Sonne- und Mondkräfte (oder auch Präsenz aller sieben Planeten)
   - Wandlungszentrum: Präsenz der Saturnkräfte

6.1.E. Potenzebenen der Landschaftstempel

In ihrem einheitlichen Aufbau stellen die Landschaftstempel die sakrale Geometrie[167] oder anders ausgedrückt, die heilige

[167] von *gea* (gr.) – die Erde – und *metron* (gr.) – messen.

Maßordnung der Landschaft dar. Dabei handelt es sich aber nicht nur um das geschilderte Zusammenspiel der rhythmischen, zyklischen und linearen Komponenten der Dreigliederung, sondern auch um die Anordnung der Landschaftstempel auf verschiedenen Potenzebenen. So gibt es Landschaftstempelstrukturen, die ganze Kontinente oder Länder umfassen. Diese Landschaftstempel der ersten und der zweiten Potenzebene (x^1 und x^2) werden wiederum in unzählige Landschaftstempel einer dritten und vierten Potenzebene untergliedert (x^3 und x^4), die einzelne Landschaften oder Orte umfassen. In Ausnahmefällen ist eine Dreigliederung nach Art der Landschaftstempelstruktur auch innerhalb einer sakralen Anlage, eines Objektes oder eines Kunstwerkes zu finden – es handelt sich in diesem Falle um die Potenzebenen x^5 bis x^7.

Ein Landschaftstempel auf der ersten Potenzebene hätte demnach neben den Ein- und Ausatmungspunkten drei Brennpunkte, die der Ganzheit, der Schöpfung und der Wandlung ($x^1 = 3$) geweiht sind. Jeder dieser Punkte stellt wiederum in sich einen eigenen Landschaftstempel auf der zweiten Potenzebene dar mit einer eigenen Dreigliederung ($x^2 = 3x3$). Dasselbe Prinzip der Potenzierung gilt auch für die folgende Potenzebene ($x^3 = 3x3x3$) usw. Als Beispiel für die mehrfache Verzweigung und Unterverzweigung eines Landschaftstempels auf den verschiedenen Potenzebenen möchte ich das Modell des Landschaftstempels von Venedig vorstellen. Durch meine langjährige Arbeit in Venedig und durch die Mitwirkung meiner Tochter Ajra Miška und des Engelmeisters Christopher Tragius ist es mir gelungen, alle sieben Potenzebenen herauszuarbeiten. Allerdings werde ich mich auf jeder Potenzebene auf jeweils einen, möglichst anschaulichen Aspekt konzentrieren, sonst müßte ich mich auf 3x3x3x3x3x3x3 Aspekte der betreffenden Landschaften,

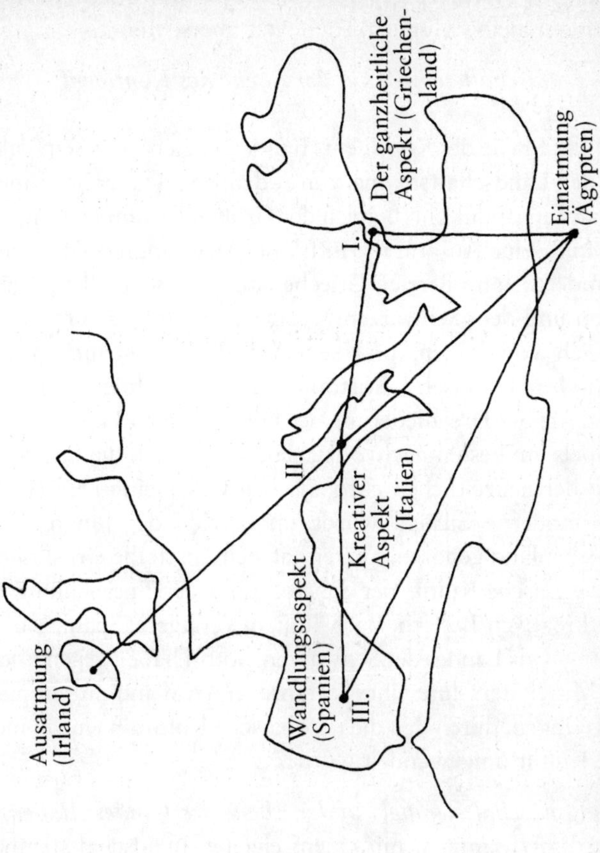

Abb. 59:
Der Landschaftstempel Südeuropas als Beispiel für die erste Potenzebene (x^1)

Orte und Kunstwerke einlassen, was aus verständlichen Gründen meine Möglichkeiten weit überschreitet.

x^1 – *Landschaftstempel auf der Ebene des Kontinents (Europa)*
Auf der Ebene des Kontinents handelt es sich in diesem Falle um den Landschaftstempel von Südeuropa. Dieser hat seinen Einatmungspunkt im Bereich der Großen Pyramide in Ägypten und seine Ausatmung in Irland. Das Jungfrau-Zentrum befindet sich im Bereich Griechenlands zwischen dem Ägäischen und dem Schwarzen Meer, das kreative Zentrum im Bereich von Italien, und sein Wandlungszentrum ist die lberische Halbinsel. Christopher Tragius zufolge läßt sich diese Art der Dreigliederung des kontinentalen Landschaftstempels am besten nachvollziehen, indem man die Entwicklung der neuzeitlichen europäischen Geschichte betrachtet. Das moderne Europa wurde im Bereich der Jungfrau in Griechenland geboren. Später hat sich durch die etruskische und römische Kultur der Schwerpunkt der Entwicklung in den kreativen Bereich, nach Italien, verlagert. Spanien und Portugal als Länder der Schwarzen Göttin haben gegen Ende des Mittelalters durch ihre Seefahrer einen Wandlungsimpuls beigetragen, durch den die europäische Kultur in eine planetare Kultur umgewandelt wurde.

x^2 – *Landschaftstempel auf der Ebene des Landes (Italien)*
Venedig (zusammen mit einem eigenen Landschaftstempel der dritten Potenzebene) stellt den Jungfrauaspekt Italiens dar und das Gebiet zwischen Rom und Val di Chiana (Arezzo-Cortona-Perugia) den zugehörigen kreativen Bereich. Dieser ist in der Isola Bisentina auf dem Bolsena-See zentriert, wo der Bund der zwölf etruskischen Staaten seinen Mittelpunkt hatte. Der Wandlungsbereich befindet sich im Gebiet des Vesuv bei Neapel. Die Etrusker, zum Beispiel,

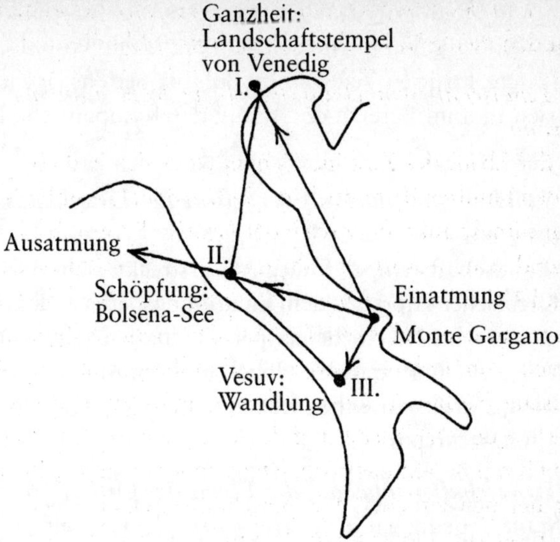

Abb. 60:
Der Landschaftstempel von Italien als Beispiel für die zweite Potenzebene (x^2)

haben die Organisation ihres Staates dieser Dreigliederung angepaßt: Es gab im Norden, entlang dem Po-Fluß, das Padanische Etrurien, zentriert im Bolsena-See das eigentliche Etrurien und im Bereich des Vesuv das Kampanische Etrurien.

x^3 – Landschaftstempel auf der Ebene der Einzellandschaft (Veneto)

Der Landschaftstempel Veneziens erstreckt sich zwischen den Karnischen Alpen als dem Einatmungsbereich, dem Garda-See als seinem Ganzheitsaspekt, Venezien selbst ist das kreative Zentrum, und der Hügel, auf dem die Kirche von Hrastovlje im slowenischen Istrien steht[168], repräsentiert das Wandlungszentrum.

x^4 – Landschaftstempel auf der Ebene des Ortes (Venedig)

Die Stadt Venedig hat die charakteristische Lage eines Ortes der Jungfraugöttin. Sie »schwimmt« im Wasser der Lagune, die ovalförmig vom Festland eingerahmt wird Der Grundriß der Stadt hat tatsächlich die Form eines Fisches. Das Zentrum der kosmischen Einatmung befindet sich auf einer kleinen Insel zwischen den Schwanzflossen des »Fisches«. Die Venezianer haben schon sehr früh diese Insel als den stärksten Kraftbrennpunkt der Stadt erkannt und dort ihre Kathedrale, San Pietro di Castello, errichtet, obwohl sich der Ort am entlegendsten Rand der Stadt befindet.[169] Der eigentliche Brennpunkt ist in der bemerkenswert gestalteten Kapelle Vendramin zu suchen, einem Werk des Meisters von Salute namens Baldassare Longhena. Der Ganzheitsaspekt wird durch das Kloster von San Giorgio Maggiore bezeichnet, das

168 Über die außerordentliche Bedeutung der Kirche von Hrastovlje vgl. mein Buch *Die Landschaft der Göttin*.

169 Erst durch Napoleon wurde der Sitz des Patriarchen nach San Marco verlegt.

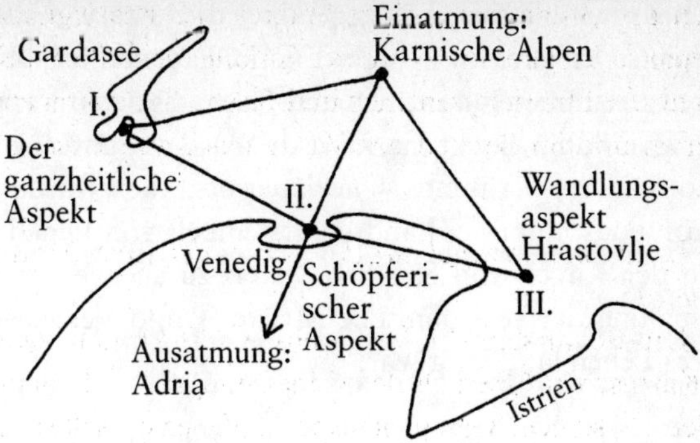

Abb. 61:
Der Landschaftstempel des Landes Veneto als Beispiel für die dritte Potenzebene (x^3)

sich auf einer kleinen Insel gegenüber dem Palast des Dogen befindet. Den kreativen Aspekt verkörpert die Basilica San Marco zusammen mit dem Dogen-Palast als deren Yang-Pol. Den Wandlungsaspekt markiert die Basilica Santi Giovanni è Paolo, in der berühmte Venezianer begraben wurden. Der Ausatmungspunkt des Landschaftstempels von Venedig (x^4) ist in der Kirche von San Sebastiano zu suchen, an deren Ausmalung der venezianische Meister Paolo Veronese sein ganzes Leben lang tätig war.[170]

x^5 – *Landschaftstempel auf der Ebene der Anlage von San Marco*

Die Basilica San Marco stellt in diesem Zusammenhang den Einatmungspunkt dar, während der Aspekt der Dreigliederung durch drei die Basilika in einem Dreieck umgebende Kirchen bezeichnet wird:

- San Zaccaria (Ganzheit bzw. Jungfrau)
- Salute (Schöpfung)
- San Salvador (Wandlung)[171]

Jedes dieser Zentren hat seinen eigenen Ausatmungspunkt.

x^6 – *Dreigliederung auf der Ebene eines Gebäudes (Salute)*

Unter den drei erwähnten Kirchen, die das Dreigliederungsprinzip auf der Ebene von San Marco darstellen, bietet die Basilica Santa Maria della Salute – kurz »Salute« genannt – die Möglichkeit, auch die Potenzebenen x^6 und x^7 wahrzu-

170 Über die tiefere Bedeutung dieser Plätze und Kunstwerke vgl. mein Buch A *Hidden Pathway through Venice*, Carucci Rom 1986.

171 Über die Hintergründe dieser Dreigliederung vgl. das Kapitel über Venedig in meinem Buch *Die Landschaft der Göttin.*

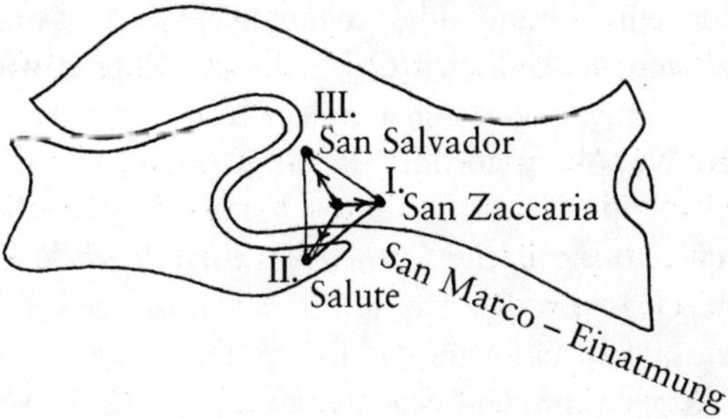

Abb. 62:
Der Landschaftstempel Venedigs (x^4 – oben) und die Dreigliederung von San Marco (x^5 – unten)

nehmen. Die Basilika ist ein Meisterwerk des schon erwähnten Baldassare Longhena und wurde zwischen 1631 und 1681 erbaut. Bei dem zentralen Innenraum, der vollkommen symmetrisch um eine imaginäre Mittelachse gestaltet ist, können wir die Dreigliederung wahrnehmen. Der Jungfrauaspekt kommt in der Laterne zum Ausdruck, die wie ein Ei einen vollkommen in sich geschlossenen Raum darstellt. Der kreative Aspekt manifestiert sich in der Form des zentralen Kuppelraumes, der in einem hellen Licht badet. Den Boden bildet ein schimmerndes, sphärengleiches Mosaik aus Marmorplatten, in dem sich das Licht der Kuppel wie in einem in die Erde eingelassenen Spiegel transformiert – ein Symbol der Wandlungsgöttin.

x^7 – Dreigliederung auf der Ebene eines Kunstwerkes
Wenn wir bei der Basilica Salute verweilen, ist der kreative Aspekt, wie üblich, Yin-Yang-polarisiert. Den Gegenpol zum zentralen Kuppelraum bildet der aus zwei kleineren Kuppeln zusammengesetzte Altarraum. Auf dem Hochaltar steht eine Marmorskulptur von Giusto Le Court.[172] Sie stellt in der Mitte die Madonna auf der Mondsichel als Repräsentantin des Schöpfungsaspekts der Göttin dar. Zu ihrer Rechten kniet die Personifikation Venedigs, stellvertretend für den Jungfrauaspekt; links von ihr tanzt die Wandlungsgöttin als Verkörperung der Pest.
Das Beispiel von Venedig bietet einen Einblick in die fein verzweigte Struktur der Landschaftstempel, die bis in die kleinsten Atome des Raumes hineinreicht. Es wird daraus

[172] Die Dreigliederung eines Kunstwerkes im Rahmen eines Landschaftstempels zu ergründen, hat nur dann einen Sinn, wenn das Kunstwerk eine klare Beziehung zu einem Brennpunkt des betreffenden Landschaftstempels hat.

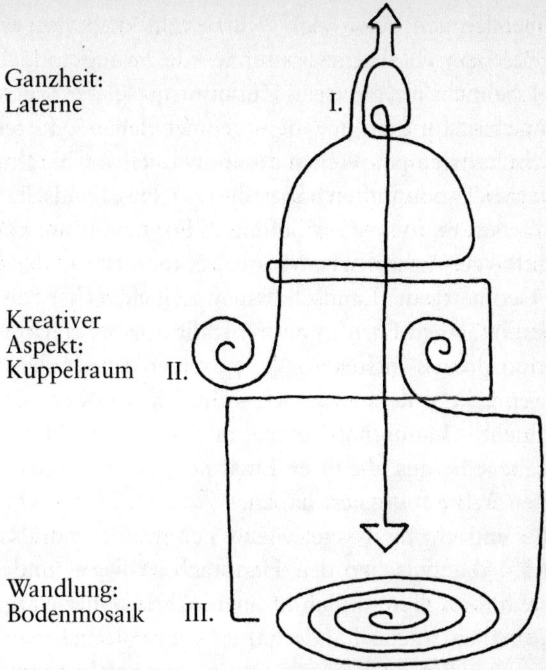

Abb. 63:
Die Dreigliederung der Basilica Salute als Beispiel für die sechste Potenzebene (x^6)

auch ersichtlich, daß es sich nicht um eine mental zu konstruierende oder zu schematisierende Gliederung handelt, sondern vielmehr um ein freies Zusammenspiel der organischen Landschaftsformen mit den geometrischen Mustern der Landschaftstempel. Wegen des individuellen Charakters der einzelnen Landschaften haben die einzelnen Landschaftstempel nie starre, im voraus definierte Formen, obwohl sie alle dasselbe geistig-seelische Muster verkörpern.
Die Geometrie der Landschaftstempel gleicht eher den relativ unregelmäßigen Formen der Kristalle, die bei einem Kristallisationsprozeß entstehen. Aus einzelnen Achsen der Potenzebenen x^1, x^2 oder x^3 wachsen – ähnlich wie es bei Kristallen geschieht – Landschaftstempel auf der jeweils höheren Potenzebene heraus, die ihren Einatmungspunkt an der betreffenden Achse fokussiert haben.
Dabei entsteht die Frage, wie es sich mit den Landschaften verhält, die zwischen den Hauptachsen liegen und keinen Anschluß an diese finden können. Christopher Tragius zufolge haben solche Landschaften – gewöhnlich handelt es sich um die Potenzebene x^3 – ihre Einatmung koordiniert mit dem Ausgießungszentrum des zugehörigen x^2-Landschaftstempels. Die Ausgießungszentren sind, wie in Kap. 6.1. erwähnt, identisch mit dem kreativen Bereich der Landschaftstempel, und aus diesem schöpfen solche »frei schwebenden« Landschaftstempel die kosmischen Kräfte, die sie für ihr Leben brauchen. Ihre Einatmungsbrennpunkte wirken dabei wie Antennen, die die aus den übergeordneten kreativen Zentren sich ausgießenden Kräfte empfangen können.

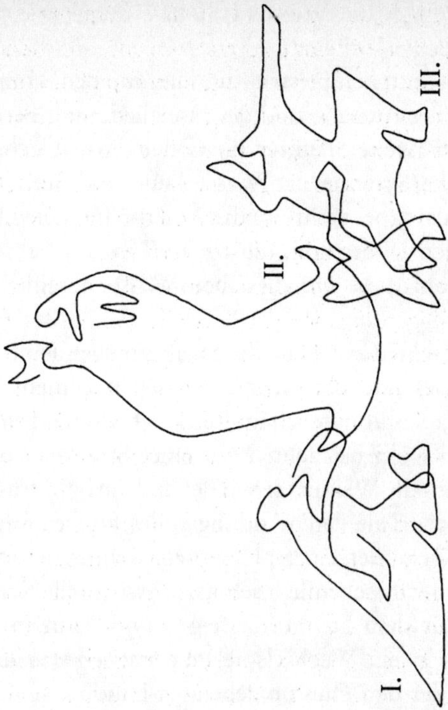

Abb. 64:
Die Dreigliederung der Marmorskulptur vom Hochaltar der Basilica Salute als Beispiel für die siebte Potenzebene (x^7): In der Mitte die Madonna auf der Mondsichel als Repräsentantin des Schöpfungsaspekts der Göttin (II.). Zu ihrer Rechten kniend die Personifikation Venedigs (Jungfrau-Aspekt, I.), zu ihrer Linken tanzt die Wandlungsgöttin (III.) als Verkörperung der Pest.

6.2. Das sakrale Wassersystem – die Wassertempel

Die Landschaftstempelstruktur, die auf den kombinierten Systemen der Atmung und der Dreigliederung beruht, wird durch eine zweite Struktur im Gleichgewicht gehalten, die sich auf die Systeme der Wasserläufe und Seen stützt. Es handelt sich dabei nicht um die Ätherphänomene der Strukturgebenden Dimension, die wir in Kap. 3.1 behandelt haben, obwohl diese um dieselben Wassersysteme gruppiert sind.

Den Unterschied zwischen der Strukturgebenden Dimension eines Flusses und der Geistig-Seelischen Dimension seines Wassertempels konnte ich im Juli 1994 während einer Bahnfahrt nach Köln betrachten auf einer Strecke, wo sich der Rhein durch die Weinberge windet und die Bahntrasse wegen der Enge des Tals den Windungen des Flusses folgen muß. Auf der Ebene der Ätherphänomene sah ich silbrig-schimmernde, unwahrscheinlich schnell schwingende Kraftschichten, die aus dem Strom aufsteigen und dann in seitlicher Bewegung in ein Wechselspiel mit statisch-stabilen Ätherschichten der den Fluß umgebenden Landmassen eintreten. Besonders intensiv gestaltet sich diese Interaktion dort, wo eine Landzunge von einer Flußschleife umspült wird und die irdischen Ätherwolken von drei Seiten durch die Dynamik des wäßrigen Äthers »angegriffen« werden.

Im Unterschied dazu wirkt das geistig-seelische System des gleichen Flusses der Lebensrealität enthoben und viel feierlicher. Ich sah eine äußerst fein gewebte Lichtkuppel, die den Fluß in seiner ganzen Länge überspannt. Wegen ihrer langgestreckten Form ähnelt sie einem Tunnel aus golden und leicht rosa gefärbtem Licht, durch den der Fluß zu fließen scheint. In Wirklichkeit begleitet diese schlauchartige Kuppel den Fluß eher, und zwar entgegen der Fließrichtung. Dabei

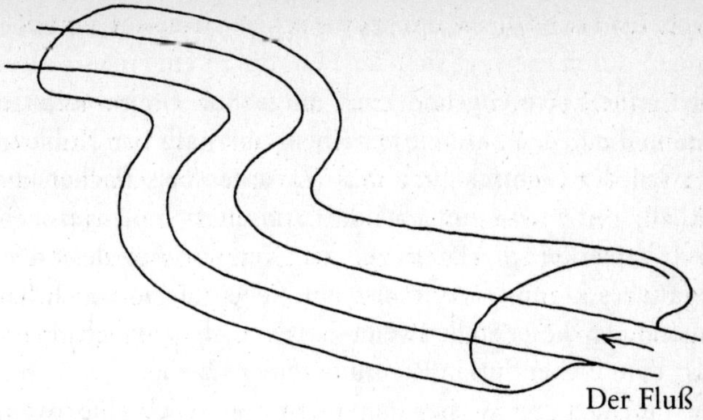

Abb. 65:
Die Lichtkuppel, die den Rhein
in seiner ganzen Länge überspannt.

macht die Form dieses »Lichtschlauches« deutliche Veränderungen durch. Bewegt sich der Fluß durch ein enges Tal, so wird seine Form eng und hoch aufgebaut. Breitet sich der Fluß in die Ebene aus, wie der Rhein oberhalb von Koblenz, so wird der Lichtschlauch des Wassertempels flacher und seitlich weit in die umgebende Landschaft hineingezogen. Auch bemerkte ich, daß es zu einer Verzweigung des Lichtschlauches kommt, wo immer ein Nebenfluß in den Rhein mündet. An dieser Stelle zweigt sich ein Lichtschlauch ab und folgt dem Nebenfluß in Richtung seiner Quelle.

Der beschriebene Wassertempel hat aber noch eine zweite Komponente. Ich sah sie in Form einer Raumachse, die linienförmig die Kraftbrennpunkte entlang des Rheins verbindet, von denen viele durch Kirchen oder Burgen bezeichnet sind. Es handelt sich um eine Atmungslinie, die die Quelle des Flusses als Punkt der Einatmung mit der Mündung als dem Punkt der Ausatmung verbindet.

Ähnlich wie die Landschaftstempel, die auf dem Prinzip der weiblich-göttlichen Dreiphasigkeit beruhen, ihre Dreigliederung durch ein geistig-seelisches Atmungssystem komplementiert haben, so auch die auf dem männlichen Prinzip der göttlichen Einheit basierenden Wassertempel. (Zu den beiden genannten Prinzipien vgl. Kap. 1.2.) Die Atmungssysteme dieser Art gewährleisten, daß die Geistig-Seelischen Dimensionen der Landschaft ständig an die übergeordnete Ebene des Urraumes der Ewigkeit angeschlossen sind. So ist beispielsweise die sakrale Beziehung zum Landschaftstempel des Rheins dokumentiert in einem Brief, den der Dichter Petrarca im Jahr 1330 an den Kardinal Colonna schrieb. Er beschreibt darin ein Ritual, das jährlich, am 23. Juni, dem Vorabend zum Johannisfest, von den Frauen und Mädchen der Stadt Köln begangen wurde. Die Tatsache, daß es sich dabei um den traditionellen Festtag der schöpferischen Phase der Göttin handelt, an dem die Sonne ihren höchsten Stand im Jahreskreislauf erreicht, und der Umstand, daß die Handlung nur von Frauen und Mädchen ausgeführt wurde, läßt vermuten, daß hier unbewußt ein uraltes Ritual der Heiligen Hochzeit weiter gefeiert wurde, bei dem sich die weiblich-göttliche Kraft, repräsentiert durch die Mädchen und Frauen, mit der männlich-göttlichen Kraft in der Gestalt des Flußtempels vermählte.

Petrarca schreibt: »Kaum stieg ich bei meiner Ankunft zu Köln in der Herberge ab, wo meine Freunde mich empfingen, als sie mich an den Rhein führten, um ein eben an diesem Tag beim Sonnenuntergang aus dem Altertum herkömmliches Schauspiel in ihrer Gesellschaft anzusehen. Ich wurde nicht enttäuscht, denn das ganze Ufer war mit einer langen ansehnlichen Schar von Frauen und Mädchen bedeckt: welche Anmut, welche Begeisterung, welches Ausschauen!

Ich stieg auf einen Hügel, wo ich dem, was vorgehen sollte, besser zusehen konnte. Unglaublich war der Zulauf, doch ohne Gedränge; alles atmete Mut und Freude. Ein Teil war mit wohlriechenden Kräuterranken geziert, und mit zurückgestreiftem Gewand fingen sie nun auf einmal an, ihre weißen Arme und Hände in den Fluß zu tauchen und abzuwaschen; dabei wechselten sie in ihrer mir unverständlichen Sprache lächelnd frohe Sprüche miteinander. Ich stand erstaunt und wußte mir selbst nichts zu erklären.«[173]

Den vollkommensten Wassertempel kenne ich vom Soča-Fluß (Isonzo), der entlang der Grenze zwischen Italien und Slowenien fließt. Der Fluß entspringt genau in der Kraftquelle des Triglav, einem der Heiligen Berge der Julischen Alpen, so daß die sich ausgießende Herzkraft des Berges das hervor-

173 Zitiert aus: Christa Hinze (Hrsg.): *Das Alte Köln in Sagen und Bräuchen*. Köln 1986, S. 17f.

quellende Wasser mit ihrer Qualität durchtränkt. Aus dem doppelten Quellpunkt, der gleichzeitig auch der Einatmungspunkt für den Wassertempel ist, verläuft die Atmungsachse in direkter Linie zur Mündung des Flusses in die Adria, westlich von Duino. Von diesem Ausatmungspunkt her gesehen, schlängelt sich der Körper des Flusses mit seinem Lichtschlauch siebenmal um die Achse des Atemzuges herum, bis die Quelle erreicht wird.

6.3. Die Gegenwart der Engel in der Landschaft

Unter allen Brennpunkten in der Landschaft stellen die der Landschaftsengel die Orte mit der höchsten Schwingungsfrequenz dar. Sie dienen als unmittelbare Bindeglieder zwischen dem Mehrdimensionalen Raum der Landschaft und dem Urraum der Ewigkeit. Das heißt allerdings nicht, daß an einem solchen Punkt ein Engel tatsächlich anwesend wäre. Die Engel kennen keine räumliche Fixierung. Es handelt sich vielmehr um den Fokus der Tätigkeit eines Engelwesens innerhalb einer Landschaft, eines Ortes oder eines Gebäudes, aus dem die Kraftlinien entspringen, durch die er den Raum mit seinen Impulsen durchdringt. Daher ist es an einem Engelbrennpunkt möglich, die volle Präsenz eines Engels zu erspüren.

Über die Rolle der Landschaftsengel hat Christopher Tragius meiner Tochter Ajra folgende Erklärung gegeben: »Landschaftsengel unterscheiden sich von den Engeln, die mit Menschen arbeiten. Sie können als eine Art Kraftlenker verstanden werden. Der Aufbau der Systeme auf der Erde – insbesondere derjenigen, die auf der geistig-seelischen Ebene existieren – ist durch uns geleitet worden, und sie leben durch unsere Lenkung. Unsere Tätigkeit ist jedoch nicht räumlich

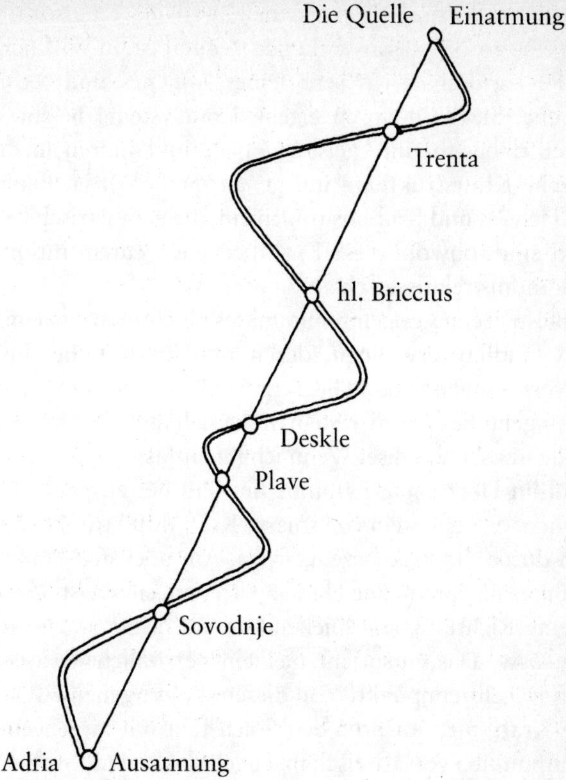

Abb. 66:
Der Wassertempel des Flusses Soča (Isonzo)

begrenzt. Das mag so erscheinen, weil die Landschaft für euch eine grobe, massiv wirkende Realität ist. In Wirklichkeit ist die Landschaft ein sehr feines, weiches und sensibles Gewebe. Sie wird durch eigene Kraftsysteme belebt. Wir sorgen dabei für ihre geistige Ebene und führen in dieses Gewebe Kraftstrukturen mit genau qualifizierten Punkten, Kraftachsen und Kompositionen ein, die geometrisch höchst exakt sind, obwohl diese Exaktheit nach eurem rationalen Verständnis relativ erscheint.«

Als Beispiel eines Engelbrennpunktes möchte ich einen mächtigen Findling erwähnen, der mitten im Feld bei Ins im Schweizerischen Seeland liegt. Er wird »Solenstein« genannt, und es geht die Sage, der Stein drehe sich täglich zur Mittagsstunde um seine Achse. Wenn ich ihn anfasse, beginnt meine Hand im Herzschlagrhythmus hin und her zu pendeln, ein Zeichen, daß der Stein von solarer Kraft durchtränkt ist, was auch durch die Sage bezeugt wird. Am höchsten Punkt des Findlings beginnt meine Hand zu kreisen; sie kreist 35mal in die eine Richtung, anschließend 35mal in die andere Richtung, usw. Das entspricht meinem persönlichen Code für einen Engelbrennpunkt. Von diesem Punkt gehen zwei neutrale Kraftlinien aus, die den Solenstein mit zwei weiteren Brennpunkten von Landschaftsengeln im Seeland verbinden. Daraus ergibt sich eine Dreieckskomposition, die gewissermaßen aus dem Zentrum heraus die Landschaft des Schweizerischen Seelandes mit dem Urraum der Ewigkeit verbindet.

6.4. Die Göttin eines Ortes

Der Bereich der Geistig-Seelischen Dimension dehnt sich auch in einer Richtung aus, die kaum noch als geomantisch zu bezeichnen ist. Es handelt sich um die Präsenz der Göttin einer Landschaft, wie ich sie in Kapitel 2.6.C. beispielhaft beschrieben habe.[174] Sie ist so gleichmäßig durch eine ganze Landschaft verteilt, daß es unmöglich ist, ihre Präsenz innerhalb des Landschaftsgewebes ortsgebunden festzumachen. Das unterscheidet sie von allen bisher beschriebenen geomantischen Phänomenen. Die Anwesenheit der Landschaftsgöttin ähnelt eher der Art der Präsenz jener Wesenheiten, die ich im Zusammenhang mit dem Urraum der Ewigkeit erwähnt habe. Sie durchdringt mit ihrem Wesen jedes Atom einer Landschaft, man könnte sogar sagen, sie *ist* die Landschaft selbst.

Der Grund, warum ich die Präsenz der Landschaftsgöttin trotzdem im Zusammenhang mit dem Mehrdimensionalen Raum behandle, liegt darin, daß sich ihre Ausdehnung immer in Beziehung zu einem bestimmten Landschaftsraum auffinden läßt. So gesehen ist sie als eine Verkörperung der geistig-seelischen Qualität eines Landschaftsraumes zu verstehen.

Während einer zweiten Begegnung mit der Göttin des Schweizerischen Seelandes (vgl. Kapitel 2.6.C.) im Juni 1995 habe ich die Frage gestellt, wie ich ihr Wesen verstehen könnte, ohne auf die alten Göttinnenvorstellungen zurückgreifen zu müssen, die starke antropomorphe Einflüsse zeigen. Daraufhin tauchte in meinem Bewußtsein der Begriff des Fraktals auf, wie ihn die sogenannte »Chaos-Forschung«

174 Vgl. dazu auch meine Begegnung mit der Göttin Gaia als Landschaftsgöttin von Cappenberg, in: *Die Landschaft der Göttin*, S. 91.

geprägt hat. In dem Sinne wäre der Körper einer Landschaftsgöttin – der identisch ist mit der betreffenden Landschaft – ein Fraktal des planetaren Körpers von Gaia als der geistig-seelischen Identität des Erdplaneten. Ein »Fraktal« heißt in diesem Falle, daß eine Landschaftsgöttin zwar eine in sich geschlossene Entität ist, gleichzeitig aber einen Teil der ganzheitlichen Präsenz des planetaren Körpers der Göttin darstellt.

Einen weiteren Hinweis erhielt ich bezüglich der antropomorph-körperlichen Form, in der die Göttin gewöhnlich seit dem Paläolithikum gestaltet wurde. Der weibliche Körper, so wurde mir bedeutet, sei ein Fraktal des Landschaftskörpers, der seinerseits ein Fraktal des planetaren Körpers der Göttin Gaia ist. Auf diese Weise kann man die Korrespondenz zwischen den geomantischen Systemen der Landschaft und den Systemen verstehen, die den menschlichen Körper charakterisieren – in den vorangegangenen Kapiteln war davon häufig die Rede. Dadurch wird auch besser verständlich, warum der weibliche Körper eine angemessene Form zur Darstellung des Göttinkörpers ist. Übrigens wurde noch die griechische Gaia in der Form eines weiblichen Körpers dargestellt. Vor dem Hintergrund der soeben erklärten Zusammenhänge handelt es sich dabei nicht um eine eigenwillige Antropomorphisierung, sondern um eine uralte Tradition, die es erlaubt hat, die allanwesende schwingungsmäßige Präsenz der Göttin durch eine erstaunlich konkrete Körpergestalt zu versinnbildlichen, ohne ihr Wesen dadurch einzuengen.

Es ist dem weitesten (i. S. von ausgedehntesten) geomantischen Phänomen der Landschaft auch angemessen, sich gleichzeitig als allumfassend und in einer einzigen Form konzentriert offenbaren zu können.

Kapitel 7: Bereiche der Anwendung

Das geomantische Wissen, wie es in den Kapiteln 3 bis 6 ausgebreitet wurde, mündet ein in verschiedene Bereiche der Anwendung, von denen ich vier als zentral empfinde. Diese vier Bereiche möchte ich im Abschlußkapitel kurz darstellen, wohl wissend, daß jeder einzelne genug Stoff für ein eigenes Buch liefern würde.

7.1. Begegnung mit Orten und Landschaften

Das Verständnis der Dreigliederung des Raumes – Urraum der Ewigkeit, Mehrdimensionaler Raum und Manifestierter Raum – ermöglicht eine vertiefte Begegnung mit Orten und Landschaften. Es macht bewußt, daß die geologisch-biologisch ausgestaltete Form eines Ortes und sein kulturelles Antlitz, welche wir mit den äußeren Sinnen wahrnehmen können, nur eine »Übersetzung« seiner feinstofflichen Dimensionen in die Raum-Zeit-Struktur der Manifestierten Wirklichkeit darstellen. Folglich muß es in der Tiefe des Materialisierten Raumes unweigerlich auch die zugrunde liegenden *unsichtbaren* Dimensionen geben. Auch die Bezüge zum Urraum der Ewigkeit müssen auf irgendeine Weise vorhanden sein. Die grundlegende Aufgabe des geomantischen Wirkens, ganz gleich, in welcher Richtung es sich entfalten möchte, besteht darin, die mehrdimensionale Gestalt eines Ortes in ihrer Einmaligkeit und in ihrer Beziehung zu den übergeordneten Systemen zu erkennen, um sie dann in den Zusammenhang mit den sichtbaren und manifestierten Ausdehnungen des Ortes einzugliedern. Dazu gehört auch die Aufgabe zu prüfen, unter welchen Blockaden und Störungen der Ort leidet – ein Umstand, der leider charakteristisch ist für unsere Neuzeit. Werden die Verstümmelungen des Ortes nicht wahrgenommen, so können die Untersuchungsergebnisse durch den unterschwelligen Einfluß der Störungen wesentlich verzerrt werden.

7.1.A. Das Untersuchen eines Ortes

Bei der Untersuchung eines Ortes unterscheide ich drei Phasen:

1. In der ersten Phase sammle ich Unterlagen über den Ort, wie zum Beispiel ortsbezogene Mythen, Sagen und Legenden, Studien zum Ursprung des Ortsnamens, Daten, die eine Übersicht über die geologische Entwicklung der betreffenden Landschaft, ihre Geschichte, usw. erlauben. Ich erkundige mich bei Menschen, die dort leben, oder bei den Auftraggebern der Untersuchung nach ihren Erfahrungen mit dem Ort. Ferner besorge ich mir geographische Karten, mit deren Hilfe ich mich bemühe, durch vertiefte Wahrnehmung Kraftbrennpunkte und deren Verbindungen zueinander zu erspüren und sie ungefähr zu orten (vgl. dazu Kap. 2.3.E.)

2. So vorbereitet begebe ich mich an den Ort. Bevor ich nun mit meinen Untersuchungen beginne, nehme ich mir Zeit für eine persönliche Begegnung mit dem Ort:

– Ich begebe mich an einen stillen Platz innerhalb des Ortes und suche meditativ zu einem inneren Einklang mit dem Ort zu gelangen.

- Bei einem anschließenden Rundgang beobachte ich die verschiedenen Aspekte des Ortes, oder ich lasse sie mir durch Ortskundige vorstellen.
- Dabei versuche ich herauszufinden, welcher Platz sich als angemessener Eingang in die feinstofflichen Gewebe des Ortes anbietet. Bei der Suche nach dem wahren Eingang in das Innere des Ortes ist es wichtig, diejenigen Eingänge zu meiden, die durch eine falsche Nutzung des Ortes belegt sind, wie zum Beispiel rein funktional angelegte touristische Routen, durch moderne Transportmittel bedingte Wegeführungen, usw.

3. Die eigentliche Erforschung beginnt erst mit der dritten Phase. Indem ich den richtigen Eingang benutze, untersuche ich verschiedene Plätze nacheinander. Dabei lasse ich mich von meiner Intuition und meinem instinktiven Gefühl leiten, mit welchem Platz und mit welcher Ebene der Wirklichkeit ich anfangen soll. Wichtig ist, daß letztlich auf irgendeine Weise alle vier Raumdimensionen einbezogen wurden, um zu einem ganzheitlichen Untersuchungsergebnis zu gelangen. Zu diesem Zweck wende ich das gesamte in den Kapiteln 2.3 bis 2.6 beschriebene Spektrum der Wahrnehmungsmethoden an. Während der Erforschung lausche ich auf unerwartete Ereignisse und Zeichen, die meine Aufmerksamkeit in eine bestimmte Richtung lenken möchten. Ich verstehe sie als eine Rückmeldung der Intelligenz des Ortes, als ein erfreuliches Zeichen ihrer Mitwirkung beim Vorgang der Untersuchung.

Schon während der beschriebenen drei Phasen der Untersuchung trage ich die einzelnen Ergebnisse kurz in ein Notizbuch ein. Anhand dieser Notizen und einer Beschreibung der wichtigsten Erfahrungen schreibe ich letztlich am Ende der Untersuchung ein Protokoll, versehen mit Lageskizzen.

7.1.B. Tourismus und Pilgertum

Eine geomantisch besonders interessante Begegnung mit Orten und Landschaften geschieht dadurch, daß Menschen zu bestimmten Plätzen entweder pilgern oder sie als Touristen besuchen. Gewöhnlich werden als Ziele solcher Reisen Orte ausgewählt, denen als Kraftorte, Naturtempelbezirke oder geistig-seelische Brennpunkte eine besondere Rolle in der betreffenden Landschaft zukommt.

Sowohl das traditionelle Pilgertum als auch der moderne Tourismus haben im geomantischen Sinne gewisse Nachteile, die sich aber bei bewußter Hinwendung in positive Qualitäten umwandeln ließen:

- Es wird gezielt zu einem besonderen Ort gepilgert, doch schenken die modernen Pilger den geomantischen Systemen der Orte, die sie eigentlich als Pilgerorte auszeichnen, keine bewußte Aufmerksamkeit. Die religiösen und gesellschaftlichen Aspekte stehen ausschließlich im Vordergrund.
- Der Tourismus ist zwar in der Neugierde des neuzeitlichen Menschen begründet, die ihn treibt, das Unbekannte zu erfahren, doch ist er größtenteils in die Stereotypen des linearen bzw. manifestierten Raumes gezwängt und deswegen den feinstofflichen Dimensionen der Orte gegenüber mehr oder weniger ignorant.

Ich sehe eine Perspektive für die Zukunft in einem »Tiefentourismus«, den ich im Sinne eines bewußten Pilgertums verstehe. Im Vergleich zum herkömmlichen Tourismus würde ein qualitativer Unterschied darin bestehen, daß es zu einem ausgewogenen Austausch zwischen dem Ort als einer mehrdimensionalen Wirklichkeit und den Besuchern kommt. So könnten durch eine liebevolle und bewußte Aufmerksamkeit gewisse Aspekte des Ortes unterstützt werden, während der Ort seinerseits den Besuchenden Erfahrungsmöglichkeiten anbietet, die sie auf dem Weg der Selbsterkenntnis oder der Selbstheilung fördern. Damit ein derartiger kreativer Austausch entstehen kann, wären einige Voraussetzungen zu erfüllen:

1. Die zu besuchenden Orte müßten geomantisch auf allen Ebenen des Mehrdimensionalen Raumes untersucht werden (vgl. Kapitel 3 bis 6) und die Ergebnisse in entsprechender Weise Eingang in die Touristikführer finden.
2. Den Touristen sollte eine Schulung im Bereich der sinnlichen und übersinnlichen Wahrnehmung und Betrachtung angeboten werden (vgl. Kapitel 2).
3. Die in solche Touristen-/Pilgerwege einbezogenen Orte müßten auch auf den feinstofflichen Ebenen gereinigt, wiederbelebt und geschützt werden (vgl. Kapitel 7.4.). Andernfalls bestünde die Gefahr, daß die Kommunikation mit den betreffenden Orten verzerrt und für beide Seiten nicht förderlich wäre.

7.2. Eine Ökologie des Unsichtbaren

Nach einem Studium der Geomantie, wie es das vorliegende Buch anbietet, dürfte wohl klar geworden sein, daß das Schützen der biologisch-geologischen Aspekte von Orten und Landschaften, wie sie die moderne Ökologie vertritt,

vollkommen ungenügend ist, um den Landschaftsraum in seiner Gesamtheit vor der Aggression der technisch-rational eingestellten Zivilisation zu schützen. Es müßten unbedingt auch die geomantischen Aspekte in die Schutzmaßnahmen einbezogen werden. Schritte, die über das gegenwärtige Ökologieverständnis hinausgehen, sind allerdings erst möglich, wenn sich die Wissenschaft im Rahmen eines neuen Paradigmas die Zugänge zum geomantischen Wissen erarbeitet. Das herrschende Paradigma sorgt nämlich dafür, daß die wissenschaftliche Forschung auf die rational bedingten Raum-Zeit-Strukturen des linearen Raumes beschränkt bleibt. Diese Lahmlegung der Forschung im Bereich des Mehrdimensionalen Raumes hat zur Folge, daß die feinstofflichen Aspekte von Orten und Landschaften, die gesetzlich geschützt werden sollten, öffentlich überhaupt nicht als existent anerkannt werden und folglich auch nicht geschützt werden können.
Eine Alternative sähe ich darin, die Geomantie als eine *Kunst* und gerade nicht als eine Wissenschaft als Kriterium für ökologische Schutzmaßnahmen anzuerkennen. Bei einer solchen Betrachtungsweise wäre die Geomantie als ein Bereich der Landschaftsgestaltung zu begreifen, der, ähnlich wie die Architektur, im *Zwischenbereich* zwischen Kunst und Wissenschaft tätig ist. Eine Schwierigkeit dabei ist, daß die Kunst ihre Anerkennung als gleichrangige Partnerin der Wissenschaft – was die Gestaltung der Zivilisationsentwicklung angeht – in den letzten Jahrhunderten weitgehend eingebüßt hat. Das mag zum Teil daran liegen, daß sie in den letzten hundert Jahren zu sehr mit ihren eigenen ästhetischen Problemen beschäftigt war. Meine Erfahrung als Künstler zeigt jedoch, daß gerade die feinstofflichen Ausdehnungen der Wirklichkeit, die mit den herkömmlichen wissenschaftlichen Methoden nicht erfahrbar sind, durch eine künstlerische Herangehensweise erfolgreich erarbeitet werden können. Die

Einbeziehung der Intuition und anderer Formen der übersinnlichen Wahrnehmung, die dazu nötig sind, stellen bekanntlich legitime Werkzeuge der Kunst dar.
Damit die künstlerische Praxis konkret in die Bemühungen zur Heilung der drohenden ökologischen Krise einbezogen werden könnte, müßten meiner Erfahrung nach mindestens drei Voraussetzungen erfüllt sein. Die Künstlerin oder der Künstler müßte:

1. fähig sein, den Kreis der eigenen Probleme zu transzendieren und ihre bzw. seine Kreativität selbstlos und liebend der Erde, der Natur und dem Leben zu widmen;
2. eine persönliche Sensibilität in Richtung übersinnlicher Wahrnehmung entwickeln als Voraussetzung für eine gezielte Auseinandersetzung mit den feinstofflichen Dimensionen der Realität;
3. ein ganzheitliches Bewußtsein entwickeln, so daß auch die feinstofflichen Dimensionen der Erde, der Natur und der Landschaft als integraler Teil der Wirklichkeit verstanden und dementsprechend sorgsam behandelt werden können.

7.2.A. Schutz des strukturgebenden Organismus der Landschaft

Eingriffe in die Strukturgebende Dimension der Landschaft werden durch die Möglichkeiten, die die moderne Technologie bietet, dauernd vorgenommen. Es werden, zum Beispiel, ganze Berge abgetragen oder ausgehöhlt oder – wie im Falle der Braunkohletagebaue – riesige Wunden in die Erde gerissen. Dabei besteht die Gefahr, daß die zuvor gut funktionierenden Polarisierungseffekte der Landschaftsformen geschwächt oder verstümmelt werden. Als Folge davon werden

die Ätherströmungen in dem betreffenden Raum chaotisiert oder unterdrückt. Die Landschaft verliert an allgemeiner Vitalität. Ähnliche Folgen entstehen durch großräumige Manipulationen an den wäßrigen Systemen. Wenn zum Beispiel Flüsse gestaut oder begradigt werden, hat das einen unterdrückenden Einfluß auf die den Flußlauf begleitenden Ätherströmungen.
Das soll nun nicht heißen, daß die Kultur sich nicht gestalterisch in der Landschaft ausdrücken dürfte. Vielmehr geht es darum, die notwendigen Eingriffe so zu planen, daß ein möglichst geringer Schaden an den strukturgebenden Phänomenen in der Landschaft entsteht. Zweitens müßte mit Hilfe der Kunst der Landschaftsformgestaltung oder durch Steinsetzung eine Ausbalancierung der neu entstandenen Situation erfolgen. Wenn, zum Beispiel, ein künstlicher Stausee angelegt wird, dann kommt es plötzlich zu einer ungeheuren Konzentration von Yin-Kräften, die zunächst keinen Ausgleich in den vorhandenen Yang-Zentren der Landschaft finden kann. Diese sind auf eine derart sprunghafte Kräftesteigerung des Gegenpols nicht vorbereitet. So kommt es zu einem Überschuß an Yin-Kräften, wodurch, zum Beispiel, psychisch labile Menschen in der Umgebung gestört werden, ganz zu schweigen vom Leiden der Natur im Chaos des zerstörten Gleichgewichts. Um diese Situation im voraus zu vermeiden und die Balance der Landschaftskräfte zu bewahren, könnten parallel zur Schaffung des künstlichen Sees und der dadurch ungewollt herbeigeführten Verstärkung des Yin-Pols, auch die potentiell ausgleichenden Yang-Punkte und Yang-Elemente der Umgebung durch bewußte geomantische Arbeit künstlich verstärkt werden. Auf diese Weise würde ein Gleichgewicht auf einer neuen Qualitätsebene geschaffen.

7.2.B. *Schutz der vitalenergetischen Organe der Landschaft*

Die vitalenergetischen Organe der Landschaft sind so tief im Gewebe des Mehrdimensionalen Raumes verborgen, daß sie scheinbar keinen ökologischen Schutz brauchen. Sehr wohl müßten aber die Orte geschützt werden, die mit diesen feinstofflichen, in Kapitel 4 beschriebenen Organen in Resonanz stehen. Wenn nämlich diese Orte gestört werden, geht die Brücke verloren, über die die wohltuende Wirkung dieser Organe auf die manifestierte Ebene des Lebens übertragen wird. Es wäre somit die Aufgabe der menschlichen Gemeinschaft, die einen Landschaftsraum bewohnt, dafür zu sorgen, daß die Brennpunkte der vitalenergetischen Organe in ihrem Raum ungestört als Vermittler der vitalen Kräfte dienen können.

Die alten Kulturen haben solche Orte als Kraftorte erkannt, ihnen eine heilige (=heilende) Bedeutung beigemessen und sie entsprechend geehrt und geschützt. Um heute die Forderung nach ihrem Schutz zu begründen, brauchen wir nicht unbedingt auf die geistigen Inhalte dieser Orte zurückzugreifen. Wir können sie einfach als schützenswert verstehen, wenn wir uns vergegenwärtigen, daß durch die Wirkung der vitalenergetischen Organe das Leben auf dem Planeten Erde überhaupt nur möglich ist. Wenn die Menschheit heute die Notwendigkeit ökologischer Schutzmaßnahmen begriffen hat, die sich auf die *Wirkungs*ebene der Lebensprozesse beziehen, so leuchtet es doch ein, daß die *Ursachen*ebene derselben Lebensprozesse umso mehr Schutz verdient.

Wenn, zum Beispiel, an einem Platz, an dem das sternförmige Kraftzentrum des Ortes verankert ist, eine komplexe Straßenkreuzung gebaut wird mit viel Aushub und künstlichen Aufschüttungen, so ist zu erwarten, daß das sternförmige Zentrum dabei den Kontakt mit der manifestierten Ebene verliert. Entwurzelt schwebt es nun im luftigen Bereich, seine Kraftausgießung, die den Raum mit Lebenskraft versorgen möchte, geht verloren. Um solch lebensgefährdenden Folgen vorzubeugen, sollte der umzugestaltende Ort bereits vor der Planungsphase untersucht werden, so daß, um bei unserem Beispiel zu bleiben, der Platz, an dem das sternförmige Zentrum verankert ist, von den Baumaßnahmen ausgeschlossen und die Straßenkreuzung so gestaltet würde, daß das Kraftzentrum weiter ungestört funktionieren kann. Eigentlich sollten die Plätze, an denen sich die Kraftorgane einer Landschaft befinden, schon durch den entsprechenden Flächennutzungsplan im voraus aus einer sie bedrohenden Nutzung ausgeklammert werden.

7.2.C. Schutz der Brennpunkte von Elementarwesen

Was die Brennpunkte der leitenden Elementarwesen in der Landschaft betrifft, würde ich ein ähnliches Vorgehen hinsichtlich der Schutzmaßnahmen vorschlagen. Die Naturtempelbezirke als Intelligenzzentren des Raumes müßten vor jeglichen Eingriffen, die gegen ihre Autonomie verstoßen, geschützt werden. Solche Orte sind noch verletzlicher als die Brennpunkte der vitalenergetischen Organe. Denn diesmal handelt es sich nicht nur um die geologischen Gegebenheiten des Ortes, in denen die Präsenz eines Kraftphänomens verankert ist, sondern auch um die Qualität des Biotops, dessen Beschaffenheit es den Elementarwesen ermöglicht, ihre Rolle in der betreffenden Landschaft auszuüben. Schon wenn, zum Beispiel, an einem solchen Platz bestimmte alte Bäume gefällt oder wichtige, Kosmogramme bildende Äste abgeschnitten werden, kann es zu einer Verstümmelung ihrer Funktion in

der Landschaft kommen, ganz zu schweigen davon, daß ihre Biotope gewaltsam zerrissen, ausgetrocknet oder gar urbanisiert werden.
In der freien Landschaft können die Naturtempelbezirke als Biotope ökologisch geschützt werden. Innerhalb einer Stadtlandschaft sollten sie in Parkstrukturen eingegliedert werden. In diesem Zusammenhang besteht auch die Möglichkeit, die Brennpunkte der Elementarwesen bewußt an einen anderen, besser geschützten Ort zu übersiedeln. Dies kann allerdings nur durch Kommunikation mit den betreffenden Elementarwesen und unter Berücksichtigung der in Kapitel 5.3. dargestellten geomantischen Gesetzmäßigkeiten geschehen.

7.2.D. Der Schutzmantel des Ortes

In Kapitel 2.7.E. habe ich den *persönlichen* Schutzmantel des *Menschen* erwähnt und seine Funktion beschrieben. Der Schutzmantel eines *Ortes* hat eine ähnliche Funktion, doch weist er, da es sich um einen Raum handelt, zusätzlich einen geomantischen Charakter auf. Die Lichtsphären, die einen Ort als Schutzhüllen umgeben, sind an der Erdoberfläche als den Ort umgebende Kraftringe radiästhetisch wahrnehmbar. Den Schutzmantel eines Ortes würde ich nicht, wie beim Menschen, als eiförmig, sondern als sphärenartig beschreiben. Es handelt sich um eine Lichtkugel, die die Kraftfelder eines Ortes umschließt, wobei ihre obere Hälfte kuppelförmig den Ort überspannt, und die andere Hälfte ihn von unten umhüllt, so daß der Ort sowohl von der atmosphärischen als auch von der irdischen Seite her geschützt wird. Die Sphäre hat gewöhnlich die Qualität von weißem Licht. Bei Orten, die wegen ihrer übergeordneten Rolle in der Landschaft mehr

Schutz brauchen, ist diese Grundschicht von mehreren Schutzhüllen umgeben, die unterschiedlich gefärbt sind. In der Anzahl der Schutzhüllen und in ihren Farben spiegelt sich die Individualität des betreffenden Ortes wider. Handelt es sich um den Schutzmantel einer Landschaft – gewöhnlich einer Stadtlandschaft –, so wird die riesige Spannweite der Schutzsphären in der Mitte durch eine vertikale Achse bzw. Kraftsäule gestützt und an einem bestimmten Kraftpunkt in der betreffenden Landschaft verankert.
Um die Integrität und die Reinheit von Orten zu bewahren und zu fördern, wäre es unbedingt notwendig, durch inneres Gebet und Visualisation regelmäßig für ihre Schutzmäntel zu sorgen. Wir sollten das für unseren persönlichen Wohnort (Haus und Stadt) täglich im Anschluß an den Aufbau des persönlichen Schutzmantels tun. Aber auch immer dann, wenn mit einem bestimmten Ort geomantisch gearbeitet wird, sollte für den Aufbau seines Schutzsystems gesorgt werden. Ist der für den betreffenden Ort charakteristische Aufbau des Schutzmantels nicht bekannt, so kann in jedem Fall die Form der weißen Lichtkugel visualisiert werden. Auch hier gilt wieder, wie beim persönlichen Schutzmantel, daß die Qualität des Schutzes weitgehend von den die Visualisation begleitenden Gefühlen abhängt, wie zum Beispiel dem Gefühl der selbstlosen Liebe oder des Vertrauens in die Allmacht des Göttlichen.

7.3. Städtebau, Architektur und Gestaltung

In den vorangegangenen Abschnitten wurden die Anwendungsbereiche behandelt, die die Beziehungen des Menschen und seiner Kultur zu den vorhandenen geomantischen Systemen des Raumes in den Mittelpunkt stellen. Wenden wir uns

nun dem Städtebau oder der Architektur zu, so berühren wir all jene Bereiche, durch die der Mensch einen schöpferischen Beitrag zu der Fülle der bereits existierenden geomantischen Phänomene eines Naturraumes leisten kann. Eine Stadt, zum Beispiel, oder ein Gebäude stellt in sich ein reich gegliedertes Kraftfeld dar. Hineinplaziert in die geomantischen Systeme der Landschaft rufen sie eine lebendige Interaktion und gewisse Wandlungsprozesse hervor. Als Spuren dieser Interaktion entstehen Aquastate und andere sekundäre Kraftphänomene der Strukturgebenden Dimension. Die in Gang gesetzten Wandlungen schaffen neue Kraftverbindungen und führen zu Mutationen und Weiterentwicklungen im Bereich der vitalenergetischen Organe der Landschaft.
Diesem aufbauenden Aspekt steht aber leider auch eine Schattenseite gegenüber. Wenn Architekten und Städtebauer den inspirierenden Impulsen ihrer eigenen Sensibilität nicht genügend Aufmerksamkeit schenken und zudem keine Kenntnisse im Bereich der Geomantie haben, kann es zu schwerwiegenden Fehlern kommen, durch die einerseits der geomantische Organismus des Ortes oder der Landschaft beschädigt wird und andererseits den Gebäuden bzw. ganzen Stadtteilen unheilvolle Schwingungen einverleibt werden. Ziel des Studiums der Geomantie und dessen Einbindung in die allgemeinen Lehrpläne für Städtebau, Architektur und Gestaltung wäre es, die unerwünschten Schattenseiten der Begegnung von Kultur und Natur zu vermeiden und deren aufbauende Seite zu fördern.

7.3.A. *Die Kunst der eingestimmten Plazierung*

Es kann gar nicht genug betont werden, wie wichtig es ist, den Ort einer geplanten baulichen oder gestalterischen Maßnahme im *Vorfeld* gründlich zu untersuchen und zu erfahren. Nur durch persönliche innere Erfahrung ist es möglich, ein ganzheitliches Gefühl für alle Zusammenhänge, die die mehrdimensionale Qualität eines Ortes bestimmen, zu bekommen und sie tief in der eigenen Psyche zu speichern. Wird diese, unter verschiedenen Umständen mehrfach wiederholte Erfahrung des Ortes durch Beobachtung, übersinnliche Wahrnehmung und geomantische Untersuchungen ergänzt, so sind die Voraussetzungen dafür geschaffen, auf das innere Wesen des Ortes eingestimmte Entscheidungen bezüglich folgender Gliederung der Bereiche zu treffen:

- Bereiche, die von einer baulichen Nutzung ausgenommen werden sollten, weil ihnen eine besondere geomantische Bedeutung zukommt. Nur wenn sie ungestört bleiben, können sie für die Kontinuität der Lebenskraft des Ortes garantieren.
- Bereiche, die wegen ihrer Ausstrahlung unbewohnbar sind (vgl. Kapitel 3.3.) und deswegen für die Bebauung ausscheiden.
- Bereiche, die für eine Bebauung oder Gestaltung frei verfügbar sind.

Bei der anschließenden planerischen Gestaltung kommen zwei Prinzipien zur Anwendung:

1. Das Bemühen, das architektonische Modell auf die geomantischen Gegebenheiten des Ortes einzustimmen.
2. (Unter der Voraussetzung, daß die unter (1) erwähnte

Einstimmung auf den Ort vorgenommen wurde:) Die Freiheit des Menschen, sich schöpferisch mit dem Ort auseinanderzusetzen und neue Formen und Kraftstrukturen einzubringen, die seinen Beitrag zum geomantischen Reichtum und zur Lebensfülle des Ortes darstellen.

7.3.B. Die Kunst der kraftgemäßen Gestaltung

Was die energetischen Dimensionen einer Raumgestaltung betrifft, so können grundsätzlich zwei Arten von Kraftquellen unterschieden werden, die dafür zur Verfügung stehen:

1. Die geomantischen Kräfte des Ortes, die in die Gestaltung einbezogen werden können.
2. Die Kräfte, die durch bewußte Auswahl der Formen, Farben und Symbolik während des Gestaltungsprozesses herbeigezogen und an dem Ort neu begründet werden.

Die geomantischen Kräfte des Ortes können durch entsprechende Plazierung, Ausrichtung und durch Resonanzeffekte in eine architektonische Gestaltung einfließen. Wenn, zum Beispiel, ein Gebäude auf einer Kraft-Leylinie errichtet wird, kann dieser Umstand nur einen minimalen Effekt auf die Raumqualität haben, wenn versäumt wird, eine der Gebäudeachsen entlang der unsichtbaren Wirbelstruktur des Kraftstromes auszurichten. Wenn hingegen die Ausrichtung des Gebäudes stimmt, dann kann die Wirkung der betreffenden Leylinie in seinem Inneren noch dadurch gesteigert werden, daß entlang ihrem Verlauf gewisse architektonische Durchgänge oder Mikroresonanzräume vorgesehen werden, die eine intensivere Durchdringung der architektonischen Formen durch die Leylinienkräfte anregen.

Nehmen wir, um ein Beispiel aus dem städtebaulichen Bereich zu wählen, die oft anzutreffende Situation, daß ein Fluß die Stadtlandschaft durchquert. Der Fluß kann in ein Betonbett gelegt und »problemlos« durch die Stadt hindurchgeführt werden. Dabei werden jedoch die Ätherkräfte, die einen Fluß begleiten, in ihrer lebensfördernden Wirkung blockiert und ausgeschaltet, ganz zu schweigen von dem ausbleibenden belebenden Einfluß der Wasserelementarwesen. Genausogut ist es möglich, durch eine phantasievolle Ufer- und Brückengestaltung lebendige Beziehungen der Stadtlandschaft zu den Ätherkräften des Flusses aufrechtzuerhalten und sogar zu stärken. Voraussetzung für den Erfolg einer solchen Gestaltung ist in jedem Fall, daß sie harmonisch mit den geomantischen Rhythmen des Flusses mitschwingt.

Ähnliches gilt – in einer anderen Größenordnung – für das Gestalten von Gegenständen. In diesem Falle sind es die für die Gestaltung verwendeten Materialien, die dem Gestalter ihre Kraftfelder oder Ätherkräfte zur Verfügung stellen. Von seiner Intuition, Sensibilität und Bewußtheit hängt es ab, wieviel von den feinstofflichen Qualitäten des Materials in die Gestaltung einbezogen werden.

Was das Herbeiziehen von Kräften betrifft, die durch eine Gestaltung an dem betreffenden Ort neu begründet werden, so stehen der gestaltenden Person eine ganze Reihe von Methoden zur Verfügung, die kraftmäßig oder geomantisch wirksam sind; dazu gehören:

- die Yin-Yang-Polarisierung der Elemente einer Gestaltung
- den Ätherfluß anregende Formen
- das Einbauen von Kosmogrammformen
- Farbrhythmen
- Resonanzeffekte, usw.

7.4. Erdheilung

Bevor wir den Bereich der Erdheilung berühren, möchte ich darauf hinweisen, daß der Begriff der Heilung, verstanden im Sinne der modernen Medizin, nicht ohne weiteres auf die Reiche der Erde, der Natur und der Landschaft übertragen werden darf. Diese Reiche kennen von sich aus keinen kranken Zustand und sind daher an sich nicht heilungsbedürftig. Sie kennen ihre eigenen Zyklen von Aufbau und Abbau, Auflösung und Lebenserneuerung. Alle diese Phasen sind Teil der gesunden Prozesse, einschließlich der natürlichen Phasen der Zerstörung.

Anders verhält es sich mit den Störungen, die der Mensch durch sein uneingestimmtes Verhalten den Erdreichen gegenüber verursacht und für die er ethisch-moralisch die Verantwortung trägt. Die ökologischen Wunden dieser Art gilt es zu heilen. Damit erlösen wir die Wesenheiten der Natur von ihrem unnötigen Leiden und übernehmen gleichzeitig die Verantwortung für falsche ökologische Entscheidungen, die wir aufgrund unseres freien Willens getroffen haben. Mit diesem Vorverständnis gestatte ich mir, von der Aufgabe der Erdheilung zu sprechen und sie als einen neuen, dem Geist unserer Zeit entsprechenden Beruf zu entwickeln.

Keineswegs darf es dabei aber lediglich um ein Kurieren der Auswirkungen der Zerstörung gehen, die die moderne Industriegesellschaft in ihrer Umwelt verursacht hat. Es gibt eine klare Schwelle, die die wahre Erdheilung von allen möglichen ökologischen Ausbesserungsmethoden trennt. Die Erdheilung, von der ich hier spreche, geht von der Wandlung des Bewußtseins des modernen Menschen als grundlegende Voraussetzung für die Überwindung der ökologischen Krise aus. Im Rahmen dieser Wandlung wird eine ganzheitliche und liebevolle Beziehung zur Erde, zur Natur und zur Landschaft entwickelt. Erst auf der Basis dieser neuen Beziehung ist es möglich, die alten Wunden dauerhaft zu heilen.

7.4.A. Revitalisierung im feinstofflichen Bereich

Unter den Erdheilungsmethoden, die sich mit Problemen in der Strukturgebenden Dimension befassen, stehen an erster Stelle solche, die die Regenerierung des Ätherorganismus der Erde anstreben. Eine ausgeräumte oder urbanisierte Landschaft, zum Beispiel, leidet unter einer allgemeinen Schwäche der lebenskrafttragenden Strukturen, mithin auch an einem Mangel an Ätherströmungen. Durch Anlegen von Feuchtbiotopen, Anpflanzen von Hecken, Errichten von Erdwällen, usw. ist es möglich, die Lebenskräfte des Ortes zur Regeneration anzuregen.
Eine Wiederbelebung kann ferner dadurch gefördert werden, daß durch Anwendung von künstlerischen Ausdrucksmitteln, wie Musik, Gesang, Farbvisualisation, Tanz, usw. die Eigenresonanzen des betreffenden Landschaftsorganismus unterstützt und beschleunigt werden. Auch das Aufstellen oder eine Fernübermittlung entsprechender Kosmogramme innerhalb dieses Organismus kann zu einem ähnlichen Erfolg führen.
Drittens kann die wohltuende Wirkung durch Erdakupunktur ausgelöst werden, wobei die in Kapitel 3.1.B. erwähnten Akupunkturpunkte der Landschaft behandelt werden. Dies kann, zum Beispiel, durch Steinsetzungen (= Lithopunktur) an bestimmten Plätzen geschehen, eine Methode, die ich in den letzten zehn Jahren entwickelt habe. Ein ähnlicher Effekt kann aber auch durch Gruppenarbeit, wie beispielsweise durch »Akupunktursingen« an den betreffenden Punkten erzielt werden.

7.4.B. *Heilung der vitalenergetischen Organe der Landschaft*

Die gefährlichste Art der Zerstörung sehe ich in der Behinderung oder Lahmlegung der feinstofflichen Organe der Landschaft, die, allgemein gesagt, den Raum mit Lebenskräften versorgen. Dazu zählen die Kraft-Leylinien, sternförmige Kraftzentren, Atmungszentren, Gleichgewichtsorgane und andere, in Kapitel 4 dargestellte geomantische Systeme. Die Ursachen solcher Zerstörungen können unterschiedlich sein:

- Es kann sich um bewußte, magisch herbeigeführte Blockierungen handeln, die in aller Regel schon vor sehr langer Zeit vorgenommen wurden, als die Kulturen noch Kenntnisse der geomantischen Systeme besaßen. Die bewußte Zerstörung dieser Systeme geschah häufig im Zuge von Eroberungen und Machtübernahmen, um die ortsansässige Kultur zu schwächen.
- Blutige Kriegshandlungen oder andere, die göttliche Natur der Erde oder des Menschen mißachtende Taten, sofern sie an Plätzen begangen wurden, die in Resonanz mit einem vitalenergetischen Organ des Ortes stehen. Dadurch kann es zu einer Funktionsbeeinträchtigung oder gar Lahmlegung des betreffenden Organs kommen.
- Umfangreiche, von Menschen planmäßig vorgenommene Veränderungen des Erdreliefs, wie tiefe Erdaushübe oder intensive Bebauung.

Wenn der Ort, der diesen Maßnahmen ausgesetzt ist, einem der vitalenergetischen Systeme als Korrespondenzpunkt auf der materialisierten Ebene dient, so kann die Zerstörung, die im Manifestierten Raum stattfindet, schwingungsmäßig auch auf den Mehrdimensionalen Raum überspringen. Da-

bei wird das entsprechende Organ der Vitalenergetischen Dimension beschädigt.
Die Heilung der vitalenergetischen Organe erfordert eine komplexe Vorgehensweise: Zunächst muß die Beschädigung der Organe durch eine gründliche energetische Reinigung und Umwandlung beseitigt werden. Die zweite Phase dient dem Wiederaufbau der Kraftstrukturen des Organs und die dritte der Wiederbelebung seiner Funktion. Die dazu von mir angewendeten Heilungsmethoden basieren auf den verschiedenen Ausdrucksmitteln der Kunst und wurden in Zusammenarbeit mit dem Erdheilungsengel Devos entwickelt.[175]

7.4.C. Heilung der gestörten Elementarwesen

Die drei Hauptquellen der Störungen im vitalenergetischen Bereich, die ich im vorangegangenen Abschnitt 7.4.B. definiert habe, wirken sich auch zerstörend auf die Urbildliche Dimension aus, da die betroffenen Orte immer von Elementarwesen gehütet und in ihrer Funktion gesteuert werden. Die negativierten Schwingungswellen prallen auf das Bewußtsein der Elementarwesen, das dadurch in die Gefahr gerät, verdunkelt und verdreht zu werden. Besonders verheerend sind die Folgen von Raumstörungen aufgrund von massenhaft ausgestrahlten negativen Gefühle, wie Haß oder Furcht. Da die Elementarwesen ihr Bewußtsein auf der *Gefühls*ebene angesiedelt haben, reagieren sie besonders empfindlich auf solche Angriffe.
In diesem Zusammenhang muß ich nochmals betonen, daß die Elementarwesen aus sich heraus nicht negativ ausgerich-

[175] Dazu erscheint im Winter 1996/97 in derselben Reihe mein Buch *Wege der Erdheilung.*

tet sein können. Sie besitzen keinen freien Willen und können sich folglich auch nicht für ein gewalttätiges Einwirken entscheiden. Alles, was sie ihrem ursprünglichen Wesen folgend tun, ist ein unmittelbarer Ausdruck des göttlichen Willens. Wenn sie dämonisch auftreten, so ist das immer ein Hinweis darauf, daß sie durch zerstörerisches Handeln oder gefühlsmäßige Belastung *von seiten des Menschen* dämonisiert worden sind.[176] Durch den Druck, der diesbezüglich auf sie ausgeübt wurde, wird ihr Identitätscode verdreht. Infolgedessen werden sie aus ihrer natürlichen Bahn herausgeworfen und beginnen dann ihrerseits, die Negativität, deren Opfer sie sind, verstärkt in den Raum zurückzuprojizieren.

Der Heilungsvorgang beginnt gewöhnlich mit der Umwandlung des störenden Kraftmusters. Erst dann kann die Wiederherstellung des ursprünglichen Identitätscodes des Elementarwesens erfolgen. Da es sich dabei aber um mehr oder weniger individualisierte Wesenheiten handelt, gibt es für diesen Heilungsvorgang kein allgemein gültiges Vorbild.[177] In jedem Falle sollte aber eine Entschuldigung ausgesprochen werden für das Leid, das die Menschen einem liebevoll seinem Dienst an der Natur verpflichteten Elementarwesen angetan haben. Schließlich handelt es sich hier nicht nur um abstrakte Kräfte, sondern um individuelle und fühlende Wesenheiten.

176 Dabei sollten wir lernen, die dämonisierte Natur eines Elementarwesens von der fremd anmutenden Ästhetik seiner Gestalt, die sie oft als gespenstisch erscheinen läßt, zu unterscheiden. Das gilt insbesondere für die Erd- und Feuerelementarwesen.

177 Beispiele finden sich in dem Kapitel »Die Heilung der gestörten Elementarwelt« in meinem Buch *Elementarwesen,* S. 247 ff.

7.5. Geomantie leben

Die Anwendungsbereiche der Geomantie sind nicht nur als Fachbereiche einer professionellen Tätigkeit zu betrachten. In Kapitel 1.6.C. wurde ausdrücklich betont, welch große Bedeutung der Geomantie in bezug auf die ganze Persönlichkeit des Menschen zukommt, wenn dieser sich bewußt auf all die Wechselwirkungen einläßt, die ihm durch die Verkörperung angeboten werden. Dieses Sich-Einlassen ist einerseits ein innerer Prozeß im Sinne der Selbsterkenntnis, andererseits verlangt es aber auch, die geomantische Vielfalt im Außen, in der persönlichen Umgebung zu pflegen und zu fördern.

Im Bereich der Selbsterkenntnis geht es zunächst einmal darum, sich beharrlich in der Fähigkeit zur übersinnlichen Wahrnehmung zu üben, um die eigene Sensibilität für die verschiedenen Ausdehnungen des Mehrdimensionalen Raumes zu entwickeln. Als nächstes gilt es, geomantisch vertiefte Beziehungen zu den Orten und Plätzen aufzubauen, zu denen wir uns hingezogen fühlen oder die uns als Lebensräume dienen. Mit Sicherheit halten sie wichtige Botschaften gerade für die Menschen bereit, deren Lebensweg sie dorthin geführt hat. Sinnlose »Zufälle« gibt es nicht. Schließlich können die Erkenntnisse aus dem Bereich der Geomantie uns auch helfen, die Gesetzmäßigkeiten der Welt des eigenen Körpers besser zu begreifen. Auf die innige Korrespondenz zwischen dem Mikrokosmos des menschlichen Körpers und dem Makrokosmos der Landschaft wurde im Rahmen dieses Buches immer wieder hingewiesen.

Was den persönlichen Bereich der geomantischen Praxis betrifft, gibt es keine bessere Gelegenheit zur Einübung, als sie der eigene Lebensraum bietet. Im Rahmen der eigenen Wohnung – auch sie ist eine Art mikrokosmischer Landschaft – können in einem verkleinerten Maßstab einige der geomantischen Systeme wiedergefunden werden, die in den Kapiteln 3 bis 6 vorgestellt wurden. Jeder Raum hat, zum Beispiel, neben den reichlich vorhandenen Phänomenen der Strukturgebenden Dimension zumindest eigene Ein- und Ausatmungszentren, gewöhnlich auch einen relativ winzigen Kraftfokus eines sternförmigen Zentrums; wenn es die Bedingungen erlauben, beherbergt er auch eigene Elementarwesen verschiedener Art. Durch das Einrichten eines sakralen Platzes oder eines Altärchens im Raum und durch die Ausführung bestimmter persönlicher Rituale, Meditationen oder Gebete kann zusätzlich auch die Geistig-Seelische Dimension des Raumes belebt und gestaltet werden. Dasselbe gilt für einen Gartenraum, wobei dort natürlich die Welt der Elementarwesen viel reichlicher vertreten ist. Um Erfahrungen in den eigenen Räumen zu machen, sollte möglichst nicht sofort ein Geomantiekundiger herbeigeholt werden. Was zählt, ist der persönliche Lernprozeß und die daraus gewonnenen Erkenntnisse. Sie sollten die Grundlagen der geomantischen Entscheidungen bilden, die der einzelne im Rahmen seines eigenen Lebensraumes trifft. Auch intuitiv-instinktiv begründete Gestaltungen gehören dazu. Mögliche Fehler sind willkommen, denn sie spornen zu weiterem Lernen an. Das Leben ist so unendlich reich.

Literatur

Im vorliegenden Buch zitierte Werke:

Aprile, Renato: *Die Etrusker,* Stuttgart 1979 (Verlag Freies Geistesleben)

Bailey, Alice: *Eine Abhandlung über die Sieben Strahlen,* Lorch-Württemberg 1956. (Lucis Press, Karl Rohm Verlag)

Baring, Anne/Cashford, Jules: *The Myth of the Goddess,* London 1991 (Viking, Penguin Books)

Bloom, William: *Meditation in the Changing Times,* Glastonbury 1987.

Bloom, William/Pogačnik, Marko: *Ley-Lines and Ecology,* Glastonbury 1985 (Gothic Image). Vergriffen.

Carey, Ken: *The Starseed Transmissions,* Edinburgh 1986 (Starseed Publishing Co.)

Gimbutas, Marija: *The Civilization of the Goddess,* New York 1991 (Harper). Die Zivilisation der Göttin, Zweitausendeins 1996

dies.: *The Language of the Goddess,* San Francisco 1991 (Harper). Die Sprache der Göttin, Zweitausendeins 1995

Godwin, Malcom: *Angels, an Endangered Species,* London 1993 (Boxtree)

Göttner-Abendroth, Heide: *Die Göttin und ihr Heros,* München 1980 (Verlag Frauenoffensive)

Hage, Heide: *Eine Stadt wird geheilt. (Salzburg),* in esotera Heft 1/94

Heilung der Erde in Kiel mit Marko Pogačnik, Broschüre hrsg. durch Quelle des Friedens e.V., Franckestr. 5, 24118 Kiel

Heim, Burkhardt: »Lebensprozesse und Hyperraum, Gedanken zum Elementarprozeß des Lebens«, in: *Naturwissenschaft und Lebensenergie.* Broschüre zum Kongreß ECOLOG '88, hrsg. vom Umweltzentrum für Ökologische Strukturforschung, Schloß Türnich 1988 (Schloß Türnich, 50169 Kerpen-Türnich)

Hinze, Christa (Hrsg.): *Das Alte Köln in Sagen und Bräuchen,* Köln 1986 (Eugen Diederichs Verlag)

Krause-Zimmer, Hella: *Die zwei Jesusknaben in der bildenden Kunst,* Stuttgart, 3. Aufl. 1986 (Verlag Freies Geistesleben)

Kurs in Wundern (Ein), hrsg. vom Greuthof Verlag, Gutach i.Br. 1994

Lithopunktur Villach, Katalog hrsg. vom Kulturamt der Stadt Villach 1995

Lorber, Jakob: *Großglockner – Ein Evangelium der Berge,* Bietigheim 1923
Miška, Ajra: *Dotik večnosti* (Von der Ewigkeit berührt – Die Erzählung eines Engels), Ljubljana 1993 (Aura Verlag). Bisher nicht in deutscher Sprache erschienen.
Neue Testament (Das), übers. von Emil Bock, Stuttgart 1985 (Verlag Urachhaus)
OHO. Eine Retrospektive, Katalog hrsg. von Moderna galerija Ljubljana und Neue Galerie am Landesmuseum Joanneum, Graz 1994
Pennick, Nigel/Devereux, Paul: *Leys und lineare Rätsel in der Geomantie. Das Energienetzwerk der Erde,* Chur, St. Gallen, Zürich 1991 (M&T Astroterra)
Petzoldt, Leander: *Kleines Lexikon der Dämonen und Elementargeister,* München 1990 (Verlag C.H. Beck)
Pogačnik, Marko: *A Hidden Pathway throngh Venice,* Rom 1986 (Carucci)
ders.: *Die Erde heilen – Das Modell Türnich,* München 1989 (Eugen Diederichs Verlag)
ders.: *Die Landschaft der Göttin. Heilungsprojekte in bedrohten Regionen Europas,* München 1993 (Eugen Diederichs Verlag)
ders.: *Elementarwesen. Die Gefühlsebene der Erde,* München 1995 (Knaur)
Marko Pogačnik. Derry/Donegal Landscape Sculpture. Katalog hrsg. von Orchard Gallery, Derry 1992
Purner, Jörg: *Radiästhesie – Ein Weg zum Licht?* Zürich, Chur 1988 (M&T Astroterra)
ders.: "Kräfte messen", in: Wulfing von Rohr (Hrsg.): *Orte der Kraft – Kräfte des Lebens,* Münsingen-Bern 1991 (Fischer-Verlag)
Steiner, Rudolf: *Die Geheimwissenschaft im Umriß,* Dornach 1972 (Rudolf Steiner Verlag)
ders.: *Die Apokalypse des Johannes,* Dornach 1990 (Rudolf Steiner Verlag)
ders.: *Geistige Wesenheiten und ihre Widerspiegelung in der physischen Welt.* Bibliographie Nr. 110, Dornach 1991 (Rudolf Steiner Verlag)
ders. *Themen aus dem Gesamtwerk 19: Das Mysterium des Bösen,* Stuttgart 1993 (Verlag Freies Geistesleben)
Underwood, Guy: *The Patterns of the Past,* London 1974
Walker, Benjamin: *Gnosis,* München 1992 (Eugen Diederichs Verlag)

Weitere Literaturhinweise:

Bischof, Marco: *Unsere Seele kann fliegen,* Bern 1985 (Verlag im Waldgut)

Brönnle, Stefan: *Landschaften der Seele – von mystischen Orten, heiligen Stätten und uralten Kulten,* München 1995 (Kösel Verlag)

Charpentier, Louis: *Die Geheimnisse der Kathedrale von Chartres,* Köln 1990 (Gaia Verlag)

D'Aujourd'hui, Rolf: »Astronomische Fixpunkte und prähistorische Fundstelle im Belchendreieck« in: Wulfing von Rohr (Hrsg.): *Orte der Kraft – Kräfte des Lebens,* Münsingen-Bern 1991 (Fischer Verlag)

Devereux, Paul: *Earth light revelation,* London 1989 (Blandford)

ders.: *Places of Power,* London 1990 (Blandford)

Eitel, E.J.: *Feng Shui oder die Rudimente der Naturwissenschaft in China,* Waldeck-Dehringhausen 1979 (Felicitas Hübner Verlag)

Graichen, Gisela: *Das Kultplatzbuch*, Hamburg 1988 (Hoffmann und Campe)

Heinsch, Joseph: »Grundsätze vorzeitlicher Kultgeographie« in: Der grüne Zweig Heft 46 (Geomantie), S. 12–13, Löhrbach o. J. (Die grüne Kraft)

La Chapelle, Dolores: *Weisheit der Erde – Eine spirituelle Ökologie,* Saarbrücken 1978 (Verlag Neue Erde)

Merz, Blanche: *Orte der Kraft,* Chardonne/Schweiz 1983, (Institut de Recherches en Géobiologie)

Michell John: *Die vergessene Kraft der Erde,* Frauenberg 1975 (Mutter Erde Verlag)

ders.: *Die Geomantie von Atlantis,* München 1984 (Dianus-Trikont).

Möller, Jens M.: *Geomantie in Mitteleuropa,* Freiburg i. Br. 1988 (Aurum Verlag)

Pennick, Nigel: *Die alte Kunst und Wissenschaft der Geomantie,* München (Dianus-Trikont)

ders.: *Einst war uns die Erde heilig,* München 1990 (Goldmann)

Purner, Jörg: *Radiästhetische Untersuchungen an Kirchen und Kultstätten,* Dissertation an der Universität Innsbruck, Fakultät für Bauingenieurwesen und Architektur, Innsbruck 1981

Messungen physikalischer Strahlung:

Curry, M.: *Gesammelte Aufsätze,* München (Herold Verlag)
Endrös, Robert: *Die Strahlung der Erde und ihre Wirkung auf das Leben*, Remscheid 1988 (Paffrath Verlag)
Hartmann, E.: *Krankheit als Standortproblem,* Heidelberg 1967 (Haug Verlag)
König, Herbert L.: *Unsichtbare Umwelt. Wetterfühligkeit – Feldkräfte – Wünschelruteneffekt*, München 1986 (Eigenverlag H. König, Simmernstr. 5, München)
Schneider, Reinhard: *Leitfaden und Lehrkurs der Ruten und Pendel-Lunst, Bd. I: Einführung in die Radiästhesie.* Wertheim 1970 (Eigenverlag)

Wohnen und Bauen:

Lip, Evelyn: »Feng shui und die Wahl eines Bauplatzes«, in: Wulfing von Rohr (Hrsg.): *Orte der Kraft – Kräfte des Lebens,* Münsingen-Bern 1991 (Fischer Verlag)
Rossbach, Sarah: *Wohnen ist Leben,* München 1989 (Knaur)
dies.: *Die Zukunft bauen,* München 1990 (Knaur)
Skinner, Stephen: *Chinesische Geomantie,* München 1987 (Goldmann)
Walters, Derek: *Feng Shui – Kunst und Praxis der chinesischen Geomantie,* Zürich, St. Gallen, Chur 1990 (M&T Astroterra)
ders.: *Die Kunst des Wohnens,* München 1993 (O.W. Barth Verlag)

Kontaktadresse für Seminare von Marko Pogačnik:

HAGIA CHORA – Schule für Geomantie
Moltkestraße 12
D-84453 Mühldorf
Telefon: 08631/379633
Telefax: 08631/379634